無錫文庫

第二輯

無錫美專第一届畢業紀念刊
秦氏公學紀念録
國專校友會集刊

鳳凰出版傳媒集團
鳳凰出版社

ISBN 978-7-5506-1018-7

9 787550 610187 >

圖書在版編目（CIP）數據

無錫美專第一　畢業紀念刊 / 無錫美專第一　畢業同學會編. 秦氏公學紀念錄 / 無錫秦氏公學編. 國專校友會集刊 / 國專校友會編. -- 南京 : 鳳凰出版社, 2011.12
（無錫文庫. 第2輯）
ISBN 978-7-5506-1018-7

Ⅰ. ①無… ②秦… ③國… Ⅱ. ①無… ②無… ③國… Ⅲ. ①無錫美術專門學校－校史－民國②秦氏公學－校史－民國③無錫國學專修學校－校史－民國 Ⅳ. ①G639.285.33

中國版本圖書館CIP數據核字(2011)第244369號

責任編輯　王　劍
裝幀設計　姜　嵩
出版發行　鳳凰出版傳媒集團
鳳凰出版社(原江蘇古籍出版社)
南京市中央路165號　郵編 210009
發行部電話 025－83223462
集團網址　鳳凰出版傳媒網　http://www.ppm.cn
印　　刷　無錫市證券印刷有限公司
無錫市揚名高新技術産業園B區75號　郵編 214024
開　　本　889×1194毫米　1/16
印　　張　33
版　　次　2011年12月第1版　2011年12月第1次印刷
標準書號　ISBN 978-7-5506-1018-7
定　　價　450.00圓
（本書凡印裝錯誤可向承印廠調换，電話：0510－85435666）

無錫文庫工作委員會

顧問　楊衛澤　毛小平　周和平　譚　躍

主任　王立人

副主任　曹佳中　陳海燕　吴小平

委員　方標軍　須　儉　陳堯明　尤文科
何承志　蔡文煜　葉建興　施　展
嚴克勤　劉　川　雷群虎　李祖坤
瞿　敬　華瑞興　周興安　姜小青

無錫文庫編輯委員會

無錫文庫學術顧問

（按姓氏筆畫排列）

總序

七千年文明史，三千年建城史，江南名城無錫，襟長江依太湖，自古以來就是魚米之鄉，禮儀之邦。無錫文化自泰伯南奔以來，騰蛟起鳳，尚德崇文，在數千年的傳承發展中，教化常持，經世務實，人杰輩出，大家林立，文藻絢麗，錯彩鏤金。舍南舍北皆春水，欲與湖山作主人，數千年的人文傳統，賦予了風光秀美的無錫以獨特的文化魅力，鑄就了城市剛柔相濟、秀逸清麗的的文化品格。

無錫是中國吴文化的發源地。早在商代晚期，周太王古公亶父的長子泰伯三讓王位，携其弟仲雍奔吴，定居無錫梅里，建『勾吴國』，『端委以治周禮』，施以禮儀教化；興修水利，授以農桑，不數年而『民人殷富』。泰伯帶來的中原文化與無錫本地土著文明相結合，吴文化以及作爲其重要組成部分的無錫文化就此發端。晋室南渡，北方人群大量南遷，帶來了中原的文化技術，促進了無錫農業、水利、手工業和商業的發展，中原文明再度與吴文化進行融合互滲。在本土文化與异地文化的碰撞和交融中，不斷推動着無錫這座城市的文明進步。

無錫歷史文化『追歷七千餘載歲月滌蕩，遂經四大轉折而成其廣大深厚：泰伯西來，吴文化成焉；永嘉南渡，江左文脉振焉；宋室波遷，江南文風始焉；歐風東漸，錫邑占風氣之先，民族工商文化始焉。數百代鄉彦賢達智慧與創造累積，文獻足徵，無慮百千』（《錫山先哲叢刊》重版弁言）。無錫文化以兼容并蓄多樣化的形態不斷發展。

崇文尚教，以教促文。北宋嘉祐三年（一〇五八），無錫始設縣學；北宋政和元年（一一一一），理學傳人楊時在無錫創建東林書院，此後無錫出現了喻樗、尤袤、李祥、蔣重珍等一批知名的教育家。至明代，顧憲成、高攀龍等在東林書院講學，此後又有許多書院相繼而起。古代無錫對教育的重視，促進了『崇文』和『尚教』的風氣，也造就了大量的人才。自隋朝開創科舉取士到清末廢除科舉，無錫共出了五名狀元、三名榜眼、六名探花和三名傳臚，并有五百四十名進士，一千二百多名舉人；『一榜九進士』、『六科三解元』，自古傳爲佳話。近代以來，經濟的繁榮進一步帶動了教育的興盛。無錫籍國學大師錢穆曾說：『晚清以下，群呼教育救國，無錫一縣最先起。』此後無錫的實業家紛紛出資興辦文化教育事業。教育的繁興，在極大程度上促進了無錫的文化發展，出現了空前的文化人才崛起的高峰。

文脉綿延，後出轉强。歷來『文化』的概念有廣義和狹義之分，這裏的『文脉』之『文』，用的是狹義的概念，即指經史、文學、藝術等人類所創造的精神財富的總和。在無錫的歷史文化傳統中，自古及今，悠悠文脉，如瓜瓞之綿綿。必須指出的是，從文化發生學的角度來看，早期中華文化的中心是在黃河流域的中原地區，無錫在宋元以前，雖有像顧愷之、李紳、尤袤、蔣捷、倪瓚等一批人文英才，但在整體上，無錫的文氣是自明清以迄近現代達到巔峰。在整個江南地區文教昌明和無錫經濟繁盛、教育勃興的大背景下，無錫地區在經史、文學、繪畫、音樂等諸多領域中，建樹卓越，俊才雲蒸，真正呈現出『人文之盛，冠於南國；碩彥輩出，著述繁富』的局面。

求實務本、重工崇商。無錫自古爲江南富庶之地、魚米之鄉。明代東林講學者將士商并列爲『本行』，講求經世致用；近代早期維新的思想家、實踐家薛福成提出『黜浮靡，崇實學』，大力倡揚『工商爲先，耕戰植其基，工商擴其用』的觀念，這些都成了近代以來無錫人求實務本、重工崇商的重要的思想根源；兼以明清時期，封建自然經濟解體，資本主義開始萌芽，無錫經濟日趨繁盛。鴉片戰爭以後，上海開埠，由於商品經濟的發展和商業資本積累的增加，逐步形成了一個以上海爲中心的，北接江陰、靖江，西連蘇州、無錫、常州的經濟區域。有布、米、絲、錢『四大碼頭』的無錫，被譽爲『小上海』。到了十九世紀末、二十世紀初，無錫許多有識之士積極引進西方生産技術，大力興辦工廠，形成了近代六大資本系統，無錫成了近代中國民族工商業的發祥地和蘇南經濟中心。經濟的繁盛，不僅爲無錫文化的不斷發展提供了堅實的物質基礎，而且也形成了無錫文化的主流形態之一的，具有鮮明特色和豐富內涵的『工商文化』。

文化源長，文獻宏大。在歷史上，無錫有過兩次較大規模的文化整理。一八九九年，《常州先哲遺書》是包涵無錫在内的第一次區域性文化整理集成。一九二二年，《錫山先哲叢刊》是無錫真正意義上從城市角度進行的一次文化整理。當時，國家積貧積弱，社會動蕩離亂，身處亂世的有識之士高擎文化的旗幟，以縱覽千古的魄力和毅力致力於城市文化傳統的繼承與弘揚，爲無錫地方人文教育提供了文化楷模，對增强無錫崇文興教氛圍發揮了重要的作用，爲無錫躋身江南名城提供了文化動力，其意義至今爲後人感念。

滄桑巨變，天上人間。經過近一個世紀的奮鬥探索，特別是改革開放三十多年來的迅猛發展，中華民族强勢崛起。國運昌隆，盛世修典。中共無錫市委、市政府高度重視地方傳統文化的整理弘揚工作。自二〇〇七年提出『建設文明無錫，打造文化名城』以來，無錫全面深入開展歷史文化遺産的挖掘、清理、保護和修復工作，傳承弘揚優秀傳統文化，彰顯城市人文歷史底藴，掀起歷史文化名城建設新高潮。此後，市委、市政府在《無錫市文化大發展大繁榮行動綱要》中明確要求全面整理出版地方歷史文獻，市委、市政府在《關於深化文化體制改革加快文化强市建設的决定》中再次明確要求編纂《無錫文庫》，正式啓動迄今爲止無錫地區規模最大、綜合性鄉邦文獻集成的修編工作。爲確保《無錫文庫》的編纂工作順利進行，市委、市政府專門成立了『無錫文庫工作委員會』，由市委宣傳部牽頭，設立了『無錫文庫編輯委員會』，計劃用三年時間完成編纂出版工作。《無錫文庫》的編纂，將以嶄新的學術角度和現代學科框架對城市歷史文化進行全面梳理和弘揚，站在時代的高度，充分展示城市深厚的歷史底藴，彰顯先賢哲人的智慧創造，解讀無錫文化的獨特個性，提煉升華無錫的人文精神，光前裕後，古爲今用，以文化人，由人化文，以史爲鑒，開啓未來。

《無錫文庫》的編纂出版必將發揮重要的文化功能：首先是搶救文獻。無錫自古即有豐富的地方文獻，無論經史子集，都有重要著作流傳於世。然而無錫近代歷經戰亂，一些重要典籍已毀佚，僅有書名存留；還有一些珍貴的明清地方史籍，也以孤本存世，處於若存若亡之間。由於各種原因，一些代表無錫文化的典籍保存於國内外各大圖書館中，在無錫不易見到。從清末到民國期間，在文化上有不少重要成果，而這部分書籍因長期被忽視而處於毀佚的邊緣。《無錫文庫》的編纂就是爲了搶救文獻，保存文脉。其次是古籍整理。無錫先賢留下的載籍很多，但現存書籍，版本雜亂，良莠不齊，整體而言没有經過系統編排梳理，使用不便。《無錫文庫》的編纂，就是從版本目録學的角度加以梳理，每書皆撰提要，鈎玄指要，便於閲讀使用。第三是服務大衆。《無錫文庫》所收皆爲地方古史遺文，是研究無錫歷史沿革和文化傳承的必讀書目。《無錫文庫》的編纂出版，使這些書籍的使用更加便捷和廣泛，對無錫的文化建設、城市規劃、古迹保護、名勝開發都具有很高的學術價值和實用價值。

歷史唯物主義觀是《無錫文庫》編纂出版工作的重要指導思想。《無錫文庫》是一部具有社會主義新時代特點的典籍集成，編纂理念和選編觀念更加科學，注重學術性、實用性和經典性相結合，并且儘量收入古籍版本研究的新成果，廣泛收集流散在國内外的珍貴典籍。編纂工作中，始終堅持『尊重歷史、尊重科學、尊重規律、尊重專家』的原則，堅持『雙百』方針，對傳統文化中重要的不同學派、不同觀點的資料兼收并蓄，力求客觀、完整和全面。當然，《無錫文庫》不可能包羅萬象，而以文史哲爲主要内容，兼顧其他類别著述，整體呈現出無錫歷史文化的發展脉絡。强化編纂工作的學術規範，提倡實事求是的良好學風，對文庫的整體規模、體例框架、所收書目、版式裝幀等進行反復論證，反復比較，多方聽取意見，慎之又慎，力争使《無錫文庫》成爲一部真正代表無錫文化的綜合性鄉邦文獻集成。

編纂出版《無錫文庫》的盛舉，得到了海内外衆多著名的文史專家、學者教授的熱烈響應。許倬雲、馮其庸、楊天石、李文海、徐中玉、馮遠、胡福明等無錫籍文化名人和劉玉才、程章燦、江慶柏、張廷銀、金良年等專家學者應邀擔任《無錫文庫》的學術顧問，他們扎實的學術功底、嚴謹的治學風範、卓越的學術見識，爲《無錫文庫》提供了有力的支撑。

千年吴地文明，百年工商繁華，賦予無錫人聰慧和靈秀，創造了具有獨特品質的城市文化和城市精神。當我們手捧先哲留下的珍貴文化遺産，不僅滿懷感恩、敬畏之心，更涌動着不負前賢、勵志圖新的激情，去努力創造城市文化嶄新的輝煌，讓無錫文化大發展大繁榮的春天更加姹紫嫣紅、繽紛燦爛！

無錫文庫編輯委員會

二〇一一年一月

凡例

一、《文庫》所收爲無錫籍作家的著述和與無錫相關的歷代文獻，分爲《官修舊志》、《地方史料專著》、《年譜家乘》、《無錫文存》和《近現代名家名著存目》五輯。

二、無錫地域範圍以現行行政轄區爲準。《文庫》立足無錫市區，兼顧江陰、宜興，適當選收江陰、宜興具有代表性的著作。

三、《文庫》所收著作，以史料價值高、使用價值大爲原則，適當兼顧其版本價值。

四、《文庫》主要采用影印方式出版，《近現代名家名著存目》收入作家小傳和主要著述目録。

五、《文庫》所收著作，其編纂年代下限爲一九四九年；《近現代名家名著存目》則不受此限。

六、《文庫》所收著作，原書如有蠹損、殘缺、漫漶不清處，原則上以相同版本予以換頁、補頁，使全書清晰、整齊。

七、《文庫》對所收每種圖書，均撰寫提要，置於每種書扉頁之背面；每册均新編頁碼，自爲起訖。

八、《文庫》編制書名索引和著者索引，以方便讀者使用。

第二輯編輯説明

本輯爲《無錫文庫》之第二輯《地方史料專著》。這些書籍皆爲個人著作，它們是官修方志之外最重要的地方史料，是對地方歷史更爲精細的記録和闡述。其中保存了官志中看不到的材料，所以也是官志極其重要的補充。無錫自古以來人文薈萃，所以歷史上存留下來的地方史料專著也非常豐富。明清以來這些著述得到了長足的發展。作爲方志體裁的史書，這些著作所述史事已細化到一個鄉村，一座寺廟，一幢宅第，一座園林，一所學府，一項工程，一個專題等，從而爲後人保存了大量第一手的史料。進入民國後，隨着社會的發展，在政治、經濟、文化、教育等方面，出現了許多專門的出版物，這些具有時代特色的文獻，爲我們保存了民國時期原生態的歷史材料。從這些文獻中可以看到當時無錫向現代都市邁進的步伐。第二輯所收書籍，不少都是孤本，彌足珍貴。特别是一些藏於外地圖書館的珍貴書籍，這次也盡了最大的努力加以搜集。由於歷史的原因，一些地方史籍已失傳，僅有書名存留，不無遺珠之憾。一些民國書籍也偶有缺葉。敬請讀者見諒。從另一個角度而言，也更説明了這次文庫編纂的必要。

目録

無錫美專第一届畢業紀念刊

無錫美專第一届畢業同學會 編

《無錫美專第一届畢業紀念刊》不分卷，江蘇無錫美專第一届畢業同學會編，民國十七年（一九二八）九月由江蘇無錫中華印刷局印刷出版，鉛活字印本。無錫市圖書館藏。

無錫美專，全稱爲無錫美術專門學校，民國十四年（一九二五）夏由無錫籍著名畫家胡振（字汀鷺）、諸健秋、賀天健等發起創辦，當年七月成立。特請國民黨元老吴敬恒（字稚暉）兼任校長。教務主任和舍務主任分别由國畫教授胡汀鷺和錢松嵒擔任。其校址初在東門外熙春街，後遷至城中四郎君廟巷，再遷至西水關内。設中國畫和西洋畫兩個專科，學制三年。是無錫歷史上第一所藝術類大專院校。

民國十七年夏，該校建校三周年，適值第一届學生畢業。同學們『聚首三年，一旦分飛』，深感『不可無刊物以紀之』，故由同學會負責編輯是刊一期，特請著名國學大師、時任無錫國學專修學校校長唐文治以及薛溱舲、賀天健等爲是刊作序，同學會成員馮其模和劉佩琪分别撰寫了發刊詞和詩歌形式的卷頭語，並具體負責刊物的編校工作。刊物刊載了校長、教務主任、舍務主任以及各科教授的照片，選載了師生們的論文和有關學習生活的文章、詩歌、日記以及畢業生的繪畫作品，留下了珍貴的歷史和藝術資料。民國二十二年（一九三三），該校在校學生達到八十四人，教職員工二十一人。是年暑假學校停辦，未畢業的學生大多轉入了蘇州美術專科學校。

本書據民國鉛活字本影印。

（夏剛草）

無錫美術專門學校第六屆畢業紀念刊

美育實施

孫揆均題

無錫美術專門學校
第一屆畢業紀念刊目次

文苑類

卷 頭 語

劉 佩 琪

藝術的生命，
是創造時代的精神；
美化宇宙，
在藝術家的深耕·
我們希望：
一般民衆的生活，
永受藝術的陶冶——清滌，
逃出了桎梏的枯寂的圄圂·

★ ★ ★ ★

這小小册子：
是我們的雪泥鴻爪，
初試新硎·
同學！同學！
願我們永遠的努力！努力！
努力着去經營，經營

十七，九·于無錫縣教育局·

發刊詞

馮其模

我校肇造迄今倏已三載而本級適値第一屆畢業不可無刊物以紀之爰述其旨趣以告閱者環顧歐西各國皆以審美精神演爲物質文明無論其爲形上形下之學莫不駸駸乎執世界之牛耳吾國爲世界先進美術之發達亦早千百年前已蔚爲奇彩惜乎中古以降形下之學君子不齒視藝事爲雕虫小技以致思想質陋而百業亦因是以隳敗若不奮起直追力求進改恐原有之文化百兆之華胄將欲隨世界潮流而澌滅此其模等身廁藝苑所當發爲宏願灑遍之甘霖潤滋枯槁之社會此嚶嚀之呼聲或能引起大衆同情之共鳴固所願也本刊所載同人等作品聊示三年來所得之一班固知藝海無涯蔑有止境區區者誠大海之一勺泰山之一撮安敢斤斤然自封哉此次畢業乃研究過程上之一段落爲山九仞一簣初覆任重道遠此其發軔同人等知所勉焉惟是三年聚首一旦分飛他日屋梁落月寒夜燈昏暮雲春樹之感其能已當此時也苟一展視此刊則良朋肖影知己言論歷歷在目形骸雖離而精神長合又烏用其臨風懷想耶至於草草屬稿應多乖誤倘祈海內明哲不吝指教

序

民國十七年五月美專以國畫西畫兩科修業終學生會擬纂輯第一屆畢業刊屬稿既竟問序於余余曰有是哉諸君之意洵善也吾國自古多名畫書畫並重然無學校專門者洎西化東來於是畫學美術大盛矣吾邑人文薈萃名勝之所聚於以寫山水之雄觀豈不偉哉此余所不能無感於曩昔也當十二三年之際有嗜書畫者惟集公園池上草堂設錫山書畫社作研究之所旋即解散識者惜焉十四年夏胡汀鷺先生與諸同志發起創辦是校是年七月成立先設國畫西畫兩科今已三載第一屆畢業是不可不有刊也後之人於以見夫畢業同學濟濟如也覽其成績斐斐如也嘻諸君之意洵善哉抑又聞之在昔倉頡造字史皇制畫周官教國子以六書其三曰象形則書畫之同體者如日月之爲⊙☾草木之爲艸𣎳書與畫道無二致孔子曰志于道游于藝藝也者志道之士所以淑性情書蓋藝之古者神而明之則不知藝之爲道道之爲藝矣夫國畫西畫異曲同工其藝乎其道乎形上形下兼資妙理豈僅美術云爾哉

唐文治謹識

無錫美專第一屆畢業紀念刊

序

吾邑風景擅東南之勝水有具區山有九龍南海康長素來遊斯土稱之爲世界第三邦人日領此天然美景而對於鑽研藝術無特設之學校焉寗非憾事胡師汀鷺以丹青名海內樂後起之有人也爰集諸君健秋賀君天健陳君舊邨錢君殷之章君筠庭周君愷士謝君紹雄創設美術專門學校請吳稚暉先生爲之長慘淡經營斐然可觀光陰轉轂忽忽已將三載習中畫西畫諸子行日卒業刊其所作以爲紀念索序于予予樂觀厥成遂書其顚末于端諸君子既得此天然美秀之環境而又專攻藝術風晨月夕含毫對景其將來之成就豈在彌愛谷苛下哉請持此以爲他日劵

民國十七年六月薛溱舲識

序

什麼叫藝術家。是不是哼兩首平平仄仄的臭詩。抹兩筆糊糊塗塗的鬼畫。鑿兩刀七空八穿的朽木。捺兩聲5522的爛套音樂。要是這樣便是藝術家。那末蹋脚礙手皆是藝術家了。

然則藝術家究竟怎樣。須分二層來講。藝術家對於藝術之本身。應使牠由心靈的動作而創出新生命。藝術家對於藝術的任務應根據全人類愛美的天眞。而使社會爲藝術化。凡人世間一切問題。科學家不能解決。哲學家不能解決。而我藝術家能解決之。才是眞正的藝術家。

有人說。天健你以上的話簡直是唱高調了。明明藝術是一件玩的東西。那裏可以來幹這些事體。我說。不然。不然。這個例證很容易找得到的。我也不必成篇累牘的敍述。你可曉得孔老先生提倡的禮樂射御嗎。這雖與我所說的藝術首趣略有不同。而牠的本身與其應用。實不外此。然則卽此類推。便可以知道藝術救人生一切不是 空了說到無錫美專。天健也算是創辦中的一份子了。我嘗記得錫美開學時。教師九位而學生也有九位。那時理論課沒有人上。即由我補空。我第一次上課時。即以藝術之廣狹義與諸同學講。想諸同學未必忘記。我那時最有興味者。厥惟諸同學之五官動作每每隨我之聲情而轉移。我喜而諸同學也喜。我怒而諸同學也怒。我激昂慷慨。而諸同學也激昂慷慨。此事實足使我回旋腦際永遠不忘者也。

現在三年過了。而諸同學也畢業了。然而我與諸同學分別已二年有餘了。其間相敘甚短促。但是感情之融洽。則若有五倍之長呢。這是最使我歡喜不衰的。在此畢業之際且殷殷以敘文爲請。然則我如何而可貪懶呢。當然窮其心力以答諸同學之熱衷。可是臨了。更要叮囑諸同學一句話。莫忘記藝術家的本身與任務。

天健時客申江一七，一二，二三晚。

導師

◀校 長▶ 吳敬恆先生

教務主任兼國畫教授 胡汀鷺先生

▲山 水▲

胡汀鷺先生作

西畫主任　　周愷士先生

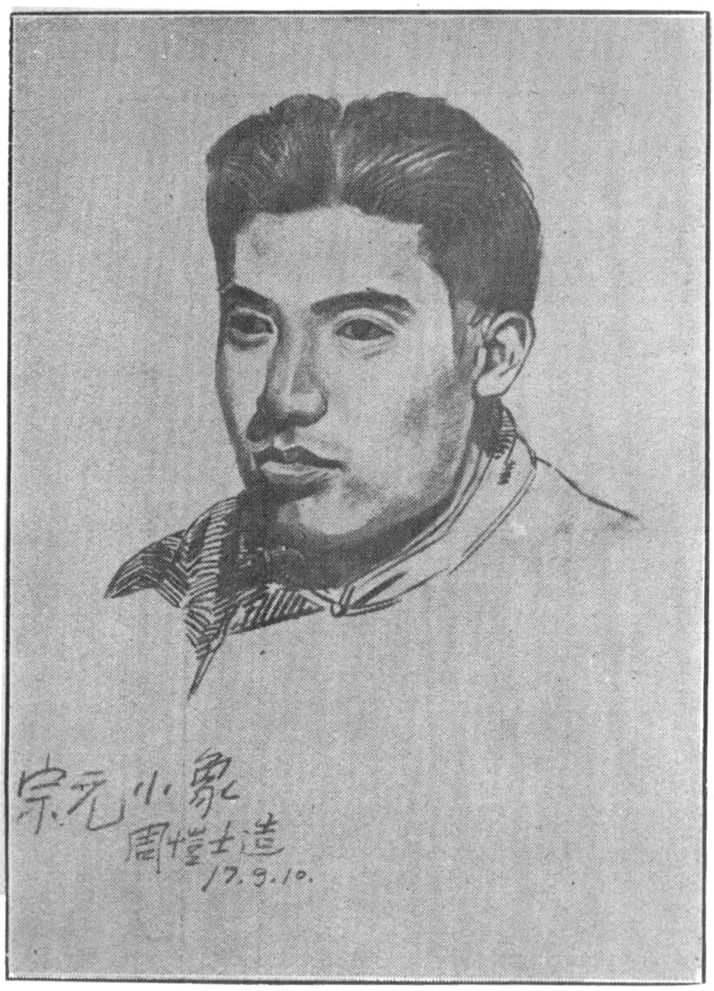

宗元小像(木炭)　　周愷士先生作

舍務主任兼國畫教授 錢松岩先生

顧氏辟疆園圖

錢松岩先生作

國畫教授　諸健秋先生

◀山　水▶　　　　諸健秋先生作

◀山　水▶　　　　諸健秋先生作

國畫教授　陳舊村先生

▲水國秋深▼

陳舊村先生作

國畫教授　錢殷之先生

▲松▼

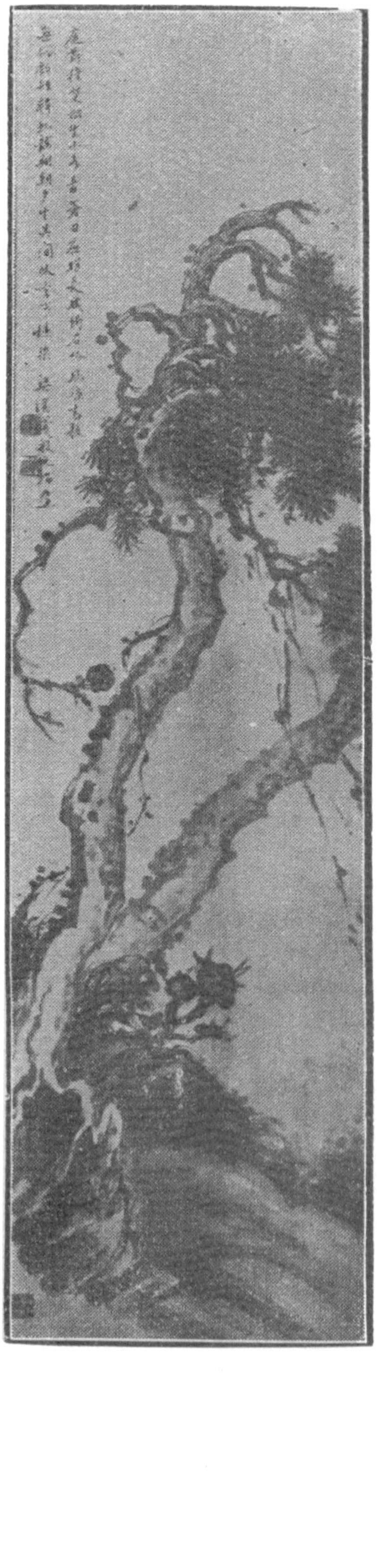

錢殷之先生作

金石學敎授　張仲安先生

歲華如箭堪驚

少壯不樂
歲月幾何

明知毋益事
還作有情痴

篆刻之學乃金石學中之部耳濂承先人學摹印究金石積有年已而苦無心得追憶先人遺言劃平豎直爲篆法之骨格合諸秦漢書法誠不外乎斯敢謂告於諸君以爲準繩可也致於鐫印之法全賴於刀法刀法者歸休文公十八法外無正規矣謹記

武進張濂手誌

西畫教授　　陳揆百先生

音樂教授　　謝紹雄先生

國文兼書法教授　繆海嶽先生

國文教授　章綬廷先生

工藝教授　張友雲先生

體育指導員　　顧攬清先生

留賞

劉　佩　琪

劉君。心坦白。爲人豪爽。有古俠士風。曉暢事理。果敢有爲。是以君歷任本校學生會組織部長。籃球隊長。及無錫學生聯合會執行委員等職。均屬勝任愉快。善西畫。長文學。凡所作述。無不天機活躍。生趣盎然。本刊出世。又推君爲編輯主任。奔波籌劃。以底於成。蓋君能任勞任怨。遇事始終不渝。爲同學所欽信。洵我校之傑出人才也。　秉　衡

■無錫美專第一屆畢業紀念刊■

湖上春雨(水彩)　　劉佩琪作

之江朝霧(油彩)　　劉佩琪作

孫 文 林

余自負笈來校。與諸同學怡然一堂。而最稱莫逆者。厥惟孫君文林。君性亢爽純樸。遇事謹慎。顧凜然不畏艱難。本校學生會會計主任。君歷任二年有餘。本刊籌備伊始。衆又舉君爲經濟部主任。而佐以儲君宗元計劃進行井井有條。誠吾級之理財家也。然君不獨長于理財。而西畫尤冠儕輩•縱筆所至。巧奪天工。多才如君。多藝如君。其得天獨厚者歟。

琪 佩

靜　物（油彩）　　孫文林作

錢江之舶（油彩）　　孫文林作

史秉衡

心雋精思。處事不拘小節。而賦資聰穎。倜儻風流者。其惟史君秉衡。當之無愧。君於我校開辦時即來肄業。與吾儕相聚者凡三易寒暑。相交之厚。君及文林仲周。鼎足而三焉。而文思之迅速。樂理之深研。繪圖之娟秀。堪稱卓絕。又長體育。善籃球。本校之屢戰勝利者。以君爲之中堅故也。　　　　佩琪

■無錫美專第一屆畢業紀念刊■

晚舟(水彩)　　史秉衡作

靜物(水彩)　　史秉衡作

朱 仲 周

君能而不矜。慧而好學。既長西畫。又擅音樂。温柔和靄。有文士風度。待人接物。一以坦率。相處三載。曾未見其有疾言厲色。篤誠持重。于斯可見。蓋君受藝術之薰陶也深矣。君朱姓。名仲周。廣西楊庫人也

佩 琪

■無錫美專第一屆畢業紀念刊■

石　室(油彩)　　　　　　朱仲周作

朝　曦(水彩)　　　　　　朱仲周作

儲　宗　元

儲子宗元。名鋆。陽羨望族。性倜儻率直。畫工花鳥。樂擅中西。尤精篆刻。而書法更爲所好。漢魏大小篆。俱入精微。多才多藝。殊爲難能。現年二十二。以成績優良。留校服務。

敬　亭

無錫美專第一屆畢業紀念刊

▲花卉▼

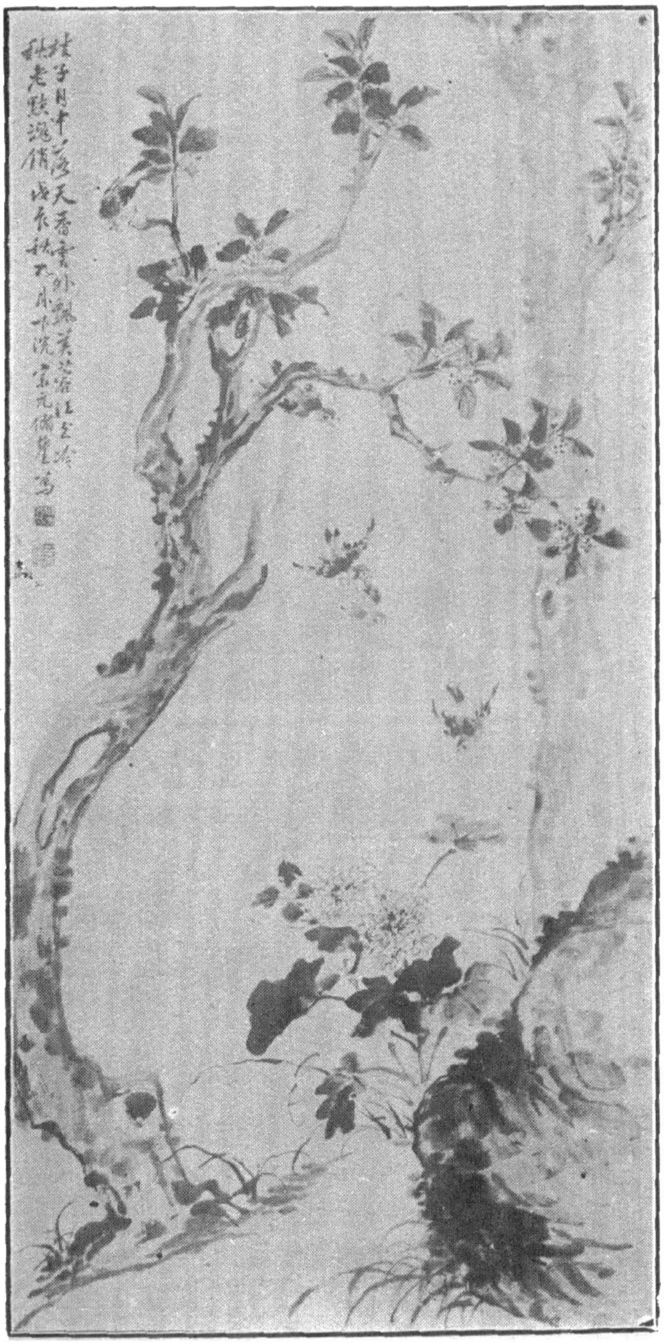

儲宗元作

馮　其　模

馮君其模。字習仁。年二十一。聰穎多才智。工花鳥。兼長山水。筆致鬆秀。神似新羅。尤擅詞章論說諸學。畢業後。留任本校教職。本刊編輯付梓。得力尤多。馮君世居陽羨。銅管山隈。罨畫溪畔。解衣磅礴時。山水靈秀氣。宜其繞繚筆端也

敬　亭

無錫美專第一屆畢業紀念刊

◀門外野風開白蓮▶　　馮其模作

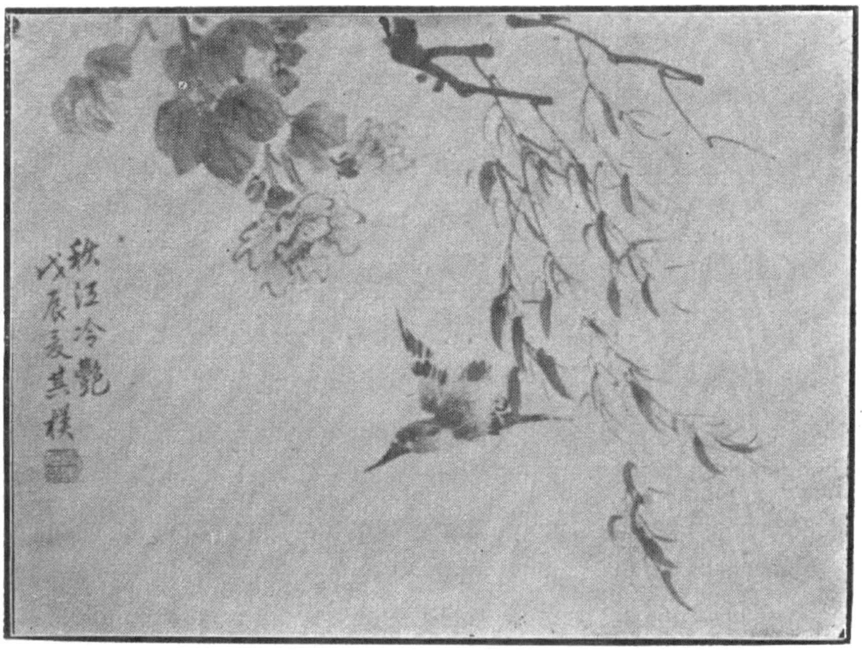

◀秋江冷艷▶　　馮其模作

裔敬亭

裔君敬亭。名潔。鹽城世家也。現年二十八歲。以成績邁衆。留任母校教職。性剛正。不抗不卑。工人物仕女。兼長梅花。尤精詩文。同學中或持圖索題。而君不假思索。一揮立就。其才之敏捷也可知。平居隨意吟詠。與人唱和諸作。俱稱傑構。

其模

無錫美專第一屆畢業紀念刊

▲人物▼

喬敬亭作

張　翔　磷

張君翔磷。字磨堅。品學兼優。性情孤高。與人落落難合。居恆默坐冥想。心有所契。即走筆疾揮。爲詩爲畫無不令人叫絕。于畫專攻山水。鎔鑄南北。別樹一幟。尤工吟詠。詞意悽涼。而卒以攻苦促其壽。可哀也。張君年纔二十有二。畢業凡三閱月。噩音傳來。師友故舊。爲之同聲一哭。　　宗　元

▲山水▼

張翔磷作

高　雲　鵬

高飛號雲鵬。無錫北鄉產。性坦率。厚道可風。於畫無所不能。亦無所不精。舉凡山水人物。花卉虫魚。遠追古人。旁通西法。又皆筆法致高古。毫無時史習氣。復擅國樂。高君亦多才哉。現年二十二。現任南匯女子中學教員。　　　　宗　元

◀花　卉▶　　高雲鵬作

◀山　水▶　　高雲鵬作

江　一　麟

江君一麟。年十八。爲本級同學中之最少者。梁溪舊家子也。性溫文。質聰穎。工花鳥。善文章。眉目韶秀。謙虛沈默。如好女子。然抱志高遠。不以此次畢業而自足。更入西湖國立藝術院。以求深造。現聞江君爲該院高材生。前程未可量也。　敬亭

■無錫美專第一屆畢業紀念刊■

▲山水▼

江一麟作

馬 少 雲

馬君少雲。名淵。現年二十一。梁溪人也。工翎毛花卉。用筆蒼老。別具風格。精國樂。尤擅胡琴。花晨月夕。同學每泥爲一奏。靜聆之餘。心神俱爽。居常沈默寡言。與人又和靄可親。眞藝術家也。　敬　亭

無錫美專第一屆畢業紀念刊

▲花卉▼

馬少雲作

◀旅杭寫生隊▶

（十七年春攝于杭州西泠印社）

▶本校籃球隊◀

藝談

揭藝人之使命告
無錫美專一屆畢業諸同學

錢松嵒先生

夢想之天堂，甯有實現之一日乎？擾攘之社會，甯有恬靜之一日乎？天良未泯者；激爲憤世，嫉俗，自殺，瘋狂，或笑傲烟霞，遁跡以避世。甘自墮落者；貪婪貨利，沉迷聲色，終至奸詐暴戾，幻成無限之修羅場。衡諸法律，而不及；冶之宗教，而不足；濬發利源，而所弊正相埒。然欲挽萬刼于不復，布和平之福音，捨藝術恐沒由，創人類之新生命，闢人類之新樂土，捨藝人其誰歸？

吾錫實業發達，民物殷阜之區也。然一析民間之內部，煩惱而已，罪惡而已；工廠汽笛，悲吼於靜夜；突烟車塵，瞑冪於空際者，適足爲其象徵耳，涸轍中呻吟之人生，亟待升斗之水。心田中萎謝之愛苗，亟待涓滴之露。顧所謂民衆先導者之藝人，非崇尚陳腐之因襲，卽誤入怪誕之歧途，黯然卑劣之作品，又安足慰藉民衆之心靈哉！

然藝術泉源，在錫固可隨地湧出，按諸自然；余嘗浮具區，躋九龍，覩夫湖山秀媚，林泉清幽，一爲俯仰，塵襟盡滌，自然與我，我與自然，融合爲一無限諧和；卽閑花小草，亦莫不含有愛的妙諦，藹然可狎，處是境者，倘不能觸發詩的情緒，而更努力于美的創造者，將何以遣此優美之環境乎？溯諸歷史；晉代顧長康，擅長傳神，謝安推爲蒼生以來所未有。元代倪雲林，氣韻清逸，自謂所作寫其胸中逸氣。此卽個性表現，自我化之謂也。今歐西自詡爲新進境，詎知我國已覺悟於數百年前，此不獨我無錫鄉土史上最光榮之一頁，卽在世界藝苑中，亦足自豪者。但彼後進，今已超我而前，回視我國，反一蹶不振，吾人不能喚醒我垂斃之藝術，一刷其固有之光芒，以照徹人間者，將何以紹此先哲之箕裘乎？所可憐者，芸芸衆生，積習已深，狂者以不狂者爲狂，身任藝人者，正宜具大智慧，大無畏精神，突破重重之因陀羅網，直指頓悟，創爲無上美滿之極樂世界，而完成其最後之使命，庶或夢想之天堂，由戰勝擾攘之社會而實現乎？

今夏本校第一屆學生卒業，濟濟多士，自身既飽受藝術薰陶，而能卓然遐思，深憫枯澀之現社會，思有以援手歟？能領略自然之美，思有以創造歟？能振興我國藝術於陵夷，堪告無罪于先哲歟？三年考績，爲期已滿；任重道遠，此僅發軔；將見莊嚴燦爛藝術之宮由諸君而手𢵧之，行矣勉之哉！

美的情緒，由於連帶之同情而生，在此高上情緒上，否認自私自利及一切無羣性的作爲，故美學如道德，應求其不朽　　居友

小學和初級中學音樂科課程綱要

謝紹雄先生

小學校音樂科課程綱要

主 旨

使兒童能唱平易的歌曲。以磨練其聽覺及發音機能。并發展其活潑的天性。涵養其愉快。優美。和愛。的感情

學 程

第一學年
- A 唱歌
  - 一。聽唱白話近於童謠而可以表情的歌詞
  - 二。歌詞上配置之旋律宜限於五聲音階開始教學暫不用樂譜
- B 樂理
  - 三。辨別音的高低長短

第二學年
- A 唱歌
  - 一。聽唱白話合於兒童空想詞句活潑而可以表情的歌詞
  - 二。用長音階的旋律。
- B 樂理
  - 三。辨別音的高低長短

第三學年
- A 唱歌
  - 一。視唱或聽唱愉快活潑的簡易歌曲
  - 二。用長音階的旋律。音符限于十六分以內的。
- B 樂理
  - 三。譜表。音部記號。音符。休止符。和階名之識別與唱法。

第四第年
- A 唱歌
  - 一。視唱愉快。活潑。優美。的歌曲
  - 二。仝第三學年
- B 樂理
  - 三。辨別和認識調子記號。及拍子的強弱

第五學年
- A 唱歌
  - 一。唱愉快活潑莊嚴幽靜等曲想的歌曲。並間授二部輪唱。
  - 二。以長音階的歌曲爲主。參授短音階的歌曲。
- B 樂理
  - 三。認識普通應用的強弱。快慢。省略。及雜記號。

第六學年
- A 唱歌
  - 一。同第五學年。加授二。重音歌曲。并簡易的英文唱歌。
  - 二。長短音階的樂曲參授。
- B 樂理
  - 三。音程和音階大意。

畢業最低限度

初級
- A 唱歌。 能夠唱簡易的歌曲。
- B 樂理。 能夠認識譜表上必須應用的通常記號。

高級
- A 唱歌。 能夠唱通常的單音歌曲和簡易的二重音歌曲
- B 樂理。 能夠明白譜表上的普通記號。音程和音階大意。

初級中學音樂科課程綱要

主 旨

引起學生欣賞時間美的興趣。並發展他活潑的天性。以涵養其愉快。優美和愛的感情。使成高尚純潔的個人。

內 容

甲。唱歌

A 樂曲
- 音程練習
- 單音唱歌
- 復音唱歌（二。三。重音）

B 歌詞
- 本國歌詞(佔十分之八九）
- 外國文歌（間授一二須淺易明白的）

乙。樂理

A 樂譜
- 譜表音部記號。音名音符。休止符。小節及拍子。
- 升降及本位記號。發想記號。
- 雜記號。省略記號。

B 旋律
- 旋律大意。順次和跳越進行。
- 音程（普通變體。轉回。協和。不協和……等）
- 音階。（大意長短。升種及降種的長短音階。半音階……等）

丙。器樂

風琴
- 基本練習
- 單音樂曲練習
- 複音樂曲練習

畢業最低標準

甲。唱歌　能夠唱普通的單音及複音歌曲，

乙。樂理　能夠明白樂譜和旋律的大意．

丙。器樂　能夠彈單音樂曲。及簡易的伴奏。

（附言）以上分唱歌。樂理器樂三種。前二種列入必修科教學。器樂一項，可列入選脩科。

音樂爲『美』之源　畢達古拉斯

青年畫家應當怎樣努力

劉 佩 琪

滔滔不絕的流水。在江河中揚着。蓬勃而含有音樂生趣的林木。被和風吹得向人點頭。微笑而幽香的野花與鴨絨似的小草。相映着蔚藍色的天空。處女般的山峯高低的矗立。這是大自然表現一種淵深的淨美。隨處都能使我們發出純潔的美感。而又能隨處清滌我們汙俗的想象。這是上帝的藝術作品。就是我們青年畫家至偉大的對象。我們應當怎樣努力去把此偉大的藝術對象。而爲我們高尙偉大的作品。使鑑賞的人們。得有同樣的情感。以救出一般沈淪在苦海中沒有美的慰藉之可憐者。但是我們要成此偉大的藝術事業。必先要守好以下的信條。

(一)解除環境的束縛——我們知道現今中國的社會成爲什麼社會。我們所處的環境是什麼環境。從前者言。牠受了四千餘年舊理禮教舊道德的腐化。弄得鄙塞不堪。從後者言。除朦無知識如原始動物者外。只有那持械的惡魔。錙銖爲命的守財奴・專以增進他物質生活爲旨趣。演成那貪狠毒辣的境界。一般窮困而無反抗能力的平民。祇能低首不言順他們去荼毒。無論你如何血枯力竭的悲喊。但是有誰去扶助他呢。有誰去安慰他呢。說什麼博愛平等。現在可以明晰了。我們的環境。便是黑暗如地獄的環境。被毒蛇猛獸圍困的環境。我們如何去改造這樣惡毒的環境。只有向着偉大藝術的光明路上走去。奮着熱血來同一切爭鬥。不要被萬惡的名利來蔽蒙。因爲引誘我們的魔鬼。隨處都有。不要做那求媚社會的應時品。應當要做終古不朽的一個偉大作家。

(二)打破困難的阻撓—— 眞美的創造。便是藝術之極致。現今我國的藝術家。除了少數眞能創作之外。其餘多是去臨摹自然的外象。却不鑰發他自己天賦的想象力。甘受自然的樊籠。所以他們的作品。都流露出自然的奴隸性。更無所謂偉大高尙的優美。但欲從事于創作。也不是全憑着無意識的幻想。故意作那奇形怪狀的塗抹。要由作者因自然的外感。而引起內生命的活動。這纔是眞美的創造。但是要達到這種目的。必定要一意孤注。於精神生活方面。物質生活不足動我傾向的心。我們祇要抱定了堅忍的毅力做去。努力猛進。目標雖然相距得很遠。但是總有達到的一天。

（三）不顧生活的桎梏—— 我們研究藝術的人。最難解決的問題。莫如有許多人最初立定了偉大的志願。到了後來被生活的桎梏。不是半途而廢。便是改變了方針。終至一無所成。譬如強盜竊賊。他們未始不願意去做一個好人。但是因爲受那生活的壓迫。被那金錢的引誘。黑暗社會的傳染。不得已而去幹那打家刼舍的買賣。寡廉鮮恥的勾擋。所以青年畫家。要成一個偉大的作家。應當不顧生活的桎梏。努力地做去。認着我們的目標做去。我們的目標便是高上的技巧。平民化的藝術。使我們中國的可憐者都受牠的甘露的潤澤。使藝術爲革命化並爲創造愛的世界的工具。

人生不得不是藝術，更不得不把人生
改造於藝術的新地盤上。

嘉配爾

怎樣去批評藝術

林 文 孫

同在藝術界裏的人。談到關于藝術方面的事。總是長篇累牘。非誇耀自已。卽攻擊別人。這是何等痛心的事呀。我記得某藝術學校中互相詆毀的一事。有一天某某學校學生批評某校教師的作品。其批評的主要語。便是對于自然描寫的太忠實。無藝術價値的……」且加上他一個畫匠的綽號。然而我也曾經看過該校的繪畫展覽會。我眞找不出他們自我的內心的表演之所在。不過受教師的感化。千篇一律類似有公式的一種傳派罷了這種毀謗的態度。雖然不祇是現在藝術界的初進者。差不多已成研几藝術者的通病了這是何等不好的現象。我又記得老師賀天健先生對我說：『某某幾個人包圍某先生。想霸持藝術界中的一切。並以包辦式的行爲正在籌備某展覽會。某某等也是藝術界中有名的人。很妒忌他。或者要組織一個什麼會 。專爲來做反對他們的工具』然則藝術界中的優秀份子。尙有如此行爲。無怪乎生徒不信仰教授時。而有動輒對人攻擊之事。我並不是不贊成批評。也不是以爲批評卽是不好。惟批評要評得有價值。如故意排斥異己。或得一二智識技能。卽存驕氣。便去妄評人家，此乃于批評眞正的意義，完全失却了。這不是批評。簡直是毀謗了。藝術不是用虛僞來眩惑人的。要拿眞實來感動人的。托爾斯泰說。虛僞的騙人的藝術。乃藝術的僞造品。且不允許其存在。但是我認爲這也是「反對事與言違一派」唱高調人的語。眞正的批評是含有研究性的。以我心靈的活動。發表而爲藝術。絕不以私人的利益而爲轉移。能如是。則集合多數人的言論。可以作爲研究的目標。結果自能促藝術的上進。至於存有野心或驕氣。去蓄意罵人。使藝術界呈混亂黑暗……藝術非但無進。且將日漸衰歇。則是人之罪。雖擢髮不能數了。唉不忠實之批評。應響于藝術有如此其巨。可以不戒嗎。

寗可無藝術，不可有壞藝術。

托爾斯泰

談談素描的重要

顧 惕 凡

我在興致高到極點的時侯。往往和二三知己。夾着畫具。齊登畫屏般的惠山。登插雲的高塔。找尋畫材。遠眺太湖。水天一色。舟如沙雁。浪平如鏡。湖光山色。姿態萬方。可知天然圖畫。遠勝人工萬倍。偉大的自然。充滿了美妙的景物。無一不可作畫的對像。隨處都能使我發出無限的美感。但是她給人們會面。總是一轉瞬間的。要把這個美的印象。使她永久存在人間。非繪畫不可。所以畫便是自然的寄托者。現在我們覺得初學繪畫。在宇宙間形形色色。種種物體。接觸到我們的感官裏。而影響到我們的精神作用。因調和或不調和。生出愉快——悲哀—憤怒——和暢！悲壯等種種的情感。這種情感雖然是出於我們一時的神筋作用。但是這時候也覺得物象上本來具有這樣的情感。於是就和她表無限的同情。很興奮的把她表現在畫面上。同時也能夠看出作者的人格和情緒。今把我自己的幾張作品。做一個細細的考察。那熱鬧的街道。繁複的船隻。當時覺得畫面上似乎很有充分的表現。足以自己滿足。但是經過長時間的研究。又覺得表現力很是薄弱。一反以前的愉快而變爲悲哀了。這因爲初習繪畫缺少基本素描練習的緣故。所以每次描寫雜複的對象總不免陷於貧弱的一點。可是參考西洋的幾張名畫。他們的構圖一色彩一筆觸一是沒有一筆可删。沒有一筆浮薄。也沒有一處是髒的。同時他們的性格一姿態一情緒也沒有一絲一毫不曾立現的。在他們的作品中。一看就可以知道從素描的寶庫裏探究出來的。我希望一般學習繪畫的同志。先要把素描的根底堅固着然後我們不論遇到複雜或簡單的景物。繪的作品。不致時時失敗了。不過我覺得現在一般學子。見了繪畫。固然很歡喜、但是在初習時候。不肯注意基本練習一素描。總喜歡塗紅抹綠地使用色彩。他們不但不明暸素描中的深味。并且還認爲素描是很容易的一回事。這不能不說初學者的誤解。現在對於繪畫。脫離自然而求我心靈表現的說素聲浪很大。可是初習的人技巧還有純熟。決談不到這一點。所以起始便要練習技能的純熟和深刻地觀察自然。而探究其中的美點。形式如何。色彩如何。再運以靈敏的手腕。犀利的目光。和如髮的心思。在一霎那間。捉入畫中。但是素描的基本練習。總不可忽略。否則描寫的技能還沒有。雖有美景在前。我們怎樣去把捉爲己有呢。

一個小貢獻

劉佩琪

「批評藝術作品。是一件很不容易的事。尤其在這一般人對于藝術沒有相當的認識的時期中。我的朋友這樣的對我說——「是的」。不過我認爲這個不成問題的。批評藝術作品。我們祇要認清以下兩點。定能得着忠實的結果。(一)藝術作品要有藝術本身的價値。(二)藝術作品要有時代的精神。但是我每見到在一個展覽會後。不問是團體與個人。總有一般所謂鑑賞家和批評家。用那捧妓女式的口吻。捧優伶式的文字。只顧開口亂叫。鬧得人家頭暈腦漲。所以我希望今後的鑑賞家。請用那準確的目光去批評藝術。更願我校的同學。創造時代的藝術。

旅行寫生之旨趣

裔敬亭

吾國自羲皇以一畫開天。卽圖畫之嚆矢。年湮代遠。考證殊難。厥後民智日開。教育漸尙。研究藝術者日益興起。至十九世紀以後。因潮流之所趨。咸提倡主情主義。審美主義。創空前未有之觀。成世界無疆之美。余不敏。素喜研究藝術。幸沾及時雨化。肄業以來。雖未得良好之成績。而旨趣之相生。早印吾腦中。歷歷皆可數也。尤於春秋佳日。每有旅行寫生之舉。其宗旨則實地練習。其生趣則樂盡天然。且名山勝水。異木奇卉。亦隨吾身心俱適。平居揮毫。旨趣雖同。而情境則異。是故擴張眼界。非旅行不足以覘其實。描寫風景。非寫生不足以傳其眞。一舉而數美備。古今來藝術名家。安知非實地研究。得天獨厚者耶。倘旅行而不寫生。雖有名勝之區。奇特之景。不能隨吾所好。對象揮毫。失之偏矣。寫生而不旅行。縱多參考。未盡天然。不能廣吾所見。以饒生趣。則失之枯矣。是旅行必須寫生。寫生尤貴旅行。旅行寫生。一而二。二而一者也。況藝術與人生之關係甚大。尤當盡其功能。不可失其美感。如動物靜物平面立體空間混合諸美。隨時隨地。悉心研究。自能得天地之秀氣。即我國古來畫家。如唐之王維。宋之董巨。元明清四大家之作品。或以工細見長。或以豪放致勝。要皆以筆墨神韻爲主。亦未嘗不以自然爲師。如王維輞川之居。董原金陵之山。子久虞山之隱。蓋有由也。且旅行寫生。正所以養吾之性。發吾之情。名山勝水。異木奇花。當研究其名勝奇異之點。及形態朝暮變遷之象。然後胸有成竹。運筆自如。較之臨摹範本。不可同日語矣。昔太史公周遊名山大川。而文有奇氣。一峯子畏。豪放不羈。風流倜儻。而畫多特色。古人之性情。隨其所適。以致旨趣相生。圖成名立。豈拘於此而偏於彼哉。吾故曰。旅行寫生一而二二而一者也。

藝爲志道之士所不能忘

宣利畫譜

野外寫生在繪畫上之位置

史秉衡

比年以來。泰西藝術之輸入中國。日益加多。觀其作品。莫不卽景生情。隨地而異。良可佩也。反視我國藝壇。則臨倣如故。習俗相沿。積重難返。雖有明達者。亦復因陋就簡。不再別出心裁。拘守舊法。目爲正宗。而於好以創作自居者。則目爲狂放。亦可歎矣。

夫西洋畫術。首重野外寫生。以其有創作之研究也。其實寫生在我國亦由來尙矣。先哲對於輪廓之正確。取景之位置。氣候之變化　表現物體之明暗。以及點綴之方法。均悉心研究。興之所至。莫不成爲傑構。特後人依賴成性。遂流於抄襲。而使我國藝壇黯然無光耳。余故對於野外寫生。平時甚爲注意。當實地工作時。雖冒風霜。犯寒暑。而越山攀嶺。未嘗覺其苦。蓋有至樂在焉。夫手攜畫箱。從吾所好。搜羅自然之美。其趣味實非筆墨所能形容者。且名山大川。奇草異石。珍禽怪獸。各有生趣。各具佳境。苟不躬臨其地。則不能領略其萬一也。若乃拘拘伏案。足不出戶。豈能會心獨遠。

而能得之於象外耶。名勝古蹟。奇特之景。既不能羅列案前。則野外寫生一道尤不可缺。吾望今人。凡被桎梏於臨摹。不能充分表示其性情者。其速自謀獨立。庶毋戕其天才哉。

藝術家是自然的主人，是自然的奴隸，又是自然的情人。

太戈爾

我對於學校中施行藝術教育的一點主張

劉佩琪

我國自施行學校教育以來。一般教育專家。都倡言智德體三育並重。然獨對于美育則形同點綴。無討論之者。此種偏而不完全的教育施行後。得着種種不良的結果。試觀近日學生習氣囂張。學校風潮時有所聞。其中原因。雖不屬于一端。但是忽視美育爲其中一大原因。蓋理智的教育發達。則學生熱忱的情感力減殺。而養成殘暴冷靜的頭腦。於是一般染有惡習而性情乖戾的學生。從中煽動。利用各方面情感之不溝通。以少數號稱全體。校中當局如有一些過不去的。便出而與之爲難。因此學風日壞。識者尙謂忽視德育之關係。實不知適得其反。所以蔡元培先生說『新文化運動莫忘了美育』希臘大哲學家柏拉圖也說『善與美爲同體。教人學善。應先提倡愛美的好尙』。這幾句話。確是至理名言。蓋欲藉藝術教育的力量來陶冶學生的品性。調劑智的教育的偏失。在我未發表意見之前。先將過去的藝術教育來談談。所謂過去的藝術教育。在小學是不必說。在中等學校。則因辦學者的忽視。以爲雕蟲小技。無關大局。于初中時期勉強有一二小時的藝術課。作爲官樣文章。一至高中。則此官樣藝術課也沒有了。(師範科例外)並且教師所用的教材。大多不合藝術教育的原理。無怪一般學生的學校生活。因受不着藝術的洗禮。要覺得枯燥沉悶一點沒有興味了。但是其中不乏深明藝術教育原理的同志。不過因爲校長的小視。自然使執教者氣短而敷衍過去。所所我國藝術教育。可說幼稚到極點。要同歐美各國去比。眞是談不到。但是提倡藝術教育也不是單唱什麼高調。談什麼維美派的說素。在此革命思潮澎湃之時。事事要從實施方面做去。怎樣去實施。且待我慢慢的寫來。

有許多人說。藝術教育便是「圖畫」「手工」「音樂」。這不過是養成學生指頭上的技能罷了。無所謂陶冶與調劑。這種說素。我以爲是不對。「圖畫」「音樂」「手工」。不過是藝術的科目。不能來代表藝術教育。藝術教育是發展學生的個性。是啓發他創作的天才。磨練他的官能增進他審美的能力。而養成健全的國民。這便是實施藝術教育的目的。今再談實施的方法。

(一)校方的設備與佈置——這個問題。看來似乎很小的。用不着加以討論。但是人的品性不為環境所感化而轉移的。從古以來沒有這一個人。所以孟母三易其居。也是因為環境關係。由此看來。環境的好壞。有直接應響於人生的功能。學校的設備和施教的關係。正如同出一源。學生朝夕相處於校中。種種方面。必須使之陶冶於藝術化的環境中。對於一切的設施。皆須帶有藝術的意味。合於美的原理。其間尤以藝術教室為最重要。因為藝術教室。可說是學校藝術化的中心。佈置方面。務求完備。使學生一入其中。便覺有一種說不出的快感。至於怎樣去佈置。這要由各藝術教師去想法。要看校方經濟的充足與否。方能決定。總之處處要能啓發學生愛美的觀念為宗旨。

(二)師資的選擇——這一點與藝術教育的本身有直接的關係。應當要很注意的。但是調查現今各校的藝術教師。往往他自己的本身並無藝術的修養。藝術的技能也自然是不十分高明。有的簡直什麼叫做藝術也不明白。(其中也不乏明晰藝術教育的原理而很有研究的但是可說是鳳毛麟角)試問這種沒有藝術修養。不知藝術為何物的同志。叫他要去使學校藝術化。要啓發學生的美的情緒。可說是緣木求魚了。我希望提倡藝術教育的校長們。對於這一點須加以鄭重的注意。

（三）注意教育法——藝術教育的意義。一方面是增進學生鑑賞的能力。一方面是磨練官能而發展學生創作的天才。二者若缺其一。便成爲不完全的藝術教育。但是現今有許多藝術教師。所採取的教育法。大多還是拘守陳法。例如圖畫一科。祇要使學生臨摹自己的作品以爲能事。於是這一般學生。就依樣葫蘆的畫去。輪廓的準確。色彩的調和。都不去問訊。他這樣我也這樣。他那樣我也那樣。如匠人般的照例工作。祇要同範本一樣就算了事。這種教育法。不是有生命的藝術教育法。是使許多學生成爲教師的奴隸的教育法。怎樣能夠去指導學生。使學生們受到很深的感化。說什麼鑑賞與創作。但是要除去這種死的、板的、藝術教育。而使之趨向于生的、活潑的、藝術教育上去。在教育法上。應當採取寫生和記憶的方法。使學生得研究自然物的生理。於是用出他敏銳正確精密的頭腦。揮發他潛伏在內心的美的情感。但是在初習寫生時必定覺得很困難。實際上是不成問題的。祇要教師時時把透視和用色的方法。加以指導。久而久之自然成功了。不過在上課的時候。教師和學生要一同在教室中工作。一方學生可多得觀模的機會。而易於進步。教師也可以藉此多得練習的時間。

（四）課外的作業——藉了每週二三小時的藝術課。要使藝術教育發生怎樣的效力。我看是不可能的。就是別種學科也是同樣的。那麼課外作業是很重要的了。藝術課的課外作業。一、是要組織研究會。使學生多得研究的時間。在技能方面可藉此進境。此會的組織。要由學生自動的組織。師長不過站在旁觀的指導的地位。（組織法由學生自訂之最好每級有此種組織）一、是要開習作展覽會。收集學生平時的作品。把牠陳列在一處。由學生與師長共同批評。一方面藉此可以增進學生對於美的鑑賞的能力。一方面可以增加學生的競爭心。（最好每月開一次）在每次展覽會中。提選精美的作品。到學期結束時。開一大規模的展覽會。招待外界來賓。加以評語。則可使社會對于學校的信仰力增加。並且可以使學校藝術印刻到一般人的心裏去。這不是一舉兩得麼。

實施學校藝術教育的辦法。已於上文說過了。不過我平時對於教育原理學和教育法是沒有多大的研究。因為要請求大家指教。所以纔敢寫出這點主張！

藝術的墳墓

劉佩琪

意大利未來派的宣言說。『意大利。世界都道他是過去藝術的墳墓。這件事並不足以誇張。並且確是莫大的恥辱。意大利王國。單像這樣的存在着做一個骨董品的大市場。是不能夠隱忍的。因為舊意大利的光榮。實在是阻害新意的大利的發展』。這幾句話。的是至理明言。堪作我們的當頭棒喝。但是反過來看我國人的思想。恰巧同他成了一個反比例。多數人都掛着中華是數千年文化之邦的金字招牌。很得意的自誇着。以致國家的一切事業。都弄成一蹶不振。這是多麼可歎。多麼可恥。所以今後我希望——十二分的希望。——在黨治下的民衆們。應當要根據未來派的精神。努力地做去。我國的藝術。不致於有退化或任之於滅亡的危險呢！

我的兒童音樂談

朱仲周

人生究竟的目的，只有一個『美』所以教育的宗旨，也只在美化人生，而一代文化之促進，亦基於此；所以美感教育的呼聲，一天高似一天了。施行美感教育，其直接的工具，而最能使人潛移默化，入于至善盡美之域者，尤莫過於音樂一科，小學校的重視音樂一科，大概就是這個原因吧，至於教學方面。姑且把我的管見，寫在下面：

兒童天性是需要音樂的；所以小學校設立音樂一科，有了音樂，可以供給他的需要，滿足他的欲望，使他的生活有生氣。并且學校課程的配置，每天總有六七節，兒童經了長時間的用腦，身體和精神上，都要感到莫大的疲勞；有了音樂排在中間，就可調節兒童的倦怠：又可得到精神的愉快，並且在上音樂課時：倘把室內窗戶都開了，使空氣流通，兒童肺部不自覺的儘量擴張，於身體的健康，也有關係。音樂既有這樣的功效，那麼現在還有許多學校，對於此科看作無甚輕重，彷彿這門功課，與學生學業是無甚關係；因而對於教材和教法方面，統統不注意：這實在是很違背教育原理的事！現在我所欲討論的就是這二種：

A 關於教材方面

我嘗在鄉間一只小學校裏參觀，恰巧那時上唱歌課，記得那時是春季，我聽到一隻是秋遊的歌；我後來一想，這是教員的錯誤，既沒有春季的材料，何必要教他們呢！因而想到教員的選擇教材，最爲重要，若有不適合於兒童心理的，非但失却音樂的主旨；並且使兒童生厭惡，少興味，所以不能不審慎下列的事項：

(甲)關於歌詞方面的

一•要和兒童所讀的書應當有連帶關係；教那一二年級，最好純用白話，使學生容易了解歌詞的意義，那便是適合兒童程度的教材•倘然教那深奥的歌詞；非但不能引起他們的興味，反使生厭•

二•歌的性質和意義；我又想到，有的小學校，有時竟教那粗俗的小調，這是萬萬不可以的，應當選適合他平日的動作和觀念的；並且有興味的，歌的意義，要有藝術上的價值，能夠激動兒童的想像和情緒的。

(乙)關於曲譜方面的

一•音調要簡潔完美，能使兒童動聽的。

二•歌的段落，和曲的段落，他的動律。要抑揚頓挫符合的。

三•所用的曲譜，應當作嚴密的齊擇；倘使用進行曲譜去上填歌詞，那就不適合於歌唱了。

B 關於教授方面

教授一二年級兒童，不可開始就教歌，教師應當用那動聽易懂的歌謠，利用兒童聽覺，由教師口授：這種方法稱爲聽唱。但有時也不妨示以歌詞，使兒童看了歌詞吟唱，不過初學音樂，總須注重練習口耳方面，如果多用眼看，奪却口耳的練習，那就本末倒置，反足以影響兒童學習音樂的效率。

教授三年級以上，宜逐漸引導兒童認識曲譜，由聽唱法而入於視唱法，先從基本調起，逐漸增加，使兒明白曲譜的組織法。平時練習可使兒童聽音記譜，（教師按琴兒童速記考察各人的聽覺，孰敏，孰鈍，）或者默寫已經唱熟的曲譜。唱時兒童的姿勢、發音、節拍、以及音的高低遲速等等也應隨時留意。但還有一件，在教授時應特別注意的，就是無論教那一級在這一節中，觀察他們唱了有些困倦的態度，那教師即須用種種的方法，來調節他們，例如：時而坐，時而站，時而繞教室內行，時而隨唱隨表演，時而對唱，時而和琴唱，時而停琴唱，用了這些方法，乃可以去掉他們的困倦。並且唱歌時間不要十分長，以每節二三十分爲度，因爲時間長了反而沒有趣味；蓋教授音樂之目的；是以發展快樂活潑的天性·涵養和愛合羣的情感，我們須先得認清。

以上所說，都是我個人的意見，在事實上是否要這樣？還請諸同志指教。

藝術家能創造愛的光明，

普照人間寃獄中的囚徒。

詩學概觀

馮其模

余自幼耽志書畫，兼嗜翰墨；顧浮沉硯池，伊唔書城，一門外漢也。入校以來，幸有同學之探討，良師之指導；雖未登堂入室，亦略能知其門徑，非曰能之，亦聊曰願學焉。

嘗攷詩之發源，遠在初民，擊壤卿雲，即其一例。詩而成集，則當始於三百篇。吾人生而具有性靈，故能觸物以興懷；但感情之生，其複雜淵蘊，往往非言語所可得而形容，因而意有不能繙宣達者；故必咨嗟詠歎，一洩無餘，發揮無遺，然後暢其心志，而快其胸襟，所謂詩以言志者是也。

漢魏以降，由質而文；及至李唐，此道大昌；後世氣息漸微，競尚嫵媚纖麗之作，尤以六朝爲最著，然而詞曲易幟代興，不可謂非騷壇之別一轉機也。縱觀古來詩學，其間錯綜變化，盛衰轉移，每與時代相表裏，殆爲勢所必然者。邇來凡百俱新，而有白話詩之崛起，抑亦新時代之產物歟？惟學者對於舊詩，一若糞土之不逮，余敢正告之曰；過去之舊詩，決非一朝一夕所能促成，必也廢寢忘食，沉浸其間，揣摹推敲；古有一句成，而捻斷數莖髭者，其難也如此；率爾操觚者，安能有深刻之吐屬哉？

但保守舊詩者，則又爲聲韻格律所束縛，所謂性靈，幾泯滅殆盡，役役於皮毛之辭藻，我國詩學益如強弩之末，愈趨愈卑，家珍而敝帚矣。吾以爲藝術須以時代精神爲背景，詩之有變化其宜也。惟經一度改革，必須有一番新進境；若徒趨於平凡，庸俗，新的建設，尙無端倪，而舊的長處，已破壞無餘，是亦吾所不取也。

藝術家是羣鳥中

前飛的第一只

培爾福

文苑

同學臨別贈言 以題爲韻

裔敬亭

原夫苔岑契合。沆瀣炎融。藝苑希蹤。干青雲而得路。詞林按曲。歌白雪以凌風。人既衣冠楚楚。時還花木葱葱。地接蘇常。喜交通之有便。客來淮海。悵離索於無窮。三載同窗。藉得切磋之助。一堂話別。還圖深造之功。從茲地角天涯。分途各異。看到海萍雲鳥。厥象攸同。溯夫中原騷擾。波及萬方。上將頭銜。赫同五嶽。既休咎之難知。忽升沈之頻數。感茲刼後餘生。正可及時行樂。記得登高招飲。舟因訪戴而來。吐氣揚眉。管豈識荆而握。茗品二泉　景賞五里。美人芳草。原係假託之詞。名士良朋。幸得追隨而學。詎意光陰荏苒。三載於今。昔日遨游。將爲陳迹。一朝歸去。更傷離情。索案圖兮滋愧。悵分袂兮難禁。所幸交深莫逆。還期永卜同心。時維毒月。榴花放園中之火。節屆端陽。樽酒開地上之金。天假良辰。館凝停雲之駐。人還話舊。軒看後日之臨。人我同情。後先一轍。驪歌欲唱。魂銷離恨之天。蛾術功深。熱激滿腔之血。或依稀巫峽之雲。或彷彿峨嵋之雪。詩中有畫。王摩詰因以名高。壁上題詞。李謫仙爲之心折。自有金蘭之占。更看松柏之節。本休戚以相關。豈分離而即滅。人行千里。此去難留。緣證三生。那堪話別。然而公等行矣。月尚明於樓頭。僕也何如。裝亦束夫車乘。一聲珍重。願努力兮加餐。後會有期。當修函以相應。眞美爲藝術之光。神明乃成功之證。隨時會意。何嫌草木之微。放浪漫遊。自得山川之勝。鵬程萬里。他年入洛之先聲。柳折一枝。此日渡江之酬贈。竊思尺素可通。形影雖離而可合。今寸衷是慰。精神不滅而長存。九仞山成。願無虧於簣土。分陰金惜。貲可等於泉源。不分寒暑。無間晨昏。漢匡衡之偸光鑿壁。蘇季子之刺血流褌。各存其志。永矢勿諼。從此有恆猛進。莫教無益空論。學以怡情。不必求聞於當世。人須自立。毋忘臨別之贈言。

游於藝

孔子

旅杭寫生日記

劉佩琪

戊辰暮春。校中西畫科諸同學。有旅杭寫生之舉。余亦附從驥尾。客居三旬。諸同學均作詩以述所懷。誌勝遊焉。余雖不才。不能無所表白。故於工作之暇。寫此瑣瑣。藉留鴻爪。文之工拙。非所計也。　　（佩琪識）

舊歷三月初八日。天陰。　今天是我們赴杭寫生出發的第一天。時候不早了。『老劉趕快起來罷』。！晨起素晏的我。在四點鐘時。被孫君自夢中喚醒了。同時。各同學也得着同樣的警告而起身。於是大家都忙着整理行裝。僱車至車站。擬乘早車赴滬。不意到站時。火車已開。祇得改乘七時五十五分的常滬車。俄而車子來了。我們便在嘈雜的人聲中上車。車子呼呼地向前奔去。那鐵道兩旁的山村水郭。田閒風景。一幅一幅同電影般的儘在那裏更換。把我看得迷醉眼花。神情恍惚！。下午一時左右。火車便停在車水馬龍的上海。我們急忙地下車。午餐後。便跑向棋盤街去買些寫生用品。四時參觀上海美專。八時方回寓所——閘北止園路中華公學去歇宿。

初九日晴。　　早晨八時。由中華公學至北站。顧先生已先在車站候等了。九時一刻。汽笛嗚嗚的一聲。火車乃和塵烟繚繞的上海分別。向着我們的目的地前進。那窗外青翠的麥隴。和粉紅色的野花。都輾轉地向後面逃去。田中工作的農夫。停止他的工作。向着我們看。面上現有一種羨慕的色彩。許多孩子們。手舞足蹈的喚着「火車來了火車來了」。車過石湖蕩三十一號鐵橋。我的心中不覺回想到齊盧戰爭時。牠便成了內戰中的犧牲品。現在雖然修好。可惜數十萬的金錢。在無形中逃入外人手中去了。長安過了。城站在眼前了。於是戴帽子的戴帽子。拿箱子的拿箱子。忙了一陣。大家在一片『旅館』「飯店」的嘈雜聲中下車。國立藝術院的陸德麟君。已先等在站外。便代我們僱了三乘小車。由史孫二君帶了行李先走。我們便和陸君慢慢的走向寓所廣化寺去。到寓時。西子湖上已有一層紫灰色的薄膜。把包圍住了。

初十日晴。　　今天是我們到杭州的第二天。湖上的名勝古蹟。一處都沒有玩過。早晨七時。便和陸德麟君乘了划子。在西子的懷中。渡過湖心亭。三潭印月。去弔那已成陳蹟的雷峯夕照。雷峯在數年前是很好的名勝。但是現在僅剩了一大堆碎亂磚。不覺引起我們無限的滄桑之感。過雷峯。便去看運木井。井中昏黑如午夜。寺僧燃燭繫長繩墜下。祇見一段似石非石。似木非木的東西。高出水面約有五六寸。這大約是所說拔不出的木材了。不過濟公運木。有無其事。我們不去管他。怎麼木材浸在水中。歷數百年而不腐。這却是很可研究的一囘事。出淨慈寺。走了十多里路方到虎跑寺。這時我們已疲乏不堪。休息半小時。便向閘口去看六和塔。塔高十三級。遙望之似一趺坐禪僧。過六和塔。經石屋、水樂、烟霞、仙人，等洞。至龍井。以上數處。遊人爭以爲奇。不過我的目光中看來。已覺失去天然的風趣。而帶有一種人工的斧鑿痕。——龍井是浙江產茶最著名的一處。同行諸人。都買些茶做飲料。在龍井休息一小時。便經于墳、蔣莊、花港觀魚、等處囘寓。今天走了一天。兩只可憐的脚。都摩成許多亮晶晶的水泡。沒有什麽去酬報牠。便給牠歇宿罷了。

十一日雨　滴瀝滴瀝的雨聲。驚醒了我的好夢。起身時已七點鐘了。這時雨愈下愈大。靈隱、天竺、之游。被牠打消了。上午沒有事可做祇。寫了一封給菊庭一封給呆惠的信。這幾天的腦筋不爽。寫不到幾個字便覺頭暈。下午雨止。和孫君上岳墳去玩耍。晚上朱顧史三人和我到放鶴亭去訪林處士的墓道。東望旗下。燈火點點•閃閃作黃金色。倒也有趣。

十二日晴。　大約是午前六點鐘的時候吧。我張開了一雙糢糊的睡眼。向窗外一望。那火紅似的日光已射進來了。這時滿屋還哼哼的充滿了各同學的鼾睡聲。我急跳出了被窩。喚醒他們。早餐後、便走向西冷橋去開始工作。兩星期沒有作畫。手臂覺得很生硬很酸痛。眞是苦極。下午和徐君柏生去孤山路寫生。時有國立藝術院的三個女同學站在後面看我作畫。在她們的言語中。聽出她們校中的教師。太官僚式了。

十三日晴。　起身時太陽已高掛在東方了。天井裏青草上明珠似的露滴。還依依地着在牠們的葉上。窗外的西子湖。受了朝霧的蒙蔽。帶有粉黃粉青色的條子。環湖的山峯。也變了粉綠粉紫的色彩。早餐後便上三潭印月去工作。因爲上午沒有結束。飯後又花了五毛錢渡過去繼續作畫。前面忽然來了一個苦力似的人。手中提了一條班紋色的大蛇。後面隨着一羣人。口中胡亂地說「誰化了一塊錢救了一條生命。眞是菩薩心腸的慈善家」。——蛇是毒虫。有害於人類的東西。是否要花錢買了去放牠。我聽了那話。腦海中沉默的想着。生出無限的意味。晚飯後同學們都划小艇去玩耍。我因日間的工作。——日記。沒有做好。所以祇得一個人靜靜的坐在臥室中。

十四日晴　　含着眞善美三個原素的質量。纔是眞藝術。纔是有價値的藝術。電影是藝術中重要的一種。牠有感化社會的能力。俱有陶冶羣衆德性的機能。但是我國的國產影片。這三種原素「眞」「善」「美」的質量。可說是完全沒有。眞是幼稚到極點。尤其是古裝的神怪影片爲最。憑空造出些荒誕的事實。化裝些奇特的怪形。便自稱某某巨片。欺騙人家的金錢。這樣的下去。國產影片將要達到破產的一天。這是我今天下午和徐陳二君在旗下看了無底洞影片後得到的感慨。

十五日晴　六橋三竺。早已膾炙人口。來游西湖者。沒有一個不到。我們也未能免俗。午後便和陸德麟君去玩青蓮寺、靈隱寺、上中下三天竺等處。因爲時間匆促。祇能走馬看花。晚上僱了一只小划子。學東坡先生赤壁之游。尋夜游三潭印月之雅。萬里無雲而染着蔚藍色的天空中。高懸着銀盤似的月姊。笑盈盈地照得湖面上變了銀灰的色條。我們靜靜的蕩漾在碧波中。飄飄然如羽化而登仙。

十六日晴　這幾天不知什麼緣故。身體覺得很疲倦。早上終是不能起早描寫湖上的景色。辜負了西湖的霧景。上午無事可說。午後大家作吳山之游。玩了半天。覺得沒有什麼意思。不過許多善男信女。背掛了黃布袋子。書了幾個朝山進香的黑字。來來往往絡繹於道。——費了一柱清香。求福的想得福。求子的想得子。菩薩有靈。我知其必以爲他們的慾望太奢了。

十七日雨　今天因爲下雨。上午沒有工作。午後雨止。一個人跑上葛嶺去吸些新鮮空氣。清滌我的腦海。在山頂受了微風的吹吻。心脾爲之一暢。晚上頭暈不堪。什麼事都不能做。日記也寫了這一點便算結束。

十八日陰。　　頭暈未減。勉強作畫。這八個字便算今天的日記。

十九日晴。　　夜間一點鐘的時候吧。我們都鼾鼾呼呼地作華胥之游。忽而楊君大聲疾呼。『百脚百脚』我們皆自夢中驚醒。急忙的從被中跳出。燃燭四照。果見四寸多長的大蜈蚣蠕蠕地自楊君的被上爬向朱君的枕邊。同寓諸人。睡眼迷糊的便拿寫生櫈和手杖。向牠攻擊。不一刻。一條黑背紅頭的蜈蚣。變了一堆肉漿了。大家亂了一陣。又呼呼的去繼續黃粱好夢了。

二十日雨。　　嬌艷的陽光。忽被灰褐色的雲霓蔽沒了。不幾時微風數陣。吹得窗外的樹葉蕭蕭的響着。雲霧漸漸的沉下來。四面的湖山也由清而暗由暗而至於陰霾四佈。大雨沛然的下降。我們被牠困坐了。一天。

念一日雨　　湖上山峯。依然暗晦。陰雨也和昨日一樣。下午天忽放晴。我們很歡喜的出外作畫。但是不到二點鐘。又起來一陣黑雲。把一切山景都吞沒了。呼呼的幾陣風響。大雨也趁風而至。我們急忙收拾畫具。可是那無情的雨。落得我們淚雨汪然。

念二日晴　　晨就牀第推開窗門。見雨後的湖山。

分外的明晰。被困了兩日的我。不禁雀躍起來。早餐畢。便負了畫具上蔣莊去。蔣莊在前幾天。我們已玩過了。這次好似舊地重游。覺得牠的亭台樓閣。又變了一番面目。在那邊作了一幅油畫。午後三時回寓。因為走得疲倦。在陳君處睡着。陳君呼起晚餐方才醒來。

念三日晴　今天是我們同寓的中華藝術大學旅行寫生隊在旗下開成績展覽會。下午便走去參觀。他們的作品。我也不敢去批評。不過在會場外面。聽得幾個人在那裏私自議論。說『他們的作品。我看了一點都不懂。一塊紅一塊綠。也不分什麼光暗。不注意輪廓。簡直是小學生的貼紙手工。那裏是繪畫』。一個很滑稽的說。「這是主觀的、自我的個性表現」。那個人又說。「怎麼他們的作品都是一樣。難道他們各人的個性都是一樣的麼」我聽到這裏。便上公共體育場看打網球。他們的名論祇能割愛。

念四日晴　「煩惱」「枯寂」「無聊」充滿了我的腦海。雖受湖山的洗沐。但是我的病有增無減。今天又因頭暈並且發熱。在臥室中悶睡了半天。醒了一刻。便拿本小說來看。但是不到幾頁又覺得無味。把牠丟掉。晚飯後。似乎稍好一點。一個人上孤山路去散步。平日陳君都是陪我的。今天陳君先回校了。這時想已和校中同學談講我們在外的行動了。我孤獨的徘徊着。那許多雜亂的思潮。又在腦海中盤旋了。想到再過六十天要畢業了。升學恐怕一時無望。學生生活轉瞬便過去。社會生活就要開始了。但是當此人浮於事之秋。叫我一個素無交際。初出茅蘆的小子。向什麼地方去謀職業。怎樣去提倡藝術教育呢。想了前途。眞覺得危險。

念五日晴　　今天無事可記。不過照例的作二幅畫罷了。

念六日晴　　這幾天。看了報紙上的頭號鉛字掛印着日本第三次又出兵了。在濟南又無故殺死了數千無抵抗能力的同胞。各地反日的通電。日有十數起。杭州的各大中小學校男女學生。臂上纏了黑紗。一天到晚的在街上奔走演講。牆壁上觸目驚心的諷刺畫。隨處都能看見。一片愛國之心。可說熱烈極了。但是聽講的看畫的。並不十分多。不知什麼緣故。這大約因爲受教育的人太少了。他們不知愛國是怎樣的一件事。我不覺沉吟底想着。心中對他們說「宣講諸君。我希望你們在喚醒國人之外。想一個法兒使一般愚民都有知識。這方是愛國的眞義。收到喚起他們愛國的效果」。

念七日晴。　　飯後無事。和潘君仲琪同至省立圖書館閱報。在將進門的時候。前面忽然來了募捐隊。見我穿了一件很破舊而齷齪的油畫服。都望望然的走開去。可是在我後面的潘君。已被他們圍住了。因爲潘君穿了一件新嗶嘰長衫但是潘君已捐過好多次了。客中的經濟又甚枯桎。不捐又說不過去。……結果便向衣袋裏拿了一把錢給他們走了。

念八日晴。　　洗好面已七時一刻了。因爲到閘口去寫生。急忙整理畫具。走過六橋到淨慈寺乘杭富長途汽車。在閘口作了一幅畫。手表上的長短針已併在一處。寫腹中很是饑餓。但是此地無飯館食物可買。眞在無可如何的時候，適有一賣麵包和餅子的走來。我便買了三個冷麵包。兩塊塵土似的餅兒。可是十分嫌髒。不能下喉。但是肚子很餓。也顧不得許多了。……回想去年春間。在宜興的善權洞。秋間在蘇州的寶帶橋。有錢買不到麵包。也大有逕庭的分別了。

念九日晴。　　我們到了杭州已三星期了。光陰過的這樣快。我所作的畫並沒有幾幅得意的。辜負了西子湖上的山光水色。日間上葛嶺作了一幅油畫。覺得還滿意。晚上和徐君佇立在公園前看看湖面上的划舟。一只一只的蕩着。一對一對的青年男女。捧着一腔的熱情在中流情話着。這何等的美妙啊。我笑向徐君問『老徐你看了這幅天然的繪畫。作什麼感想』。但是徐君一聲不響的拉了我的手說。『我們回去吧』。

四月初一日晴。　我們自到西湖之後。孤山和岳墳。都成了每天晚上巡閱的區域。今天晚飯後。當然照例工作。走到岳墳。周先生說「我們今天要把跪在地下的秦檜王氏等。敬他幾下耳光。作一個紀念」。於是大家跳進了木柵。抓乳頭的抓乳頭。打耳光的打耳光。鬧了一刻。各人的手掌都已染了紅的色彩。祇覺得替岳武穆消了一點忠忿。

初二日晴　晚上將要睡覺的時候。忽聽得我們東向的高鄰樓外樓菜館中。人聲囂囂。辟辟拍拍的好似倒了幾方桌子。這時已九點鐘了。一般食客想已回去了。怎麼還有這種怪聲呢。我很疑惑的想着。不覺得走近窗口細細的靜聽。原來是小開同他的夫人打架。許多夥計忙去排解。所以有這種的聲音。我聽了不耐煩得很。便走進臥室去尋我的好夢。可是小開奶奶的天也地也的哭聲。烏龜殺頭鬼的罵聲。斷送了我們半夜的安眠。

初三日晴　早晨七時半。我和朱顧二君負了畫具上靈隱去寫生。在寺裏看送子觀音佛像時。顧君在我的耳旁說了一句。我們二人立刻強拉了朱君的左右手。使他跪下行禮。因爲朱君結婚三年。尚無愛的結晶品。今效愚夫愚婦的求菩薩。賜伊一個小國民的玩意兒。寺外飛來峰下的石佛。不下數十百尊。凜凜然俱有生氣。由此可以見得我國古時的藝術。

初四日晴。　今天是我們留在西湖的末了一天。許多同學都上旗下去買些土貨做贈送親友的禮物。我當然也和他們一樣。不過我因爲袁寒雲先生的尊翁和我絕交了。祇能買了一二件以作這次旅杭的紀念品。下午整理一切。以免明日出發時的匆忙。

初五日晴。　因爲今天要回校所以我們起身後。便乘了三只划子。帶了行李上旗下去。這時的西子。受了朝霧的瀰漫四面景色。若見若隱。好似披了一身美麗的輕紗。——莫非是怕羞麽。——不是。彷彿在曉裝啊

——十分依戀的不忍和他分別。但是舟子並不因此停留。反而用力的向前划着。要求稍遲一點使我多欣賞一刻多留戀一刻也不能。我十分的恨。十分的恨那不識時務的舟子。有意和我的情緒作仇。在旗下登岸僱車到城站乘車。那機關車的汽聲。好像說我又有一個長距離的奔走了。七時三刻。車子便開始奔馳了。——西子呀，西子。我們和你分別了。不知什麼時候再能和你相見。再能在你的懷中受你的撫摩。…車子不止的向前奔着。那四週田野中的麥隴。已由青翠而變爲金黃了。有的已受農夫的刈割而翻成碧波澄澄的稻田了。那小村旁的樹兒也由嫩綠色而變爲橄欖色。做農人納凉的唯一工具了。我不禁聯想到東坡先生的曾幾何時而江山不可復識矣的慨嘆。四時一刻。車停在上海北站。六時左右。再搭夜車回錫。我的日記也自此結束。總計這次在外四星期。我覺得現今的西湖。已由清靜而變爲繁華了。由天然而趨于人工了。一般滿身銅臭富翁大賈的別墅莊子。到處都有。以爲可以點綴風景。但是不知消滅了多少的古蹟。那白堤和蘇堤。被嗚嗚的汽車。弄得塵土飛揚。西子的臉上。也承他賜了一層黃灰的色彩。還有那旅館式的寺院。可惡的禿子。祇認錢不認人。慢客之聲。時有所聞。這幾點可說是西湖的美中不足。尙望浙省當局。加以校正。

繪畫不以道德爲目的，但使吾人終能惹起道德的觀念·

—中邨勝治郞—

送別友生

謝紹雄先生

騎馬與君相送行。滿天風雨竟孤征。黯然同下銷魂淚。到此難勝惜別情。書劍天涯常作客。鼓鼙江上未休兵。扶搖霄漢知神品。鵬隼摶風展絕程

勞勞送客短長亭。海浪平吹四散萍。碧草綠波春黯黯。江雲渭樹雨溟溟。愴懷烽燧彌天黑。高咏魚龍出水聽。如此風潮多險惡。愼從洋裏渡零丁。

陽關三疊意交縈。離緒依依肝胆傾。滄海橫流成獨往。歲寒珍重此同盟。良朋似月圓時少。別思如潮暗裏生。從此雲山魂夢斷。新詩咏罷不成聲。

秋夜與詩佛靜盦一聲諸公飲次次詩佛韻

滿庭涼月雁南渡。寒暑催人想太湖。書劍飄零千斗酒。文章淪落幾狂夫。行看亂木蕭蕭下。愁聽哀鴻夜夜呼。長向他鄉悲作客。故園松菊日荒蕪。

暮春書感

東風無力捲香塵。白晝方長及晚春。曲曲欄杆留蝶夢。家家簫鼓祭蠶神。胸無餘事方爲樂。室有藏書未算貧。早識封侯無我分。此生料理作詩人

與楊公逸羣賦別攝影

吾鄉才調獨推君。儒雅風流自不羣。三載流光感駒隙。半生私願託龍雲。看山有約尋春色。話雨多情入夜分。回首舊遊成惘惘。臨歧折柳贈殷懃。

秋夜渡黃浦即景

渡口挂帆歸。黃昏星影稀。一輪月似畫。兩岸去似飛。颯颯風搖樹。溥溥露濕衣。聞諠知市近。漸見路燈輝。

幾番從此過。今夜景偏嘉。兩岸秋聲急。半江月影斜。桃飛黃浦浪。潮撼白蘆花。指望舊來處。天邊起赤霞。

寒假言旋雨中留別包宋顧徐諸友

年年愁此日。此日意如何。脈脈離情重。依依別恨多。關山聲淅瀝。雲樹淚滂沱。上馬瀟瀟去。驪駒忍再歌。

搗練子　雪天示寄叟

南院緊。北風催。滿樹梨花一夜開。旨酒紅爐君莫睡。今宵還有月明來

西　湖　雜　咏

僕僕征塵是畏途。此來一半爲西湖。西湖艷說似西子。西子凝妝勝此無。

湖光山色足徘徊。一幅畫圖風景開。獨愛孤山林墅墅美。遍舟放過斷橋來。

跨虹橋畔碧波濃。劃破流璃知幾重。載得湖山沽酒去。一聲柔艣一聲鐘。

峰從何處忽飛來。五百阿羅笑口開。何竟飛來不飛去。靈根墮落即凡胎。

春意闌珊草滿墩。名湖韻事跡猶存。西冷橋下埋香處。多少行人欲斷魂。

武陵三日小勾留。抛却西湖無限愁。遮莫西湖也戀我。狂風挽來木蘭舟離杭日湖上狂風驟作故云狂風挽住木蘭舟

半淞園游女竹枝詞

南浦名園號半淞。紅閨爭喜寄游縱。炫奇競巧粧新異。惹得狂且結隊從。遊園

遊女紛紛盡艷妝。半淞園春內春光。狂蜂浪蝶多如織。不戀花香戀粉香。遊女

小試秋千慣弄嬌。輕盈體態筆難描。明宵跳舞開開會。欲向西人比細腰。秋千

女伴相邀共泛河。輕舟淺水去如梭。低頭瞥見驚鴻影。更覺得婷婷裊裊多。泛舟

游罷名園意轉濃。曲曲幾重。欲把全圖收一覽。侍兒扶上最高峯。登假山

濃妝淡末黛修眉鬢髮新梳黎妹頭。玄色背心藍衿子。不風流處也風流。女婢

有約看花第幾回。夜花園裏夜花開。進來先入西餐坐。笑點咖啡茶一杯

惠山寫生

裔敬亭

紅樹青山萬象寬。從容寫入畫圖看。臨溪點綴無多景。一個漁翁一釣竿。

詠菊

影倚籬東多逸致。遲開只以避春花。客中惟此饒清賞。踏遍社痕夕照斜。

寒蟬

荒城落日不禁寒。飲露吟風此後難。世事滄桑甘蛻化。一枝棲息祗求安。

聞蟋蟀有感

蕭蕭黃葉落秋階。蟋蟀聲聲擾客懷。國事蜩螗誰可訴。
一分愁處十分乖。

為同學張翔麟題山水（二首）

青螺凝翠落霞紅。白練擎天入望中。如此溪山堪嘯傲。
一竿一葉任西東。
小橋流水碧潺潺。矮屋穿林三兩間。人在濃陰深不見。
那知山外有青山。

暮春和顧汝成原韻

東風着意柳垂絲。記得花前低語時。可惜美人多命薄。
春深怕讀六宮詞。

題畫眉石榴祝某君結婚

描來眉樣月初三。一榻清風誦二南。名士美人欣泮合。
榴花開放祝男。

喜　雨

一犁新漲綠絲絲。萬物春回雨露滋。最是嬌憨小兒女。
簷前舉手立多時。

石門即景

躑躅羊腸路。嶙峋石亦頑。愰投樵徑複。險入石門灣。
空碧烟飛白。寒林色染殷。雲深何處是。舉步覺天艱。

初夏雜興

雲氣吐還吞。山村復水村。人歸開竹徑。犬吠出柴門。
江工雙鷗宿。潮頭萬馬奔。凄涼花樹下。驚老泣玉孫。

哭蔡公時烈士用先生黃花崗十週紀念原韻四首之一

欲挽狂瀾拼一死。英雄血淚夢中回。紅顏弱息悲無主。
白髮高堂苦不才。月冷空山猿鶴嘯。雲歸遠岫畫圖開。
眼看痛飲黃龍府。惆悵靈光何處來

題畫(梨花、海棠、子規、)

其 模 馮

幾日陰晴幾日風。梨花淡白海棠紅。江南無限風光景。
盡在殷勤鳥語中。

題畫(鸚鵡、山茶、茶花、)

深紅濃綠幾枝遮。苔鮮石邊三兩花。鳥自能言花解語。
攜來團月好烹茶。

題畫(黃頭鳥、月季花、紫薇、)

黃薔薇間百日紅。枝頭好鳥弄薰風。東皇歸去無消息。
坐對庭花想像中。

題畫(雀番瓜木堇花)

籬邊帶露觀朝槿。更摘青門五色瓜。茅屋三間蘿未補。

任他麻雀宿簷牙。

題畫（八哥紫薇梔子花）

薰風昨夜透窗紗。密葉繁枝簇絳霞。錦織天孫秋色麗。八哥啼上紫薇花。

題白頭富貴圖

別具丰神不染埃。丹青一抹鬥春開。白頭相見情無限。富貴年年照鏡臺。

春　　遊

一堤芳草野香飄。欲覓春光過板橋。行盡溪山人懶。子規聲裏暗魂銷。

即　　景

嫋嫋春風拂柳斜。撲簾紅雨燕還家。東君底事匆匆去。客裏那堪又落花。

漁　　舟

老漁盪槳五湖中。空濶迷茫西復東。鎮日隨波無定處。釣絲又繫夕陽紅。

早　　梅

嶺頭已放向陽枝。誰說春寒花信遲。安得攜琴林下坐。暗香深處好吟詩。

憶江南　（題畫）

春光好。飛絮舞輕風。柳葉枝枝高下綠。桃花朵朵淺深紅。燕語畫圖中。

憶江南　（題畫）

東風軟。春意滿橫塘。夾岸柳陰鶯語滑。壓牆花影燕泥香。一抹是斜陽。

中秋望月　（二絕）

張翔麟

落木蕭蕭夜。王孫喚奈何。中原荊棘遍。大地虎狼多。

酌酒邀青女。吟詩伴素娥。香焚金鴨爐。微醉更高歌。

無題　（三絕）

反舌枝頭鳥。好花半已凋。好花憐我瘦。我惜好花飄。

滿地落花多。松枝帶薜蘿。可憐溪上月。想煞玉人何。

聲名傳淮海。才調慕漁洋。小院東風裏。狂歌入醉鄉。

詠老少年　（二絕）

經霜草返少年紅。一抹斜陽照晚楓。莫道關山人去遠。秋深碧落有歸鴻。

一秋容易又初冬。醉臥籬邊午夢慵。駒隙韶光人漸老。老年不減少年容。

題畫詩 （八絕）

幻變從來盡刼灰。西風憑弔有餘哀。扁舟載得愁千斛。一抹斜陽入畫來。

近墨近朱人自擇。某山某水我何知。圖成不盡滄桑感。況是西風葉落時。

霜楓零落客魂銷。古寺鐘聲徹九霄。極目湖光澄似鏡。炊烟鎖住暮山腰。

野鳥無端催夢覺。隔簾花影漸登樓。邇來似說詩魂瘦。不爲新愁與舊愁。

平生酷愛菜根甘。一剎風光不我貪。試看春歸花落候。連宵新雨洗青嵐。

歷刼金身誰不壞。憑將慧眼看升沈。扁舟欲覓鴟夷跡。縱有桃源何處尋。

雲連烟水水連天。萬里波濤送客船。霧鎖青山春雨後。夕陽無語聽寒泉。

局中黑白帶愁看。富貴尋常貧賤難。三月江南花落盡。五更猶覺曉風寒。

暮　春　（二絕）

長亭別緒亂如絲。折盡柔條日暮時。珍重一聲腸欲斷。

歸來更賦送春詞。

珠簾半捲雨初晴。倚遍闌干掇落英。只爲韶光容易老。枝頭怕聽子規聲。

題畫 （二絕）

夕陽無語東風軟。淺笑輕颦山色青。昨夜揚帆何處去。落花吹送短長亭。

空山雨後絕塵氛。萬壑松風掃野雲。逃世行吟眞得意。任他擾攘總無聞。

題白頭富貴圖

儲宗元

好鳥枝頭時弄舌。百花隊裏此稱王。若能白首持盈戒。富貴雙雙春滿堂。

百花相見總含羞。青鳥多情恨白頭。但願百年同到老。黃金不買自風流。

早梅

暗香疎影夕陽斜。老鶴飛來鬥歲華。莫道小春未破臘。南枝已放兩三花。

占領春光未足奇。耐寒能發雪霜枝。東皇一夜催來早。花放南樓鶴未知。

春　柳

游絲縷縷拂春溪。清影微波日落西。九十韶華今已半。鵝黃鴨綠滿長堤。

玉　蘭

又逢豔陽二月天。梅花零落杏花妍。此中別有芬芳在。玉潔冰心合讓先。

墨　牡　丹

繁華誰不喜相同。自笑丹青尚未工。不用胭脂偏用墨·墨痕淡淡素吾窮。

沉香亭北罷輕烟。鐵硯磨磨畫未妍。屏棄姚黃與魏紫。好從深淡墨中傳。

春日夜雨齋中卽事

小齋風雨意纏緜。一卷南華燈火前。不覺漏殘傳遠柝。報來已是二更天。

晝參書畫夜逃禪。香篆鴨鑪自適然。更盡詩思清入骨。依然咏吟不須眠。

賀　友　升　學

梓鄉握別兩旬餘。流水年華去似梭。愧我依然如鳩拙。羡君鵬摶杏花初。

佳音傳到數行書。聞子材高名不虛。故步自封徒勞甚。年年閒過意生疏。

題春閨倦綉圖

茜窗倦繡凭欄時。屋角夭桃見一枝。寄語堂前初至燕。飛飛來去莫相離。

春暮感懷

忽雨忽晴春暮時。年年作客負歸期。輕寒鎖日柴門閉。滿地落花強自持。

題畫(桂花鳳仙)

淡白輕黃簾外賒。清香到處便仙家。珠環欄下珠環草。雙桂軒前雙桂華。葉影參差風颯沓。花魂幽郁日西斜。連年負笈增惆悵。感盡韶光未足誇。

春　雨

重陰連日雨連宵。爲惜韶光暗裏消。桃李枝頭多淚恨。杏梅花朶逐風飄。山容慵黯淡無色。泉水清流湧似潮。簾外潺潺春去也。更堪徹夜聽芭蕉。

題錢君畫山水文石

高雲鵬

錢子筆端有化工。眞眞喚出畫圖中。瑤池耐得冷清慣。何獨鍾情伴石公。

詠　蟹

將軍何事擁干戈。斗酒樽前一笑呵。漫道螯雄堪敵虎。橫行畢竟日無多。

詠　菊

馬少雲

粲粲金英映草堂。一樽聊與過重陽。節堅只有東籬菊。耐得秋風禁得霜。

詠　蟹

滿地琥珀珠璣。郭索爬沙隱水磯。最是江鄉風味好。稻香時候蟹初肥。

美有普遍性，足
減人羣間之忌猜
和爭鬥。
拉士金

編校完了

劉佩琪

在夏日炎炎的時候。這本小小的册子。承諸同學的和衷共濟。諸師長的熱心贊助。終算出世貢獻到閱者的面前了。不過因爲時間的短促。個人能力的淺薄。其中錯誤。可說是不免的。披閱的先生們。能夠一吐珠玉。加以指導和匡正。這是我們所希望而仰賴的。

同時我們要感謝胡師汀鷺。周師愷士。錢師松岩。諸師健秋。章師紱廷。張師友雲。謝師紹雄。張師仲安。陳師舊村。錢師殷之。繆師海嶽的慷慨捐助。

還有幾位前任的師長和本級同學。余君揆方。王君星圖。顧君惕凡。潘君仲琪。的玉照。或因探詢無方。或因請而未見賜充。致不克列入本級同人。無任惶悚。書此以表歉仄。

無錫美術專門
學校第一屆畢業紀念刊

非 賣 品

出版期　民國十七年九月

編緝者　江蘇無錫美專第一屆畢業同學會

發行者　江蘇無錫美專第一屆畢業同學會

交際路九號
印刷者　江蘇無錫中華印刷局
電話一八七號

秦氏公學紀念録

無錫秦氏公學 編

《秦氏公學紀念録》不分卷，無錫秦氏公學編，民國八年（一九一九）一月出版，由錫成印刷公司代印，鉛活字印本。無錫市圖書館藏。

秦氏公學的前身是設於師古河上（今崇寧路）秦氏義莊之右的秦氏書塾。清光緒三十二年（一九〇六）秦氏族人秦牧卿、秦岐臣、秦鼎臣等受邑人楊模創辦竢實學堂之影響，『收葺書塾，正學校之名，釐剔舊有資産爲校費，聘教師，募生徒，制章則，訂課程』，創辦了這所新式學堂。因除了秦氏子弟外，侯氏等其他族姓子弟也可入學，故稱爲『秦氏公學』。其舊校訓爲『孝友』，民國鼎革後的新校訓爲『誠勇』。校長秦執中，熟於兒童心理，並善於啓發式教育，創辦十餘年來，『成績彰著，他邑人之過無錫而參觀者多稱道之』。

該紀念録特請時任北京大學校長的蔡元培題寫書名，袁希濤作序。卷首還刊有大總統黎元洪於民國六年（一九一七）題贈的『樂群致用』匾額照片。紀念録的主要内容有『學校紀事』、『歷屆視學員評語一覽』、『參觀人評語』、『歷年職員一覽表』、『歷年學生、經費比較表』、『歷年畢業生人數比較表』、『學生出校後狀況表』、『學生家族狀況調查表』和『歷年畢業生姓氏録』等。其中，學生出校後狀況，經商者最多，其次爲繼續讀書和從事教育工作。這一情況完全符合當時無錫民族工商業和文教事業特别發達的社會特點。

本書據民國鉛活字本影印。

（夏剛草）

秦氏公學紀念録

蔡元培署

蔡元培

無錫私立秦氏公學紀念録

沈恩孚

紀念錄目次

序

無錫私立秦氏公學成立垂十餘年校長秦君執中將刊紀念冊索余一言余維斯校肇始蓋植基於秦氏書塾當有清乾嘉之間我外曾王父秦蓉莊先生集族人捐貲析產建塾於義莊之右以教族之子弟厥後規制漸弛以族居人而取其賃貲弦誦闃寂者數十年矣戊戌庚子以後明達之士始言教育無錫先達楊範甫氏首辦學爲時賢倡邑之人多繼起者秦氏族人乃議收回書塾正學校之名釐剔舊有族產爲校費聘教師募生徒制章則訂課程而秦氏於以成立公學云者公之同族並及其他族姓之子弟也執中任校務由教員而主任如其成立以來之年月而其成績乃日彰著他邑人之過無錫而參觀者多稱道之余於民國四年僦居無錫一再造觀執中蓋熟於兒童心理其教授也善啓發循循然使無

不了解之意義也其訓育也不使失兒童活潑之本能而能不棄其秩序也校以內一器物之庋置一花木之培植類可流露教育之精神其同任事者相與協力以求教授訓育之美善余知斯校之日進而不已也余家與秦氏爲累世甥舅之親期其族人子弟之受良教育更推而及其他族姓子弟之受良教育於余心蓋尤摯焉年來忝佐邦教懼無以副其職遇學校之良而日求進者斯尤余心所深企也夫

寶山袁希濤

大總統題獎

樂羣致用

無錫秦氏國民學校

中華民國六年六月

五年八月無錫市學
務委員蔡君樾調查
本校情形合於修正
褒獎條例第三條之
規定應行嘉獎呈由
縣署轉呈旋奉
教育總長范呈請
黎大總統核准特獎是
匾頒發到校謹於六
年國慶日恭懸以資
勗勵　權謹誌

祝詞一

民國六年無錫秦侯兩氏出貲興學奉
大總統特獎匾額於十月十日舉行祝典竊維秦氏聚族兩河侯氏著稱駁岸皆
爲邑中望族而聞諸縣視學孫仲襄先生秦氏族人月必有會蓋猶有古者敬宗
睦族之遺意尤爲近世所罕見抑余自量移無錫以來每見民間詞訟因義莊書
塾而起者日多又竊嘆世道凉薄祖宗用心子孫不能盡體致多訟累爲可惜也
如秦侯子姓之出貲興學倘能善體祖宗之用心者歟其子姓之興未有艾也於
二氏之舉行祝典也遂表而出之以爲邑人勸

無錫縣知事楊夢齡謹致詞

祝詞二

創興學校注重國民而國民教育尤賴私人提倡以補公家之不逮此即教育部勸導人民創建義莊以廣教育之意也

秦氏國民學校創始於清光緒三十二年始用義莊房屋設立公學繼將舊有書塾大加修葺由諸學董苦心規畫煥然一新秦君卓梓創辦於先秦君執中主持於後經營一十二載成績斐然可觀城區私校首屆一指全校基本約二萬金承

黎大總統特獎樂羣致用匾額誠盛典也茲於國慶日舉行懸額典禮榮頒特獎增宗族光寵祝同聲逢國慶節此皆諸學董諸教員之良好成績也古云得人而理不信然歟

中華民國六年　國慶紀念日孫思賛謹祝

校舍圖

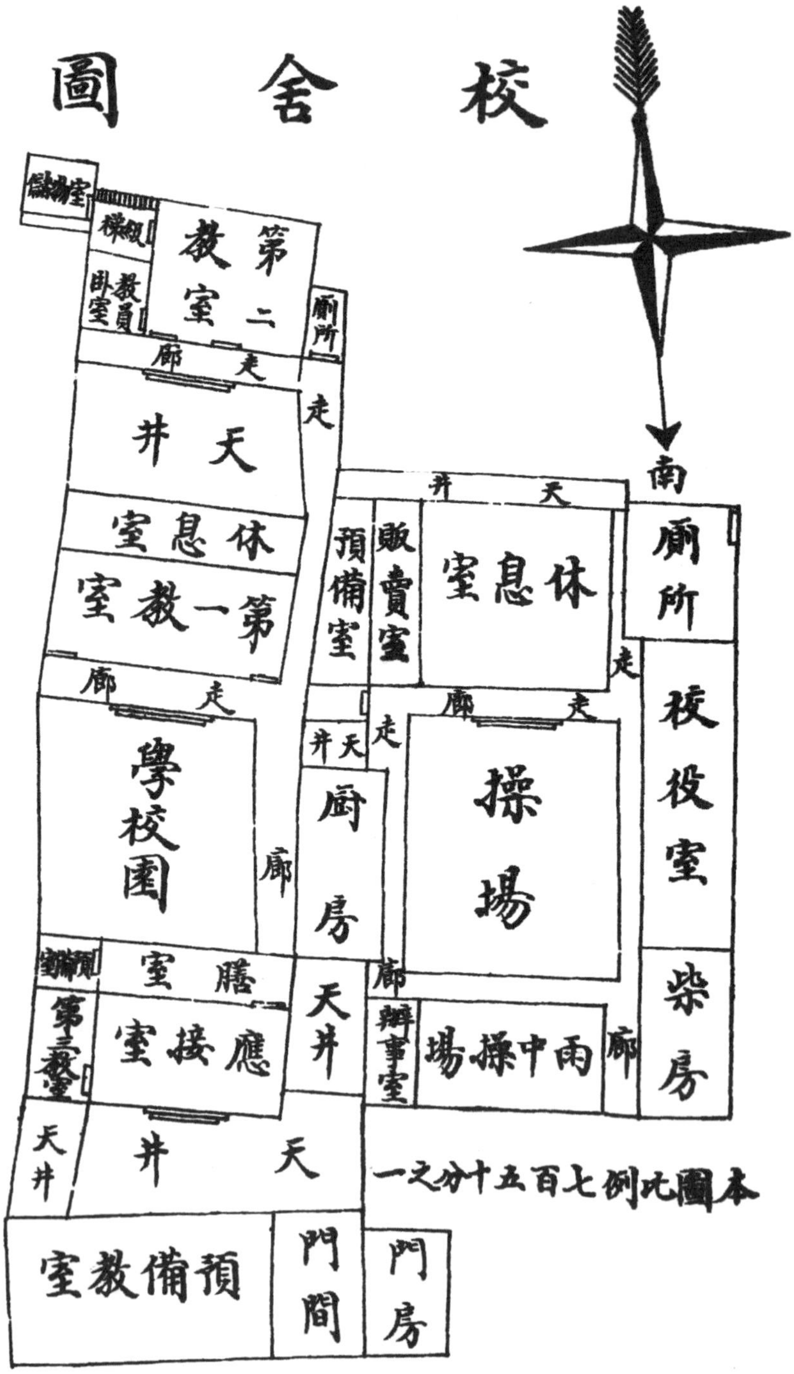
南
第二教室
教員臥室
廁所
走廊
天井
休息室
第一教室
學校園
膳室
應接室
第三教室
預備教室
門間
門房
預備室
販賣室
廚房
操場
辦事室
雨中操場
校役室
柴房
本圖比例七百五十分之一

校訓

誠

真實不欺曰誠

勇

奮發有爲曰勇

舊校訓

孝友

校訓題詞

淮海湯湯錫嶺嶷嶷仰維孝
友傳家始基數百年來是訓
是彝勖哉小子念玆在玆

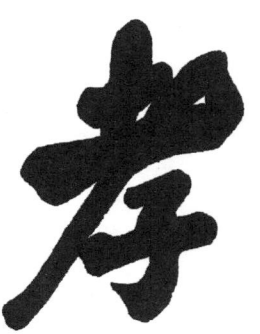

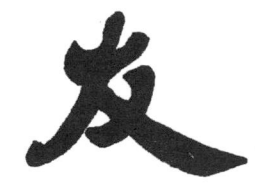

F調　校歌　2/4

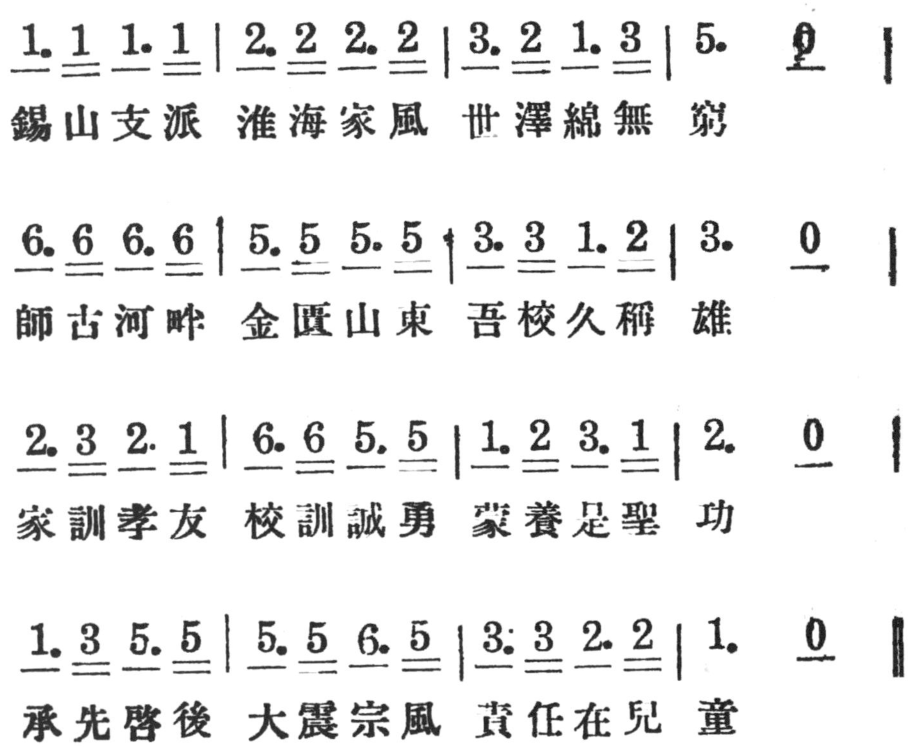
錫山支派 淮海家風 世澤綿無 窮
師古河畔 金匱山東 吾校久稱 雄
家訓孝友 校訓誠勇 蒙養足聖 功
承先啓後 大震宗風 責任在兒 童

（權墳詞）

F調 慶祝會歌 2/4

5 5 | 5 5 | 5 6 4 5 | 3 1 0 |
歡 祝 歡 祝 歡開慶祝 會

2 2 | 2 2 | 2 3 1 2 | 5. 0 |
師 古 河 畔 族校宏 開

6 6 5 5 | 1 1 6 6 | 2 2 1 1 | 3 3 2 2 |
祖訓孝友 祖德儲才 宏奬棟樑 耀 彩

5 5 6 6 | 3 3 5 5 | 2 2 3 3 | 1 1 2 |
中央題字 樂羣致用 頒從青使 贈光 煒

6 6 5 5 | 1 1 3 3 | 2. 1 2. 1 | 2 5 1 ‖
國徽飄揚 良辰雙十 一堂歡開 慶祝 會

（侯鴻鑑塡詞）

學校記事

光緒三十二年丙午正月校董秦牧卿岐臣鼎臣三先生經始創辦校務聘由振鎬主任執中叔鼎新弟佐之慕周弟任校外庶務暫借義莊倉廳爲教室附收異姓子弟

同月二十五日開學單級教式學科爲修身國文歷史地理算術體操

同月學生全體歡送應徵兵士於黃埠墩

五月二十七日暑假

六月二十八日開學

八月書塾舊屋清理贖回開始修改

十月合模範勉強補公開四校聯合運動會

十二月二十日年假

光緒三十三年丁未正月書塾改建校舍落成推廣學額分甲乙兩教室兼收女生但以乙教室爲限延請于卿秉彝叔叔均弟吳君錦如蔡君栽菡爲教員

同月二十二日開學增修圖畫樂歌理科

二月初一日牧卿先生偕校長率同秦姓學生謁淮海祖祠(嗣後每月例行)
六月初七日暑假
同月校外庶務慕周弟逝世由麟祥叔繼任
七月初十開學
九月省視學蔣君鳳梧蒞校視察
十二月二十日年假第一屆畢業計六人
光緒三十四年戊申正月二十日開學延請翔皋弟及沈君西苑爲教員鼎新弟退職增修手工科
三月教員學生赴常州參觀運動會
四月省視學楊君邦彥蒞校視察(評語另錄)
六月十四日暑假
七月十八日開學
十月合模範勉强師古河開四校聯合運動會

十二月十九日年假第二屆畢業計八人

宣統元年己酉正月二十一日開學延請侯君秋華爲教員于卿叔翔皋弟退職試辦高等一年生一級增修英文科

四月省視學龐君樹典蒞校視察（評語另錄）

六月初二日暑假

七月初八日開學

十月呈送南洋勸業會教育出品

十二月二十日年假第三屆畢業計十二人

宣統二年庚戌正月二十一日開學鼎新弟再任校務蔡君栽菡沈君西苑退職停辦高等級裁英文科

三月省視學戴君克敦蒞校視察（評語另錄）

六月初十日暑假

同月校董牧卿先生逝世效魯弟繼任

七月十六日開學

八月省視學戴君克敦蒞校視察（評語另錄）

十月全體學生與城鄉各學校開第二次聯合運動會

十二月二十日年假第四屆畢業計十八人

宣統三年辛亥正月二十日開學延請許君光甫爲教員沈君西苑再任校務鼎新弟吴君錦如侯君秋華退職

四月省視學朱君錦綬蒞校視察（評語另錄）

六月二十日暑假

閏六月二十六日開學

九月省視學朱君錦綬蒞校視察（評語另錄）

十二月三十日年假學生畢業計十二人

民國元年壬子正月全體學生與城廂各校在公園補祝陽曆元日

二月六日寒假（以上由前校長記載）

同月卓夫姪退職仍任珠算尺牘教科由權主任校務

同月鼎新姪退職延請李君康復任三四年級國文算術教科

同月十四日春假

三月組織職員教育研究會按月一舉

六月省視學鄒君楫蒞校視察

七月江北教育行政人員蒞校參觀先是江甯開全省教育行政大會時由省視學鄒君楫紹介參觀吾錫優良各校計本校及縣立竢實東林私立競志四校

同月八日暑假

八月二十四日開學

十月七日全體學生偕同城廂各校學生恭詣　聖廟行謁　聖典禮

十月十日全體學生偕政益勉強兩校學生聯合旅行惠麓歡祝國慶

同月吳江縣視學周君公才蒞校參觀（評語載周君參觀記筆）

十二月二十九日年假第五屆畢業計十二人

民國二年陰歷癸丑正月就本校特質及先代遺型議決用孝友二字爲校訓以示則效

同月遵照部章裁去歷史地理理科三科李君康復退職請沈君西苑任三四年國文教科許君光甫退職請叔均姪兼任全校算術圖畫教科

同月議決減收外姓學生學費(全年向收六元)全年五元

同月七日開學

五月省視學臧君祜蒞校視察(評語另錄)

七月七日暑假

同月議決於每學年終報告學生在校狀況

同月仲夷弟辭退國文教科每周任談話一小時請周君渠清擔任一二年級國文教科蔡君味畬退職請沈君孟涵任全校體操教科

八月十八日開學遵照部章改爲秋季始業

九月二十七日職員學生就禮堂舉行謁　聖典禮

十月十日三四年級學生偕市立第十一校私立經雅小學校遠足惠麓以誌慶祝

同月體操教員沈君孟涵因事告假請王君琛夫代課

同月常州市教育會參觀團莊君俞江蘇第一師範附屬小學校教員范君善祥等蒞校參觀

十一月武進懷北鄉本邑景雲市開原鄉各教育會參觀團及縣立乙種師範學生蒞校參觀

十二月八日九日十日上午縣立乙種師範教生商借本校試教

同月三十一日年假第六屆畢業計十四人

民國三年陰歷甲寅正月周君渠清沈君孟涵退職仍請李君康復任三四年級國文及全校體操教科

同月五日開學

三月四日雲南特派學校參觀團蒞校參觀

同月二十六日春假（各職員赴滬參觀故提前休業）

四月二日開學

同月有省立第七師範畢業生及附屬小學主事劉君平江蘇州學校參觀團等蒞校參觀

五月八日省視學臧君祜蒞校視察（評語另錄）

同月十六日全體學生參觀巴拿馬賽會本縣物產會

同月有川沙學校參觀團陸君規亮等嘉善教育參觀團省立第三師範講習科畢業生本邑開化鄉學務委員王君干城及鄉立第八小學主任楊君蔭甫等蒞校參觀

六月四日權偕同全校職員赴省立第三師範附屬小學參觀

同月省立第四師範教職員暨畢業生宜興縣教育會參觀團南匯縣特派學校參觀團武進甲種小學教員講習所畢業生泰縣甲種師範講習所畢業生等蒞校參觀

同月二十三日縣視學孫君思贊蒞校參觀（評語另錄）

七月十二日議決廢止學年考試注重平日訓育

同月十四日暑假

同月議決三四年級添課鄉土誌一二年級添鄉土談話延請併寅弟卓夫姪分任之

同月議決修身科不用課本預編德目注重實踐

八月二十四日開學

十月十日國慶紀念日全體職員學生就禮堂舉行祝典

閏月十七日聖誕全體職員率學生就禮堂舉行謁　聖典禮

同月有如皋縣馬塘市教育會參觀團嘉定縣教育會參觀團漣水縣立高小校長吳君谷峯句容縣高小教員張君澄淸等蒞校參觀

十一月有宜興縣教育會楊巷市和橋市教育會參觀團四川省立第一師範學校校長王君詞瓊吳江縣小學教員沈君貴成笪君燮初等蒞校參觀

十二月十四日省視學鄭君鼎元蒞校視察(評語另錄)

同月三十一日年假第七屆畢業計十四人

民國四年陰歷乙卯一月四日開學

同月有省立第三師範單級研究會會員等蒞校參觀

三月有青浦縣教育參觀團江寧殷君叔彝暨本邑第三科科員龔君肇恂等蒞校參觀

四月有省立第一女子師範職員學生等蒞校參觀

五月有常熟梅里市小學參觀團省立女子師範教生等蒞校參觀

六月有安徽教育參觀團金山教育參觀團本邑競志女校師範教生等蒞校參觀

七月一日道視學徐君芗蒞校視察（評語另錄）
同月三日縣視學孫君思賛蒞校視察（評語另錄）
同月十五日袁觀瀾先生蒞校視察並招權赴寶山縣講演
同月十八日暑假
同月請徐君志彬任全校體操教科李君康復專任三四年級國文及商業教科
八月議決組織講演部新聞部販賣部園藝部及圖書會由職員分任三四年級學生佐之
同月二十二日開學
九月四日有江陂小學校校長許君若杞懷上市學務委員顧君冰生等蒞校參觀
同月二十日童子軍成立
同月有湖南省立第三師範學校校長吳君劒岡偕宿遷縣視學杜君韻九泗陽縣視學李君梓楧本城市立第一學校教員嚴君仰斗等蒞校參觀
十月有青浦鶴溪第一初高等小學校校長楊君公權江蘇省立第三師範附屬小學教員陳君猷可無錫縣立女子師範校長程君仲嘉暨教員孫君北護等蒞校參觀

十一月有句容縣教育參觀團江陰祝塘鄉教育參觀團山東全省教育參觀團等蒞校參觀

同月十九二十日全體學生出席本縣聯合運動會

十二月三日本邑縣公署頒發到運動會優等奬狀一紙

同月二十二日部視學張君繼煦蒞校參觀（評語另錄）

同月有山東參觀團江蘇省立第一女子師範附屬小學教員謝君石君江蘇省立第七師範參觀團碭山縣立小學教員劉君尹栽南通縣立師範學校教員路君軼羣葛君子堅常熟慈妙第二校校長周君錫侯等蒞校參觀

同月三十一日年假第八屆畢業計十六人

民國九年陰歷丙辰一月三日開學

同月侯君保三偕競志教生七人蒞校參觀

同月二十五日寒假

二月九日本邑通俗教育臨時演講會天上市教育研究會均招權赴會講演

同月十七日省立第三師範開童子軍聯合大會本校童子軍全體出席並演習課程三種

同月十八日開學
同月徐君志彬退職請江蘇省立第三師範附屬教員高君翔千担任教科
同月二十七日本邑童子軍聯合會開第二次大會本校童子軍全體出席
三月有山東教育參觀團上海教育參觀團及江蘇省立第三師範校長顧君述之偕師範教生及無錫女子師範畢業生蒞校參觀
四月三日春假
同月七日開學
同月十日教職員率全體學生遠足惠麓
同月十八日童子軍聯合會開始教練本校派隊員四人出席
同月二十三日本校受澄錫戰爭影響停課三天
五月二十一日本邑童子軍聯合會假附屬小學開第三次大會本校童子軍全體出席
同月二十三日舉行童子軍第一次初級畢業式計三十六人就公園攝影以誌紀念
同月有天津慈恩寺高等小學校校長張君際和寶山縣立高小教員蒲君擷英等蒞校參觀

六月六日哀前總統逝世本校遵令停課一天

同月七日黎大總統就任全體職員學生在禮堂舉行祝典

同月十七日舉行提燈會補祝黎大總統就任

同月二十三日縣視學孫君思贊蒞校視察（評語另錄）

同月二十四日省視學伍君儀伯蒞校視察

同月有寶應縣參觀團省立第三師範教生句容縣視學張君一山等蒞校參觀

七月三日教育次長袁觀瀾先生蒞校視察

同月十四日暑假

八月十七日開學

同月有句容縣參觀團蒞校參觀

九月二十四日　聖誕舉行祝典

同月有省立第三師範附屬小學主事唐君閬生贛榆縣視學劉君尖鶱等蒞校參觀

十月五日北京特派考察教育員金心餘先生蒞校參觀並臨時講演

同月十日國慶日上午舉行祝典下午偕商業經雅等校舉行提燈會

同月十一日晚間開武昌起義幻燈並請本邑學務科主任錢君孫卿臨時演講到會者有振英翼中勉強經雅等校及學生家族數百人

同月有江蘇省立第一師範職員教生及紹興參觀團江西省立第二師範教員盧君溥周等蒞校參觀

十一月八日馮副總統就任本校舉行祝典

同月十一十三日權偕全體教員赴滬參觀優良各校

同月有青浦吳江泗陽宜興平湖奉賢常熟丹陽丹徒各縣教育參觀團及湖南長沙明德學校小學主事唐君重彝武昌高等師範學校校長張君綬青中小學主任孫君翊謀蒞校參觀

十二月三日本校童子軍應江蘇省立第三師範附屬小學第三次運動會會場守衛事宜

二十五日共和恢復紀念本校童子軍偕江蘇省立第三師範附屬小學及縣市立各小學赴公園舉行祝典

同月三十日年假第九屆畢業計十七人第一屆童子軍本級畢業計八人第二屆童子軍初級畢業計十四人

同月有湖南吳江教育參觀團及甘肅省教育會副會長水君楚琴第三師範舍監王君紹曾等蒞校參觀

民國六年陰歷丁巳正月元旦舉行祝典

同月二日開學

二月十二日南北統一紀念日舉行祝典

同月十四日職員例會議決三四年級遵照　部頒新章修身每週增加公民須知一小時

同月有寶應縣參觀團及德安沈毅學校創辦人郭佩霞君蒞校參觀

四月一日春假七日開學

同月二十三日無錫童子軍聯合第一次會操本校童子軍全體出席

同月二十八日省視學鄒君楫蒞校視察(評語另錄)

同月二十九日無錫市公私立各學校開春季聯合運動會本校學生全體出席

同月有高郵溧水教育參觀團江蘇省立第四師範第六師範職員教生第七師範附屬小學主事劉君慮舟等蒞校參觀

五月有江寧寶山教育參觀團江蘇省立第七師範學校學監劉君漢川及教生等蒞校參觀
六月有福建武進教育參觀團江蘇省立第一師範第五師範第六師範職員教生及商務印書館編輯蔡君松如等蒞校參觀
七月十一日縣視學孫君思贊蒞校視察（評語另錄）
同月十六日暑假第十屆畢業計十九人第二屆童子軍本級畢業計八人
八月二十一日江蘇全省童子軍開聯合大會權赴滬預會
同月二十二日開學
同月有浙江教育參觀蒞校參觀
九月九日權赴江寧省公署祗領　黎大總統獎額
同月有青浦武進及本邑開化鄉教育參觀團蒞校參觀
十月十日國慶紀念日上午十時在本校開歡祝會並行受獎典禮恭懸獎額楊縣長暨縣視學孫君思贊等到會致頌詞來賓團體有經雅侯氏本邑市立第八第十一等校以及本邑第三科主任錢君孫卿競志女學校長侯君保三約千餘人晚間集新舊同學舉行提燈會

同月十二日　聖誕舉行祝典

同月有鄞縣江陰慈溪永嘉硤石海寧等縣教育參觀團蒞校參觀

十一月地方紀念日舉行祝典

同月九號全體學生遠足惠麓

同月有江蘇省立第一女師範職員教生及福建龍巖縣視學連君谷雲宜興南滙本邑天下市懷上市教育參觀團北下鄉學務委員華君少純等蒞校參觀

十二月二十五日共和恢復紀念日舉行祝典

同月三十日年假第三屆童子軍初級畢業計二十七人

同月有泗陽縣教育會參觀團及本邑懷上市教育會參觀團等蒞校參觀

民國七年陰歷戊午一月元旦舉行祝典

同月二日開學

二月二日寒假休業

同月二十一日江蘇全省童子軍開教練員會權赴滬出席當推爲職員及南京童子軍會操

臨時幹事

同月二十七日開學

同月李君康復辭去三四年主任任鄉土科二小時

同月議決添開教室

同月延請顧君鴻志爲春季始業一二年級主任教員錢君啓文爲秋季始業一二年主任教員

同月寧垣鼠疫本校特開臨時職員會議決預防方法三種（一）謝絕參觀（二）勸種牛痘（三）施行特別消毒法

同月議決爲灌輸道德教育及軍國民教育之智識起見特於休息室張貼通俗教育畫及誠報以重直觀

四月四日放春假三天

同月七日開學

同月八日國會成立紀念日全體職員率學生就禮堂舉行祝典

同月有興化教育參觀團及北京女子師範職員陸海環君浙江省立第九師範校長包仲寅君等蒞校參觀

五月七日本校童子軍及三四年級學生遠足惠麓

同月九日國恥紀念日全體教員率學生就禮堂演講國恥紀念史

同月二十一日本校一二年級學生赴通俗教育館及公園遊覽

同月有浙江樂清本省南通上海南匯靖江銅山各縣教育會參觀團及江蘇省立第二師範第二部教生省立第四師範本科教生等蒞校參觀

六月有福建閩明本縣教育參觀團武進縣立師範職員學生蒞校參觀

七月十二日共和復活紀念日全體教員學生就禮堂舉行祝典

同月十八日暑假第十一屆畢業計十九人第三屆童子軍本級畢業計六人

講演團規程

(一)本會宗旨講演我國歷受外侮引起兒童國恥觀念力圖將來振作起見

(二)設講演員一人由校長任之幹事員月輪四人

(三)預編國恥紀念日歷以便按期講演

(四)本會以禮堂爲會場

(五)講演時間在下午終業後至長不過一小時

(六)本會職員另訂專則

販賣部規程

(一)本會以練習兒童經商技能爲目的

(二)本會設主任一人由教員兼任幹事四人值務二人以四年級生輪任之

(三)幹事司採辦及賬目值務司售貨

(四)每日終業時將本日出入之錢貨檢算清楚交由主任覆核

(五)販賣各物以學用品爲限資本由校中擔任

(六)時間下午十二時半起一時半止

歷屆視學員評語一覽

年月	姓字	評語
清光緒三十四年下學期	楊邦彥(省視學)	校舍合法秦教員珠算極熟乙課堂溫課輪讀有法
清宣統元年上學期	龐樹典(省視學)	講堂軒敞布置合度校長秦紳規畫有條管理整肅教授亦均有法惟國文改筆尚嫌簡略
清宣統二年上學期	戴克敦(省視學)	校舍軒敞布置周詳秦教員權講國文懇摯動聽規則亦整肅近改兩等爲初等尤見實事求是之意
同年下學期	同上	管理整齊教授詳細各級程序均優
清宣統三年上學期	朱綿綬(省視學)	兩堂皆秦姓教員上課均能啓發學生成績頗優
同年下學期	同上	秦教員考國文當堂所作大致清通秦教員教小班筆算指示分明其一級讀書聲皆清朗成績亦斐然可觀
民國二年三學期	臧祜(省視學)	表册編制合法管教成績亦尚可觀
民國三年三學期	孫思贊(縣視學)	(教授)二三年級秦校長上修身不用課本揭示德目眼前

指點淺顯明白并能練習作法講畢由學生口述一遍能使全級注意一四年級秦教員上算術課四年級演習一年級練習加減以五色粉筆標示尤爲醒目

（訓練）規則俱備校訓定孝友二字所施訓話有揭示牌間四週一換與校訓均有關係

民國四年三學期　張繼煦（部視學）

同上　徐荄（道視學）

教員精於教法兼有誠愨之精神和靄之意態學生上課極守規律而有活潑進取之精神閱國文綴法文字上易於進步學生身體均屬強健足見注意體育視察之餘極爲滿意

（教授）秦教員振鍔授三四年級算術四年級小數法算題預書於板板用內外活動逐題揭示甚便三年級先練心算以資溫習次揭示算題令兒童先自講次範講并略畫圖說以強記憶而便明瞭教法老練巡視亦勤李教員授一二年級體操和靄活潑頗有興味（管理及訓練）每日上課前行

同　上　郟鼎元（省視學）

同　上　孫思贊（縣視學）

民國五年三學期　孫思贊（縣視學）

朝會禮十分鐘廊內懸各種格言并編習勤表俾兒童依表習勤上下課整隊精神甚佳（意見）是校辦理十載苦心經營成績卓著應請酌予褒獎以示鼓勵

是校編有教授案表册整齊修身注重作法學生服務極勤管教均有成績所見教授三四算術一二讀法尙見切實定孝友二字爲校訓訓育時期分定期（朝會等）與臨時二種（訓練實況）此次到校視察適値溫課檢閱學生成績均極整齊各級綴法本俱有可觀學生亦循循有禮

（教授實況）李教員上國文課（三二）讀法發問適當（四）綴法謄清郎在第一次原作之後不若一另備一謄清本者未能得其眞相也一二年級秦教員上體操課半時體操半時游戲活潑而不喧擾（訓練實況）以孝友二字爲校訓各級有級訓每週有訓話有販賣部有儲蓄部由生徒分任新聞

民國六年三學期　鄒　楫（省視學）

同　上　孫思贊（縣視學）

四

每週揭示且有閱書講演會童子軍團已經成立（成績）四年級作文尙有可取二年級綴法程度恰合（可爲模範者）二年級綴法命題均有研究於訓練管理亦甚注意

校長秦執中視察時學生實到一百零五人辦理認眞名譽夙著秦校長授三年級國文注重自習商業自編課本取材適當顧敎員授一二年圖畫手工學生亦學習不倦

三四年級秦敎員上算術課各級練習一二年級秦校長上國文課復習活潑有味頗能引起學生精神（訓練實況）本秦氏孝友傳家之意以孝友爲校訓有級訓訓話講演會閱書會販賣部等童子軍已經成立（成績）國文程度均合二年級作文尤爲難得（可爲模範者）管理訓練非常注意

參觀人評語

是校在大河上由家族設立校舍係民房頗暢適常年費四百元男女兼收四級完全課堂二所(一二三)(二三四)生徒八十二人寄宿一人教員七人晤見校長由引導參觀如左

沈教員上國文課（一二三四單級）先令(二)習字(三)默書乃對(四)授課折光用三段法(1)預備參用問答以舊知識與新知識之聯絡(2)教授用黑板畫(以錢置水碗中)證明光線屈折之理與物質之疎密有關係講解明晰生徒多能領悟(3)應用再用問答後範讀齊讀教法頗佳

秦教員上算術課(一二三單級)先令(一)寫數(自一至七十在石版上)次(二)命題（二位加減三則）略爲講解再(三)命題(一位除法二則)同上講解約數分鐘後出(一)習題(三十以內加法)令生心算以手指計指生口演而師寫式於板注重幼年生教法亦善

教授　每課有預備鐘一次(十聲)上課時鳴以鼓(七聲)下課時按以鐘(三聲)每課在黑板表示（字有三寸見方如某級習字某級默書之類）四年級參用史地手工.組紙爲最細(三寸方56條)案是校校役兼作廚房搖鈴鳴鼓均由學生爲之值日整理課堂器具級長

司上下課整隊秩序井然可法也

管理 休息男女分別放飯課東西兩路（整隊而出師隨其後）衣帽架均標姓名（在外課堂後）級長有學期選擇（三四）一月選舉（一二）兩種

設備 外課堂兩面長窗（上用玻璃下用淡綠漆）屋頂白色光線異常充足教員預備室在內課堂之旁照顧頗便休息處之字紙開於牆壁搆思頗巧廊下懸級長值日牌

右錄吳江周公才先生參觀江蘇學校筆記初編

下午一時至秦氏公學是校係秦氏私立客至由學生奉茶藉此練習交際上禮儀午後休息時間極長足紓疲勞校門秦權君未上課前五分鐘令級長率諸生排隊于休息室作二分間體操詢之則曰學生午餐後心已散放此乃暫聚其心及聞上課鐘學生魚貫入教室對同人等均行一鞠躬禮其平時注意訓練如此

秦教員授三四年級習字課三年級正楷教員在上課前先書痊癒二字臨課時將下筆法逐一指明同時授四年級行書係望餘光三字運用筆法亦如三年級之逐一指明無顧此失彼之弊末又各令一學生出位于大黑板上臨寫至散課時先令兩級學生各于位置下審察有

無破紙等物有則拾之出外棄于塵桶

是校教室有二爲複式編制一二年級及三四年級博物圖地圖等分懸于兩教室中應接室中懸有本年預算收入及各級學生男女數本姓外姓學生數與本姓外姓學生數等表則若列眉成績室中各科齊備概重實用主義走廊中懸有學科成績操行成績表等鏡架及監護值日生名牌一（每日二人）又本月份學長牌一三四年級及一二年級正副級長之名牌各一布置井然校中風紀非常整肅另有小黑板一其上端橫書教育訓話四大字其下則重書經訓一則曰凡爲人子者出必告反必面所游必有常所習必有業是管理訓練兩要素亦可以設備上覘之

右錄寶山縣教育界第三期

是校在大河上秦氏書塾由秦氏捐貲創辦故同族子弟入學者一概免費外姓生每年五元正常年預算六百九十元校長秦執中先生態度沈靜辦理合宜教員六人盡義務者二人生徒一百零六人分兩教室教授

訓練　校訓定孝友二字教育主義定道德二字無論高年生低年生見來賓必恭立行敬禮

他若捧茶敬客栽培花木皆生徒任之余等參觀時由年長生數人取茶捧客狀頗恭敬（案捧茶敬客栽培花木皆可法）課堂旁通廊下懸一黑板上書名人格言（朱子曰凡人先求身體端正自冠巾衣服鞋襪皆須潔淨整齊又曰凡爲人子者當洒掃居處之地拂拭几案常令清潔文字筆硯凡百器物皆當嚴肅整齊頓放有常處取用既畢復置原所）又擇生徒品學優良者表而出之亦奬勵之一法也休息時男女異處頗合管理法（案教授修身摘講名人格言講畢懸諸廊下以便生徒隨時觀感誠法良意美）

上下課均行二分間體操由級長司令（案二分間體操爲發育兒童身體之良法此校能實行足見三育並重）

教育　李教員上國文課言語靈捷精神充足二年級抄生字於石板三年級練習國文（人體）講解明白發問周詳而矯正抄課用〇〇〇×•••丨以評優劣三年級生輪讀書聲朗然

（一）學校大事記　此校成績室中備有學校大事記一冊舉凡學校之何年創辦校長之任事年月經費之如何收入以及視學員之何時來校並評語如何與應行改良之事何時實行等種種緊要校事莫不備載於册中（案辦學人每以爲生徒成績而外別無簿記如教室日

記近來各處多已實行而學校之大事記尚少備置然教室日記祇足以備查一級之事實不若學校大事記之可以備查歷年之校況爲得也吾川各校大可取法）

（二）學校一覽表　從略（案此校各項表册均極完備此表專備參觀人之查攷而設頗爲簡明故錄之以備各校取法）

右錄川沙縣第一期參觀筆記

設備（甲）校舍（乙）教室內外（從略）

教授

四年級讀法星（新授）
三年級讀法鐵（復習）

點名後教者發一二三令同時預備（三取石取四版書）三年級用石版分段默四年級預備問答指示目的齊讀分行讀摘寫難語句指名二人伴讀範讀（學生訂正）指名一人讀（如斯二人）指名一人講一二句教師用問答式範講全課移向三年級發問課中實質口述鐫專弊等字令一生書於版（他生皆在本寫）並令注釋音義又令默寫成文隨時令一生讀之（他生對證）斯時已鳴鐘三四年生齊收書下課教法頗佳

四三年級讀法 星收條

先發問恒衛星之名由何而起令展書用石版照繪恒衛行等星之軌道(限七分鐘)三年級預備問答指示目的板書收條二字(隨時問何爲收條及其應用)練習話法(先齊說後一人說)用中華新字彙將課中生字各自注釋(書於筆記簿上)斯時移向四年級案間巡視訂正(給不差者獎以圖)譯述(口述事實令以文字表出之)一生版寫餘各在案間用石版訂正後令默識段絡寫於石版斯時又移向三年級訂正板間所注釋之生字(教者口讀全級兒童對證)又向四年級發問幾段每段幾句並其意義若何令書於版訂正後即下課矣

一二年級讀法 一冊三十四課勿戲火

發一二三號令準備用具一年級默字向二年級問答課內之事實指示目的版書勿戲火三字並授生字筆順就兒童日常易犯之病再三戒止令兒童板書生字遂向一年級示應綴字如(〇家)(家〇)令各填寫又移向二年級注釋生字如偶偶然也愼謹愼也灼燒也炙也肌膚也又巡視一年生所填之字有寫爲富家田家人家家父家母等不一訂正後即下課教法亦佳

管理及訓練

上下課時男女生分別排隊校訓爲孝友二字懸於各教室中其外有級訓一二年級級訓爲孝親敬師愛整潔守時刻三四年級級訓爲崇信實守規律勵勇敢皆揭於出入口處又教室內外及運動場接待室等處皆貼有毋忘國恥四字而四年五月九日國恥紀念歌及譜亦揭曉於當場俾兒童觸目動心激發其愛國之念而上下課搖鈴則由學生司之以養成勤勞之習慣

案是校爲秦氏一族私立經常費每年不過四百元設備簡單而編制教授管理在在合法足徵校長秦執中先生辦學有方熱心教育矣

右錄江蘇省立第七師範第二次甲種講習科參觀報告書

編制　設備(從略)

管理及訓育　學生上下課亦一律排隊上課前下課後用二分間體操爲調節作用級長呼口號形式整齊休息時男女分室由教員輪値監護每晨行朝會禮兼施訓話與第三附屬同學生多彬彬有禮見來賓則必鞠躬平日之訓練於此可知

教授　參觀李教員授一四年級國文課四年級綴法一年讀法綴法揭示問題三條(一)問國會何故設立(二)問一院制與二院制如何區別(三)問何謂地方自治每條均加以說明並發爲問答以驗學生之能理會與否然後令其各自筆答讀法復習候鳥課先將五色筆書示全文於黑板(梁間雙燕銜泥銜草築新巢忽來忽去)將生字逐一提出生字係紅粉筆書就使易注目並指示小黑版上預繪之燕復佐以圖畫標本俾知識得臻眞確教態活潑教室秩序亦極整齊參觀秦校長授二三年級國文課三年級抄書先將下課全文未授者令其抄錄爲後日教授之準備二年級復習掃地課準備噴桶箕帚等物用實物教授將全文逐句講解且講且演說明清潔衛生之意以養成其勤勞習慣頗可取法惜未窺全豹

右錄吳縣教育會教育雜誌第三期

三育並重成績優良教員熱心敝團同人不勝欽佩　　六月十二日寶應參觀團謹誌

教授上之研究極有價値綴法一項命題均有程序尤切實用全體兒童於整肅中有活潑氣象對客又嫻於應對教員精神於此可見佩服佩服

六月十三日青浦曹家鼎周昌鎬杜樞謹誌

三育兼全教管完善學生上課時安靜休息時活潑均無非禮之動作平日訓練之佳果也佩服佩服

北京金庚緒謹誌

校風穆肅訓練已增上乘管教事項亦屬可法敝團同人無任欽佩

紹興參觀團謹誌

以新授二月之六七齡兒童能塡字造句煞是難得教授至此嘆觀止矣

十月二十一日林元榮謹誌

一二年級教法精明教態又從容佩服佩服

十一月十一日范定甲謹誌

編制合法設備完全及各教員之教態從容洵足為他校法也泗陽縣教育參觀團謹誌

方今外交棘手險象環生貴校訓育注重國恥養成兒童愛國觀念尤爲切時之要

泗陽參觀團又誌

精神形式並佳兒童於整肅中有活潑氣象足徵訓練功深佩服佩服

平湖參觀團謹誌

設備周至管理合法成績楚楚可觀熱心教育殊深欽佩

奉賢黃强誌

秦教員上(一)工(二)書發問頗詳學生多能靜聽足見平日訓練功深良可欽佩

奉賢劉家麟振民誌

秦先生教態教法均極優良爲小學教師中所不多見兒童又整齊又活潑足見訓練功深成績亦適合各級之程序絕非矯飾者可比敬佩敬佩

唐憬仁謹誌

教修身注意偶發事項及臨時應用最足令學生感覺實較勝於採用課本者惟如秦先生指示作法語意誠懇能使學童精神鼓舞不倦殊所罕覯敬佩敬佩

夏梓林啓泰敬誌

本日參觀修身及體操共二時修身不用教科書注重偶發事項深得教授法且兼授作法尤屬注重實踐體操遊技均有精神生徒異常活潑足見訓練得法敬佩敬佩

參觀人張渲孫燦敬啟

鄙人此次參觀一般小學非失之放縱即過於拘束　貴校學生秩序極其整飭精神又復活潑洵可謂得教育之主腦者秦先生教授一二年生國文綴法一方能提起生徒之注意一方務歸於實用於最新談教育者之自動主義實用主義皆得其要竅敬佩之至

甘肅教育會副會長水梓敬誌

鄙人於貴校已作第二次參觀所見兩教室國文教授純由學生自動合於自學輔導主義而綴法成績多合實用手工成積並能優美均可欽佩惟學生上課靜肅中仍能活潑實爲各地

國民學校所不可多得者秦校長教育精神於此可見

陸以鈞敬誌

鄙人等此次由申而蘇而錫因時間之關係作短期之參觀遍觀各校各有所長而　貴校則尤爲特色教授之方法教材之配置訓管之情形均極完善其優點竟不勝書而　秦校長於修身科特倡新法專注日常應用之事及各科宜注意遵守之事均歸實用法頗完善足見秦校長熱心辦事注意研究處處留心實用誠不多得之良校也佩服佩服

三月三十一日南滙富永錄孫之久謹誌

此次各師範附屬小學開聯合運動會於滬上平江因赴會之便乘機參觀無錫秦氏私立國民學校教管方法之完善久騰於世近又追而爲教材之研究以修身教材均切實用等爲此次所堪注意者足徵　校長秦先生之熱心研究誠堪欽佩也

六年四月九日銅山劉平江謹誌

教授則發揮兒童本能訓練則激勵生徒國恥熱心毅力欽佩之至　溧水丘民陳維國謹誌

今日參觀三四年級童子軍合操步伐整齊操法純熟各生身體強健精神活潑洵非朝夕訓練之功所能及此至操法拳術各節均極嫻熟第一年級算術教師就各生坐位改正誤者極

少成績室內織紙手工頗有新發明之式樣均足令人欽佩也五月四日江寧朱藻謹誌

雲昭聞無錫秦氏私立國民學校成績優良之名數年矣今得率本校講習科畢業生四十五人來此參觀由校長執中先生指導先觀一二年級教室次觀三四年級教室一二年級春季始業與秋季始業及二年級合成者教師教習字字書正確又反復以不正確之字書使之發印則教授之良可知其學生方面雖年齡甚小而極有秩序且現一種極精神之狀態又足徵於平素訓練體育上極有方法三四合級教師教算術主張實用且處處使其自動不爲無實用之命題於學生異日之生活上極有關係至於精神活潑身體發達秩序整齊尤爲應有之成績總之此校於實用方面極爲注意誠爲後日生活之基礎比之空言職業者所不可比擬也時間短促不盡所述　劉雲昭謹誌

今日參觀一二年級合操遊戲(彷彿近播種)嚴守紀律非平時訓練有方曷克臻此教師校正處亦極是(第二次)換捉雞之遊戲意亦極是鄙意飾雞者如稍限範圍庶易捉得易增兒童活潑興趣以爲何如秦先生辦理校務內外整潔秩序井然仰見精細之至二年級第一學期綴法成績頗合入手連綴之法以上三項皆容所欽佩者非虛舉也秦先生和藹可親處衷

善聞是欲增厚自己之能力使一般兒童享莫大之幸福此心容尤亟仰之

五月二十三日江寗姚慕容識

處處利用兒童自動各種成績異常優美足見教法精妙訓練有方參觀之餘曷勝欽佩

六年四月十四日吳縣許人傑謹誌

教授勤懇設備得當成績均亦可觀

六月三十日吳縣章慰高敬誌

秦先生教態活潑辦理勤誠成績斐然可觀不勝欽佩之至浙江諸暨縣教育參觀敬誌

亦活潑亦精神教授純用啓發無呆滯之態

六年九月十七日古渠邱周鎮敬誌

教管各法均盡善盡美旹無間然

六年九月二十八日 周幹 儲德 仝識

鄙人至貴省參觀學校久聞貴校聲譽今晨倉促來貴校不克詳細請教甚爲遺憾參觀秦教師及吳教師上課講解明晰指導懇切甚爲佩服而校長秦先生接人和藹指導殷勤尤爲難得貴校成績卓著有由來也

十月三日直隸第一師範學校齊國樑謹識

貴校設備上與精神上均臻完備非富有經驗者烏能得此槪第一節三四年級體操步伐整齊拳棍成熟一二年級算術支配無餘隙又二年級能算簡單除法一年能算簡單乘法尤屬

難得可佩可佩

十月十八日青浦孫志達李紱荃松江王志賢敬誌

貴校形式精神兩俱完善鄙人等甚爲欽佩修身科授偶發事項對於兒童旅行之通病均一一提明使兒童不致違犯可爲面面週至於訓練一層於同人等參觀數校中洵推第一同人等此次出行原爲借鏡今日參觀貴校實得益匪淺　十一月九日硤石鎮參觀團謹誌

經光本日來　貴校參觀適逢校長執中先生授一二年鄉土談話言語既極明晰教態又復活潑從容極教態之能事參觀之餘受益頗多乃承虛懷若谷殷殷以有無缺點下問熱心盛德至感欽佩經光祇得鞠躬敬謹而答曰游夏不能贊一詞云爾

十一月十六日福建龍岩參觀團連錫經丘覲光謹誌

本日來　貴校參觀辱承　執中先生優待惠賜童子軍之組織並觀童子軍操精神振作勇氣百倍展閱兒童綴法成績楚楚可觀坐作進退尤循循有禮足見教授訓練互得良法大總統題獎樂羣致用良有以也

丁巳孟冬南沙教育參觀團王尙炎周鑄謹誌

本日到　貴校參觀承蒙　執中先生殷勤指導並惠表格三種感荷無既上修身課用偶發事項以指導實踐教態活潑言語從容足徵經驗之宏統觀一切獲益良多略述數語以誌景

十二月五日懷上市教育會參觀團姚誦濟 辛一善誌

此次游錫參觀各校於教管上各有專長而如　貴校之盡善盡美者實所難能予等所見國文成績尤屬優良　　泗陽第二屆教育參觀團同人謹誌

數日來參觀各校均增優美而　貴校對於管理上能在活潑之中取整齊嚴肅主義尤爲難得至聯絡家庭輔助學校教育一由任事多年情形較爲熟悉一則合族創開亦易聯絡感情可稱盡善盡美　　七年四月十四日浙江嚴州余光凝 包汝義 錢鑄同誌

本日參觀　貴校蒙　校長秦先生懇切指導並賜學校概況及童子軍規程心感之至所見學生彬彬有禮整肅中含有活潑氣象足證平素訓練有方教授均懇摯周到能引起學生興趣教室天井尤整齊清潔敬佩敬佩　　五月一日銅山縣教育參觀團七人謹誌

教員慈祥懇摯善誘循循衣冠樸素不爲社會惡潮所搖惑詢不愧以身作則學生活潑整齊兩無疵瑕國文綴法簡易有方別開生面苦心孤詣於此窺見一班迴非彼人云亦云者所可同日語實事求事欽佩無任校舍之整潔設備之完善尤其餘事 楨亦從事私立國民學校之一人也小巫見大巫慚愧無地然而三千里跋涉開關見所未見此行不辜負矣

十六

五月十三日浙江樂清教育參觀團倪國楨謹識

同人等承錢孫卿先生介紹至貴校參觀秦校長下午第二次三四年讀法教授誠摯淡問無遺學生端坐靜聽無一譁者助手學生頗能稱職足見平日訓練功深同人等觀摩之下不禁歛手嘆服

上海第三學區參觀團六人同誌

今日來 貴校參觀諸承詳細指導銘感良深所觀修歌體操手工等課取材恰合程度教法亦極完善兒童整肅之中寓有活潑氣象非一日訓練有方未易臻此至於校舍寬敞設備適當尤爲私立學校中所罕見者

南通教育會參觀團十四人同誌 五月二十二日

秦先生授秋一二合級算術教態雍容欽佩之至秦校長先生授三四合級讀法左右兼顧不急不徐洵精於複式教授者拜服拜服李先生授秋一二鄉土選材精當適合兒童程度教態誠摯教授順序有引人入勝之妙可謂神乎教授者矣

六月七日 胡季舫 葉西園 謹誌

秦先生教授國文文法多方誘導非深於研究者不能 簡等從北京來歷觀各校無此良法欽佩之至

六月十一日陝西 王夢簡 馮九齡 謹誌

歷任職教員一覽表

姓名	字	籍貫	職務	任職年月	退任年月	備註
秦振鎬	卓桴	無錫	校長兼國文算術歷史教員	丙午正月	乙己九月	辛亥十二月退校長改任鄉土教員
秦權	執中	無錫	修身兼國文地理唱歌教員	丙午正月		辛亥十二月改任校長
秦鼐	鼎新	無錫	體操兼算術教員	丙午正月	丁未十二月	庚戌重任教員十二月退職
秦鎬	慕周	無錫	庶務	丙午正月	丙午十二月	
秦希瑗	麟祥	無錫	庶務	丁未正月	庚戌十二月	
蔡浩	栽菡	無錫	理科教員	丁未正月	庚戌十二月	
吳廷枚	錦如	無錫	歷史教員	丁未正月	辛亥十二月	
秦同培	子卿	無錫	圖畫教員	丁未正月	己酉十二月	
沈壽桐	西苑	無錫	國文兼理科教員	丁未正月	庚戌十二月	壬子重任教員甲寅六月退職
秦任	併吏	無錫	國文兼體操教員	丁未正月	乙卯十二月	
秦振鏐	叔均	無錫	英文兼手工教員	丁未正月		

秦氏公學紀念錄

秦銳	翔臯	無錫	國文教員	戊申正月	戊申十二月
侯元祥	秋華	無錫	圖畫教員	己酉正月	庚戌十二月
許文熊	光甫	無錫	圖畫教員	辛亥正月	壬子十二月
李崑	康復	無錫	國文兼體操教員	壬子正月	
孫掞	雨蒼	武進	體操教員	癸丑正月	癸丑六月
蔡辛庚	味畲	吳縣	體操教員	癸丑七月	癸丑十二月
秦金鑑	冰臣	無錫	珠算兼國文教員	癸丑正月	
周駿	渠清	無錫	國文教員	甲寅七月	甲寅十二月
徐振新	志冰	無錫	體操教員	乙卯七月	乙卯十二月
高鵬	翔千	無錫	體操教員	丙辰正月	丙辰六月
吳祿溥	少明	無錫	體操兼唱歌教員	丙辰七月	
錢允中	企文	無錫	國文教員	戊午正月	
顧堅	鴻志	無錫	國文兼算術教員	戊午正月	

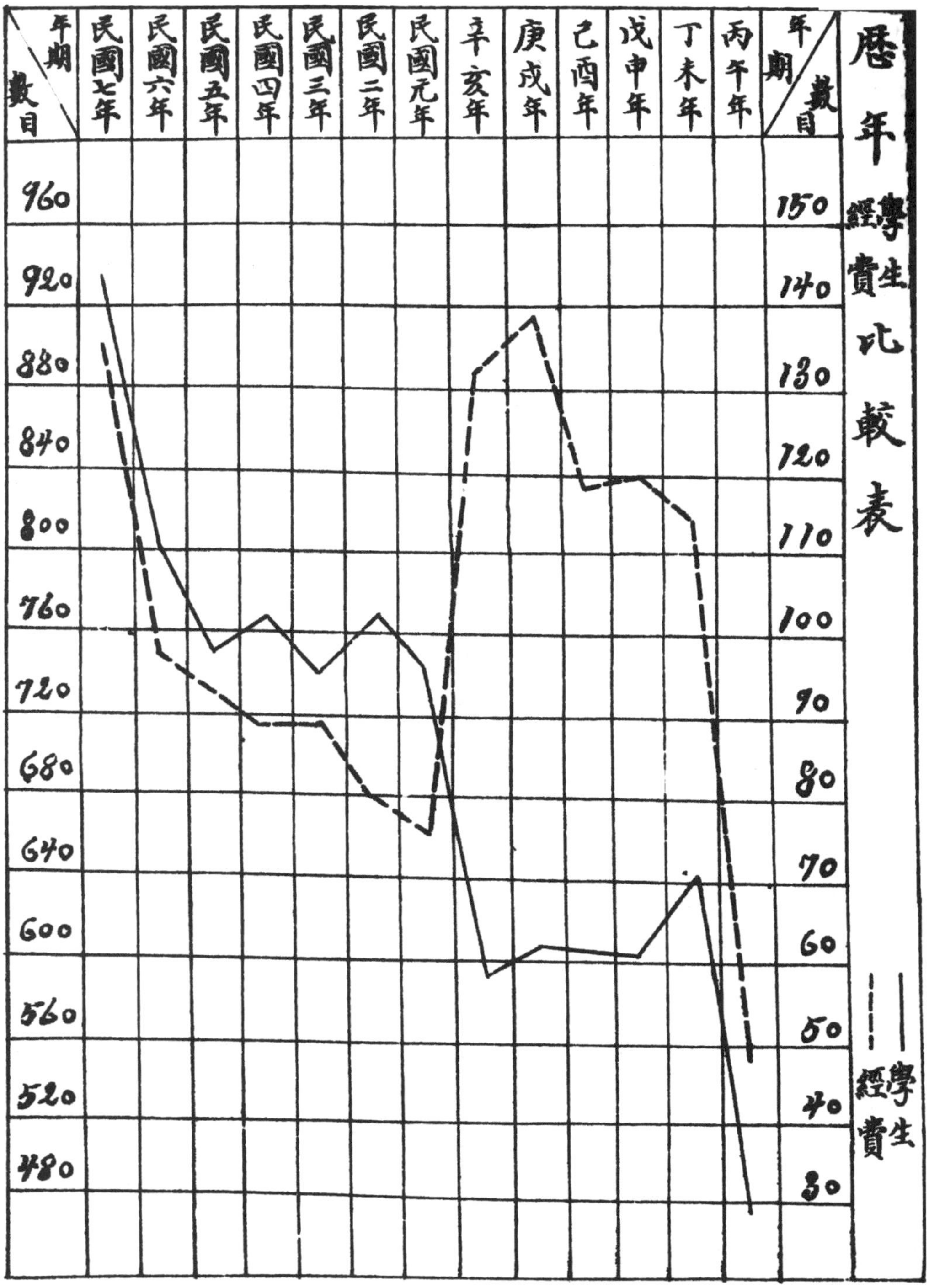
歷年學生經費比較表
年期
數目
民國七年
民國六年
民國五年
民國四年
民國三年
民國二年
民國元年
辛亥年
庚戌年
己酉年
戊申年
丁未年
丙午年
960
920
880
840
800
760
720
680
640
600
560
520
480
150
140
130
120
110
100
90
80
70
60
50
40
30
學生
經費

歷年畢業學生人數比較表

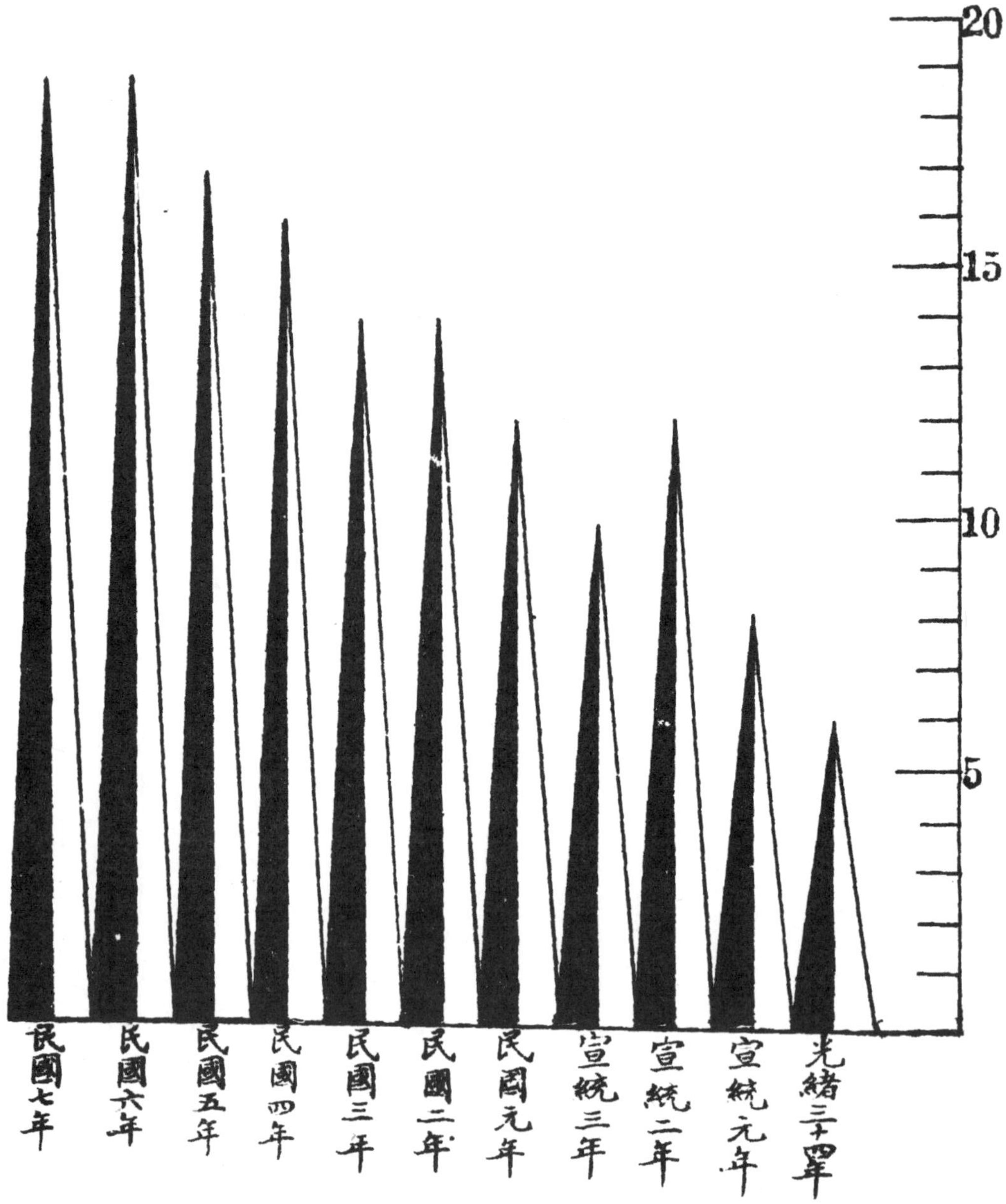

學生出校後狀況表

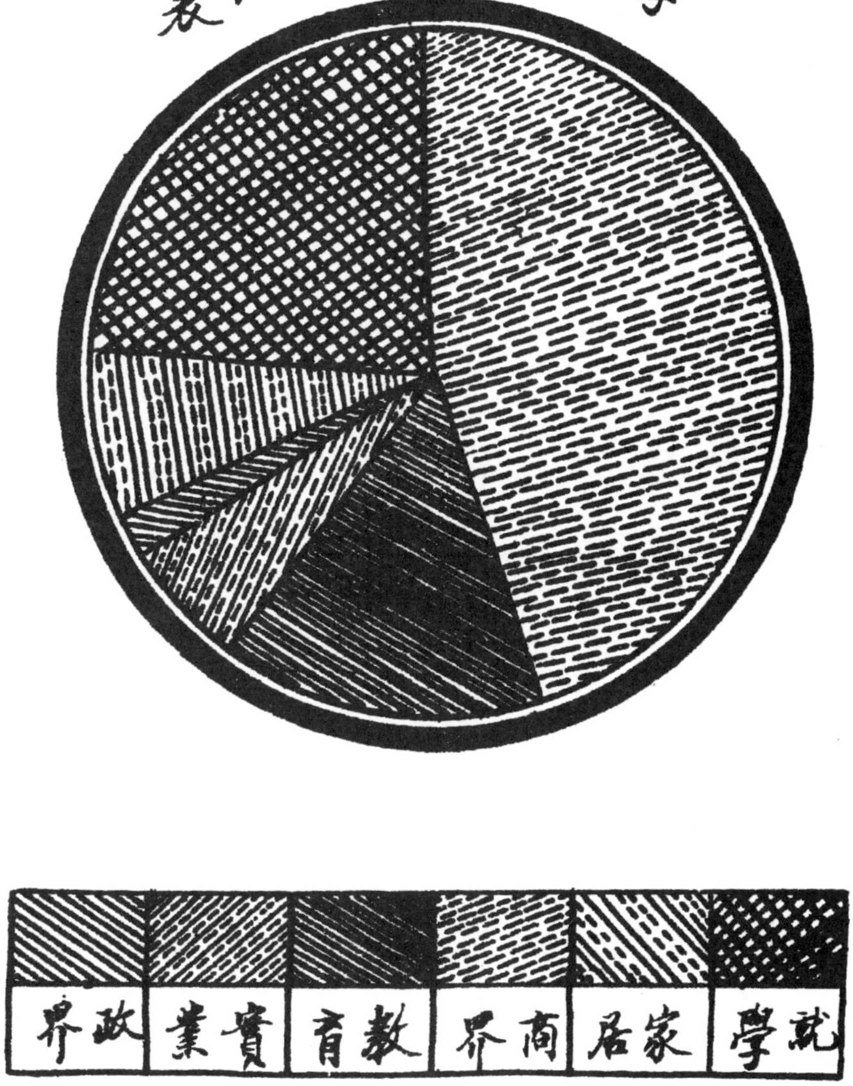

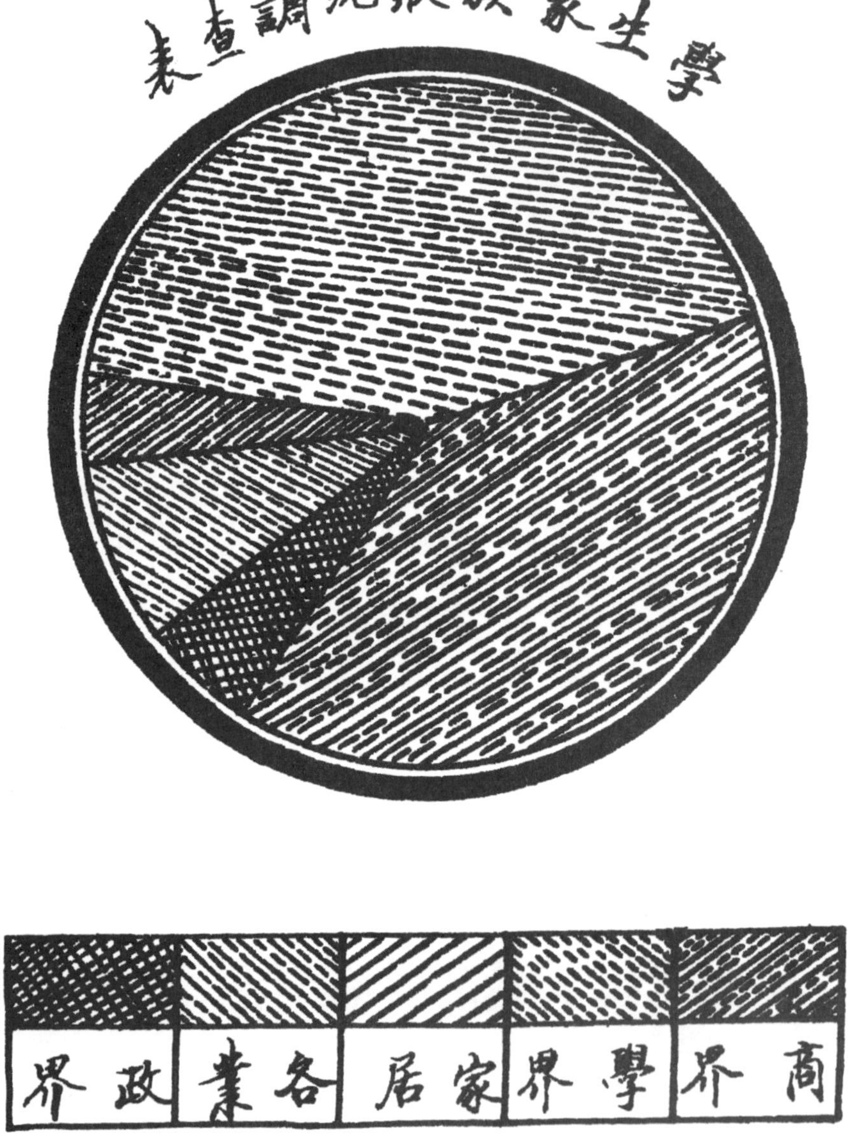
學生家族狀況調查表
政界
各業
家居
學界
商界

歷屆畢業生一覽表

姓名	字	現時狀況
秦金培	珍山	江陰長涇鎮恒濟典二櫃
秦錫祜	履綏	杭縣教養局辦事員
陶萃鈞	育德	東吳大學肄業
陶　鈞	鑑衡	東昇槽坊南號店東
顧　堅	鴻志	國立籌邊高等學校畢業 唐氏國民學校教員
秦翔鴻	伯壎	陳氏改良學塾教員
陳　模	叔範	中興槽坊司賬
張億寶	元耀	烟台電報局局員
陶壽頤	頎程	太倉濟昌紗廠司事
陶培檏	醉秋	無錫烟酒公賣局司事
秦凾潢	雲蓀	國立交通傳習所肄業

姓名	字	現時狀況
秦樹圻	孟堅	無錫市第三區巡記
秦毓鍾	海秋	日本中央大學法律科畢業 現充大律師
陶懋鈞	景修	東吳大學肄業
秦祖康	振華	家居
陳錫驥	悟蓀	寶新麵粉廠司事
張綸仁	逸民	盈豐米行司事
趙福烱	學如	私立光華國民學校教員
秦永清	蘊梅	上海萬豐米行司賬
陶壽穎	仲衡	盛康錢莊司事
俞文燆	競芙	茂新麵粉廠司事
秦　濤	松存	上海青年會肄業

李　湘	浩然	江蘇省立甲工電機科畢業 漢陽兵工廠技士
秦善鐸	志通	丁源盛綢莊司事
秦志[illegible]	學海	交通部主事
談毓英	小鶴	北塘恆益泰麵莊股東
侯福田		私立正蒙國民學校教員
程祖康	述淵	江蘇省立農業學校教員
秦大鈞	聲皇	江蘇省立第三師範肄業
沈慈蓀		江蘇省立第五中學肄業
秦祖光	繩伯	鉛畫師
秦荷芬女	清遠	競志女學教員
秦圓如女	道嫻	上海啟明女子中學肄業
過鉅泉	玉如	懷上市第三國民校長
朱星南	炳灝	縣立第二高小肄業

王增熊	聘蓀	上海中國銀行司賬
秦廣鑑		唐山路鑛學校肄業
王安慶	臨莊	揚名鄉第一國民學校教員
秦康圻	子健	家居
秦鑑洪	劍虹	九豐夏布行司事
高文灝	宗海	蘇州元昌煤鐵行司事
沈昀蓀		江蘇省立第五中學肄業
龔宜楨	栽卿	江蘇省立第三師範畢業 無錫市第一國民學校教員
顧高坊	仰瞻	江陰南菁中學畢業
秦信芳女		上海啟明女中學肄業
張維清	維清	杭縣驗契處司員
顧振搴		縣立第三高小肄業
龔懋珩	政旋	浙江甲工肄業

秦宗潞　景彥　上海兵工廠司事
秦蔭圻　仲秀　習醫業
裘維熙　緝臣　交通部上海工業學校肄業
裘維紅　浩公　仝上
楊熙曾　緝周　縣立乙種實業肄業
高昌煒　江陰南菁中學肄業
陳聽濤　繩伯　上海私立中等商業肄業
秦鉦泉　康樑　高有源鐵行司事
顧圻　百甸　江蘇省立第一醫學肄業
嚴仁鏡　江蘇省立三師附屬肄業
秦善圻　高有源鐵行學生
王冕　冠羣　廣勤紗廠學生
陳葆源　鳳標　無錫中國銀行司事

秦彥釗　劍湖　江蘇省立第五中學肄業
張學齡　上海大同學院肄業
裘維平　季靖　仝上
楊錫極　樹仁　江陰南菁中學肄業
楊建樞　立人　中華鐵路學校肄業
秦兆鴻　仲良　同愼餘麵粉莊司事
翁振中　穀生　縣立第四高小肄業
秦宏濟　吳江中學肄業
秦昌符　宏敷　吳江中學肄業
陶勤清女　縣立女子師範肄業
秦昌濟　則明　上海工業附屬肄業
葛保祖　九豐麵粉廠司事
徐燮均　壽畦　協盛綢莊學生

章　棣		江蘇省立三師附屬肄業
張文炳		丁雙盛綢緞莊學生
許恩圻		豐盛米行學生
顧祖榮		廣勤紗廠學生
秦兆銜		江蘇省立第三師範肄業
錢伯森		協盛錢莊司事
顧曾培		縣立第二高小肄業
周慶頤	舜祁	縣立第二高小肄業
孫壽昌	鏡如	懋綸綢莊司事
李　鍾	進吾	世泰盛綢緞莊學生
趙　容女	涵若	競志女學肄業
陶保華		吳江中學肄業
施惠卿	鑑潤	儲業

龔錫璧	耀麟	久禾米行司事
劉學堅	登瀛	縣立第二高小肄業
孫致和		寶興昌米行司事
范光復		仝上
顧謙吉		國立清華學校肄業
鄒同福	漢梅	永源生米行學生
張有爲	鏡湖	震豐布廠司事
黃　湘		家居
秦湛明	永昭	縣立第二高小肄業
秦佩英女		縣立女師附屬肄業
郭淑良女		競志女學肄業
秦蘭芳	若馨	縣立女師附屬肄業
祝咸熙	永昌	上海青年會肄業

龔宜枸　縣立第二高小肄業
許邦藩　縣立第二高小肄業
秦鑑源　上海民立中學肄業
許煥陶　子文　江蘇省立三師附屬肄業
孫鴻儀　縣立乙種實業肄業
秦曾望　蘇州電燈廠學生
王紹業　江蘇省立三師附屬肄業
秦福圻　縣立第一高肄業
顧鼎吉　江蘇省立三師附屬肄業
孫致祥　江蘇省立三師附屬肄業
趙　寬　江蘇省立三師附屬肄業
陸秋泉　江蘇省立三師附屬肄業
蔡殿楣　縣立第二高小肄業

郭均一　縣立第二高小肄業
王炳淼　縣立第二高小肄業
陶國華　縣立乙種實業肄業
陶國興　仝上
徐懋鈞　壽圻　仝上
龔祖貽　德豐錢莊學生
秦振鴻　仝上
秦振華女　市立女子職業肄業
高　振　自新　縣立乙種實業肄業
秦永奎　仝上
顧國棠　仝上
溫懋德　仝上
盛積慶　縣立第一高小肄業

顧元彬	縣立乙種實業肄業	陳巖雲	仝上
徐福均	縣立乙種實業肄業	丁卓民	仝上
秦福圻	縣立第一高小肄業	侯傳綬	仝上
秦懋濟	縣立第二高小肄業	秦亮濟	仝上
秦曾奎	江蘇省立三師附屬肄業	秦通	仝上
顧賡壽	縣立乙種實業肄業	秦士鴻	仝上
程榮全	縣立乙種實業肄業	杜克仁	仝上
丁紹鴻	縣立第一高小肄業	秦順圻	仝上
高昌運	縣立第一高小肄業	秦潤寶	家居
秦淑儀女	市立女子職業肄業	周佩貞女	縣立女師附屬肄業

已故畢業生姓氏錄

陶銓　秦永毓　沈祖蔭　秦昌琩　秦宗海　秦壽圻　秦文釗　吳廷榆

秦源　秦耀奎　張椿榮　秦廣濤　秦汝金　秦潤泉

民國六年度第三學期之概況

設立年月	丙午正月
所在地	江蘇無錫縣無錫市大河上
校長	秦權字執中無錫縣人現兼任江蘇無錫童子軍聯合會副會長
教員	李崑　顧堅　錢允中　秦金鑑　吳祿溥　秦振鍔
學童數	一年級四五 二年級四八人　三年級三三 四年級二〇人　共一四六人
學級數	秋季始業四級　春季始業一二兩級
學齡數	最大十三歲　最小七歲
性別	男學童一三〇人　女學童一六人
編制	一二年級一教室　三四年級一教室　春季始業一二年級一教室
學科	遵照部頒國民學校定章加鄉土　初等商業
每週授課時數	一年級二五　二年級二六　三年級二九　四年級二九
現用課本	修身自編德目　共和新國文　共和新算術　體操　手工　圖畫

唱歌均選用　鄉土初等商業均自編

前年度決算數　七三七圓二

本年度預算數　九〇〇圓

每童占歲費　六・三四圓

學　　費　本姓學童免費外姓學童每年五元

訓練類別　校訓（孝友二字本秦氏孝友傳家之義）　級訓　訓話　談話　講演會

實習　直觀示範　學校園　閱書會　販賣部　新聞部　童子軍團

儲蓄部　演說會　家庭聯絡　其他在研究中

管理主義　校內取分級監護有限制的活潑主義

校外取分級巡視有限制的干涉主義

教授概要　修身注重偶發事項以能實踐爲主國文讀法取自學輔導主義綴法普通文與實用文並重書法四年加行書算術三四年加珠算體操手工用最新的教法唱歌與修身聯絡鄉土注重實業商業注重道德

表簿類別　課程表　學歷表　習勤表　修身德目配當表　預擬綴法題配當表　操行比較表　學科比較表　經費比較表　預算決算表　分部職員表　職員任期表　學生比較表　總表（現任職員現用書目授課時數各級學童經費項卒業兒童諸表集成）　學生家屬狀況調查表　學生出校後狀況表　歷屆視學批評　訓話錄　訓育錄　個性觀察錄　出席簿　學級日誌（四年）　讀法研究　綴法研究　書法研究　修身教授案　參觀題名　大事記　學童一覽　其他規程

校舍　教室三　晴雨操場各一　男女休息室四　成績室一　應接室二　販賣所一　會食堂一　男女廁所二　校園一方　預備室一　教員臥室二

備註　餘不備載

童子軍團之概況

定名　本團依據江蘇無錫童子軍各團成立先後之次序故名江蘇無錫童子軍第三團

宗旨　本團以養成兒童自治精神爲宗旨

成立年月　民國四年九月二十日

團址　江蘇無錫縣無錫市大河上

團長　吳祿溥字少明無錫縣人江蘇無錫童子軍聯合會幹事

團員　本校四年級學生及三年級學生年齡合格體質堅强者亦選入之

編制　本團現有四小隊　每隊正副隊長各一人　隊員八人

各小隊名稱　(一)獵犬隊　(二)狼隊　(三)虎隊　(四)鷹隊

教程　遵照江蘇全省童子軍聯合會訂定本級初級教程自加補充教程數種

教練時數　正課教練每週三小時　補充課程臨時酌加

經費　經常費由本校酌撥及職員團員月捐

附錄

權以菲材濫厠族學已十二年閱七月矣始任教員繼兼校長其間雖多謬誤然均賴校董及先後同志提倡維持之力俾得至今近以來學日多參觀時至設再敷衍更難勝任是以疊次堅辭以讓賢者今幸許退校長兼職適舊生顧堅就本校級任李湘由漢陽兵工廠旋里將校中歷年記事圖表分錄成册并偕仝其他畢業生以刊紀念錄爲請且願捐貲十一相助權本思校董同志之功不可湮沒繼見諸生之意均出至誠亦出貲十三俾書付梓以留紀念至目次之配當謬誤之指正受教於孫君思贊者爲多他若規畫進行日起有功則不得不有望於後諸君子而補權之缺失焉 權謹識

本邑電氣事業管見

李湘

建立電氣公司　改用電氣動力

吾人於今日欲討論本邑之工業。固非徒就其現狀而加以評論已也。必研求其振興之方法。改良之計畫。希得若干之進步而後可。夫近世紀之工業進步。駸駸乎風馳電騄。一日千里。即以電氣事業論。之電報也。電話也。電燈也。無一非人生日用所必需。吾邑次第舉辦。邑人習見之不以爲怪。然近數十年間。日新月異。更有用電力爲原動力焉。吾知自玆以往。原動力界之革命軍。必大張旗幟。所向無敵。而吾邑人之耳目。亦爲煥然一新矣。蓋工廠之原動力。有屬於蒸汽力者。例如汽機。吾邑麵粉、繅絲、榨油、各廠均用之。有屬於煤力者。例如煤油機。吾邑礱米廠多用之。有屬於水力者。例如水輪機或水旋轉機。吾國用之頗少。有屬於電力者。例如電動機。吾邑工廠。尙未應用。之四者均能發生動力。然迄今以來。趨重於後二者。惟屬於水力者限以天然勢力。固不必論。而屬於電力者。全係人功。竊願錫邑工界巨子。奮發而改用之。不覩夫上海租界工部局之電氣廠乎。其事業逐年發達。令人可驚。近年不獨用之於電燈。且礱米、紡績各工廠。亦均使用。是以需用加廣。取價低廉。營業發達。蒸蒸日上。吾邑耀明公司創辦伊始。以經濟關係。電用直流。今雖連年增加機數。無如直流之傳達有限。時虞不足以應用。戶竊願主其事者。當力圖改良。而用交流。擴充範圍。添足資本。易名曰耀明電氣公司。以示不限於經營電燈事業。則需用廣大。取價低廉。營業發達。可操左劵。湘年來投身工界。於電氣也。工廠也。稍得一知半解。玆就管見所及。敬告邑人焉。

關於電廠方面　大凡工廠地基。宜留餘地。以備擴充。吾邑耀明公司廠基有限。不如重購地基。建立新廠。改用交流。則無論路之遠近。均可接線傳達。非若直流限於半徑五里之範圍而已。電氣之傳達較遠。則電燈之盞數必多。加之兼售電力。則用戶因之增加。卽電機之容量必大。但電機價值與容量成反比例。卽大容量電機之價值。較小者爲廉。則創辦費不致過大。而其需用培增。營業之發達可期。至於新廠之建築及管理。雖較直流爲難。勢必聘請技師職工。竊意將原用職工加以教練。而酌用熟悉交流之技術員若干。已足。其他如工廠辦事所及職員。均可依舊。則事半功倍。營業發達。可拭目而待矣。

關於工廠方面　電廠售賣電力。則創辦工廠。或已成立工廠。可不設備鍋鑪、汽機。而向公司租用電力爲原動。不過各自設一電動機而已。創辦工廠。既不必建設鍋鑪房汽機房。則廠地因之縮小。又不必沿河旁水。則擇他亦因之便利。他如管理器機之職工。從事鍋鑪之火伕。一律免用。既省創辦之費。又可減少經常費。誠有百利而無一弊。吾見本邑工廠。將接踵而興起矣。

關於公衆方面　工廠烟囪。最害衛生。彼高大而在曠野者。爲害尚鮮。若規模狹小而近市鎮者。則濃煙滾滾。足害公衆衛生。吾邑新世界之煙囪。爲害於游人不少。其他類此頗多。雖由警例之不備使然。要亦工界之缺點。設使電氣公司成立。取價低廉。則人樂用之不暇。何勞自已建築。於公衆衛生得以講究。至若電燈價廉。則路燈設備可期普及。兼售電力。則風扇裝置。可無限制。爲福公衆。又豈鮮淺哉。

總之建立電氣公司與改用電氣動力。爲吾邑工界切要之圖。耀明賴以發展。工廠賴以振興。而公衆亦可享受利益。其關係至巨。效用至大。改建之計劃。間不容髮。湘平生最愛鄉梓。最愛工業。輒欲效勞工界。勉盡一份子義務。奈事體重大。力與心違。姑就吾邑電氣事業之一部分。略陳愚陋。以就正於工界諸公。就正於邑人。匪敢自暴其不文。亦引玉拋磚之微意云爾。

右係舊生李湘原稿曩曾登邑報 執見之深爲嘉許爰持編入紀念錄中俾與邑人共事研究焉 執附識

刊誤補遺表

門類	頁數	行數	誤補	正遺
學校記事	五	十二	記筆	筆記
同上	七	六	補沈君西苑	
同上	八	七	補權兼一二年級任	
同上	十八	三	補權改三四年級任	
視學評語	四	一	閱書下補會字	
參觀評語	二	八	校門	校長
畢業生一覽	四	十二	芳字下補女字	
附錄	四	八	持	特
補白			講演團	講演會

民國八年一月出版
編輯者　無錫秦氏公學
代印者　錫成印刷公司

國專校友會集刊

國專校友會 編

《國專校友會集刊》，私立無錫國學專修學校校友會編，私立無錫國學專修學校發行，無錫華東印刷廠印刷，民國二十年（一九三一）六月出版。

民國十九年（一九三〇）年六月一日，無錫國學專修學校校友會成立，據唐文治《無錫國學專修學校校友會集刊第一集序》載，該校友會乃由原無錫國專同學會改組而成。在本年十一月二十九日舉行的國專校友會第一次評議、執委聯席會議上，曾提議『本會刊物徵稿及出版時期，議決每年至多出两期，定名爲《友聲》』。後經校長唐文治提議，將原擬之《友聲》改稱爲《國專校友會集刊》，第一集於民國二十年六月出版。該刊由『序』、『述學』、『文苑』（分『文録』、『詩録』、『詞録』三類）、『雜綴』、『特載』等欄目構成。爲該刊作序者，分别爲無錫國專校長唐文治及教務主任錢基博。『述學』、『文苑』和『雜綴』中所收，皆爲國專校友會會員（包括國專師生及歷届畢業校友）之學術論著和詩詞文作品。該刊『文苑』之『詩録』中，收有唐文治《英軺雜咏》十九題三十二首及《五君咏》五首，乃屬素所罕覯者；蓋因唐文治爲經學、文章大家，而歷來所知之詩作則甚少也。『特載』欄收有『本校校歌』、『本校大事記』、『本會簡章』、『本會會員録』、『本會第一届評議會及執行委員一覽表』、『本會大事記』、『本校圖書館落成紀念校外同學分金收支報告』、『本校十周紀念校外同學分金收支報告』、『本校十九年度收支報告』等。此刊物似出第一集後便告中輟。

本書據原刊影印。

（劉桂秋）

國專校友會集刊

第一集

董康

本會編輯股啓事一　啓者此次承諸位先生暨諸同學賜稿無任榮幸但限於經費篇幅不能悉載歉仄莫名加以校勘不週或有訛誤尚祈原諒是幸其未經刊入之稿本股當什襲珍藏俟本刊第二集付印時當酌選登載以答雅意

本會編輯股啓事二　啓者吾校友散居各地通訊處時有更動本股調查異常困難自二十年下學期起校友倘有地址遷移務祈隨時通知本股以便通訊召集等事

本會總務股啓事　啓者本會十九年度會費除已繳外未繳者甚多務希早日惠寄是荷

本會常務股啓事　本會集刊第一集業已出版現除分贈各界惠教外凡已繳會費會員均各奉贈一份未繳會費會員將費補繳後當即奉贈集刊一份不誤

太倉唐蔚芝先生詩文潤格 庚午十月訂

神道碑　墓誌銘　家傳　碑記　以上各一百元　壽文
祭文　誄文　以上各八十元
敍文　雜文　以上各五十元鉅製長篇臨時酌定增加
題跋　像贊　壽詩　輓詩　以上各三十元

附原啓

鄙人承
諸君子不棄微文者踵相接實苦應接不暇不得已定潤筆之費移作太倉敬節會費及其他善舉款到交文略示限制尚希
大雅鑒諒是幸

唐蔚芝謹啓

通訊處無錫前西溪或無錫學前本校

無錫國學專修學校校友會集刊第一集目錄

目錄　二

目錄　四

詩錄

詞錄

雜綴

目錄

無錫國學專修學校校友會集刊第一集序

曩歲吾校同學會成立發行國學年刊余既序諸簡端矣去春同學會改組校友會規橅益宏又有集刊之舉復請余序余以校友會與吾校憂樂與共息息相關茲屆集刊告成又烏可以無言夫天下萬事林林總總所以能維繫於不敝者其道果何由哉亦曰性情而已矣性情之爲用大矣哉吾校創設於錢塘施君省之無錫孫君鶴卿繼之五六年間大江南北學者踵至一時稱盛厥後時局變遷有徐某者出而與吾校爲難風雨飄搖幾且不免事定畢業同學諸君奔走呼號竟獲恢復惟摧殘之後千瘡百孔補苴綦難舉凡進行規畫幸賴諸校董設法維護呈部立案逐漸擴充於是而成立經濟董事會於是而創設圖書館自是厥後四方之士聞風來學者更較曩昔爲盛矣嗟乎吾校自創辦以來瞬經十載此十載中險阻艱難備嘗之矣而所以能維繫迄今者實由校友之始終愛護百折不回而其精神所在豈非性情之功用使然哉性情之道放之則彌六合卷之則退藏於密同聲相應同氣相求而撰厥所原蓋非誠不爲功至誠而不動者未之有也吾校友能篤信守道至誠相感則其性情之發宜其有固結而不解者易傳曰聖人感人心而天下和平人心之感性情之發也又曰觀乎人文以化成天下文章之蘊亦性情之發也今觀吾校友會集刊著述如林文采斐然即其文而知其人即其人而知其性情然則道統之賴以不墜而世運之賴以挽回者其在斯乎其在斯乎

民國二十年四月唐文治謹序

無錫國學專修學校校友會集刊第一集序

我無錫國學專修學校校友何君芸孫寫次校友會集刊既定其類發有述學以商量舊學有文苑以陶寫性情有雜綴以蒐拾瑣聞有特載以罔羅校故宏纖畢舉有倫有脊而其發人則有先生有弟子弟子有肄業而在校者有畢業而出校者聲應氣求萃諸一編屬基博爲導揚其意曰於戲晚近士夫相矜以華侈相尙以著述內之不足而外是鶩論學以爲標榜之具譚道以供干澤之資而卒之無裨於問學有害於士習庠序之中叢刊蜂出其上者博文祇以溺志其下者鈔書媲於胥史取非其有律同盜賊猶復工於掩著自詡已出有識私歎以爲大厲其幾動於好名之私其害中於心術之微詩云予懷明德不大聲以色子曰聲色之於以化民末也世之君子大聲以色著書等身而中心歔慝其書愈多其名愈盛其壞風俗敗國家愈甚而舉世崇爲士宗後生胥以風靡獵瑣文而忘大誼矜多聞而遺躬行問學盡於記誦讀書以爲譁炫昔子思作中庸引詩衣錦尙絅惡其文之著也而以爲君子之道闇然而日章小人之道的然而日亡於戲吾見今之爲學者德不足以潤身學不能以化性明德非歆高名唯歆執則譁闇然的然之辨懔日章日亡之幾而歌詩人尙絅之什以致誠於文之著者乎古之君子唯文之著是惡世之君子以文之著自矜則甚矣異乎吾所聞異乎吾所聞我校長　唐蔚老叟識高行獨不蔽於俗宏實國學壹以宋儒程朱爲宗豈非疾世之譁囂多以文學炫寵而欲救枉以返諸正耶伯爾同學受躬行之教文莫猶人當以自警豈徒訓詁詞章置身著作之林而詡然以爲無忝師訓將以徵見於是編也哉吾知
唐先生矯一世之枉敦樸化澆以劘切諸生者蓋有在進於此者也敢推本其意以爲詔告焉

中華人民造國之二十年五月二十八日無錫錢基博

無錫國學專修學校校友會集刊第一集

述學

論理學首嚴君子小人之辨

唐文治

爲今之人敎今之世惟有提倡理學而已然由今之道無變今之俗而以提倡理學爲事恐反以誣罔理學戕害理學何也理學興而天下皆僞道學也夫理學豈尚空言哉昔陸淸獻生當盛時講學風行猶以書自書人自人爲病然則理學必以躬行實踐爲主而欲躬行實踐必先嚴君子小人之辨矣余讀漢書古今人表凡列九等其上三等曰聖人仁人智人皆君子也中三等不列名目以其可爲君子可爲小人也下三等統稱之曰愚人則皆小人也然所謂聖所謂仁所謂智其中又各有不同焉所謂愚更萬有不齊焉君子上達上達者無窮期也小人下達下達者無底止也在自爲之而已矣余不敏講求理學常欲奉君子爲依歸而教誨生徒亦惟此爲兢兢孟子曰義路也禮門也惟君子能由是路出入是門也詩云周道如砥其直如矢君子所履小人所視蓋君子小人之分途在心理之一轉移耳可不謹哉

君子之稱何義乎解者曰君尹也可以爲主而發號施令者也子者尊稱也此言乎人品之良貴也又有解者曰古者王子世子及卿大夫元士之適子與鄉校所升凡民之俊秀者皆入學終業之時其成也恭敬而溫文則曰可謂君之子也已此則重其人以尊其親與孝道也然則君子之稱何昉乎曰昉於文王文王作周易彖辭曰君子有攸往曰利君子貞曰君子有終蓋皆有乾惕自勉之意焉至周公作爻辭始

以君子小人對言曰君子得與小人剝廬曰君子豹變小人革面曰君子維有解有孚于小人至孔子作傳始明言陰陽消長之幾于泰則曰君子道長小人道消于否則曰小人道長君子道消蓋心理之消息政治之樞紐國家之興亡罔不係乎是焉至子夏等六十四人述孔子之意以爲論語以君子小人對言者尤夥厥後曾子得其傳于思子述中庸亦多以君子小人對言蓋品詣之高下學說之邪正風會之清濁罔不係乎是焉由是觀之君子小人之判固天下治亂之大原抑亦千古是非之炯戒哉 古書中稱君子多以德言 偶有以位言者大抵對在上者言

吾請言義利之辨義利者人心生死之大界限也子曰君子喻於義小人喻於利又曰君子懷德小人懷土喻與懷相因惟懷故喻惟喻而所懷乃益深宋陸子靜先生在白鹿洞書院講喻義喻利章諸生有泣下者然先生僅言科舉之弊耳若痛言諂媚齷齪之情狀穿窬害人之陰險更能無痛哭流涕乎明劉蕺山先生有聖學三關一書言學者當打破三關一曰人己關二曰義利關三曰生死關夫人己關其功深矣義利生死二關孔子所謂見利思義見危授命禮記所謂臨財無苟得臨難無苟免是也惟透義利關而後能透生死關不則所以求生者無不爲所以避患者亦無不爲矣夫利者生人之大欲也公之則善私之則惡易傳曰利者義之和以美利利天下不言所利此天下之公利也若夫鷄鳴而起孳孳爲利此一己之私利也故曾子作大學曰以義爲利不以利爲利長國家而務財用者必自小人矣天下之大亂皆私於小人之貪利搜括歛怨身必殉之吁可畏哉雖然人固非生而爲君子亦非生而爲小人者也孟子言舜與蹠之分無他利與善之間蓋其始不過毫釐之不同惟一則葆其良知於是乎辨義徙義集義

精義知識愈進而愈明斯爲君子矣一則昧其良知於是乎好利嗜利貪利罔利知識愈溺而愈昏斯爲小人矣以字義言之義者美也善也利旁從刀爭民施奪殺機生焉因一人之殺機召天下之殺機吁可畏哉

吾請言取與之辨論語子華使齊一章辨析微矣孟子則曰可以取可以無取取傷廉可以與可以無與與傷惠蓋天下無兩可之理必如刃之劃然斬絕而後可以入道伊尹先知先覺自任天下之重而究其本原不過非道非義一介不以與人一介不以取諸人可見聖賢非不取不與也惟揆諸道義而已吾嘗論取與之節當分四等有嚴于取而嚴于與者細行必謹君子也有嚴于取而寬于與者雖難乎爲繼亦不失爲君子也有濫于取而濫于與者已則不廉而復處人於不廉小人也有濫於取而吝于與者貪庸鄙俗小人之尤者也孟子曰焉有君子而可以貨取夫自古士未有不謹小愼微而能成其品行者也世尙有暮夜卻金而凜四知之嚴者乎斯爲眞理學之君子

吾請言求己求人之辨夫求也者有分內分外之不同乃社會風氣淸濁之所由判也子曰君子求諸己小人求諸人孟子曰求則得之舍則失之是求有益于得也求在我者也在我者爲仁義禮智天性之在我此求己之說也又曰求之有道得之有命是求無益於得也求在外者也在外者爲富貴利達凡外物皆是此求人之說也三代後運會日降士習日偸專知求人而不知求己韓子所謂伺候于公卿之門奔走于形勢之途柳子所謂王侯之門狂吠狴犴毛羣掉尾百怒一散其逢迎阿諛之情狀令人有不忍言者抑且患得患失排擠害人下井投石無所不至先儒云逢人即有求所以百事非故求之一字今日世

道之大憂也先大夫嘗訓文治曰自食其力無求於人方爲君子深望後之言教育者移學者求富貴利達之心以求道德學問斯言也竊銘心而刻骨矣

吾請言出處之辨君子居易以俟命小人行險以徼幸孔子釋緜蠻黃鳥之詩曰於止知其所止可以人而不如鳥乎曾子曰鷹隼以山爲卑而層巢其上魚鱉黿鼉以淵爲淺而蹷穴其中卒所以得之者餌也是故君子苟無以利害義則辱何由至哉又曰與君子居如入芝蘭之室久而不聞則與之化矣與小人居如入鮑魚之肆久而不聞則與之化矣是故君子愼其所去就戰國之世處士橫議政客朋興出處大節掃地無餘故孟子答陳代之問斥枉尺直尋之非答周霄之問醜與鑽穴隙之類答公孫丑之問引曾子言病於夏畦子路言未同而言赧赧然謂君子之所養可知已矣答萬章之問辨伊尹之要湯孔子之主癰疽侍人百里奚之自鬻於秦養牲斬斬焉凜凜焉出處之節豈不大哉偶一不愼終身失足子雲之於新莽文若之於曹操可爲殷鑒也故孔子釋易困之爻辭曰非所困而困焉名必辱非所據而據焉身必危記曰道合則服從不可則去量而後入不入而後量惟養吾氣以全吾節此之謂君子

吾請言學術之辨子謂子夏曰女爲君子儒無爲小人儒小人而亦得稱儒何也蓋百家九流偏至者也子夏聞師說而悟焉故曰雖小道必有可觀者焉致遠恐泥是以君子不爲也蓋子夏進於君子儒矣荀子勸學篇曰君子之學入乎耳著乎心布乎四體形乎動靜一可以爲法則小人之學入乎耳出乎口口耳之間則四寸耳曷足以美七尺之軀哉又曰君子之學也以美其身小人之學也以爲禽犢由是觀之孔門所謂君子儒小人儒與荀卿所謂君子小人之學已不同矣吾于是俯仰世運之升降更有感焉蓋

君子將以學說救天下者也而小人則專以學說亂天下者也子思子作中庸曰君子之中庸也君子而時中小人之中庸也小人而無忌憚也無忌憚者素隱行怪是也索隱則偏行怪則僻于是淆亂黑白顚倒是非簧鼓天下羣趨于邪說非經侮聖無所不至故禮記王制篇曰析言破律亂名改作執左道以亂政者殺行僞而堅言僞而辨學非而博順非而澤以疑衆殺此詎非小人之中庸哉天下之士不求其端不訊其末惟怪之欲聞嗚呼小人爲國家則亂人紀小人倡學說則死人心可畏哉可畏哉

吾請言心術之辨孟子曰生于其心害于其政心術與政治相爲維繫而世運之隆汙遂因是而變遷焉孔子曰君子周而不比小人比而不周君子和而不同小人同而不和君子易事而難說也小人難事而易說也君子泰而不驕小人驕而不泰凡此皆載於爲政問政篇之內蓋心術之本原卽政治之精理君子明通公溥故能網羅天下之英才小人則比同驕恣之心甚惟恐人之不媚我于是讒諂面諛之人至而天下生民乃實受其禍矣孔子作易傳發明陰陽消息之義以陽剛爲君子陰柔爲小人夫陰柔豈必爲小人哉惟其能從於君子則爲善害于君子則爲大惡耳此消息之幾所以在於一心而辨之宜早也易曰負且乘致寇至子曰負也者小人之事也乘也者君子之器也小人而乘君子之器盜斯奪之矣是何也無其德而居其位也是故內君子而外小人則天下安內小人而外君子則天下亂

綜以上數端則知吾人治事應世必先知人而知人必先窮理惟于理有不明故於君子小人之辨顚倒錯亂好惡乖違此心理之大患卽世道之大憂也孔子曰視其所以觀其所由察其所安曰視曰觀曰察蓋必以理燭照之乃始有其準焉大抵君子必敬畏而則古昔小人必恣肆而侮老成孔子所謂君子畏

天命畏聖人之言小人不知天命而不畏侮聖人之言是也君子必忠厚與人爲善小人必刻薄忌人之善孔子所謂君子成人之美不成人之惡小人反是是也君子必光明正直小人必偏私傾仄孔子所謂君子坦蕩蕩小人長戚戚是也君子辦事必見其大其所籌畫在數十百年之遠小人則僅見其細其所籌畫祇在目前孔子所謂君子可大受小人不可大受是也君子必謹言愼行小人必好爲大言不顧事實孔子所謂君子欲訥於言而敏於行其言之不怍則爲之也難是也君子必至誠篤實小人必作僞閉藏曾子所謂君子必誠其意小人閒居爲不善見君子而後厭然是也君子必韜晦深自斂抑小人必表暴惟恐人之不知子思子所謂君子之道闇然而日章小人之道的然而日亡是也君子交友必剛正不阿小人交友必竭忠盡歡子思子所謂君子淡以成小人甘以壞是也凡此皆觀人之法然非精研理學則不能知言不能知言則不能知人是以君子大居敬而貴窮理

論理學與文字之關係

唐文治

古者黃帝之史倉頡見鳥獸蹏迒之迹知分理之可相別異也初造書契分理者文理也是文字學始于文理而文理卽理學之權輿也揚子雲太玄經之仿易著於有形而許叔重說文之易理則寓於微意然亦有迹象可見者如一字注惟初太極道立於一造分天地化成萬物隱用繫辭傳太極生兩儀之義而說文敘則曰知天下之至賾而不可亂也而部首後題辭云方以類聚物以羣分探賾索隱厥誼可傳是亦有擬易之意矣

攷易例二卦相重內卦爲貞外卦爲悔凡二卦性質相近者爲吉如比謙之類是也性質相反者爲凶如

睽革之類是也六書中形聲會意字取譬相成比類合誼實有可樂而玩者而形聲字以形爲體以聲爲用亦猶內外卦相配之意其中如人部心部言部實賅人道之大原貫性命之奧旨蓋禮樂所自出引而伸之觸類旁通故不僅訓詁已也余往者嘗遊英國倫敦參觀圖書館有法國人費席葉者通吾國語言文字維時偕余遊忽問曰中國素號文明先生夙研文學今來遊我歐洲亦知我歐人識字多乎抑中國人識字多乎言已頗露驕矜之色余應之曰唯唯歐人固無不識字矣然吾中國人識字固有與歐人不同者吾中國有孝弟忠信四字必能孝能弟能忠能信而後爲識此四字又有仁義禮智四字必能仁能義能禮能智而後爲識此四字非然者仍謂之不識字人費邦能識此八字者多乎否乎費有慚色然余非故爲大言也蓋古人制字之初皆有至理存焉

是理學者文字學之原則也嘗欲仿宋陳安卿先生北溪字義之例爲理學字義一書著無暇晷未及握槧偶與諸生講心部十數字特錄存之以示舉隅之例學者苟能體之于心而以三隅反則理學之本原亦可略覩矣

性　許君注人之陽氣性善者也从心生聲按告子曰生之謂性實本古說蓋人之陽氣皆天地生生之機是以好生而惡殺孟子曰天下之生久矣又曰樂則生矣生則惡可已也此生氣也而皆本於生理故凡有血氣心知之屬莫不自愛其生人爲萬物之靈而聖人尤得其最秀者故盡人物之性卽有以遂人物之生記曰人者天地之心也言人皆有天地生生之性也此性字从心从生之精義也

情　許君注人之陰氣有欲者也从心靑聲蓋靑爲東方之色實生機所由暢春夏之交林木向榮人遊

其下見青青之色悱惻纏綿之意油然自生是則青有以感其外而情因之動於中也蓋情之取青猶意之取音審音可以知意察色乃能得情孟子曰乃若其情則可以爲善矣性之善因情而見也中庸言情惟四曰喜怒哀樂禮運言情有七曰喜怒哀懼愛惡欲其言雖異其理則一何以言之中庸以喜怒哀樂未發爲中發皆中節爲和繼之曰致中和致中和者朱注所謂推而極之其本乃在於戒懼而禮運之七情懼居乎中明以懼爲維繫六情之具矣常人之情每因喜而致怒因怒而哀乃隨之哀之極則又轉而爲喜是喜怒哀之相與爲循環者也人又每因愛而致惡愛惡生其中於是有欲欲之至則又轉而爲愛是愛惡欲又互爲循環者也夫以一渾然至善之心而一任喜怒哀愛惡欲六者循環其中而無已時則心之受其戕賊而斲喪者將何所極是以不得不歸之於懼此中庸所以先言戒愼恐懼也故既察青之色而知情之用尤須通懼之意以得情之節

意　許君注志也从心音察言而知意也按音意雙聲故意亦从音得聲夫音者聲之調和而精密深細者也是故誠意之功須體察至精密深細處以驗心音之調和心氣和平則發音和平心氣粗暴則發音粗暴佛家有觀世音之說觀世音者觀世人之音而察其意之善惡也學者不必遽察人之善惡當察已心之音彼音之出於金石絲竹匏土革木者各自成聲聞於耳則能辨其聲音之所自出以審音之法內省其心則一念動於善動於惡其發而爲音善惡自不能掩意善則出言善意惡則出言惡言者心之聲也音發於心爲意聞於外而成聲則爲言意言亦雙聲字是故欲謹言者必先誠意如惡惡臭如好好色皆誠意之事也口之於味目之於色皆有好惡之誠意然則耳之於聲要在審已心之音

而於精密深細處求其調和乃能得好惡之正故曰君子必誠其意

思　許君注睿也从心从囟蓋會意字常人謂致思曰用心西人謂致思乃用腦筋致思必發動腦筋俾心與腦貫通會合方能致思西人之説乃拘於一隅此字上从囟腦也致思之道乃心與腦相會通耳古人造字之時已知此理孰謂格物之學我國不如西人哉

志　許君注意也从心㞢㞢亦聲蓋志者心之所之也心之所之因人之心理識見淺深各有不同如論語士志於道志字最淺故爲外物所誘志於仁而無惡則較深矣孔子十五志學此乃志之最深遠者孟子曰夫志氣之帥也又曰持其志無暴其氣惟統於志則心之所之斯能不失其正矣然持志之先要當立志持志立志相因而致立志而後有志可持持志而後志方能立也王子墊問曰士何事孟子曰尙志所尙何志則惟仁義而已矣故吾人求學要在志聖賢之所志

悳　許君注內得於己外得於人也从直心（通用作德）按韓子云足乎己無待於外之謂德實則當作直心解書皋陶謨九德曰直而溫蓋卽古者教冑子之法洪範三德一曰正直直者天性也斯民也三代之所以直道而行故舉直錯枉則民服舉枉錯直則民不服此治道之大關鍵也孔子曰人之生也直凡直道而行者皆生氣枉曲而行者皆死氣巧言令色機械變詐則其心日死故直心卽所以修德

忠　許君注敬也从心中聲盡心曰忠按論語曰夫子之道忠恕而已矣朱子謂盡己之謂忠蓋必能敬其事而後能盡己也中心爲忠中者喜怒哀樂未發之謂人受天地之中以生至善至中之道發之於心推之於事敬慎以出之盡力以行之是乃忠之大者至如鄉隅之人能遇事持實竭心力而爲之亦

可謂之能忠今人諱言忠以爲專屬於臣之事君不知古書所言忠字多屬於朋友常人如論語爲人謀而不忠主忠信行之以忠忠告而善道之與人忠言忠信是皆忠於朋友常人而爲言行之常經譬如一邑之長能竭力治事以愛護其民是謂能忠左氏傳所謂上思利民忠也爲一校之師能殫思講授以啓發其生徒是亦謂之能忠孔子所謂忠焉能勿誨乎孟子所謂教人以善謂之忠是也惟諱言忠而盡心以勸事寡矣此世道之憂也

恕　許君注仁也从心如聲按論語子貢問一言可以終身行之者乎子曰其恕乎恕者如心之謂也一人之心千萬人之心心相如也己欲立而立人己欲達而達人刑于寡妻至於兄弟以御於家邦推之老吾老以及人之老幼吾幼以及人之幼此恕以及人也己所不欲勿施於人所惡於上毋以使下所惡於下毋以事上此恕以克己也然人之私欲膠固於中則恕不行故學者當先行克己之恕乃可以言及人之恕至於民之所好好之民之所惡惡之及所欲與聚所惡勿施是皆恕之道而行之當知所先後惟先能惡民之惡所惡勿施而後能好民之好所欲與聚也强恕而行求仁莫近能近取譬爲仁之方己欲得其所必使萬物各得其所反是而已獨處於安逸使人皆處於危苦己獨處於富貴使人皆處於貧賤不恕之極不如人之心於是乎不平則不祥莫大焉

怒　許君注恚也从心奴聲按皇矣詩曰王赫斯怒文王武王一怒而安天下之民聖人未嘗不怒也惟常人之怒出於意氣聖人之怒則出於義理人秉天地之氣以生理爲主而氣爲奴倘意氣用事奴在心上如一家之中以奴作主事事失當其家必亡一心之上以奴作主小則成過大則成惡此皆意氣

之奴爲之也且奴字有過甚之意弓弩之弩言發矢甚速也努力之努言過用其力也故凡人遇事著意愈甚則往往發怒程子曰怒易發難制吾人當怒氣盛時宜用强制之功縱有忿忿不平之氣若能淡然忘之則怒氣自消故易之損象曰懲忿

忍　許君注能也从心刃聲忍字有二義一曰殘忍一曰忍耐殘忍者以心爲刃而殺害他人也今人好利之心盛利字旁从刀因利心以引殺機乃致以心刃人心既爲殺人之刃失其和善之氣往往利不能成而反足以自殺且殺及其子孫真可痛也仁人君子則善用其刃用之以斬絕嗜欲剷除邪念乃能動心忍性曾益其所不能夫忍性之性氣質之性也鋒芒太露忍之而後可以入道故凡識字當知兼善惡二義學者必先去惡乃能明善故玩此字必先免去殘忍之忍斯能歸於忍耐之忍

忌　許君注憎惡也从心己聲按論語克己復禮爲仁朱注己謂心之私欲也人生大患莫如有己而無人己心愈甚則忌刻愈深故韓子原毀歸結於怠與忌是毀人之忌亦生於私己之心也陸桴亭先生謂忌字从心巳聲忌巳雙聲巳蛇也蛇盤心上其害尤甚於心上有刃蓋刃爲陽惡忌爲陰惡陰惡糾纏於心施之於事有如毒蛇螫人致人欲生不得欲死不能故其害最烈然害人雖不淺而自害則更深何也因蛇在心上毒發於中轉而自噬其心久之腐敗潰爛必不可救藥矣此字前後兩說可並存而後說更覺凜然可畏蓋惟私己之深其毒乃蟠結而終至於此

惡　許君注過也从心亞聲按大過爲惡天下之惡皆歸焉斯爲極惡矣惡字去心字加土字乃成爲堊堊者以泥塗壁也人之有惡其良心爲嗜欲蔽塞殆如物之爲泥所塗污然觀亞字中極其空靈似無

所蔽塞不知惟其自以爲空靈乃尖刻取巧尖刻取巧則聰明日爲蔽塞而致陷於大惡豈非大愚乎易曰惡不積不足以滅身小人事事尖刻日日取巧以惡小而爲之而極其空靈之能事乃至惡積而不可解而竟滅其身是天下之大愚也故曾文正曰巧召殺

感　許君注動人心也从心咸聲按易卦山澤通氣爲咸故彖傳曰咸感也天地感而萬物化生聖人感人心而天下和平觀其所感而天地萬物之情可見山至高也澤至深也而山上有澤其氣相通則上下無所壅塞矣臨卦爻辭曰咸臨吉無不利咸之屬於心部者爲感屬於言部者爲諴皆取咸和之義惟至誠而後感人心感人心而後保合太和皆氣之相感也王者以至誠感人心故仁義之化不見而章不動而變人同此心同此氣故感通如此

憧　許君注意不定也从心童聲按易咸九四爻辭憧憧往來左氏傳魯昭公十九年猶有童心由此童心遂生種種妄念蓋童心與赤子之心不同孟子曰大人者不失其赤子之心者也赤子乃是嬰兒其心至誠無僞但知慕父母而已及至八歲以上既爲學童思慮雜出正憧憧往來朋從爾思之象此幾至微至危感於不正則有害故必須保其赤子之心存其赤子之善念而去其憧憧邪妄之念則大人可企而及也是在用主靜功夫

快　許君注喜也从心夬聲按快本訓爲喜而後人引申之則爲疾速之義何也按易傳曰夬決也剛決柔也夬之屬於心部者爲快屬於水部者爲決剛決務在疾速故曰快孔子序卦傳曰君子道長小人道憂此見任賢去邪皆當疾速否則慢且過矣然其幾本於一心行有不慊於心則餒慊快也以五陽

決一陰天人交戰在俄頃之間艮卦爻辭曰不拯其隨我心不快象曰未退聽言私欲未能退聽以其不決則不快也故豫卦又曰遲有悔

息　許君注喘也从心自按許註未是段注謂自者鼻也心氣必从鼻出故从心自如心思上凝於囟故从心囟皆會意也其說極是蓋腦與心相應謂之思鼻與心相應謂之息周易言息字有休息息滅發息三義隨象傳君子以嚮晦入晏息言休息也人當靜坐時思慮不絕是心未能休息也必心與鼻相應以數鼻息久而忘數心乃無事而休息矣故爲雷藏澤下之象至乾象傳君子以自强不息言不息滅也若陰陽消息之息言發息也君子知消息無常當求不息滅之道其惟自强乎學者未能遽言自强先當調息以養其氣使心氣和平而後能因應萬事蓋休養生息必自本心始朱子有調息箴言養氣之法甚爲精切

恬　許君注安也从心甛省聲按書梓材篇引養引恬實爲恬適養心之始莊子繕性篇以恬養知以知養恬知與恬有交相養之道人以舌抵上齶則津液生有甜美之味自然恬適蓋心有寄託則雜念自消此道家養生之法然其義實本於尙書

愾　許君注太息貌从心氣聲引詩曰愾我寤嘆竊謂此義太偏从愾者言養心先養氣也孟子曰志氣之帥也氣體之充也持其志無暴其氣又曰其爲氣也至大至剛以直養而無害則塞於天地之間愾者充塞之謂故廣雅釋詁愾滿也禮記哀公問篇愾乎天下亦言充塞乎天下也文文山先生正氣歌曰天地有正氣雜然賦流形於人曰浩然沛乎塞蒼冥蓋天地正大之氣惟人心有以體之故張子西

銘曰天地之塞吾其體至莊子人間世篇謂氣也者虛而待物者也惟道集虛虛者心齋也此亦言養
心養氣之法然與孟子之言一虛一實迥不同矣又左氏傳諸侯敵王所愾訓作怒怒者氣之過也氣
不可使之暴故孟子曰是氣也而反動其心

右十八字俱形聲兼會意凡讀心部諸字當知養心之道如以上所列是也讀人部諸字當知修身之
道如仁字爲相人偶二人相對有我即有人由一人而推諸千萬人也信字爲人言穀梁傳所謂不若
於言者人絕之也有禽獸之心則不能爲人之言也位字人所立也惟能立天下之正位斯爲立人之
道否則無以自立於世讀言部諸字當知謹言之道如誠字必真實而無妄乃成爲言也訒字不敢盡
其所有餘當以刃斬絕其枝辭也又推之於他部如國字古爲或字口即國也以戈守地易所謂有戎
勿恤觸目而驚心矣其後孳乳之字爲國邦畿千里惟民所止惟不从民而从或者即易或躍在淵義
苟無德以居之則或者將革而據之也宀部家字應据六書故作家人所合也从乑乑古族字民族所
聚从三人者易傳所謂父父子子兄兄弟弟夫夫婦婦而家道正正家而天下定也（後承譌作家許君謂从豭省聲段氏
以牢字爲喻均非）又部父巨也家長率教者从又舉杖禮記所謂秖敬杖履之意觀舉杖形則父母之年不可
不知一則以喜一則以懼孝子之心惻怛宜如何矣女部母字象褢子形又象哺乳形母兮鞠我出入
腹我讀之令人自動孝思也

又如文字从亠言文者宣教布化於朝廷从乂錯畫也一陰一陽之謂道交錯而成文故易傳曰物相
雜謂之文觀乎文而可以知陰陽剛柔之性萬品殊焉章者音也聲成文謂之音音至於十則成章言

其章明也古人作樂以感人心謂之樂章後人因文以感人心謂之文章故作文者因聲以求氣氣盛則聲之高下皆宜也又如后司二字后者主也謂在上者司者有司也謂在下者后與司合上下一心則成同字故求爲大同之治者必君民同體好惡與共卿士從庶民從是之謂大同同聲相應同氣相求如出於一口倘不能同心卽成反對矣若此之類不過略舉一二爲例後之識字者固當究極理要其造字者尤當根據理要以爲準則庶不至有無知妄作之弊

闡易說卦傳發微

許岱雲

易之爲書也廣大悉備無物不有無理不具而於世界一切學術無不悉蘊於其中惜後之人未能深究其原而反貌襲歐化動稱英美可鄙孰甚是以予讀說卦傳發前人之所未發言人之所不言非敢云探原發微也聊以示世之蔑視祖國學術者耳大雅君子毋哂吾鑒

漢學之祖　漢學訓詁之學也注釋經書貫穿羣籍羽翼六經厥功甚偉人爲其學始於炎漢而不知說卦傳中早以導其先矣其言曰

乾健也坤順也震動也巽入也坎陷也離麗也艮止也兌說也

此卽訓詁體也人謂原出子夏荀子然尚未能窮其源者也蓋周禮保氏六書之精義所以紹倉聖之傳者卽在於此故揭以示人

宋學之祖　宋學義理之學也專譚性命能究羣經要旨博求萬物之理躬行實踐篤闇行知彬彬君子人也世稱周程啓其端而不知原於孔子何則說卦傳曰

和順於道德而理於義窮理盡性以至於命

又曰

昔聖人之作易也將以順性命之理是以立天之道曰陰與陽立地之道曰柔與剛立人之道曰仁與義

周子采其說而爲太極圖說非宋學之鼻祖而何蓋義者人事之宜理者天道之始本於天成於勢積於人有天命之理有人立之義天命之理天下共之凡人皆不能外此者也人立之義與時推移如五行之運行迭相重輕者焉易曰分陰分陽迭用柔剛其卽此旨歟

陰陽家所宗　漢志曰陰陽家者流出於羲和之官信然矣然未嘗言陰陽消長之理剛柔迭用之旨八卦方位之律五行生尅之道至易說卦傳第五章乃詳言八卦之方位各卦之涵義陰陽之運行寒暑之遞遷萬物之出歸暨乾坤之闔闢往來不窮四時成百物生而爲後世堪輿家所宗雖屬小道亦有可觀者焉

物理學之濫觴　物理學者研究物體狀態變化之學科也其學發明於泰西盛行於近代西人自誇其得物理之高深成一空前絶後之效果者也而不知吾國說卦傳早已發其端矣其言曰

雷以動之風以散之雨以潤之日以晅之

能究其動散潤晅之理竟其原委則雷風雨日之理可知矣故雷也風也雨也皆空氣中所有之現象氣候學也石也金也木也屬於固體者也水則屬於液體者焉故說卦傳一篇深究之物理學之辭源渾言

之謂非近世物理學之濫觴乎惜國人習於故舊徒尚空譚未能深究而發明之耳

生物學之起源　生物學者研究動植物之生活現象者也而說卦傳以卦喻其動植之名又爲適合其言曰

乾爲馬爲老馬爲瘠馬爲駁馬坤爲牛爲子母牛震爲龍又爲善鳴之馬爲馵足爲作足爲的顙坎爲豕又爲美脊之馬爲亟心爲下首爲薄蹄離爲雉爲鼈爲蟹爲蠃爲蚌爲龜艮爲狗爲鼠爲黔喙之屬兌羊也巽雞也

其中雖未明言構造與產生之多寡然其生活現象靡不畢現而於脊椎動物節足動物無不略舉其一二焉木果也蒼筤也萑葦也多心之木也多節之木也皆植物也與動物俱稱生物若能於此下一精密之考察成一系統之研究謂非生物學而何故曰生物學之起源焉

人體生理學之出發點　研究人體生活之現象及其各部者爲之人體生理學說卦傳曰

乾爲首坤爲腹震爲足巽爲股坎爲耳離爲目艮爲手兌爲口

此人體生理學之分析法而今世僅分爲頭幹肢三部者也如能進而究其骨骼筋肉皮膚消化器循環器呼吸器排泄器五官器及其神經則人體構造之概要及其組織之常識又不可不深究焉總之生理學家所研究者皆不出說卦傳內之所言故曰卽後世人體生理學之出發點也

以上漢學宋學等六條似違說卦之本旨實則最易引起八卦之妙用蓋宇宙萬象易無不包形上形下道器咸宜是以八卦者通神明之德類萬物之情離卦可爲罔漁之始益卦可爲耒耜之用渙卦可

爲舟楫之利豫卦可爲禦暴之防繫傳實居其例故吾謂漢學宋學陰陽家物理學生物學生理學多發源於說卦傳爲非創例也學易者苟能於此著意不失聖人窮理之功大學所謂格物者也故瓦特因沸水而悟汽機之理奈端因蘋果落地而悟地體吸力之理侯失勒約翰因樹葉而悟物體分合之理亞基米德之創水學也因入盤浴而得之葛立里尤之製遠鏡也因童子取二鏡片相戲而得之西人一切格致製造之學衣被五洲震鑠萬國及推原其起點大率由目前至粗極淺之理偶然觸悟遂出新機神州人士非聰明智力之不若人也特不窮理格物是以有因不能求其果創獲鮮矣試以物理證其八卦復以八卦統歸乾坤乾健也即物理學之所謂離心力也坤順也即物理學所謂掣心力也剛柔無異正負也陰陽在相吸引也所謂異性相吸也皆物理學中最大之公例也故吾謂說卦傳一篇爲一切學術之祖窮理格物之書

公羊權論目次

徐震

託王第七

原傳第八

右文八篇明公羊之舊義較董何之新說析家派之同異辨是非之要歸庶令公羊一家之學昭其本質無使尊之者過其實詆之者失其真焉中華民國十九年十月四日畢稿越四日武進徐震哲東父記

公羊權論

攷源第一

春秋公羊之學至漢景帝時始盛漢以前授受淵源鮮有言及之者惟徐彥公羊疏(解詁序疏)引戴宏說云子夏傳與公羊高高傳與其子平平傳與其子敢敢傳與其子壽至漢景帝時壽乃共弟子胡毋子都箸於竹帛如其說則子都以前公羊家世世相承別無他師傳文中安得有子沈子子女子等說耶何休於隱二年紀子帛莒子盟於密傳注云其說口授相傳至漢公羊氏及弟子胡毋生等乃始記於竹帛不言公羊氏受諸子夏世世相承亦不言其名誰某則漢人所知公羊學淵源止如是耳戴說殆不足據也

胡董第二

戴宏何休皆言公羊傳至胡毋生始箸於竹帛史記儒林傳云言春秋於齊則胡毋生於趙則董仲舒猶云言詩於魯則申培公於齊則轅固生於燕則韓太傅皆區列分明以見師承各別家法不同也魯詩齊

詩韓詩既非一家則其分敍胡董兩家家法自別亦猶齊詩魯詩韓詩之類耳攷漢書儒林傳云胡毋生治公羊春秋爲景帝博士與董仲舒同業仲舒著書稱其德亦以胡董並言惟徐彥公羊解詁敍疏云胡毋生本雖以公羊經傳傳授董氏猶自別作條例故何氏取之以通公羊如徐彥說董生乃胡毋生弟子矣此說與史記漢書皆不合知徐說誤也然胡董既非一家其春秋之傳宜各有書何以戴宏何休祇言胡毋生著傳於竹帛而不及仲舒耶曰休固承胡毋氏之傳其詳於本師宜也戴宏之師承雖不可攷要其推尊子都謂其確得子夏之傳則亦承子都之傳者故亦獨詳其本師耳

胡毋生之弟子在西漢時公孫弘最貴其餘不見稱述董生之學一傳而爲嬴公再傳而爲眭孟三傳而爲嚴顏（漢書儒林傳及公羊序疏引鄭玄六藝論皆言嬴公之學出於仲舒惟范曄後漢書謂胡毋子都授嬴公與班鄭皆不合范氏在後固不若班鄭之確矣）自西漢中葉直至東漢之末公羊博士大都承嚴顏之傳惟後漢書李育傳言育少習春秋而不著其爲嚴爲顏何休傳云與其師博士羊弼追述李育之意以難二傳而何休解詁序又自言略依胡毋生條例以此推之李育羊弼何休皆承胡毋子都之學者何休既承胡毋生之學則其公羊經傳皆胡毋氏本也嚴顏之學既出於董生則其經傳亦源於董氏此無可疑者今攷兩家傳文之異如春秋繁露王道篇宋閔公矜婦人而心妬一節與今本公羊莊十二年傳文字有異又漢書五行志隱三年二月己巳日有食之公羊傳曰食二日白虎通義云外屬小功已上不得娶故春秋傳曰譏娶毋黨也（孔廣森莊二十四年夏公如齊逆女注春秋書娶者五桓宣皆娶於姜桓毋子氏宣毋熊氏文公娶乎大夫則非傳夫人之黨得譏毋黨成莊二公而已未知傳文本在

何篇內）今本公羊傳皆無此文則漢志及白虎通所引者公羊家博士本也（臧琳經義雜記謂五行志所引乃西漢儒說公羊之言臧氏誤也如其說不當直稱爲傳語）又以隸釋所引漢石經校記較今本公羊傳或同於嚴或同於顏則以今本公羊出於何休即胡毋氏本故與嚴顏具有不同也（惠棟九經古義以何休爲用嚴氏本固非近人王國維觀堂集林書春秋公羊傳後又謂何休兼用嚴顏與鄭康成注禮經論語體例略同如王氏說解詁中應有標明即不然自序中亦當言及古人極重文字之異同故有貨改蘭臺漆書之事休若兼用兩家不應無一語及之也）

胡毋生著定公羊傳外尙有他書與否已不可攷何休公羊解詁序有略依胡毋生條例一語徐彥因謂胡毋生別作條例考漢書藝文志無胡毋生條例一書胡毋生傳中亦無此語疑何氏所謂條例者猶云義旨耳又公羊傳中自有言春秋條例者則用其傳本承其家學因謂依其條例亦無不可也然無論胡毋生有無他書其所著公羊傳頗存先儒舊說在公羊家自必最可依據凡春秋繁露中所言三世三統災異徵應等說皆傳中所無（惟宣十五年蝝生適當初稅畝之後故傳有云上變古易常應是而有天災其諸則宜於此焉變矣原傳意謂適當變古易常之後而逢天災則爲上者宜戒懼改過應猶當也此即畏天命之意非謂天災必是變古易常所召仍主人事爲說與董何之遠求事應牽合五行者固絕異也）則董生所自爲也假令胡毋生所聞舊說本已有之何不著之於傳假令胡毋氏雖爲此說而猶不敢雜入傳中則此諸說非公羊家先師所本有亦可知矣然則言春秋公羊家學固當以傳爲據也

董學第三

董生之學具於春秋繁露繁露中五行相勝篇據五行相勝之義推春秋某災爲某事之應漢儒說春秋者多用之然春秋傳中遇災異祇曰何以書記災也何以書記異也不言某災應某事致某禍如何與五行相勝合則董生之說非公羊家所本有者矣又戰國之世孟荀大儒皆不言五行災異之應則非獨爲公羊家所無亦儒者所不道也繁露中又有數事與今本公羊傳義異成六年鄭伯費卒繁露竹林篇况之曰生不得稱子去其義死不得書葬見其罪也今公羊傳無此文又繁露滅國篇下云曹伯之所以戰死於位諸侯莫助憂者幽之會齊桓數合諸侯曹小未嘗來也今公羊傳莊二十四年戎侵曹曹羈出奔陳傳中無一語同於董義凡此不見於傳者不識董生傳文固有出於胡毋氏本之外者歟將董生之說乃由推求得之歟玉英篇云桓之志無王故不書王今本公羊傳無此說而穀梁桓元年二年十年傳皆有之繁露王道篇云天王伐鄭譏親也會王世子譏微也祭公來逆王后譏失禮也皆與公羊傳說不合而穀梁於桓五年蔡人衛人陳人從王伐鄭傳有鄭冀州之國於是不服爲天子病則董生所謂伐鄭譏親者謂譏親者叛之意與穀梁合也（凌曙繁露注謂征伐當由方伯譏天子親征此說非董意王制有天子出征之文則天子自可親征不必皆委諸方伯董生之說當以穀梁傳解之方有合也）穀梁於僖五年會王世子兩言天子微於桓八年祭公來逆王后言不正其以宗之大事卽謀於我皆與董說合玉杯篇謂許止不嘗藥故加之弒父之名與昭十九年公羊傳謂許止進藥而藥殺異與穀梁傳同王道篇謂召衛侯不能致與桓十六年公羊傳謂不能使衛小衆異與穀梁傳言天子召而不往同凡此異於公羊而同於穀梁者不識傳文有異歟將董生采穀梁說以自益歟仲舒與穀梁大師瑕丘江公同爲博士

又嘗與之辨論於漢武之前則仲舒自得聞穀梁說夫仲舒旣能合陰陽家於儒家何必不可采穀梁說以自益旣可推某災爲某事之應何必不可在傳文之外別出己見以發新義由是可知凡上所引與傳異者皆非公羊家舊說並可證三世三統亦皆董生所創而非公羊舊說也

何學第四

何休公羊解詁有與繁露不同者有與博士說不同者成六年鄭伯費卒繁露竹林篇曰生不得稱子去其義死不得書葬見其罪也而何注則曰不書葬者爲中國諱哀四年蒲社災繁露王道篇以蒲社爲殷社而何注則以爲先世之亡國在魯竟者哀八年吳伐我十一年春齊國書帥師伐我繁露奉本篇言魯無疆鄙諸侯之伐哀者皆言我何休于十一年事無注於八年吳伐我注云不言鄙者起圍魯也不言圍者諱使若伐而去矣此與繁露不同者也五經異義引公羊說天子駕六（見毛詩干旄尙書五子之歌禮記檀弓疏中所引）而何注隱元年乘馬束帛傳謂大夫以上至天子皆乘四又白虎通爵篇說春秋元年春公卽位曰王者改元卽事天地諸侯改元卽事社稷白虎通說春秋多用公羊義則此亦公羊家博士說今何注隱元年傳云惟王者然後改元立號春秋託新王受命於魯故因以錄卽位明王者當繼體奉元是何氏謂諸侯無改元也此與博士不同者也凡此不知何氏本於胡毋子都舊說歟抑以意推說者歟攷後漢學風經師號稱承某氏學者往往止用其經傳本耳義說多由自爲如馬融荀爽於費氏易鄭玄於孔氏書皆是也休生當其時固易與之同術且范氏後漢書又稱休經緯典謨不與守文同說今觀解詁中隱三年宋公和卒注則全用左傳之文昭三十一年季孫隱如會晉荀櫟於適歷注則取左

氏之意成元年作丘甲注則兼取穀梁之意定十年公會齊侯於頰谷注則采自晏子春秋斯宜公羊家先師所無者由此可見何氏固非能篤守師說其言略依胡毋生條例者止用其經傳如馬荀之於費氏易鄭玄之於孔氏書耳縱令胡毋氏說或有存於何氏解詁中亦不得謂何氏之解詁悉本於胡毋子都也

何休解詁中言三世三統黜周王魯更詳於仲舒其說陰陽災異引用緯候圖讖亦更繁於仲舒夫仲舒好采他家之學以自益又與胡毋生同爲博士親接議論如果胡毋之說詳若何休董生不應反多疏略然則卽令胡毋之說何於仲舒亦止當如繁露所言必不能如何休之詳密煩瑣也治公羊者當知何休之學有異於董亦非盡得於胡毋子都

何休解詁之失雜采讖緯侈言神怪且不論取其拘曲可笑者論之如莊十六年邾婁子克卒何注云小國未嘗卒而卒者慕霸者有尊天子之心行進也不日始與霸者未如瑣莊二十八年夏四月丁未邾婁子瑣卒何注云日附從霸者朝天子行進攷莊十三年齊桓於北杏之會邾人與焉自莊十六年至二十八年間凡齊侯會盟邾皆不與邵公何所據而謂克不及瑣豈非欲曲成其日卒與不日卒之例不惜爲此無稽之談耶非獨此也邵公於傳之文辭且多未能明了之處如叔術妻嫂事孔廣森已譏其違反傳意矣（見公羊通義序）又如襄二十七年衞殺其大夫甯喜衞侯之弟鱄出奔晉事傳述甯喜之言曰無所用盟請使公子鱄約之述獻公之言曰甯氏將納我吾欲與之盟其言曰無所用盟請使公子鱄納之子固爲我與之約矣述公子鱄之辭則曰夫負羈縶執鈇鑕從君東西南北則是臣僕庶孽之事也觀此

子男傳文明明謂公子鱄從衛侯於外者而解詁云刺鱄兄爲强臣所逐旣不能救又移心事剽背爲姦約則邵公竟誤以爲寧喜使鱄約公故以鱄爲在國內曾事剽又背剽爲姦約矣其與注叔術妻嫂違反傳義正復相同謬誤錯出隨處可見而劉逢祿等猶奉何氏解詁若金科玉律抑若眞本於胡毋生語語皆有自來不亦惑乎

三世第五

公羊傳中言所見異辭所聞異辭所傳聞異辭者始見于隱元年公子益師卒傳曰何以不日遠也所見異辭所聞異辭所傳聞異辭其意謂時之遠近不同故史之詳略有異孔子筆削雖出己意而文則因乎舊史舊史所略孔子無由詳之故曰其文則史吾猶及史之闕文也大夫之卒例皆書日而隱公之大夫有不書日者三人時遠而史有闕略傳意止如是耳又見於桓二年公會齊侯陳侯鄭伯於稷以成宋亂傳曰內大惡諱此其目言之何遠也所見異辭所聞異辭所傳聞異辭隱亦遠矣曷爲爲隱諱隱賢而桓賤也此謂春秋通例時遠則辭顯時近則辭微然亦不可執一端而論由尙有賢否之辨傳義固如是也又見於哀十四年西狩獲麟傳曰春秋何以始乎隱祖之所逮聞也所見異辭所聞異辭所傳聞異辭何以終乎哀曰備矣此明春秋始於隱終乎哀事則聞見可徵義則理道已備云爾凡傳之所謂聞見異辭卽文自明並無畫定之時期亦無膠滯之條例及至繁露楚莊王篇乃云有見三世有聞四世有傳聞五世故哀定昭君子之所見也成襄文宣君子之所聞也僖閔莊桓隱君子之所傳聞也於所見微其辭於所聞痛其禍於所傳聞殺其恩與情俱也是故逐季氏而言又雩微其辭也子赤殺弗忍言日痛其禍也

子般殺而書乙未殺其恩也夫公羊一傳其中所載前師之說亦多矣其去孔子之世亦遠矣既已無所
避忌何爲不可明白言之既可明白言之傳中所引諸師之說奈何無一語及三世之義而徒載此隱約
之文乎然則董子以前無有以所見異辭云云爲當三世者亦已審矣且公羊傳云定哀多微辭使如董
子說傳胡不曰昭定哀多微辭乎且如隱公被獲於鄭而以渝平爲言隱諱深微不下於又雩何必所見
之世而後微其辭乎（渝平之說公羊傳誤已於之傳平義中詳之惟董氏既據公羊則固當用公羊之
義以相稽）董生三世之說又何以自解耶然董生之言三世猶止是耳至乎何休則條例滋多其說三
世云於所見之世恩已與父之臣尤深大夫卒有罪無罪皆日錄之丙申季孫意如卒是也於所聞之世
王父之臣恩少殺大夫卒無罪者日錄有罪者不日略之叔孫得臣卒是也於所傳聞之世高祖曾祖之
臣恩淺大夫卒有罪無罪皆不日略之也公子益師卒無駭卒是也今卽何說以攷春秋自隱至僖大夫
卒者七人惟隱公時益師無駭及俠卒皆不日其餘四人皆日明不日者時遠史多闕略也何休爲囘護
三世之例乃於隱五年公子彄卒莊三十二年公子牙卒僖十六年公子季友卒公孫茲卒無不強生曲
說果如是傳於此日卒之四大夫何以絕無一言以明日卒之義乎且何休以所聞世大夫有罪者不日
今攷文宣成襄之世僅有一叔孫得臣不日而其罪又不著傳亦不言其有罪何休乃曲爲之說曰知公
子遂欲弒君爲人臣知賊而不言明當誅此絕無根據之辭也若然仲遂之卒何以反得書日如謂仲遂
適因有事於太廟而得書日則公孫敖亦有罪矣何以亦得書日何氏附會三世之例隨處牴牾如此安
可信乎何氏又云於所傳聞之世見治起於衰亂之中用心尙麤故內其國而外諸夏先詳內而後治外

錄大略小內小惡書外小惡不書大國有大夫小國略稱人內離會書外離會不書是也於所聞之世見治昇平內諸夏外夷狄書外離會小國有大夫宣十一年秋晉會狄於欑函襄二十三年邾婁劓我來奔是也至所見之世著治太平夷狄進至於爵天下遠近大小若一用心尤深而詳故崇仁義譏二名晉魏曼多仲孫何忌是也(此及上文何氏說並見隱元年所見異辭傳注)今攷公羊成十五年傳曰春秋內其國而外諸夏內諸夏而外夷狄王者欲一乎天下曷爲以內外之辭言之言自近者始也此言春秋見治平之理無時不然無世不然如可訾某公至某公爲內其國而外諸夏某公至某公爲內諸夏而外夷狄某公至某公爲夷狄進至於爵則傳辭不當如是疏略矣且傳果以此與見聞異辭互明則何不相承言之乎不寧唯是又有與經傳顯相背戾者如隱二年書紀履緰來逆女八年書鄭伯使宛來歸邴桓十四年書鄭伯使其弟語來盟莊二十七年書莒慶來逆叔姬紀鄭莒非小國乎隱桓莊非傳聞世乎而春秋皆書其大夫此與經不合者也昭二十三年傳曰不與夷狄之主中國哀十三年傳又曰不與夷狄之主中國昭與哀皆所見世也依何休說天下遠近大小若一則傳不當猶存夷狄中國之界矣此與傳不合者也是故三世之時期定而春秋之義滯三世之條例多而公羊之蔽深以何較董愈後而愈詳愈詳而愈乖將欲決滯而解蔽則三世之說不可不辨也

三統第六

三統之說亦不見於公羊本傳繁露三代改制質文篇始言之云春秋曰杞伯來朝王者之後稱公杞何以稱伯春秋上黜夏下存殷以春秋當新王春秋當新王者奈何曰王者之法必正號絀王謂之帝封其

後以小國使奉祀之下存二王之後以大國使服其服行其禮樂稱客而朝故同時稱帝者五稱王者三所以昭五端通三統也是故周人之王尙推神農爲九皇而改號軒轅謂之黃帝因存帝顓頊帝嚳帝堯之帝號絀虞而號舜曰帝舜錄五帝以小國下存禹之後於杞存湯之後於宋以方百里爵稱公皆使服其服行其禮樂稱先王客而朝春秋作新王之事變周之制當正黑統而殷周爲王者之後絀夏改號禹謂之帝錄其後以小國故曰絀夏存周以春秋當新王不以杞侯弗同王者之後也稱子又稱伯何見殊之小國也按據小戴記孔子論三代之制各有去取則不得云變周用夏當正黑統據論語言吾從周云文王旣沒文不在茲乎之文則孔子於時制卽以爲有當變革者亦從周者多用先代者少不得謂之變周用夏據中庸言祖述堯舜憲章文武公羊哀十四年傳言樂堯舜之道則孔子上祖堯舜下本周制無三統循環固滯之說據尙書序稱禹曰大禹曰禹不稱曰帝禹則董生絀夏號禹謂之帝其說爲無根矣（史記雖有帝禹之稱而殷代諸君亦多稱帝不當謂絀王稱帝出於孔子又足徵儒家本無此義而仲舒創爲之也）又繁露爵國篇云傳曰天子三公稱公王者之後稱公其餘大國稱侯小國稱伯子男凡五等故周爵五等士三品文多而實少春秋三等合伯子男爲一爵士二品文少而實多按孟子固長於春秋者其言云天子一位公一位侯一位伯一位子男同一位與仲舒春秋爵三等不合則春秋非有制爵三等之說也又繁露所引公羊傳文見隱五年傳意不過謂伯子男同爲小國桓十一年公羊傳云春秋伯子男一也謂其貴賤不甚懸殊耳不當附會謂變五等爲三等也觀夫秦楚吳同爲夷狄之國秦爵爲伯而吳楚爲子則周制以伯子同爵夷狄固已視若同等又足徵不得援此謂春秋變周從殷始以伯

子男爲一等也至何休解詁言三統者尤瑣而多曲說如隱三年春王二月註云二月三月皆有王者二月殷之正月也三月夏之正月也王者存二王之後使統其正朔按隱元年傳曰王者孰謂謂文王也如以二月三月之王爲斥殷夏之王則隱三年王二月下公羊宜發傳以明之見其異於正月之王專指文王今公羊不別發傳知公羊之義凡稱王二月王三月者義亦同於正月謂周制之二月三月非謂夏殷之二月三月也何說附會三統非傳意則傳無三統之義也莊二十七年傳注云杞夏后不稱公者春秋黜杞新周而故宋以春秋當新王僖二十三年注始見稱伯卒稱子者微弱爲徐莒所脅不能死位春秋伯子男一也辭無所貶貶稱子者春秋黜杞不明故以其一等貶之明本非伯乃公也按既云春秋伯子男一也又以爲子降於伯自相牴牾灼然可見猶欲曲爲回護故語愈支而義愈不可通也哀十四年春西狩獲麟注河陽冬言狩獲麟春言狩者蓋據魯變周之春以爲冬去周之正而行夏之時按桓四年春正月公狩於郎傳曰常事不書此何以書譏何譏爾遠也桓八年春己卯烝傳曰常事不書此何以書譏何譏爾譏亟也此類之文如皆爲見用夏正傳何不一發之乎攷桓八年五月丁丑烝傳曰譏亟也春獵稱狩春祭稱烝疑若黜周用夏矣然而夏祭稱烝又何以解之乎是知春秋以不時之名書所以貶行不當禮其例甚明不當附會以爲用夏變周曲成三統之說也何休之說已謬誤如是至劉逢祿益張皇其詞謂易終未濟志商之亡謂書終秦誓詩終商頌一傷周之不可復一示周之可興（公羊釋例張三世篇）謂孔子告顏淵問爲邦通三統而治道乃徧謂次王於風終以三頌爲新周故宋以魯頌當夏而爲新王（公羊釋例通三統篇）謂孔子序書存秦誓刪詩列秦風明代周者秦（公羊釋例秦楚吳進黜表）按

易終未濟序卦傳釋之云物不可窮也則無與於商亡矣公羊言春秋賢穆公以爲能改過荀子大略篇
亦有是說則孔子寀秦誓義止如此豈不明白可據言孔子知秦將代周者惟緯書耳不據公羊本傳及
荀子而用緯書之說寧非大愚春秋示是非之準輕重之權所辨者在理義論語記孔子告顏淵爲邦之
語多凶制度之末節且孔子旣言兼取三代則與變周用夏又不相容則此語適足以破三統之說何得
反引之以證成三統之義耶豳爲西周之謳王爲東周之謳列王於風以見國俗不足爲黜周之證魯宋
在春秋諸國中文物最盛左傳載范宣子言諸侯於宋魯於是乎觀禮故二邦皆有頌則孔子序詩固當
寀列之耳若夫先魯於宋尊本國也猶次周後則尊周也安在其爲當夏而爲新王乎凡近世公羊家之
說愈演愈支離愈後愈穿鑿覘公羊如圖錄等五經於射覆則是三統之說階之厲也是又不得不辨也

託王第七

昔孟子論春秋曰春秋天子之事也史記載董生之說曰孔子知言之不用道之不行也是非二百四十
二年之中以爲天下儀表貶天子退諸侯討大夫以達王事而已矣子曰我欲載之空言不如見之於行
事之深切著明也司馬遷申之曰夫春秋上明三王之道下辨人事之紀別嫌疑明是非定猶豫善善惡
惡賢賢賤不肖存亡國繼絕世補敝起廢王道之大者也其意謂春秋用治道以正當世之事卽行事以
明褒貶之義制王者所當循之法以王者之道繩王以諸侯之道繩諸侯以大夫之道繩大夫於所是所
非所褒所貶或原心以定功罪或據禮以明善惡或一事而是非兼存或一文而善惡互見以示理之極
致義之微權而一歸於仁故孔子曰吾因其行事而加乎王心焉(春秋繁露俞序篇引)言春秋之道乃

王道也大學云自天子至於庶人一是皆以修身爲本是故內聖外王術本一貫則孔子據魯史之文以明王道義亦猶是孟子所謂春秋天子之事義止如此即董生所云達王事史遷所謂王道之大者引申孟子之說亦甚善也惜乎董生不肯如是而止必欲穿鑿推求附會書法則不可通矣譬人有聖德謂其德行堪爲王者可也遂欲并其一舉一動以爲悉合於王者之行事則豈非誣妄之尤者今孔子據魯史以明治道謂術其道足以平天下可也遂欲於文辭中一支一節求其託王之跡則亦適成其誣妄耳此託王之義所以大謬也觀董生奉本篇云魯無鄙疆諸侯伐哀者皆言我以證春秋託王於魯見道化之大行然定七年八年齊兩伐魯皆言西鄙依三世爲說定哀皆在所見世何以書法又不類乎夫三世誠不足信而於書法中附會託王於魯亦無徵不信兩皆不足信而復自爲矛盾益足見仲舒三世三統託王等義亦未能自圓其說也何休本仲舒託王之說附會傳義者觸處皆是辨不勝辨姑就數事論之如隱元年傳注云春秋王魯託隱公以爲始受命王因儀父先與隱公盟可假以見褒賞之法故云爾又隱七年傳注云春秋王魯託隱公以爲始受命王滕子先朝隱公春秋褒之以禮嗣子得以其禮祭故稱侯見其義又隱十一年傳注云稱侯者春秋託隱公以爲始受命王滕薛先朝隱公故褒之已於儀父見法復出滕薛者儀父盟功淺滕薛朝功大宿與微者盟功尤小起行之當各有差也若然春秋旣以褒儀父進滕薛明託王於魯之義則傳何不於仲子之祭見天子當用八佾之義而反以見僭諸公之義如曰雖託王於魯不以名號假魯(此包愼言春秋王魯論之意)則滕薛因朝可進其爵矣何爲又以名號假魯如是之甚夫滕侯朝魯在隱十一年而隱七年經已有滕侯卒明滕本侯爵後降稱子耳非以朝魯而春

秋進之也如春秋進之爲侯則於隱七年滕侯之卒正宜著其爲子以見由朝魯之故進而稱侯不當於未朝之時先進其爵也且春秋爲據魯史耶爲據滕史耶如據滕史何休說或猶可通既據魯史則滕以見褒待以禮祭非春秋所當詳也然則如何休說卽文理亦不可通胡論其他董何之後清人劉逢祿又爲之辭曰春秋之託王至廣稱號名義仍繫於周挫强扶弱常繫於二伯何嘗真黜周哉郊禘之事春秋可以垂法而魯之僭則大惡也就十二公論之桓宣之弒君宜誅昭之出奔宜絶定之盜國宜絶隱之獲歸宜絶莊之通讎外淫宜絶閔之見弒宜絶僖之僭王禮縱季姬禍鄫子文之逆祀喪娶不奉朔成襄之盜天牲哀之獲諸侯虛中國以事强吳雖非誅絶而免于春秋之貶黜者鮮矣何嘗真王魯哉吾故曰春秋者火也魯與天王諸侯皆薪蒸之屬可以宣火之明而無與於火之德也（見公羊釋例通三統篇）如劉氏說則周仍爲王魯仍爲諸侯春秋因其行事褒善貶惡崇是黜非各於其當以顯理義之準的奚不可者何必多一託王之說自滋紛擾乎然則劉說雖巧終亦無裨於託王矣夫託王之說未嘗一見於本傳而爲公羊之學者惑於董何曲爲囘護曼辭飾說而卒不可通如此學者亦可辨其是非矣

原傳第八

公羊舊說存乎傳凡傳之所無而繁露言之者董氏之所加也董氏所未詳暢而何氏備言之者何氏之所加也明乎董何之說不盡合於傳而後傳之本真顯傳之本真顯而後公羊家舊義可得而尋吾於董學何學三世三統託王諸篇既考論之矣雖然傳之說能盡得春秋之義乎治春秋者據公羊一家之學遂爲已足乎此又不然也按公羊傳中有言無聞者如隱二年紀子伯莒子盟於密傳文十四年宋子哀

來奔傳是也有用兩說者成元年王師敗績於貿戎傳是也有用疑詞者桓九年曹世子來朝傳閔元年齊仲孫來傳襄二年葬我小君齊姜傳是也有引諸家之說稱爲某子曰者如僖五年二十年二十四年之引魯子文四年之引高子是也有稱之曰子某子者如隱十一年之子沈子桓六年之子公羊子閔元年之子女子是也傳以公羊名而於公羊氏稱子公羊子則凡稱子某子者其本師也僅稱某子曰者非本師也由是可知胡母生董生所著於竹帛之傳雖皆出於公羊氏而公羊以前師師相授遞有加益又復旁采他家之義傳說僞誤亦所不免故公羊傳文雖爲舊義所存亦未可謂盡是也如文九年冬楚子使椒來聘傳云楚無大夫此何以書始有大夫也然僖二十年冬經已有楚人使宜申來獻捷之文又如衞州吁弒其君完公羊傳曰曷爲以國氏當國也然春秋中稱弒其君者不皆當國而莫不先著其國名所以著某國之臣弒其本國之君文理固宜如此非專爲弒君者稱舉國名也夫然則公羊謂以國氏者固已非矣謂當國故以國氏又誤中之誤也凡此皆足徵傳亦未可盡從是故以董何之說卽爲公羊之說不可也據公羊之傳遂欲以明春秋亦不可也此通方之士所以必兼綜三傳也

初哉首基肇祖元胎俶落權輿十二字爲爾雅十九篇義類綱領說　陳邦懷

陳氏玉澍嘗謂爾雅釋詁建首初哉首三文已包舉三才統括羣品其識卓矣邦懷以爲包舉三才統括羣品者不僅初哉首三字而已蓋初哉首基肇祖元胎俶落權輿十二字靡不包舉三才統括羣品也而全書十九篇之義類亦不外乎三才爰就肊測爲之說曰初哉屬於天也月之哉生明必在一月之初吉也指月不指日者說文所謂日實也太陽之精不虧月闕也太陰之精月一日始蘇也首基肇祖元胎俶

落屬於人也首頭也基足也說文止下基也象草木出有阯故以止爲足是基包有足義首基二字於人體具矣肇祖言人之本始於祖也元胎言人之身始於父母也假當訓作釋詁假作也詩崧高傳假作也此言人生而動作也落當訓殂落之落說文殂下引書曰勛乃殂段氏注謂孟子春秋繁露皆引作放勳乃殂落蓋今文尚書也許所稱者古文尚書也釋詁崩薨無祿卒殂落殪死也爾雅無妨殂落各爲一句也以上段說假落二字言人自生而死也首基至假落八字皆屬於人其義固昭然矣有一字兼兩義者先擧言之詳於基義爲足假訓爲作落訓爲死因與雅訓始也不和戾權輿屬於地也大戴禮誥志篇孟春百艸權輿孫氏星衍以爲權輿者草木之始也艸麗於地象傳所謂百穀草木麗於地也於是三才備矣十九篇之義類亦基於此矣案此十二字其義先天次人次地者繫辭所謂有天道焉有人道焉有地道焉而人位於天地中者孝經所謂天地之性人爲貴禮運所謂人者天地之心也此則初哉至假落十二字包舉三才次第之大義也然考之釋詁釋言釋訓三篇篇首所訓之義亦各有指釋詁初哉則屬於天也釋言殷齊中也則屬於地也釋訓明明斤斤察也則屬於人也此三篇篇首所訓之義又先天次地次人而異於前十二字所包三才之次第者何也老子所謂天大地大人亦大說卦所謂是以立天之道立地之道立人之道之義也夫三才之位之有二說已詳言矣然則釋訓之後依三才之例應次以釋天而次以釋親者又何說歟曰此中庸所謂君子之道造端乎夫婦及其至也察乎天地之義察乎天地之察與上篇明明斤斤察也義尤銜貫此所以釋親先乎釋天釋地也釋宮當訓詩采蘩公侯之宮宮廟也釋器首豆籩重禮器也釋樂樂爲祭時所奏之具也釋親之後次以釋宮釋器釋樂者祭義所謂宮室既修薦其薦俎序其禮樂者是也此皆屬於人事者

也人能祭乎天地吾故以爲釋訓明明斤斤察也屬於人也至於釋天篇中之有祭祀講武旌旂三類者祭祀必舉四時講武必順四時因講武而有旌旂斯說也前賢已詳之矣月行於天初哉爲月之哉明吾故以爲釋詁初哉二字屬於天也釋地九州既爲殷制而言地則主乎中又以齊爲中如中有岱岳中有枳首蛇焉齊曰營州距齊州以南戴日爲丹穴是也吾故以爲釋言殷齊中也屬於地也釋地之後（郝氏懿行曰釋丘釋山釋水皆地之事故總曰釋地今從郝說）次以釋艸者釋詁權輿之義可證也權輿爲百艸之始百艸皆麗於地也釋艸之後次以釋木釋蟲釋魚釋鳥釋獸釋畜者老子所謂三生萬物中庸所謂今夫地萬物載焉者也此皆屬於地也綜觀釋詁建首之義釋詁以下三篇篇首之義與夫釋親以下十六篇之義類一則爲天人地一則爲天地人一則爲人天地其次第雖有三變固不外乎三才而三變之旨又不外乎孔子學說然則爾雅出於孔子非無徵矣惜不能起陳氏而商榷也世之博雅君子幸督教之

說椐樻聲例

吳其昌

爾疋釋木椐樻詩大雅皇矣其檉其椐毛傳椐樻也說文椐樻也樻椐也知椐樻雙聲矣椐樻雙聲世知者衆然經傳叢疑有與椐樻同類而至今未得諦解反縱爲肊說者如劉熙之釋季癸盧辯之註畸鬼毛萇之解閒關徐鉉之音鼃黽咸逞其悠謬詭怪之論若此類者極多今據此椐樻爲例比類觀之則皆迎刃而通矣試敷其說

瞿戣　書顧命一人冕執戣立於東垂一人冕執瞿立於西垂正義引鄭氏注云戣瞿蓋今三鋒矛（江聲亦以者名謂戣瞿二雖異而實無別）瞿戣又通下距喉（說詳下）說文距鷄距也淮南原道雖有鉤箴芒距高誘注距爪也距之

本義爲鷄爪三鋒矛形酷肖鷄爪故三鋒矛亦名瞿而與距音同距可通睽故瞿亦可通戣也瞿又通戵廣韻戵戟屬聲與瞿同至戣亦可獨立爲癸旂文癸有作𠌶者正象三鋒矛予另有說癸瞿又通鑺說文鑺兵器也觀鄭君注語碻以瞿戣爲一物瞿戣之爲一猶椐樻之爲一矣所異者一在見毋一作癸毋耳

姦宄　書堯典寇賊姦宄史記五帝本紀引作寇賊姦軌牧誓以姦宄於商邑史記周本紀引作以姦軌於商國又詩民勞鄭箋輕爲姦宄　文宄本作軌是姦宄即姦軌也姦宄爲商周間一通稱成語如書盤庚又云暫遇姦宄宄軌皆從九聲而並讀如鬼九轉鬼音與椐樻見毋都同王伯申亦但知脂幽之對轉而未知爲椐樻之一例也

九鬼　九讀若鬼其證不獨姦宄與姦宄同類者尚有九鬼史記殷本紀九侯有好女入之紂九侯女不憙淫紂怒殺之而醢九侯而禮記明堂位云昔殷紂亂天下脯鬼侯以饗諸侯自漢以後人但知鬼侯而不知九侯九鬼聲轉猶上椐樻下氿厬矣

氿厬　詩小雅大東有洌氿泉釋文氿音軌泉側出也字又作晷釋名釋水水側出曰氿泉說文厬仄出泉也從厂晷聲讀若軌是氿厬一字從九聲或從晷聲而讀若軌竟消作晷者固誤然字從九而音同軌與上宄字從九而音同軌者一例矣

跂睆　詩小疋大東跂彼織女終日七襄睆彼牽牛不以服箱此跂彼與睆彼對文知跂即睆也跂睆雙對辭猶凱風睍睆黃鳥之睍睆雙聲連辭也陸氏釋文雖於睆字兩音華板反聲然此自是唐讀至於古音完皆讀官故從完聲之莞筦睆等字皆讀官聲即以陸氏詩釋文證之國風斯干下莞上簟釋文莞音

官大疋執競磬筦鏘鏘釋文筦音官其明證矣或又以廣均音睆爲戶板切音睍爲胡典切爲疑不知廣均之戶板胡典與釋文之華板皆在匣母此自是守溫時影曉匣分母之故但在古音則影匣兩母皆包在見母之內卽以廣均證之匣從甲聲廣均甲古狎切卽在見母影從景聲廣均景居影切卽在見母再如胡典切胡從古聲卽在見母故睍字當讀如廣均古典切之絸垷筧挸而睆字當讀如廣均古滿切之筦睆也以是知跂睆睍睆又無異於椐樻矣又小疋棫樸綱紀四方綱紀聯絲字古聯絲字非雙聲卽疊均乃必然定例綱紀之紀若如今讀居里反與綱字既非雙聲又非疊均不合必讀古葉汯斯綱紀爲雙聲矣又大疋蒸民四牡騤騤八鸞喈喈喈今讀如九九騤同音亦如下季癸悸悸矣

睍睆　說見上條

肩葵　尒疋釋草肩戎葵戎本作莪非是今據石經單疏本正釋文肩古田反廣均古賢切是肩屬於切韵上毋第六類之見毋者切韵上毋分四十類之說今定從陳蘭甫先生切韵攷葵廣均渠追切是葵屬於切韵上毋第二十八類之羣毋者見母從梵母丂区音而來羣毋從梵毋丌g音而來本甚相近又釋草蕢赤莧釋文蕢巨愧反又苦怪反莧閑辦反廣均莧侯襉切然莧字從見得聲自爲見毋且廣均在匣毋今正當轉入見毋說已見上讀如古莧切之見蕢苦怪切則屬於切韵上毋第七類之溪毋溪毋從梵毋丐Kn音而來與見毋K尤近以義言之俗名爲葵而大者則雅名肩俗名爲莧而赤者則雅名蕢雅名俗名糊名奇名之說今定從王靜安先師爾雅草木鳥獸蟲魚釋例知肩葵莧蕢實卽一物一物而互其名猶椐樻椐樻之一物而互其名矣

莧蕢　說見上條

椐樻　說見前第一條

述學　三七

圮垝　又釋詁虧壞圮垝毀也圮釋文引孫炎音房美反按古人制字取聲必有所本且本乎一定之例絕不相渚圮字從己卽當讀己聲字在見母如記紀等字是房美反必居美反之譌文也居房字近易誤若讀房美反非肥音卽毗音太遠亦無意淺然徐鉉音說文己云符鄙切則其字誤已久矣故博疋如盧抱經亦未校出壞釋文音怪在見母是也詩譬彼壞木說文引作譬彼瘣木從鬼聲亦見母此其證矣垝釋文古委切亦見母三字同母是圮瘣壞圮垝椐樻例又同矣

圮瘣　說見上條

衢逵　又釋宮四達謂之衢九達謂之逵似衢逵分別甚明者然其實逵亦名衢楚辭天問靡萍九衢王逸注九交道曰衢而廣均又以逵入六脂此賀古說僅存者而博疋如嚴鐵橋已譏爲誤尙復何說足證衢逵之無別衢逵互用亦書瞿戣互用例矣

季癸　劉熙釋名釋親屬叔父之弟曰季父季癸也知漢人讀季爲癸今粵西人正讀季爲桂其昌在粵西所親聞與漢讀同但桂去聲癸上聲耳然廣均去聲六至有悸猤等字皆從癸聲是癸古亦有作去聲讀者雖謂之密合可也是知季癸也雙聲相訓實漢讀之僅存者乃劉君求其說而不得猥云甲乙之次癸最在下季亦然也則杜撰甚矣不知季癸一音漢時甚普正猶下裾袿之一音不相比觀誼終幪昧矣

裾袿　又釋名釋衣服婦人上服曰袿其下垂者上廣下狹如刀圭也按此所言與今日之所謂裾頭者正合故方言四云袿謂之裾玉篇云袿裾也是裾袿互名也

跽跪　又釋名跪跽兩訓蟬聯爲一今江浙正呼跪爲跽故說文亦云跽長跪也是跽跪同義也裾袿跽跪轉聲之故可推椐樻衢逵而知之矣

悸憿　方言十二憿悸也玉篇廣均同楚辭王逸九思悼亂云惶悸兮失氣注云悸懼也一切經音義十二引方言有憿音葵三字悸楚辭補注其季切廣均其逕切蓋音同懼憿悸從其聲原癸季則猶釋名之癸季從其本音葵懼則猶尚書之戣瞿矣永經注河水篇窺深悸魄窺悸對稱猶憿悸互文矣

黠鬼　方言一虔儇慧也自關而東趙魏之間謂之黠或謂之鬼廣雅黠鬼慧也黠今廣均音胡八切匣毋卽當轉入見母且字從吉聲古讀蓋亦在見母今吳越音讀鬼若蟣正作吉聲說詳下是黠鬼與下蹶猗崎鬼倚魁皆與椐櫃同其例矣

覘窺　方言十凡相竊視南楚謂之闚或謂之貼或謂之占說文覘窺視也廣雅覘視也貼覘占同字闚窺覞同字說文占視兆問也占之本義爲視兆而其本音則讀如稽從卜從口甲骨文字作囗廣均尚有卟字云工兮切最後始將卜字上移作占世俗又造作乩字正讀若稽乩行而占廢普發俱非占行而卟囗廢矣此字羅雪堂史曾詳攷之見所著殷虛書契攷釋其說甚確窺字等從規聲皆在見母是覘窺聲例從其聲原稽規則上同椐櫃凡從占者以諧聲之例推之皆當讀稽介雅釋宮垝謂之坫釋文坫丁念反今讀如店垝釋文居毀反在見母然疑坫古亦讀稽垝坫猶前釋詁之言垝圮矣又窺字廣均吉隨切在溪母但覘字廣均又見於上聲十二薺啓字下音康里切則亦在溪母是從其本音去隋康里則同下欺虧矣

瞯闞　孟子離婁王使人瞯夫子又同章吾將瞯良人之所之也又滕文公陽貨瞯孔子之亡也孔子亦瞯其亡也按余所見宋本五六種皆作瞯阮氏校勘記所見宋本五種亦皆作瞯山井鼎七經孟子攷文引日本古寫本亦作瞯惟明監及汲古本始妄改作瞯此正明人不學之愚習乃焦理堂正義亦必改瞯爲瞯所謂矜博而反形陋矣然卽改作瞯亦見母字也此四瞯字皆含有竊視之意甚明方言二瞯睇眄也吳揚江淮之間或曰瞯按睇眄亦不敢正視也莊子山木篇雖羿逄蒙不能眄睨也禮記內則不敢睇視鄭注睇傾視也可

證由是知江淮之間之所謂瞯（孟子齊人知齊魯同於江淮矣）卽南楚之所謂闚矣瞯又通覸儀禮士昏禮注引孟子作吾將覸良人之所之宋禮部韵略引孟子作王使人覸夫子覸又通覵說文覵齊景公之勇臣有成覵孟子滕文公上引作成覸故知瞯覸覵互通皆在見母（廣均瞯戶閒切匣母當讀入見母又覸古閑切見母又覵苦閑切溪母知此字見溪二母得通讀矣）是覸闚之語卽方言之貼窺說文之覘窺其聲亦卽凱風之睍睆釋名之裾袿矣

鍊輨　方言九輨軑鍊𨪍也關之東西曰輨趙魏之間曰鍊廣疋鍊𨪍軑輨也錢繹方言箋疏云鍊與輨𨪍與軑古聲並同是也一切經音義十九軸鐧云方言作鍊同歌賢反盧抱經亦以謂鍊當卽說文之鐧此二字平上讀皆可輨從官平聲鍊鐧歌賢反皆平聲廣均輨在上聲二十四緩但鍊從柬在上聲二十產鐧從閒聲凡從閒者在上聲者尤多如僩憪𤢯橺簡澗襉等是鍊輨平上讀皆可平讀則同裾袿例上讀則同九鬼例矣

蹶獪　方言二劋蹶獪也秦晉之間曰獪楚或曰蹶錢疏蹶獪亦聲之轉也按錢說是也廣均蹶居月切（入十月）獪古外切（去十四泰）說文云獪狡獪也廣均又云狡獪小兒戲狡獪卽蹶獪也（今吳越人呼小兒有頑智曰狡猾狡猾又卽狡獪也）二字同屬見母此又與黠鬼例全同矣

挈絓　方言六絓挈特也晉曰絓秦曰挈廣疋絓挈特獨也絓曹憲音古乖反（按方言原文云絓挈㑊介特也楚曰㑊晉曰絓秦曰挈物無耦曰特獸無耦曰介按㑊音亦同絓蓋卽係音也唐風杕杜獨行睘睘而孟子洪範則作煢獨惸獨周頌閔予小子嬛嬛在疚漢書匡衡傳引作煢煢在疚哀十六年左氏傳煢煢余在疚說文及周官太祝注並引作儇儇余在疚是知煢惸睘嬛儇皆一字其音皆同於絓㑊也蓋本一音而方音微異故遂異其字矣）絓義爲物無耦（卽晉人之呼特）至於挈廣均雖音苦結切古在見母爲K苦在溪母爲Kh其差已極微（且同在十六屑）且從㓞之絜潔㮍鍥𫘝鶪皆古屑切亦在見

毋知古挈絜必無分是絜絓同在第六類見毋矣以例推之挈絓亦通挈緳物無耦曰絓斯人無耦曰緳矣挈絓又通湅絓說文絓繭滓絓頭也一曰以囊絮練也段懋堂以謂練當作湅是也湅從柬聲柬廣均古限切與絓古乖反同爲見毋是挈絓湅絓挈緳與蹶猶鱖鮭說見卜又正同例矣

刏刲　說文刏劃傷也從刀气聲又讀若殪段懋堂於气聲者注云當九祁切于殪聲者注云與槩杚劃音義略同今音當古爱切山海經中山經刏一牝羊郭注刏猶刲也是知刏刲在晉互用猶漢之互用挈絓矣雖廣均刲苦圭切在溪毋然廣均於從圭之珪邽閨袿窐鮭鼃洼抅胿鞋欸茥皆作古攜切又古攜切之鮭茥又音苦圭切知此字見毋溪毋實無異也此以經傳言之也今更以小學言之

甂匬　說文解字五篕黍稷方器也匬古文篕從匚從食几軌飢正同聲之轉且從九從几皆在六類見毋雖云脂幽古韵通轉然段懋堂必欲以一己之見盡改各本之匬作匭亦拉武斷矣匬古文篕從匚軌今按之吉金文字簠字作匩則簠篕連文篕字亦必從臣一類乃合自劉宋呂以來乃以𢍰字當篕不知此是𥂝字非篕字也吉金文字皆有一定成例絕不相類語友秀水唐蘭東莞容庚辨此尤晰是說文所引兩古文從匚之篕字必本之郡國出土彝器者或微有小誤耳說文簠古文作匩正與𨥯字之古文大同但今日視之似小誤耳　甂匬之轉尤與上椐樻褃積之轉下機歸蟣龜之轉密合矣

杦篕　說文杦亦古文篕其字從木九聲而讀音若篕此即同有洌氿泉之氿從水九聲而讀音若厬矣又如艽字從艸九聲而廣均音同逵引埤蒼云遠荒又宄字從宀九聲而說文云姦也讀若軌又廣均上平六脂與逵同音者有頄字云面顴也說文無此字上聲五旨與杦同音者有𠂂字云氿迹此杦氿艽宄頄𠂂字皆從九聲而音軌音逵其韵固脂幽對轉其聲則椐樻對轉也又䠞字從咎聲而咎字又從占聲占古讀若稽是䠞字從稽得聲故與上例脗

合爲一與覩窺從占規得聲者尤爲密合特前人未有聯凡耳又廣韻下平十八尤鳩下有鬮字之居求切但鬮從龜聲俗傳拈鬮所以代卜其義卽出於契龜而讀如鳩今浙江名曰鬮子讀若球蓋巳入從見母轉入羣母矣從九得聲而讀如軌者則有氿朹等字從龜得聲而讀如鳩者則有此字及下⿰癸鳥鳩從癸得聲而讀如鳩焉

九光

九頄

九術

鬮龜　說均見上條此以小學言之也今更以雙聲推之

規矩　旣言雙聲則但求其聲母之同而聲序上下顚倒皆可經傳聯緜詞成語之屬此例者可析爲二人所共知者如規矩管子注法規矩者方圓之正也孟子離婁上不以規矩不能成方圓又規矩方圓之至也荀子禮論規矩者方圓之至也史記禮書同楚辭離騷偭規矩而改錯呂覽自知欲知方圓則必規矩世本倕作規矩一切經音義卷二十五引規矩又通作規榘漢修堯廟碑圖象規榘又通作䂓榘張表碑䂓榘未合其轉則可爲規諫襄十四年左氏傳杜注規正諫誨其君正義規亦諫也規矩猶欃槭規諫猶輨鐧袿潚矣矩又通瞿莊子達生工倕旋而蓋矩釋文矩司馬本作瞿則又猶戣瞿矣矩又通距攷工記輪人注云故書矩爲距鄭司農云當作矩謂規矩也則又猶睽距矣

⿰癸鳥鳩　方言八鳩自關以西秦漢之間或謂之⿰癸鳥鳩廣均六脂與葵同音者有鳩云⿰癸鳥鳩鳥廣疋釋鳥⿰癸鳥鳩鶌鳩也玉篇⿰癸鳥小鳩也鳩從九聲而聲轉於葵亦猶上光鳩從九聲而聲轉於逵矣以上聯緜詞規矩

鵋鳩爲樻椐之聲例此第一類也

踦鬼　大戴禮記官人篇踦鬼者不仁盧辯注恃禱祀而不自修也曲說甚矣失與劉成國釋季父呼癸父謂爲地支癸最在下之故正同踦卽莊子天下篇南方有踦人焉之踦（釋文引李注踦異也）踦鬼卽方言之黠鬼也（黠鬼故不仁）

倚魁　荀子修身篇倚魁之行非不難也楊倞注云倚奇也魁大也郝蘭臯以爲倚魁當作倚傀（見補注）其實魁當訓鬼倚魁踦鬼黠猶皆一聲之轉且於椐樻皆同例相通矣又詩睍睆黃鳥睍睆亦雙聲又猶倚魁也

閒關　詩小疋車舝閒關車之舝兮此閒關本與上鐧䡍聲同乃車舝之聲也鐧䡍本一字說文云鐧車軸鐵也而釋文亦云舝車軸頭鐵也是鐧䡍卽閒關閒關卽車舝之聲已絲毫無疑乃毛傳云閒關設舝也語已不了正義益糾繚之云言已欲閒關然以設車之舝兮陳奐傳疏益更眩幻云關讀䌯以絲貫杼曰䌯以舝設車軸閒曰閒關妄乃似囈考亭英特始正之云閒關設車舝聲也然云設舝猶羅毛範未敢直詁舝聲今實驗舝聲正作閒關比類觀之羣疑盡祛矣以上聯緜字踦鬼倚魁睍睆閒關爲椐樻之聲例此第二類也此以雙聲言之也今更以方言推之

鵑鴂　大凡方言又可析爲二類如鵑卽鴂也廣均去十二霽桂下有鴂云鷤鴂卽杜鵑也按鷤鴂卽離騷恐鷤鴂之先鳴兮之鶗鴂（或又作䳏鴂）鶗鴂鷤鴂杜鵑皆一聲之轉鶗卽鷉杜鴂卽鴂鵑也雖廣均鵑在淵音云烏玄切爲影母字然影母正當轉入見母（說已見上）此鵑字蓋卽見母古賢切之鵑今並讀鵑無作杜淵

讀者是其證矣鵃鵝互通猶說文方言之𪈧鬩互通矣

䫀䫜　䫀卽䫜也說文䫀頭傾也古屑切又䫜頭衺骫䫜態也胡結切章太炎丈新方言四今浙江謂頭戾爲䫀音轉如健直隸山東謂頭衺爲䫜音如拐讀若健拐不異說文踡跪矣

枅規　枅卽規也說文圓規也圓通作枅通俗文規模曰枅新方言二今人謂圓規形曰圓枅規模亦曰枅子音去玄切規雖在見母然亦有讀爲溪母者如窺規聲而去隨切在溪母因見K溪Kh兩母相差本甚微也是與枅同母與椐櫃雖異母而轉變之例相同猶瞿戳衢逵在羣母亦與椐櫃異母同例矣

柩棺　柩卽棺也說文木部棺關也所以掩屍從木官聲又匚部匛棺也從匚久聲新方言二曰久古音讀如己說文玖讀如芑凡詩久玖等字皆與之咍部字爲均是也柩讀爲己己官聲轉猶爾疋圮讀爲己圮垝聲轉矣

匵匧　匵卽匧也說文匧匣也今江浙讀匧音若具而俗造匵字以代之俗又作柜作櫃不一凡闌闠列肆其貿易之案通名匵臺間亦名匧臺其檢物之匵通名匵子間亦名匧子大約北方多呼匵南方多呼匵匵匧聲同衢逵瞿戳矣

距睽　距卽睽也僖十五年左氏傳歸妹之睽杜注睽離隔之象法言重黎天下孤睽李軌注睽猶乖離後漢書馬融傳李賢注睽離也古言睽離今皆言距離矣國語周語距今九日又列子湯問不知距齊州幾千萬里距皆有相隔意古語距隔今皆言睽隔矣距睽無別猶瞿戳一物也

鱖鮭　鱖卽鮭也今中原所呼鮭魚又名[illegible]花魚者江浙通呼曰鱖魚南曰鱖北曰鮭猶方言楚曰蹶秦晉曰猗矣以上一義而兩字正猶椐櫃之一義而兩字也此第一類也

居婁　又如婁讀若居說文婁媞也居隨切新方言二曰今荆州謂女子言動審諦爲媞婁婁讀如居雙聲相轉婁居相轉正猶規矩相屬矣

鷄龜　龜讀若鷄今吳越正呼龜爲鷄（烏龜則呼烏鷄）今攷漢時讀龜若印若屈漢書西域傳龜茲國至於唐書則改作印茲作屈茲矣大唐西域記則改作屈支矣故知漢之讀龜猶唐之讀印屈矣今吳越之讀若鷄又由印屈聲所轉變矣而鷄之與龜又猶裾之與袿矣

䵷黿　黿（音乖）讀若䵷（音鷄）說文黿蝦蟆屬從黽圭聲舊音烏媧切繆段懋堂云當音乖字亦作鼃作蛙極是又說文䵷水蟲也薉貉之民食之段懋堂云蓋猶中國之食黿謂之水鷄也按黿䵷說文雖別爲二而其實一物也（此物皆可食非中國但食鼃不食䵷薉貉但食䵷不食鼃也）新方言十云蝦蟆在水者北方稱黿南方稱田䵷是也䵷說文舊音胡鷄切亦誤今大江以南讀黿爲鷄田䵷若田鷄正段君所謂水鷄章丈所謂田䵷也䵷黿同音異字（後遂反因異字而異音矣）近與鷄龜遠與匾匾無異矣

居歸　歸讀若居（音機）今浙西讀歸爲居（機）歸來爲居（機）來姓歸者呼之與姓姬者尤無別此類異讀區域亦頗廣而尤以吾海寧爲甚鬼讀若蟣（居豨切）今常錫以東浙杭以北並呼鬼爲蟣（此尤挂一無例外者）貴讀如既今江浙呼物價昂貴曰既（此有例外如言富貴不讀若既但言價貴則皆曰既）今檢陳蘭甫切韻攷外編表機（居）歸蟣鬼既貴同卅同韻同等但一開口呼一合口呼耳自椐櫝以來皆同此也

□（蟣）鬼

□（既）貴　說均見上條

欺虧　此外若江浙讀虧若欺吃虧若吃欺讀馗（晉逵）若衛鍾馗若鍾衛（廣俗以均鍾避馗惡）又如釋名季癸之互稱今粵西人正呼季曰桂（說見上已）桂卽癸之去聲讀也更推而遠之如說文云吳人謂祭曰餽尒疋釋宮云觀謂之闕若此者雖聲類較遠然猶屬於此例也以上一字而兩音正有㔶匾之一字而兩音也此第二類也此以方言言之也

衞馗

祭餽

闕觀　說均見上條

綜上類述梧楨雙聲一例之變化略竟更統而觀之（所舉例明知儉腹極其疏陋聊當嚶引耳）爲作二表如下

表甲　悉依廣韻

呼	字	切	母	聲	韻	等
開口呼	鷄	古奚	見	平	十二齊	四
	羈（機）	〃〃	〃	〃	〃〃	〃
	居	居依	〃	〃	八微	三
	間	古閑	〃	〃	二十八山	二
	裾	九魚	〃	〃	九魚	三
	居	〃〃	〃	〃	〃〃	〃
	刉	居依	〃	〃	八微	三
	鬮	居求	〃	〃	十八尤	三
	鍊（柬）	歌賢	〃	〃	一先	四
合口呼	龜	居追	見	平	六脂	三
	譴	古懷	〃	〃	十二皆	二
	歸	舉韋	〃	〃	八微	三
	關	古還	〃	〃	二十七刪（山通）	二
	袿	古攜	〃	〃	十二齊	四
	嫢	居隨	〃	〃	五支	四
	刲	古攜	〃	〃	十二齊	四
	龜	居追	〃	〃	六脂	三
	輨（官）	古丸	〃	〃	二十六桓	一
	見					

字	反切	聲	調	韻	等
匭	居履	,,	上	五旨	三
杭	,,	,,	,,	,,	,,
氿	,,	,,	,,	,,	三
口（蟣）	居豨	,,	,,	七尾	三
圮（己）	居里	,,	,,	六止	三
晛	古典	,,	,,	二十七銑	四
九	舉有	,,	,,	四十四有	三
九	,,	,,	,,	,,	,,
据	居御	,,	去	九御	三
口（旣）	居豪	,,	,,	八未	三
姦	古顏	,,	平	二十七刪	二
畸	居宜	,,	,,	五支	三
鵙（鴡）	古堅	,,	,,	一先	四
矩	俱雨	,,	上	九麌	三
柩（己）	居里	,,	,,	六止	三
圮（己）	居里	,,	,,	六止	三
季	居悸	,,	去	六至	四
挈（絜）	古屑	,,	入	十六屑	四
鱖	居月	,,	,,	十月	三
黠	居質	,,	,,	五質	四
蹶	居月	,,	,,	十月	三
觀	苦閑	溪	平	二十八山	二
欺	去其	,,	,,	七之	三
瞿	其俱	羣	平	十虞	三
衢	,,	,,	,,	,,	,,
口（衢）	,,	,,	,,	,,	,,

字	反切	聲	調	韻	等
匭	居洧	,,	上	五旨	三
簋	,,	,,	,,	,,	,,
厬	,,	,,	,,	,,	,,
鬼	居偉	,,	,,	七尾	三
垝	過委	,,	,,	四紙	三
晥（莞）	古滿	,,	,,	二十四緩	一
鬼	居偉	,,	,,	七尾	三
術	居洧	,,	,,	五旨	三
櫃	口塊	,,	去	六至	三
貴	居胃	,,	,,	八未	三
宄	居洧	,,	上	五旨	三
鬼	居偉	,,	,,	七尾	三
[illegible]	古惠	,,	去	十二霽	四
規	居隨	,,	平	五支	,,
棺	古丸	,,	,,	二十六桓	一
瘣（怪）	古懷	,,	去	十六怪	二
癸	居誄	,,	上	五旨	四
絓	古乖	,,	平	十四皆	二
絓	古攜	,,	,,	十二齊	四
鬼	居偉	,,	上	七尾	三
獪	古外	,,	去	十四泰	一
闚	去隨	溪	平	五支	四
虧	去爲	,,	,,	五支	三
戣	渠追	羣	平	六脂	三
逵	,,	,,	,,	,,	,,
[illegible]	,,	,,	,,	,,	,,

母 | 母溪 | 羣

四七

跽	暨几	〃	上	五旨	三
[illegible]	其遇	〃	去	十遇	〃
悸（惱）	〃	〃	〃	〃	〃
覓（允）	古電	見	去	三十二霰	四
覘（叶）	古溪	〃	平	十二齊	四
葥	古賢	〃	〃	一先	〃
九	舉有	〃	上	四十四有	三
九	〃	〃	〃	〃	〃
倚（奇）	居宜	〃	平	五支	三
跂	丘彊	溪	上	四紙	四
萛（健）	渠建	羣	去	二十五願	三
椙	去玄	溪	平	一先	四
鳩	居求	見	平	十八尤	三
距	其呂	羣	上	八語	三

跪	渠委	〃	上	四紙（通旨）	三
匱	求位	〃	去	六至	三
[illegible]	渠追	〃	平	六脂	四母
蕢	苦位	溪	去	六至	三
窺	去隨	〃	平	五支	四
葵	渠追	羣	〃	六脂	四
尫	〃	〃	〃	〃	〃
頃	〃	〃	〃	〃	〃
魁	苦回	溪	平	十五灰	一
睆（筦）	古滿	見	上	二十四緩	一
寔（拐）	工瓦	〃	〃	二十二蟹	
規	居隨	〃	平	五支	四
鵗	渠追	羣	平	六脂	四
睽	苦圭	見	平	十二齊	四

觀於上表而類此椐欖一項聲例轉變原因癥結之所在亦可以思過半矣蓋此類聲例幾於全爲見溪羣三母（佔全最五十一分之四十九）而於此三母之中見母又居其泰半（佔全最四十九分之二）羣溪二母得零數而已（溪母佔全最四十九分之二羣母佔全最四十九分之六）凡此皆上下聲同一母者也其不同母者亦甚少數（佔全最四十九分之十一）而此少數不同母中見母又居其半（佔全最二十二分之十一卽二分之一）此以聲母言之也又此類聲例於平聲最多（佔全最四十九分之十九）上聲次之（佔全最四十九分之十二）去聲殊少（佔全最四十九分之四）凡此皆上下聲相同者也其不相同者亦未見多（佔全最四十九分之十四）此不相同中又以平聲爲多（佔全最二十八分之九卽三分之一入聲佔全最二十八分之四卽七分之一）此以四聲言之也若析其上下聲而每字攷其所隸之韻部則以支脂之微（支脂之微連下上聲紙旨止尾去聲寘至志未爲一類下俱倣此所分之類悉依陳蘭甫切韻攷外編）一類爲最多又

佔全數之半（佔全量九十八分之四十九卽二分之一）齊佳皆灰咍一類次之（佔全量九十八分之十五）元寒桓刪山先仙一類又次之（佔全量九十八分之十四）魚虞模一類又次之（佔全量九十八分之十）尤侯幽一類又次之（佔全量九十八分之六）直諄臻文殷魂痕一類爲最少（佔全量九十八分之四）此以韻部言之也此從其分者言之也

表乙

函義同

聲母同　距暌　四聲同

韻等同　姦宄　癸餽　跂晥（笎）　聲母同

韻部同　鷉（䲹）鷊　圮（己）瘣（隹）　闕觀　莧蕢　睍晥（笎）　韻等同

四聲同　季癸　黠（吉）鬼　𧶠（健）𧷤（扮）　裾袿　㨼槶　四聲同　韻等同

甌甂　蹶獪　鷄鳩　鍊（柬）輨　圮（己）垝　肻葵　九頍

杌篕　挈絓　倚（奇）魁　九鬼　梮䂓　九艽

氿厬　鱖絓　居嫢（規）　覞（卟）窺

間闗　柩棺　鳩龜　九術

居（機）歸　纚（鷄）䶫（兆）　闔龜

口（蟣）鬼　規矩　覼闚　畸鬼

口（既）貴　刉刲

欺虧　悸𢤹　瞿戣

跽跪　衛逵

匭匧

口（衛）馗

觀於上表而此項聲轉遠近同異之程度可見矣蓋此項聲轉其函義則無勿同者（盡估合量）其餘則上下字聲母同者次之（估全量五十分之四十）上下字四聲同者又次之（估全量五十分之三十五）上下字韻等同者又次之（估全量五十一分之二十四）惟上下字韻部則同者甚少（估全量五十一分之十）此從其同者言之也

更綜二表而合觀之此類聲例上下異字而函義盡同一也上下異字而聲母同者約五分四弱二也於同聲母中見母約居五分三強三也上下異字而四聲同者約十分七弱四也於同四聲中平聲約居五分二弱五也上下異字而韻部同者殊少六也於不同各韻部中支脂之微一類居二分一七也上下異字而開合口呼盡異八也大抵上字皆開口呼下字皆合口呼因開口合口之異故遂一義兩字一字兩音一音兩轉皆開合口呼之故也此其原因癥結之所在也此理不明而經傳多苦費解不集合經傳而觀之不能盡其類不盡其類不能會其通不會其通不能知其故也　戊辰新秋海寧吳其昌記於天津師門飲冰室

梁師批　所說精絕用粵音讀之多有不費詞而解者可爲陳東塾之廣州音說張目也

戊辰季夏啓超

此文成後越三四月間偶讀六朝唐宋人詩間有游戲章什出於雙聲者皆可爲此文疏義今類記之

庚子山集又示封中錄貴館居金谷關局隔藂街冀君見果顧郊間光景佳又高階既激澗廣闊更交柯葛巾久乖角菊徑簡經過

姚少監詩集洞庭葡萄架萄藤洞庭頭引葉漾盈搖皎潔鉤高掛玲瓏影落寮……(下略)……

溫飛卿詩集李先生別墅望僧舍寶剎……(上略)……簾櫳蘭露落鄰里柳林涼高閣過空谷孤竿隔古岡……(下略)……

東坡集戲和正甫一字韻故居劍閣隔錦官柑果薑蕨交荆菅奇觚甘掛汲古綆僥覬敢揭鉤金竿已歸耕稼供槀桔公貴幹蠱高巾冠改更句格各蹇吃姑固狡獪加間關又西山戲題武昌王居士江干高居堅關扃犍耕躬稼角掛經箇竿繫舸菰茭隔笳鼓過軍雞狗驚解襟顧景各箕踞擊劍賡歌幾舉觥荆笄供膾愧攪聒乾鍋更戛甘瓜羹又戲作切語竹詩……(上略)……交加工結構……(中略)……高竿拱柄枅……(中略)……窺看詰曲溪……(中略)……邂逅斋間攜

此數詩皆與椐櫕聲轉同屬一例比而觀之相得益彰矣越五月仲冬於天津南開大學百樹邨賃廬寒夜擁爐記

釋尹

陳邦懷

說文解字尹治也从又丿握事者也古文作𢑚段注謂各本篆異今姑从大徐又口部古文君作𠱓段注謂小徐本作𠱓邦懷以為古文尹當以8及（說文糸古文作8殷虛卜辭及古金文从糸之字每作8）作𢑚而𢑚所从之𠂆𠱓所从之𠙵殆皆為古文糸之譌脫肉部古文胤作𦙍从𢑚可證竊謂𢑚即古文尹而𦙍即从尹得聲也（𦙍从𢑚與孫从系同意許說胤曰子孫相承續也又說孫曰系續也）段注謂𦙍兩旁蓋亦从八之意知其斷不然矣又案殷虛卜辭有𢑚字邦懷釋古文君其所从之𢑚亦為古文尹且可證小徐本𠱓確為𢑚之譌脫矣古文尹从糸作𢑚象兩手治糸形此本

義也訓治或訓治天下（許說見八部伊字下）皆引申義也攷古者訓治之字而其本義爲治糸又不獨尹字爲然如許君說𤔔治也古金文有𤔔字从𤔔即𤔔吳氏大澂曰象兩手理絲形邦懷以爲理絲乃𤔔之本義訓治則引申義矣此又解說尹字本義及引申義之旁證也至於𢆶變爲尹猶可推勘得之殷虛卜辭有㕚字葉氏玉森釋君至塙从𢆶乃从𢆶之省也蓋古文尹初作𢆶既省作𢆶又由𢆶省作尹（殷虛卜辭伊尹字已如是作不始於金文及許書也）於是治絲之形漸失而初義晦矣許君未審尹所从之丨爲8之省變故有握事之說耳

續禮禮徵文

陳邦懷

殷以卒日爲祭日

羅氏振玉嘗言殷卜辭之例凡卜祭日皆以所祭之祖生日爲卜日如示王以壬日示癸以癸日大乙以乙日此蓋承白虎通以甲乙生日名子之說而致誤也余謂當云凡卜祭日皆以所祭之祖卒日爲祭日也考史記殷本紀振卒子微立索隱云譙周以爲死稱廟主曰甲也譙周以爲死稱廣主曰甲固已得其端緒而未嘗知甲即微之卒日也王氏懿榮曰吾見有乙癸諸幹之器其文詞平易詳備者比比也以爲次第歟何爲其文曰日乙日辛者也其器宗器也其用干者記祭日也（見翠墨園語器用天幹說）斯說精碻爲不可易矣卜辭所見先公有首甲次乙次丙次丁終於壬癸與十日之次序全同而列於一骨者王氏國維曰其先世諸公生卒之日至湯有天下後定祀典名號時已不可知乃用十日之次序以追名之故先公之次乃適與十日之次同否則不應如此巧合也余謂自甲自癸諸先公乃湯追王時所定之祭日也倘如白虎通以甲乙生日名子之說則湯何由知其先世自甲至癸諸公爲甲日依次至癸日所生乎證之卜

辭祭日必依卒日之例其爲成湯追王所定之祭日審矣又案外丙卜辭作卜丙蓋卜丙之卒日歷久不可知由卜以定其爲丙日耳合譙周及王氏懿榮之說以考卜辭中之某甲某乙則甲乙之爲卒日而非生日有斷然矣

殷有告朔之禮

卜辭曰□亥卜御乞大甲□𦍒（龜甲獸骨文字卷一第十二葉）乞葉氏玉森釋气余謂卽餼字𦍒葉氏謂卜辭中小𦍒皆作𦍒案此辭□亥卜御气大甲□𦍒乃告朔之禮也知其然者王氏國維嘗謂卜辭凡云貞旬亡𡆥者皆以癸日卜殷人蓋以甲至癸爲一旬而於上旬之末卜下旬之吉凶其說極塙今以此例旁推之知□亥當爲月之第三旬之末日而其所御气者爲大甲則下月之朔爲甲日又可知矣周禮大史頒告朔於邦國魯論子貢欲去告朔之餼羊鄭注牲生曰餼禮人君每月告朔於廟今觀卜辭用餼羊御於大甲與周之禮制正合此周因殷禮之一證也

殷有祼禮

卜辭曰辛丑卜王[illegible][illegible]戈（董氏作賓新獲卜辭寫本第三〇九片）案[illegible]乃古祼字也从卣爲古文卣見卜辭从米爲古文果亦見於卜辭卣象灌鬯形灌鬯之形蓋如雨之下降毛傳祼灌鬯也可證也[illegible]卜辭數見羅氏振玉謂古與亯是一字邦懷以爲叚[illegible]爲亯也周禮大宗伯以肆獻祼享先王鄭注祼之言灌灌以鬱鬯謂始獻尸求神時也卜辭之王祼[illegible]證之周禮以肆獻祼亯先王知周之祼禮亦因於殷也

殷有醮祭之禮

卜辭曰貞勿取唐□（龜甲獸骨文字卷一第十八葉）又曰丙寅卜王取□（見同上）邦懷以爲□乃古文醮說文醮冠娶禮祭也从酉焦聲或體从示作醮□从示與說文或體同□象雙手執雁形奠雁於神示之前其爲冠娶禮祭昭然矣說文醮醮焦聲似不如卜辭从□形義之顯著也邦懷嘗疑士冠禮所謂若不醴則醮用酒三加凡三醮士昏禮所謂嫡婦則酌之以醴庶婦使人醮之酌之以酒皆醮禮後起之制也蓋醮之初字从示不从酉醮禮之初制爲祭不爲酌酒觀於卜辭□說文或體醮皆从示可證也許君雖收後起之醮而解曰冠娶禮祭也必有所受其博采舊說之功亦偉矣哉

殷有奠丘之祭

卜辭曰貞奠於丘□（殷虛書契前編卷一第三葉此爲第一編次之本見國學叢刊）卜辭中之□□字閩氏宥授龔氏孝珙之說訂爲古絕字龔氏釋格伯敦□字曰从糸从刀當是絕字說文絕斷絲也从刀从糸从卩从尸無所取義案龔氏閩氏之說是也周禮大祝辨九祭七曰絕祭八曰繚祭鄭注繚祭以手從肺本循之至於末乃絕以祭也絕祭不循其本直絕肺以祭也重肺賤肝故初祭絕肺以祭謂之絕祭殷人奠丘此外祭之可徵者且知周之絕祭亦因於殷也

殷有禓祭

卜辭曰戊□示易戊申自西告（龜甲獸骨文字卷一第十九葉）易即禓卜辭从示之字往往省之案說文禓道上祭也从示易聲廣韻禓道上祭也一曰道神王氏筠謂道神者行路之神今觀卜辭之易確爲道上之祭所謂自西告者殆告西方之神歟此亦殷之外祭也

莊子逍遙遊篇新義

朱文熊

（逍遙遊卽自得之謂此篇當與孟子第二篇不動心章參看惟能遊心於理中無入而不自得斯能逍遙於物外無心而能成化若但作任天而遊無窮解猶爲非是）

北冥有魚其名爲鯤鯤之大不知其幾千里也化而爲鳥其名爲鵬（北冥本亦作溟北海也北方本爲水位爲萬物之所成始成終故莊子往往取以喩智此言南徙者言神智發生極於純陽之離明此南華之取旨也釋魚鯤魚子楊愼曰莊子以至小爲至大便是滑稽之開端按冬至夜半一陽之始生微乎微乎而全體之理已具其卽鯤之取喩鯤鵬卽古鳳字中庸言鳶飛魚躍又曰動則變變則化卽莊子此篇取以發端之旨）鵬之背不知其幾千里也怒而飛其翼若垂天之雲是鳥也海運則將徙於南冥南冥者天池也（怒爲用力意海運者海氣動也氣動則颶風作故諺有六月海動之語成元英曰大海洪川原於造化非人所作故曰天池案以註語作頓妙）齊諧者志怪者也（忽插齊諧亦莊一句使又揚開文筆益妙）諧之言曰鵬之徙於南冥也水擊三千里搏扶搖而上者九萬里（齊諧將名水擊鵬擧翼時水衝激也爾雅扶搖謂之飈風案此已含得孟子直養無害之意齊諧亦正是道性）去以六月息者也（與上海運相應息卽下以息相吹之息六月非以久言）野馬也塵埃也生物之以息相吹也（舊註野馬春月澤中遊氣也）天之蒼蒼其正色邪其遠而無所至極邪其視下也亦若是則已矣（天積氣耳無所至極語意已含得自太極言之則物無大小之理從鵬視下形出妙）且夫水之積也不厚（讀若戶）則負大舟也無力覆杯水於坳堂之上則芥爲之舟置杯焉則膠水淺而舟大也（堂坳堂之凹處積理之功有萬則所以任物稱能之功亦有萬從杯水芥喩起妙大音吐臥切與厚韻）風之積也不厚則其負大翼也無力故九萬里則風斯在下矣（下後五切）而後乃今培風背負青天而莫之夭閼者（閼依偈切）而後乃今將圖南（林雲銘曰培發也王念孫曰培馮也馮乘也姚永樸曰而後乃今卽乃今而後之倒文案莊子着力處在此卽孟子所以至四十而不動心也水積同於發氣風積同於集義背負靑天而莫之夭閼者同於配道之氣塞乎天地行文汪洋自恣無意之中皆天然成韻至文也風古與心林希洋爲韻脩叶尼心切詩邶風南與脊叶）蜩與學鳩笑之曰我決起而飛槍榆枋時則不至而控於地而已矣奚以之九萬里而南爲（槍突也狀情得妙案此引蜩鳩以惠施輩寫照見彼亦自謂有適己之處特小大非可以道里計卽孟子所謂告子先我不動心也以韻讀之更有韻致）適莽蒼者三湌而反腹猶果然適百里

者宿舂糧適千里者三月聚糧此復借人之行爲二蟲喻反然又大然爲韻之二蟲又何知小知不及大知小年不及大年莊子
之所斥者爲惠施蜚之以小知自是莊子之所稱者爲參萬歲而一成純仍於二蟲度下行文有移步換形之妙年與反然韻奚以知其然也朝菌不知晦朔蟪蛄不
知春秋此小年也楚之南有冥靈者以五百歲爲春五百歲爲秋叶協上古有大椿者以八千歲爲春八千
歲爲秋而彭祖乃今以久特聞衆人匹之不亦悲乎晦朔猶夜旦惠蛄蟪蟬也春生夏死夏生秋死冥靈海鰍或云木名大椿檮椿彭祖堯臣名歷虞夏至商
七百歲行文一氣讀下如孟子麟鳳泰山垤河海行潦之喻乎寫菌惠冥靈大椿之小知小年日注鵾之大知大年並神注於與太極同體之宗知忘年以韻韻之尤妙湯之問棘也是
已一語了斷仍攏來脈窮髮之北有冥海者天池也有魚焉其廣數千里未有知其修者其名爲鯤有鳥焉其名爲
鵬背若泰山翼若垂天之雲摶扶搖羊角而上者九萬里絕雲氣負青天然後圖南且適南冥也斥鴳笑
之曰彼且奚適也我騰躍而上不過數仞而下翱翔蓬蒿之間此亦飛之至也至叶徒吉切而彼且奚適也此
小大之辯也舊註窮髮北極之下無毛之地也按自不亦悲乎下已可接入故夫一段乃復引列子語意錯落結出此小大之辯也一語承上開下何等筆力辯叶筆列切故夫知效
一官行比一鄉德合一居而徵一國者其自視也亦若此矣舊註亦猶鳥之自得於一方也郭慶藩曰而讀爲能而古字通用此方說到惠施輩文
筆飛動而宋榮子猶然笑之宋榮子卽宋鈃猶然笑貌與遒同或謂猶以爲笑且舉世而譽之而不知勸舉世而非之而不加沮定
乎內外之分辯乎榮辱之竟斯已矣彼其於世叶薛未數數然也宣穎云世世務也數數汲汲也馬其昶曰世謂上一鄉一國雖然猶有
未樹也舊註樹立也按此如孟子引北宮黝一段樹叶上沮夫列子御風而行泠然善也列子鄭人名禦寇泠然輕妙之貌善順利無礙之意旬有五日而
後反彼於致福者未數數然也宣云致福謂修身福世之事馬其昶曰致福謂上辯榮辱福叶筆力切與世韻此雖免乎行猶有所待者也此如孟子
引孟施舍一段若夫乘天地之正而御六氣之辯以遊無窮者彼且惡乎待哉舊註辯和也郭慶藩曰辯讀爲變與正對文按立乎萬物未形之先
故能乘天地之正居乎陰陽風雨晦明未分之先故能御六氣之辯此謂與太極同體者夫安有所待故曰至人無己神人無功聖人無名成云至言其體神言其用

聖言其名按三語平列重任神人無功一語觀下第二證兩以爲事言之蓋一有事功之見則有爲而爲不足尙矣故欲泯事功之見當先以無己又當終以無名至人從無己出神人從無功出聖人從無名出

堯讓天下於許由曰日月出矣而爝火不息其於光也不亦難乎時雨降矣而猶浸灌其於澤也不亦勞乎夫子立而天下治[言夫子居深山之中而天下自化]而我猶尸之吾自視缺然請致天下[堯之致辭卽博施猶病之意重在天下二字]

許由曰子治天下天下既已治也而我猶代子吾將爲名乎名者實之賓也吾將爲賓乎[觀此許由未嘗薄堯莊子特借許由以形堯之無名爾欲形堯之無名不得不舉其事業而空之鷦巢偃飮放勳性分中事亦猶是也從爲名爲賓輕輕說過妙]鷦鷯巢於深林不過一枝偃鼠飮河不過滿腹[循註鷦鷯桃雀偃鼠鼷鼠也林云亦以二句應上有力]歸休乎君予無所用天下爲庖人雖不治庖尸祝不越樽俎而代之矣[庖人勞尸祝逸堯自勞由自逸以性功言之則勞亦非勞逸亦非逸焉其昶曰邵子謂此君子思不出位素位而行之旨也撥許由之無名無爲之無名也堯亦無名乃有爲而無爲之無名人更不易識故莊子特借許由以形之非專高許由也讀者毋爲莊子所瞞過此段引證無名]

肩吾問於連叔曰吾聞言於接輿大而無當往而不返[循註接輿楚人陸通也與汝綸曰淮南子注當猶實也]吾驚怖其言猶河漢而無極也大有逕庭[宣云逕門外路庭堂外地大有謂相去之遠]不近人情焉連叔曰其言謂何哉曰藐姑射之山有神人居焉[循註藐音邈遠也姑射山名在北海中案此卽所謂水邈此卽所謂窈府此卽所謂心竅理之所居爲人身之一太極]肌膚若冰雪淖約若處子[抱體純素守貫柔順山所旂切][音仙子叶子德切音則]不食五穀吸風飮露[露從路樂叶歷各切音洛]乘雲氣御飛龍而遊乎四海之外[案氣自然不食世昧全仙心理寫照外叶折]其神凝使物不疵癘[叶烈]而年穀熟[語都本列子黃帝篇熟與穀熟相隔爲韻]吾以是狂而不信也連叔曰然瞽者無以與乎文章之觀聾者無以與乎鐘鼓之聲豈唯形骸有聾盲哉夫知亦有之是其言也猶時女也[馬其昶曰時猶夫也王先謙曰時是也]之人也之德也將旁礴萬物以爲一世蘄乎亂孰弊弊焉以天下爲事[循註旁礴混同貌弊弊經營貌姚姬傳讀旁礴以爲一句]

釋文亦以世蘄二字連讀亂治也言世自求治非有意於爲天下也若連一世讀之使非姑射神人之無爲矣之人也物莫之傷大浸稽天而不溺大旱金石流土山焦而不熱是其塵垢粃糠將猶陶鑄堯舜者也孰肯以物爲事此堯舜以事功言林云以其精神治身而得其粗迹猶可以理天下而有餘此段引證神人無功

宋人資章甫而適諸越章甫殷冠名諸於也越人斷髮文身無所用之堯治天下之民平海內之政往見四子藐姑射之山汾水之陽窅然喪其天下焉舊註四子王倪齧缺被衣許由然不必泥姑射山之神人既爲心齋之理則四子或指貌言視聽言窅然之喪所謂所性不存揭此段引證至人無名按三證繳上而意自一貫中證實挑起上下兩證以無爲言之則堯舜事業爲姑射神人之塵垢粃糠以無爲而有爲言之則姑射神人爲堯舜之抗塵精英乃實境堯舜爲姑射神人之塵垢粃糠乃一虛境第一證堯與許由第三證堯與四子皆當作如是觀也大小各有待及無所待之無大無小皆當作如是觀所謂全取反影是也下兩段乃極言善用其大小與不用之用

惠子謂莊子曰惠子名施爲梁相稱辭天下篇魏王貽我大瓠之種我樹之成而實五石以盛水漿其堅不能自舉也虛脆不堅故不能自舉剖之以爲瓢則瓠落無所容舊註瓠落猶廓落非不呺然大也俞樾曰呺俗字當作枵虛也吾爲其無用而掊之莊子曰夫子固拙於用大矣宋人有善爲不龜手之藥者世世以洴澼絖爲事舊註龜拆也洴澼漂絮綷絖絮也冬月漂絮有藥故手不凍拆客聞之請買其方百金聚族而謀曰我世世爲洴澼絖不過數金今一朝而鬻技百金請與之客得之以說吳王越有難吳王使之將冬與越人水戰大敗越人裂地而封之能不龜手一也或以封或不免於洴澼絖則所用之異也今子有五石之瓠何不慮以爲大樽而浮乎江湖而憂其瓠落無所容則夫子猶有蓬之心也夫舊註慮結綴也馬云慮同鑢詩箋尚可磨鑢而平按樽爲酒器鴟夷亦可以盛酒想舊註爲長此段言當善用其大瓠爲空心之物以喻宅心於虛故下言蓬心蓬心猶茅塞也心叶先容切音松

惠子謂莊子曰吾有大樹人謂之樗其大本擁腫而不中繩墨其小枝卷曲而不中規矩立之塗匠者不

顧今子之言大而無用衆所同去也莊子曰子獨不見狸狌乎（正字通狸野貓善竊鷄鴨爾雅註鼬啖鼠江東呼爲貔狸同貍狌同鼪）卑身而伏以候敖者（敖翔敖游鷄鼠之類者叶皿可切）東西跳梁不辟高下中於機辟死於罔罟今夫斄牛（旄牛也）其大若垂天之雲此能爲大矣而不能執鼠今子有大樹患其無用何不樹之於無何有之鄉廣莫之野彷徨乎無爲其側逍遙乎寢臥其下不夭斤斧物無害者無所可用安所困苦哉（馬云以上言瓠陶區宇又必具堯舜不與之襟抱乃能用世而不爲世用）

（按此段以不用爲用正孟子所謂直養無害則塞於天地之間也揠苗猶搰弧蹶趨猶狸狌浩然之氣猶逍遙之遊皆以自然之爲貴彼襲義之取徧不足以語斥鷃鷽鳩之自適已意莊孟之學豈不同源也哉）

此篇爲莊子開宗明義第一篇文字其妙處人人能言之至其與孟子不動心章一鼻孔出氣則人人未之及焉惟孟子之言嚴而正莊子之言奇而詭曰培風曰遊於無窮曰彼且惡乎待似未免稍隣於虛而非虛也惟道集虛莊子之學所以六通四闢縱橫無隔閡者正得孟子浩然二字妙用故孟子言不動心而卽曰告子先我不動心莊子言逍遙遊而終曰惠子之拙於用大此其所最喫緊處孟子先言北宮黝孟施舍而莊子亦中言宋榮子列子蓋一借黝舍以形告子一借宋列以形惠子其間麒麟走獸鳳凰飛鳥泰山蛭垤河海行潦孟子所引之言峻整簡質鯤鵬蜩鳩斥鷃朝菌蟪蛄冥靈大椿莊子所引之言錯綜變化孟子引伯夷伊尹柳下惠而以賢於堯舜無可無不可時中之孔子爲宗莊子亦引至人神人聖人而以塵垢粃糠陶鑄堯舜旁礴萬物而不以天下爲事之姑射神人爲主宰我之謂賢於堯舜者以事功言之也連叔之謂陶鑄堯舜者以性分言之也且夫姑射神人非他心中之太極也以無爲視有爲則堯舜事功爲姑射神人之塵垢粃糠以無爲而有爲視無爲則姑射神人亦堯舜性分中之沆瀣精英也以無爲而有爲仍一無所爲視真無爲者則堯舜性分中沆瀣精

英之姑射神人乃可信而姑射神人之塵垢粃穅陶鑄堯舜者乃在不可知之數也之人也之德也即大宗師之吾師乎吾師乎謂堯舜性分之沆瀣精英可即謂孔子性分中之沆瀣精英亦無不可而不言之言勝於有言終日言而未嘗有言終日不言而未嘗無言者猶無爲之爲乃真有爲終日爲而未嘗有爲終日無爲而未嘗無爲而孔子亦堯舜堯舜亦孔子姑射神人亦孔子之沆瀣精英而孔子實非姑射神人之塵垢粃穅何也事功殊而性分一也是莊子不言之言即宰我善言之言亦即孟子知言之言也而莊子之旨得矣至其行文之妙自有一種海闊天空之氣象所以體道者在是所以用世者亦在是使讀者胸懷浩盪先具有無入而不自得之襟抱而能出世者斯能入世正如陸王之學驟聞之使人忻喜鼓舞而不能自已不自知其言之過高耳而莊子亦自知其言之過高也惟高故全惟全故道體可形而吾心之太極得以存養而無失凡所稱不用之用皆謂無爲之爲不用而後能大用無爲而後能無不爲也此莊子全書之旨而皆於此篇發之姑射神人自有所指惜乎不善讀者多爲莊子所瞞過耳或曰此篇劈頭以鯤鵬爲喻豈猶孟子不動心章之可比乎曰不動心章因公孫之問也此篇之首乃破空而來也況乎孟子之學出於子思子子思子出於曾子中庸體道之言莫如鳶飛戾天魚躍於淵言其上下察也一語鯤鵬之變化至風斯在下背負青天而莫之夭閼者此非極上下之察邪所引齊諧乃先有一段至理之洋溢於胸中隨手拈來成爲至文豈真樂引如孟子所謂齊東野人之語也哉

齊物論通恉

馬燮基

嘗聞佛說境胥心造意識所起諸幻立構譬之挾鑑景物形色宛肰鑑中固有物邪鑑逐物遷景則泯矣

謂之無物則景之在鑑明明物也又可謂之幻耶瞻明（見莊子）之用其猶鑑乎象接於視幻構於心雖有鄙夫惽不辨物彼膏燿於目鉥於靈府者固能指撝形容曲曲如繪悲夫悲夫寰寓事物紛紜詭變凡諸夷險坦仄之執悲苦愉佚之情果孰爲之而孰取之哉莊生憫焉特唱齎物之旨冀滌諸幻永拔苦趣於是根極象幻所自無違兩途曰名曰實實者物之本質名者所以命物實之既有則物我之畛昭焉成毀之紀明焉名之既生則是非之途樊然殽亂分辯訩訩競爭斯烈欲窒禍始宜首泯名實之辨蓋聞名家之義將以循虛責實執知定信而實不可定信迺終惑於是堅白驪黃之辯不勝其擾擾矣莊子獨破之曰道行之而成物謂之而然惡乎然然於然惡乎不然不然於不然物固有所然物固有所可此與荀子之言物無固宜老子之言名可名非常名同趣而詭詞引緒而益廣爾曷言乎物有然不然也（道成一句與名無涉嫌變語妨詞故駢引之）章餘杭剽瞿曇之說以詮是曰（詞繁難引隱括以列之）名之根極本乎我執法執而起正名之道厥有三耑首曰求義界次曰責因緣尾曰尋實質曷言求義界也執數以定量推物以据指一倍而雙二析而單叏還相明莫知真際數量終旡定也老壽爲考耆須爲老物符有限物狀旡極物指無繇明也曷言責因緣也執末以求本尋流以討源然物能自動參可已迺厥效卓卓可覩苟叩其因聖知終惑因緣旡可責也曷言尋實質也厥義至玄言所難舉姑翹一例以達其指佛法有言四大微質堅溼煖輕舍是四諦質無可尋也最斯三耑可知名者大慮去實殊邈惟謂久成習若物固有縣比其符童稚可了則拘拘名守者侗屬無當彼黴蠡吹齏欲剛其藩者亦未達也（案其說太高但證釋入玄亦別啓徑途）故莊子云云餘杭之說如是如是竊謂莛楹厲施莊書明著其例不俟借衡異方設處狋獶文明未鑿呼莛叱楹隨在成義此所云物謂而

肰也物符久成大聖莫易倒而呼之成大駭事此所云物有固肰也尋彼嬌嬈誕降之初爲屬爲旃羌無定例龍澤既脟衆歃豔質易而厲之復成大悱此所云旡物不肰旡物不可也理本匪迴剽釋求詮轉入虛云餘杭所謂毋迺過通者乎假云名守既祛名不可去去亦大惑進而討實實之大辯無過成毀郭注成毀生於自見其言蓋旨一切是非仍緣是生惟是非相正名去而是非迺一成毀旡界實存而成毀自通鳩木成舍散既爲毛孰成孰毀殆難指實莊子曰其分也成也其成也毀也萬物旡成與毀復通爲一所謂通於一者似指形構原質而言養生主所稱薪盡火傳者是也蓋原質旡毀火燄所熯形體雖盡原質自在遇佗因緣仍復生形故曰萬物旡成毀也夫成毀之實窮於宵相物我之畛成於心符見人間世彼林總諸生盡日所遷物相嵩峙物形遷流境時諸緣一切執着於是物我之紀釐然莫破莊子以爲凡伯象幻俱依心符故明諸情緣皆繇自取譬諸長風振蕩萬竅噓聲風竅旡心翕然相會風止竅虛聲響都寂當其有聲咸執爲真豎虖泬寥方悟晢幻相彼有情則亦如是庚桑楚篇云物物者與物旡際不際之際際之不際者也其理至妙難喻夫言物無際者蓋唯物付物不著我相乃爲真物物內有實物外旡物嘗試執躬喻物則曰天地與我並生萬物與我爲一既誕我身始覩天地逮吾未生冥肰罔覺及吾既化復歸冥漠時由我生故曰天地與我並生也物相千萬皆从識見物固无與譬有兩夫並室而居此服吽嗶彼耽獵較此之所念碧軸銀籤之美卿雲歊之盛爾彼之所戀則長林豐艸之間霧豹元狐與逝倏忽氣躁心狂殆難自制境由心作故曰萬物與我爲一也人既如是物亦當爾心唯象幻物無際極達者冥物蕩情靈府之祕幻既滌物我之封畛立泯我相既破則名實成毀是非一不足蔕芥於中外緣之來如景入鑑景去

迹滅唯覺玆心渾渾與宇宙萬有同底無極故曰吾喪我也郭象言均彼我猶滯心於蓬艾也夫本篇精要尤在止其所不知一語蓋自彼則不見自知則知之自知其所知儒家所謂自誠明之謂性釋家所謂由知生信老氏所謂觀復者是也求其在我者不蘄其在物者則逍遙齋物之大旨得矣

莊周傳

丁儒侯

莊子名周楚之蒙人也嘗爲蒙漆園吏其學无所不窺而要本於儒術其言汪洋自恣而折衷於聖人其爲人則吸風飲露飄飄然而欲羽化其於道則靜觀嘿察混混然而識大體司馬子長儕之與老氏同科知其心折也深矣辭尊居卑辭富居貧有嘗職以食於上亦乘田委吏之旨也東郭子嘗問之曰所謂道惡乎在曰无所不在東郭子曰期而後可曰在螻蟻曰何其下耶曰在稊稗曰何其愈下耶曰在瓦甓曰何其愈甚耶曰在菌溺東郭子嘿爾而不應曰夫子之問也固不及質正獲之問於監市履狶也每下愈況此正萬物皆備之義曰螻蟻謂其善群也曰稊稗謂其善熟也曰瓦甓謂其反本也曰菌溺謂其善化也大塊假我何在而非道也故曰无所不在蓋夫知道易不言難知而不言所以之天也知而言之所以之人也古之人天而不人此與孟子好辯之義將毋同人而不天豈莊之所欲哉亦不得已也日者嘗夢爲胡蝶栩栩然胡蝶也自喻適志歟不知周也俄然覺則蘧蘧然周也不知周之夢爲胡蝶歟胡蝶之夢爲周歟周與胡蝶則有分矣此之謂物化自偶其降志辱身油油然與之偕且栩栩自適於流俗人然而蘧蘧然周之爲周豈日自逐於色相之間而與草木爭榮者哉嘗曰人而能遊且得无遊乎人而不能遊且得遊乎夫流遁之志決絕之行噫其非至知厚德之任歟嘗

墜而不反火馳而不顧雖相與爲君臣時也易世而以相賤故曰至人不留行焉夫尊古而卑今學之流也且以希韋氏之流觀今之世夫孰能不波唯至人乃能遊於世不僻順人而不失己（閉關非所以經世陟世又雜於學身故本滑能以養德學屈蠖以求伸）

一日遊乎雕陵之樊覩一異鵲自南來者翼廣七尺目大運寸感周之顙而集於栗陵曰此何鳥哉翼殷不逝目大不覩蹇裳躩步執彈而留之覩一蟬方得美蔭而忘其身螳螂執翳而搏之見得而忘其形異鵲從而利之見利而忘其真周乃怵然曰噫物固相累二類相召也捐彈而反走虞人逐而誶之周反入三月不庭藺且從而問之曰夫子何爲頃間甚不庭乎周曰吾守形而忘身觀於濁世而迷於清淵且吾聞諸夫子曰入其俗從其俗今吾遊於雕陵而忘吾身異鵲感吾顙遊於栗陵而忘其真栗陵虞人以吾爲戮吾所以不庭也（謂夫橫逆之來實无方所雕陵之異鵲忽而或顙栗陵之虞人忽而加誶況貪陰其之蟬見得之螳螂見利之異鵲射利之虞人交布乎天下則其相累相召以辱人君有終極乎至是而子无涉足地矣）與弟子遊於山中見大木枝葉盛茂伐木者止其旁而不取也問其故曰无所可用周曰此木以不材得終其天年出於山舍於故人之家故人喜命豎子殺雁而烹之豎子請曰其一能鳴其一不能鳴請奚殺主人曰殺不能鳴者明日弟子問曰昨日山中之木以不材得終其天年今者主人之雁以不材死先用將何處笑曰周處夫材與不材之間材與不材之間似之而非也故未免乎累若夫乘道德而浮遊者則不然无譽无訾一龍一蛇與時俱化而无肯專爲一上一下以和爲量浮遊乎萬物之祖物物而不物乎物則胡得而累耶此神農黃帝之法則也若夫萬物之情人倫之傳則不然合則離成則毀廉則挫

尊則議有為則虧賢則謀不肖則欺胡可得而必乎哉悲夫弟子志之其唯道德之鄉乎彼為巨室者不求大木故山林之論斧者以長材見弃轉得終其天年為藏器待時者堅其自信之力也更有與鵷鵮爭食而豢養于主人者乃无一長以自見徒足以殺其軀而已矣人何苦舍其天爵以要人爵也夫

與惠子遊於濠梁之上曰儵魚出游從容是魚之樂也惠子曰子非魚安知魚之樂曰子非我安知我不知魚之樂惠子曰我非子固不知子矣子固非魚也子之不知魚之樂也全矣曰請循其本子曰汝安知魚之樂云云者既已知吾之知之而問我我知之濠上也今夫魚之得水能浮沈以自適人固非魚也而徒浮沈以自免此屈子之所由傷而賈生之所由哭也乃能樂魚之樂殊乎二子之用情矣庶幾其肥遯无悶者歟

周家貧故往貸粟於監河侯監河侯曰諾我將得邑金將貸子三百金乃忿然作色曰周昨來有中道而呼者周顧視車轍中有鮒魚焉周問之曰鮒魚來子何為耶對曰我東海之波臣也君豈有升斗之水而活我哉周曰諾我且南遊吳越之王激西江之水而迎子可乎鮒魚忿然作色曰吾失我常與我无所處吾得升斗之水然活耳君乃言此曾不如早索我於枯魚之肆為波臣之失所雖勸中道之呼而斷不獲夫升斗之濟由天下之習于口惠者衆也

惠子之相梁也周將往見之或謂惠子曰周來欲代子相於是惠子恐搜於國中三日三夜周往見之曰南方有鳥其名鵷鶵子知之乎夫鵷鶵發於南海而飛於北海非梧桐不止非練實不食非醴泉不飲於是鴟得腐鼠鵷鶵過之仰而視之曰嚇今子安得以子之梁國而嚇我耶自知其不能鯤化不能鵬飛无所用其圖南而轉若鵷鶵之發乎南海飛于北海偽今之世不能向明而之幽也然而止乎梧桐知止於位也食乎練實能茹苦也飲乎醴泉趨醇潔也而知己者方且惑于流言肆其鴟嚇夠異人乎哉

周衣大布而補之正緳係履而過魏王王曰何先生之憊耶曰貧也非憊也士有道德而不行憊也衣敝履穿貧也非憊也此所謂非遭時也王獨不見夫騰猿乎其得枏梓豫章也覽蔓其枝而王長其間雖羿

逢蒙不能眄睨也及其得柘棘枳枸之間也危行側視振動悼慄此筋骨非有加急而不柔也處勢不便未足以逞其能也處今之世而欲无憊奚可得耶（是即顏子所謂不容何病不容然後見君子之旨故曰此非士之羞乃有國者之醜也于君子何有焉雖然日處下柘棘枳枸之中安得不局高天而蹐厚地也乎）

惠子謂之曰魏王貽我大瓠之種我樹之成而實五石以盛水漿其堅不能自舉也剖之爲瓢則瓠落無所容非不呺然大也吾爲無用而掊之曰夫子固拙於用大矣宋人有善爲不龜手之藥者世世以洴澼絖爲事客聞之請買其方百金聚族而謀曰我世世爲洴澼絖不過數金今一朝而鬻技百金請與之客得之以說吳王越有難吳王使之將冬與越人戰大敗越人裂地而封之能不龜手一也或以封或不免洴澼絖則所用之異也今子有五石之瓠何不慮之爲大樽而浮之江湖而憂其瓠落無所容則夫子猶有蓬心也夫（承上言道大莫容之義傷碩果之不食雖堅呺大无能自舉徒相爲瓠瓜之繫乃操之不定者往往破之而爲瓢掊之而自碎何不去其蓬飛之念而浮之江湖必求用而至无所容焉者歟此子雲伯喈之徒所由自敗也哀哉）

惠子又謂之曰吾有大樹人謂之樗其大本擁腫而不中繩墨其小枝卷曲而不中規矩立之塗匠者不顧今子之言大而無用衆所同去也曰子獨不見狸狌乎卑身而伏以候敖者東西跳梁不避高下中於機辟死於罔罟今夫斄牛其大若垂天之雲此能爲大矣而不能執鼠今子有大樹患其無用何不樹之無何有之鄉廣莫之野彷徨乎無爲其側逍遙乎寢臥其下不夭斤斧物無害者無所可用安所困苦哉（更承上節之義而申言之以大樹之散木喻大材之散人不夭斧斤不中機辟不死罔罟因无用之之利得遠害之之禍不敢跳梁不肯執鼠何容自困于大焉者歟）

惠子更謂之曰子言無用曰知無用而始可與言用矣夫地非不廣且大也人之所用容足耳然則廁足

而塟之至黃泉人尙有用乎惠子曰無用曰然則無用之爲用也亦明矣復承上文以足其義側足而立尙敢自用矣乎遊宋宋人有曹商者爲宋使于秦得車數乘王說之益車百乘反於宋見周曰夫處閭里阨巷困窘織履槁項黃馘商之所短也一晤萬乘之主而從車百乘者商之所長也周曰秦王有病召醫破癰潰痤者得車一乘舐痔者得車五乘所治愈下得車愈多子豈治其痔耶何得車之多也子行矣術言小人道長其治愈下其得益多故舐痔之流乃接武于天下後世

商太宰蕩問仁曰虎狼仁也曰何謂也曰父子相親何謂不仁曰請問至仁曰至仁无親太宰蕩曰蕩聞之无親則不愛不愛則不孝謂至仁不孝可乎曰不然夫至仁尙矣孝固不足以言之此非過孝之言也不及孝之言也夫南行者至於郢北面而不見冥山是何也則去之遠也故曰以敬孝易以愛孝難以愛孝易而忘親難忘親易使親忘我難使親忘我易兼忘天下難兼忘天下易使天下兼忘我難夫德遺堯舜而不爲也利澤施於萬世天下莫知也豈直太息而言仁孝乎哉夫孝弟仁義忠信貞廉皆自勉以役其德者也不足多也故曰至貴國爵擯焉至富國財擯焉是以其道不渝夫以虎狼之生性殘忍尙克父子相親則孝慈本關天經地義乃莊人也而有虎狼之不若徒竊夫至仁无親之名而甘出于不孝不慈嗚乎雖生厲階于今爲烈吾不得不百拜非生者矣

遊魯見魯公公曰魯多儒士少爲先生方者曰魯少儒公曰舉魯國皆儒服何謂少乎曰周聞之儒者冠圜冠者知天時履句履者知地形緩佩玦者事至而斷君子有其道者未必爲其服也爲其服者未必知其道也公固以爲不然何不號於國中曰无此道而爲此服者其罪死於是且號之五日而魯國无敢服儒服者獨有一丈夫儒服而立於公門公召而問以國事千轉萬變而不窮曰以魯國而儒者一人耳可謂

名乎謂夫天下多僞儒而與儒遂亡以自見天下多亂道而至道遂亡以自著蓋通天地人之謂儒儒而背天經逆地幾逆人紀冒其名而悖其實更儒之云何莊生謂其罪之宜死者已逆知其必醜坑焚之禍也莊生亦神人矣哉

周謂惠子曰孔子行年六十而六十化始時所是卒而非之未知今之所謂是之非五十九非也惠子曰孔子勤志服知也曰孔子謝之矣而其未之嘗言孔子云夫受才乎大本復靈以生鳴而當律言而當法利義陳乎前而好惡是非微直服乎人之口而已矣使人乃以心服而不敢蘁立定天下之定已乎已乎吾且不及彼乎本見賢思齊之旨取法乎上聖直從孫我之義發明道妙非深于儒術有得于孔門者烏能道此

周既歷試於天下知儒道之不容於今之世將反乎其鄉而南遊於楚見空髑髏髐然有形撽以馬箠因而問之曰夫子貪生失理而爲此乎將子有亡國之事斧鉞之誅而爲此乎將子有不善之行德遺父母妻子之醜而爲此乎將子有凍餒之患而爲此乎將子之春秋故及此乎於是語卒援髑髏枕臥夜半髑髏見夢曰子之談者似辯士諸子所言皆生人之累也死則无此矣子欲聞死之說乎曰然髑髏曰死无君於上无臣於下亦无四時之事從然以天地爲春秋雖南面王樂不能過也周不信曰吾使司命復生子形爲子骨肉肌膚反子父母妻子閭里知識子欲之乎髑髏深矉蹙額曰吾安能棄南面王樂而復爲人間世之勞乎蓋功利主義太盛其末流禍人知其求生不得相率於求死爲樂所以激而爲無政主義者也然而无君于上无臣于下人人克肆其南面王之樂惟鬼國有然是率天下而相與爲髑髏之歸也夫彼髑髏之智固不樂有其形體甘弃其骨肉肌膚而不顧何有于父母妻子何有于閭里知識以安此人間世之勞擾乎故曰我不知若何爲貪生失理我不知若何爲亡國之誅我不知若何爲行德之醜我亦不恤夫凍餒之患我亦不計夫春秋之不及我奚從司命以受生人之累魁此髑髏之所以樂于鬼世界而世界之髑髏且日多也悲夫

周釣於濮水楚使二大夫往見焉曰願以境內累矣周持竿不顧曰吾聞楚有神龜已三千歲王巾笥而

藏之廟堂之上此龜者寧其死爲留骨而貴乎寧其生而曳尾於途中乎二大夫曰寧生而曳尾於途中莊子曰往矣吾將曳尾於途中蓋知爲政者由避地避人進而避世亦時使然也楚威王慕周之賢使使厚幣迎之許以爲相周笑謂楚使者曰千金重利也卿相尊位也子獨不見郊祀之犧牛乎衣以文綉食以芻菽及其牽而入太廟方是之時雖欲孤豚其可得乎子亟去无汙我我寧遊戲於汙瀆之中以自快无爲有國者所羈承上文而廣其義所以去而不顧者懼亂世之網羅而逆知夫今之世今之道今之俗必不與人以善終者也苟自舍其所學而從人所好此李斯之所由欲牽黃犬出上蔡東門而不可得也哀哉

周妻死惠子弔之則箕踞鼓盆而歌惠子曰與人居長子老身死不哭亦足矣又鼓盆而歌不亦甚乎曰不然是其死我獨何能无慨然察其死而本無生非徒无生也而本无形非徒无形也而本无氣雜乎芒芴之間變而有氣氣變而有形形變而有生今又變而之死是相與爲春秋冬夏四時行也人且偃然寢於巨室而我噭噭隨而哭之自以爲不通乎命故止也蓋明原始要終之義達鬼神之情輕性命之本而世乃與原壤之登木同觀眞皮相乎莊生矣

惠子謂周曰人故无情乎曰然惠子曰人而无情何以謂之人曰道與之貌天與之形惡得不謂之人惠子曰旣謂之人惡得无情曰是非吾所謂情也吾所謂无情者言人之不以好惡內傷其身常因自然不益其生也惠子曰不益生何以有其身曰道與之貌天與之形无以好惡內傷其身今子外乎子之神勞乎子之精倚樹而吟據槁梧而瞑天選子之形子以堅白鳴闡繹好惡而節之以探天道之本然乃正心誠意之實功无我克己之至行也故內重者自外輕以性節非情此莊生之所由惟曰非道也彼施乃旋于外而疏于內因情以傷性故逐于人而背乎天成乎術而昧乎道是其所以自局也夫

周謂惠子曰射者謂前期而中謂之善射天下皆羿也可乎惠子曰可曰天下非有公是也而各是其是

天下皆堯也可乎惠子曰可曰然則儒墨楊秉四與夫子爲五果孰是耶或者若魯遽者耶其弟子曰我得夫子之道矣吾能冬爨鼎而夏造冰矣魯遽曰是直以陽召陽以陰召陰非吾所謂道也吾示子乎吾道於是乎爲之調瑟廢一於堂廢一於室鼓宮宮動鼓角角動音律同矣或改調一弦於五音无當也鼓之二十五弦皆動未始異於聲而音之君矣且是者耶惠子曰今夫儒墨楊秉且方與我爲辯相拂以辭相鎮以聲而未始吾非也則奚若矣曰齊人蹢子於宋者其命閽也不以完其鈃鍾也以束縛其求唐子也而未始出域有遺類矣夫楚人案而蹢閽者夜半於无人之時而與舟人鬬未始離乎岑而足以造於怨也此言一術不足以治天下發明周公兼三王孔子集大成之旨而彼一技一藝之能皆孤陰獨陽之類奏宮于堂奏角于室雖各極其妙用而无以成調必提綱挈領總攬萬彙似與諸子無當而各術皆爲用羣英效能總歸支道眞命世之器也

周之送葬也過惠子之墓顧謂從者曰郢人堊漫其鼻端若蠅翼使匠石斲之匠石運斤成風聽而斲之盡堊而鼻不傷郢人立不失容宋元君聞之召匠石曰嘗試爲寡人爲之匠石曰臣之先則嘗能斲之雖然臣之質死久矣自夫子之死也吾無以爲質矣吾无與言矣傷天下无可語之人則道之不明不行愈益甚矣

將死弟子欲厚葬之曰吾以天地爲棺槨日月爲連璧星辰爲珠璣萬方爲齎送吾葬具豈不備耶何以加此弟子曰吾恐烏鳶之食夫子也曰在上爲烏鳶食在下爲螻蟻食奪彼與此何其偏也憤天下競大葬之失閎識厚葬多亡之義是導天下以詩書發塚庸知爲連璧珠璣所累則食之者且將出于烏鳶螻蟻之外何不守中道以自處无以死害生焉者歟

學史氏曰予讀莊子書想見其爲人雖似不協於大聖人所謂中行之士要其歸乃狂者之流而以狷者自矢者也奈司馬子長不於其內篇諸作會其所以謂大宗師應帝王之旨而攷其學之一宗於孔顏獨

于漁父盜跖胠篋諸篇嘗其開罪聖門過矣抑知雜篇所載本雜記學莊者之說附成一家之學若趙文王喜劍等類其文境淺陋明爲僞託如之何可以并爲一談者歟卽其所云莊生之不仕以快其志者亦皮相之論不觀其人間世述楚狂之歌曰鳳兮鳳兮何如德之衰也來世不可待往世不可追也天下有道聖人成焉天下无道聖人生焉方今之世僅免刑焉福輕於羽莫之知載禍重乎地莫之知避已乎已乎臨人以德殆乎殆乎畫地而趨迷陽迷陽无傷吾行吾行郤曲无傷吾足山木自寇也膏火自煎也桂可食故伐之漆可用故割之人皆知有用之用而莫知无用之用也悲夫莊生并非甘於遯世而閉關者蓋由覽德輝而莫下徒翱翔而未集欲奮飛而未能者歟

張于湖先生年譜

畢壽頤

高宗紹興二年壬子先生生

宣城張氏信譜傳云公諱孝祥字安國學者稱爲于湖先生本貫和州烏江縣唐司業張籍七世孫祕閣修撰金國通問使邵之從子父祁任直祕閣淮南轉運判官　頤案傳又云紹興甲戌廷試擢進士第一時年二十有三以此推之先生實生於是年惟月日不可攷

四年甲寅三歲

隨父渡江居蕪湖昇仙橋西信譜傳

頤案紹興四年金人圍廬州岳飛使牛皋救之金兵敗走未幾卽自淮引還自是未南侵者數載信譜傳云紹興初年金人寇和州隨父渡江云云當在圍廬州時

時公甫數歲豫章王德機一見而奇之遂許以女焉信譜傳

頤案此事未必卽在渡江之歲附錄於此　又案集有亡妻時氏宿告文又贈時起之文云某於時氏旣外諸孫又娶仲舅之女當是繼娶

寓居鄧郭與明守趙敷文尺牘

尺牘云某頃寓居鄧郭餘十年鄧頤案先生於十七年領鄉薦時當已遷和州則寓鄧即在渡江後之一二年可知十年金人南侵陷和州十一年二月王德復和州先生故里兵燹紛擾故久寓他邦耳

轉運公面池築室爲讀書所信譜傳

傳云幼敏悟書再閱成誦文章俊逸頃刻千言出人意表轉運公嘗面池築室爲讀書所池故多蛙公以硯擲之聲遂永息人咸異之既貴即以蛙名其池頤案此當爲寓鄧時事

十七年丁卯十六歲

領鄉書再舉冠里選安國先生傳信譜傳

十九年己巳十八歲

居建康從鄉先生蔡君清宇爲學汪文舉墓誌銘

二十年庚午十九歲

代總得居士作壽芝頌上鄭漕文集注云時年十九作頤案轉運公自號總得居士

二十三年癸酉二十二歲

與弟孝伯會於臨安張孝伯于湖先生文集序

序云于湖先生長孝伯五歲垂髫奉書追隨未嘗一日相捨別去餘十年先生再冠賢書會于臨安時紹興癸酉也

二十四年甲戌二十三歲

廷試擢進士第一 安國先生傳 安國信譜

安國先生傳云策問師學之淵源秦熺之子埍與曹冠皆力攻程氏專門之學孝祥獨不攻考官魏師遜已定埍冠多士孝祥次之曹冠又次之高宗讀策皆偷熺語於是擢祥第一而埍第三御筆批云義論雖正詞翰爽美宜以爲第一在廷百官莫不歎羨部人上爭錄其策　信譜傳云策問師友淵源秦埍曾冠皆力攻程氏專門之學公獨以程氏得孔孟之緒先知貫學湯思退已定埍魁多士帝空風雷殷異須臾雲霓五彩光燭百里江山掩映如錦及捷聞人咸謂慶雲爲公之先兆云讀其策皆偷語復自裁擇乃首擢公親灑宸翰議論堅正詞翰俱美先蕪湖東曉有龍穿岸騰

上疏訟岳氏冤 信譜傳

傳云先是岳飛卒於獄時廷臣畏禍莫敢有言者公方第郎上疏言岳飛忠勇天下共聞一朝被謗不句日而亡則敵國慶幸而將士解體非國家之福也又云今朝廷冤之天下冤之陛下所不知也當亟復其爵厚恤其家表其忠義播告中外俾忠魂瞑目於九原公道昭明於天下帝特優容之時公尙在期習所猶未官也案相益忌之　頤案此疏已佚文集不載

十一月十日補承事郎特差簽書鎭東軍節度判官廳公事 安國先生傳信譜 傳文集附錄官誥

二十五年乙亥二十四歲

轉進公繫獄尋釋罪 安國先生傳

傳云上之抑埍而擢孝祥也秦檜已怒既知孝祥乃祁之子祁與胡寅厚檜數憾寅且唱第後曹泳擠孝祥於殿庭以請婚孝祥不答泳憾之於是諷言者誣祁有反謀詔繫獄會檜死上郊祀之二日魏良臣密奏散獄釋罪　頤案齊東野語云張邵才彥乃總得居士祁晉彥之兄也以冒事忤檜居四明杜門絕交不出櫂禍迺爲佯狂初出使未還妻李卒於家已累年至是妄冒晉妻死非命廾指獄物殺嫂事囚繫甚苦其年十月竄死道歲安國叫閽中批命刑部尙書韓仲道持入棘寺姑得釋總得爲飼蓋是時實由已病晉或出奔易抑知安國得罪寬以自免語悱上聞於是遽總得赴大理去與傳罪

轉祕書省正字 安國先生傳 信譜傳

傳云故事殿試第一人次舉始召公第甫一年得召對　頤案附宋館閣錄云二十六年正月除祕書省正字今兩傳均謂第一甫一年得召對孝伯序文集亦謂命於臨安之明年魁多士又明年入館

述學　七三

館閣錄不足據

論總攬權綱以盡更化劄子乞改正遷謫士大夫罪名劄子 顧案文集兩劄子均注祕書正字召對日

二十六年丙子二十五歲

遷校書郎勅兼國史實錄院校勘 傳 信譜

顧案原芝序紹興二十四年芝產於太廟楹當仁宗英宗之室既二年芝復生其處校書郎張某作原芝云云遷校書郎應在是年南宋館閣錄云二十七年二月除校書郎誤

請刪定列聖圖書劄子乞不施行官員三年起離僧寺寄居劄子 顧案文集兩劄子均注校書郎賜對日

芝生太廟楹上原芝一篇 安國先生傳 信譜

傳云芝生太廟楹百官賀舉或獻賦頌孝祥獨上原芝一篇以諷之時儲位尚虛以大本未立爲言且言芝在仁宗英宗之室天意可見乞早定大計高宗首肯 顧案程史高宗覽斐陟明之義垂憲祖烈詔擇秦支並建二王邸恩禮未有隆殺也會逮歲芝生太廟百執事多進頌詩張紫微時在館獨獻文曰原芝上得之喜郎擢爲南宮郎考文集附錄官誥除禮部尚書郎誥在除祕書郎著作郎兩誥之後除祕書郎在二十七年三月著作郎誥之殘闕年月無攷岳氏之說不足據

二十七年丁丑二十六歲

正月二十日轉宣教郎 官誥

三月十六日除祕書郎 官誥

除著作郎 官誥

顧案除祕書郎著作郎兩傳均失載

上郊祀慶成詩 頤案詩有廟芝楹壘壁句原注去歲靈芝生於廟楹

二十八年戊寅二十七歲

正月遷尙書禮部員外郎 安國先生傳 信譜傳 頤案南宋館閣錄二十八年正月爲禮部員外郎兩傳均敍於上原芝後官誥闕年月茲姑從館閣錄隸於是年 又案集有除禮部郎官謝沈左相湯右相劉提擧啓

尋爲起居舍人 安國先生傳 信譜傳 頤案集有辭免除起居舍人奏狀

乞修日歷劄子 頤案文集注起居舍人兼修玉牒實錄院檢討官日兩傳均敍於秘書正字召對後遷校書郎之前與文集注不同疑有誤茲從文集

權中書舍人 安國先生傳 信譜傳

論王公袞復讎議 頤案文集注兼權中書舍人日

二十九年己卯二十八歲

轉運公爲淮南轉運通判 頤案文集汪文擧墓誌銘云余年十八時居建康後十年家君奉使淮南

提擧江州太平興國宮 安國先生傳 信譜傳

安國先生傳云孝祥登第出湯思退之門思退爲相擢孝祥甚峻而思退素不容汪徹孝祥與徹同爲館職徹老成重厚而孝祥年少氣銳往往凌轢之至是徹爲御史中丞首劾孝祥奸不在盧杞下孝祥遂能提舉江州太平興國宮　信譜傳云公與汪徹同館職修先朝實錄徹老成畏禍務在模稜公少年氣銳欲悉情狀往往凌拂徹謂曰蔡中郎失身於董卓故不爲君子所與公曰點自立何如思退聞之不悅於徹之言至是徹爲御史中丞乃首劾公等　頤案隆興二年除中書舍人直學士院謝表有云一收朝蹟而歸五見柞箭之換來祠嘗在是年距隆興二年謫狩五載除中書舍人辭免奏狀云去國六年蓋總計首尾言之也

三十一年辛巳三十歲

過池陽 與李太尉書

書云今春過池陽始識太尉　頤案致書李太尉在是年冬金亮南侵時書辭可證

客宣城 龍舒淨土文序　宣州新建御書閣記

序云紹興辛巳秋過家君於宣城留兩月　記云臣前年客宛陵間　頤案記作於癸未冬

三十二年壬午三十一歲

自建康還宣城 過王朝英梅溪竹院

文云壬午春予自建康還宣城　頤案龍舒淨土文序云過宣城留兩月則先生如建康當在辛巳冬又集有淬陪宣守任史君謁昭亭神祠詩云慚愧去年冬十月軍書徹夜聽鳴鈴蓋指金亮南侵事也又有去年正月三日雪霽入昭亭訪懸庵如庵二老今年在臨追懷昔遊用寄丐庵韻詩則先生還宣城當在歲初

除知撫州事 安國先生傳　信譜傳

傳云時年未三十蓋事精雖老於州縣者所不逮　頤案如兩傳所云知撫州即當在奉祠後一年內致撫州到任謝表云解荷橐於西清久隔雲霄之望如彩祠未幾即知撫州何云久隔平江府到任謝表云已試無功丐閑得劇雖自西徂東周爰執事然以小易大是歲何心又宣州新建御書閣記云今年秋臣自撫來吳先生知平江在癸未秋如兩傳所云則此庚辛壬癸四載先生皆在撫州

然頻年過池陽客宛陵遊建康其爲閑散無職守可知兩傳實不足盡據今攷集有去臨川晉西津漁家詩云作客臨川又一年以此證之則知撫州當在壬午秋無疑故不從兩傳隸於是年

孝宗隆興元年癸未三十二歲

三月一日轉朝散大夫官誥

除集英殿修撰知平江軍府事提舉學事賜紫金魚袋安國先生傳信譜傳

度彭蠡登廬阜送王壽彭歸臨川序

序云王壽彭自臨川和從度彭蠡登廬阜方舟順流盡覽東南之勝蓋三閱月至吳門而後別去

乞不催兩浙積欠劄子

頤案文集注知平江府日

二年甲申三十三歲

召赴行在安國先生傳信譜傳

傳云張浚自蜀還朝薦孝祥召赴行在

論先盡自治以爲恢復劄子論用才之路欲廣劄子

二月除中書舍人還直學士院安國先生傳信譜傳官誥

頤案宋學士院題名隆興二年二月以中書舍人兼直院又案集有再除中書舍人辭免奏狀除中書舍人直學士院辭表

兼都督府參贊軍事兼領建康留守改除敷文閣待制留守如故安國先生傳信譜傳

信譜傳云時魏公欲請帝幸建康以圖進兵復薦公領建康留守湯思退官改除敷文閣待制留守如舊　頤案集有辭免參贊軍事兼知建康府奏狀

赴建康獄一利害論蕭琦第宅及水災賑濟劄子 頤案文集注知建康府日

罷建康居當塗之別邑 棠陰閣記

記云前年余爲建康居數月罷建康居當塗之別邑 安國先生傳云曾金再犯邊孝祥陳金之勢不過欲要盟宜諭使劾孝祥落職 信譜傳云魏公罷判福州宜諭劾公爲黨落職

乾道元年乙酉三十四歲

復集英殿修撰知靜江府廣南西路經略安撫使 安國先生傳 信譜傳

信譜傳云思退竄仍復集英殿修撰知靜江府廣南西路經略安撫使治有聲 頤案思退竄死永州在癸未年十一月 又案集有辭免知靜江府奏狀

七月至桂林 仰山廟記

記云乾道元年張某來守桂林七月至郡

二年丙戌三十五歲

六月免歸江東 邕帥蔣公墓誌銘

墓誌銘云乾道元年余守桂林明年免歸江東時方六月 安國先生傳云治有聲績復以言者罷 頤案信譜傳云改知潭州不云罷歸誤 又案集有罷歸詩及罷歸呈同官詩

七夕至衡陽

頤案集有七夕入衡陽境獨遊岸傍小寺詩又七夕詩有去年永州逢七夕今年衡州逢七夕云云

重九至蘄州

頤案集有書懷詩云七夕在衡陽九日在蘄州秋風浩如海我行尙扁舟

三年丁亥三十六歲

六月起知潭州權荊湖南路提點刑獄公事安國先生傳信譜傳

頤菴邕帥蔣公墓誌銘云明年（免歸之明年）余帥長沙又送野堂老人序云乾道丁亥六月余來長沙又菴集有辭免知潭州奏狀潭州謝復次對表

十月築敬簡堂信譜傳

傳云會敬夫定夫扶魏公櫬至州境不能入蜀公爲營葬於關縣寧鄉之西遂與敬夫講性命之學日夕不輟築敬簡堂以爲論道之所而四方之學者至焉公自家顏淵問仁章於中屏晦庵南軒各爲詩文以記之頤菴朱子敬簡堂詩云煌煌定方中農隙孟冬月

四年戊子三十七歲

八月復待制徙知荊南荊湖北路安撫使安國先生傳信譜傳

頤菴邕帥蔣公墓誌銘云明年（帥長沙之明年）八月余帥荊州又金堤記云乾道四年自二月雨至於五月水溢數丈越兩月而後水平秋八月某自長沙來又菴集有辭免復待制奏狀辭免知荊南奏狀

冬十月作寸金堤安國先生傳信譜傳

傳云築寸金堤自是荊州無水患頤菴集有金堤記荊州修堤設醮疏

建萬盈倉安國先生傳信頤傳

傳云置萬盈倉以儲諸漕之運民德之頤菴集有荊南重建萬盈倉記

五年己丑三十八歲

三月三日進顯謨閣直學士致仕安國先生傳傳譜傳官譜

信譜傳云己丑偶不豫遂力請祠侍親疏凡數上帝深惜之進顯謨閣直學士致仕南軒爲文以餞之荆南士民哭送登舟仍給小像祀於湘中嶽麓南軒爲之贊

四月至黃州 黃州開澳記

歸蕪湖 信譜傳

傳云既歸蕪湖凡縉紳之上莫不晉接宗戚渡江而貧窘者公輒賑之新觀瀾亭以集同志講論之餘徜徉山水寺觀臺榭吟咏殆遍而悉爲之題識

六年庚寅三十九歲

冬先生卒 信譜傳

傳云庚寅冬疾復作遂卒卒之日商賈爲之罷市兩河之民惶惶如失所恃帝聞之惜其有用才不盡之嘆頤菴齊東野語安國以當暑送虞雍公飲蕪湖舟中中暑卒年纔三十餘

王文貞先生學案

唐文治

先生姓王氏諱祖畬號溦山一號紫翔世爲江蘇太倉州鎮洋縣人王氏自元季遷婁至明中葉代有科第聞人遂爲江左望族先生母張太宜人爲嘉定張誠齋徵君文洤之女少受業於朱亮甫先生右曾博極羣書兼擅詩古文詞先生幼受母教年十一盡通四子五經及周官儀禮學爲制義喜規模先正大家視塾中通行庸濫拘攣之文吐棄如渣滓也咸豐庚申補博士弟子員會粵匪陷州城轉徙海門假館通州呂四場彭氏𦒿肇耕爲養課暇讀書不輟每擇其精要者手鈔之三年中積二十餘册同治甲子應京兆試請益於母舅張養梧先生受學于同里陸憩雲先生乙丑歸里得陸清獻公三魚堂集朝夕讀之又讀張武承王學質疑陳定齋明辨錄李二曲四書反身錄諸書先生自謂少時頗喜詞章至是始留心濂洛關閩之學戊辰館蘇州主南陵何子永先生家何先生以品學重于時與吳竹如倭艮峯諸公講學先

生館六年時相講論頗得切磋之益於是致力于朱子大全參考陸清獻讀朱隨筆等書所造益精庚午鄉試子永先生曰霍山當世大儒不可不一見某已以書達意矣先生謝曰侍郎位高望重某一介書生知其人讀其書可也卒不往癸酉鄉舉第二人旋應江蘇書局襄校之聘每校一書丹黃圈點或勘定字句或考證評論細書眉端迨晚年手校經史子集不下三千餘卷嘗謂讀書所以養心者非空虛之談必實驗之于吾身一日不讀書則七情六欲之足爲吾害與凡境遇之足累吾者憧憧焉交戰于中惟讀書則自然融化於無形以故先生壯歲已無書不覽無學不窺說經貫穿漢宋以其真知灼見發爲論著其論春秋曰春秋者正人心而已無過求于人之心也以後世斷律之心爲聖人作經之心於是論春秋也刻而視聖人也卑聖人不惡而嚴善惡褒貶自在詞氣之間使後人深思而自得卽弒君篡國罪大惡極而舊史之文亦不輕爲改易以爲據史而書雖未必盡得其實而猶有所據使舍史而得諸傳聞一有謬誤則誣人以欺萬世矣又曰聖人之道見於論語一書門弟子傳道者莫若曾氏子子曰吾之於人也誰毀誰譽曾子告門人曰夫子之道忠恕而已矣本是以釋經而春秋之志顯其有亂臣賊子與蠻夷猾夏爲世大患者不稍恕也非爲一時爲萬世也夫居千載之下而欲得聖人之意於千載之上吾知其至難然生平竊法聖人之言以揆諸聖人之意或冀萬一之有得不至如俗儒之私且刻也又以左氏傳經并欲改竄是非往往謬於聖人於是條列辨論積年成讀左質疑五卷又著春秋經傳考釋三十卷實集諸家之大成故春秋尤爲先生精力所萃云光緒癸未會試中式先生年四十二矣以庶吉士乞假歸里先後主講宿遷海門崇明各書院聞風親炙者日益衆先生因材施教各視其所及而裁成之所與羣弟子

講明而修肄者不外讀書以植其本窮理以致其知返躬以踐其實至於通經必期致用作文貴乎明道凡一切詭僻新奇破壞聖賢之說與夫叫囂塗附決裂文章之體者概宜屏斥其論學大旨云孔子萬世師刪訂贊修紹明經訓而已有宋大儒出而後理學之名顯表章六經傳先聖絕業非空言義理也至漢儒考訂制度名物師承授受其功非後人所能及其美亦非後人所能掩顧其體驗於身心性命之間精微透徹自當推宋五子爲特尊未可與漢儒同日語也而後世小儒摭拾口頭語錄以爲傳習心法毋怪爲漢學家所鄙棄矣又曰文運興廢風俗人才之升降恆必由之有志之士思欲卓然振拔於流俗而以古經學救之救之誠是也然未能深探六經之本原與夫尼山刪訂贊修之微意而徒掇拾乾嘉以來之唾餘斤斤於名物象數訓詁點畫之間雷同勦說附和隨聲至其弊之所極往往背舊說以爲新舍同習以爲異炫惑于百家九流而無所折衷搜索於叢殘瑣屑而不知大體視彼雕繪揣摩以弋獲功名者猶之五十步與百步也又曰四子六經之階梯而漢唐注疏導其先路者也宋五子深入堂奧者也未有通經而不本于注疏者未有通注疏而可舍宋五子者又曰自文章與學問分而學術歧經學與理學分而學術尤裂卽以吾婁論弇州之聰明材力足以號召天下士而不足與聞乎斯道者何與天如倡復社以繼東林深知昌明經學惜其擇焉不精語焉不詳其流至於鶩交遊通聲氣陸陳諸君子闇修自得可謂豪傑之士而桴亭尤深鑒王學之弊由乎空言理而不知理之不離乎氣於是有信心自用之害顧其持論又稍偏乎氣未免如先儒所謂扶一邊倒一邊者故必文章與學問合經學與理學合則周公之制作孔子之刪訂又何偏重之弊乎先生當文敝之日學者志趨卑靡爭爲庸弱軟美之文至於糜爛潰敗迷

而不悟常思有以丕變文風挽回世道人心於無形自爲諸生力矯時弊以古文爲時文絕無場屋得失之心以爲文風運會有息息相通之故世之治也必有一二名公巨人導揚提倡於上及其衰也亦賴有人維持匡正以延一綫之墜緒窮則變變則通正文風扶世運當有應時而生之彥因別裁文體爲後進模楷輯制義正宗四十卷蓋先生平日爲學以立品爲先而尤嚴於義利之辨憶文治初受業時先生教之曰君子喻于義小人喻于利此爲心術生死之界子他日若貪利非吾徒也誥誡諸生皆舉此語其嚴如此當光緒中葉名公鉅卿率皆延攬名士宏奬風流先生居京師時常熟翁文恭公嘉定廖仲珊先生爭相羅致先生曰君子出處自有本末豈宜以標榜爲名高吾深恥之矣有隱覓先生筆札者皆峻拒之其視功名富貴泊如也戊子丁張太宜人憂服除而哀不輟其封翁季愚公諭以家貧當爲祿仕乃入都散館選授山西崞縣知縣以親老告近改授河南之湯陰先生爲學實始得力於平湖爲政亦以淸獻爲法書淸愼勤三字自矢而尤以愛人爲本惜作令僅一載餘而封翁終於家先生奉諱歸哀痛之餘默觀天下大勢江河日下遂無出山之志歷主邑中及崇明贊山各書院講席門弟子日益進先生愛才出于天性講貫恆昕夕不倦至是提倡正學不遺餘力而於邪說詖行絕不容稍有假借矣光宣之間力行新政先生頗以變本加厲爲憂謂當此人心日壞之時多興一利不如多除一弊蓋除弊而利即在其中否則興利而弊已隨之失先後之序矣又謂學校所以造就人才關係尤重所恨奉行者不能仰體朝廷興學之意舍本逐末徒使功利之說浸淫於後生小子之心而不覺其非吾恐神州之陸沉也迨辛亥之變先生年七十矣朋儕零落門下士又多散處他方枯槁寂寞舉目皆非恆獨處一室悲從中來泫然流涕

日有祈死之心因自製輓聯預繪衣冠像自記之以戊午五月二十二日卒於里第壽秋七十有七文治竊維昔有明之季陸陳江盛四先生講道于荒江寂寞之濱海內聞風興起越二百餘年至同治朝祔享先生從祀文廟至今論學者常以吾婁爲歸先生當世衰道微之際志在植綱常扶名教以爲往聖繼絕學爲萬世開太平若得大用於世則聖功王道一以貫之無如狂瀾已倒非一手一足所能挽空言無補齎志以終實與四先生後先一轍而其遭時不幸抑鬱韜晦西山之節禾黍之悲尤可痛矣文治與及門諸子僉謂先生學問造程朱之室文章登韓歐之堂高蹈擬於亭林治行幾於清獻至晚年艱貞苦志尤見躬行實踐不可企及子曰篤信好學守死善道先生足以當之於是謹上私謚曰文貞先是光緒壬午歲有傳異教者自滬來婁先生白牧令驅逐之改其屋爲陸陳江盛四先生祠一時相傳以爲盛舉至是諸門人奉先生栗主附祀四先生祠越八年丙寅邦人士聯名呈請內務部核准崇祀鄉賢祠先生著述甚夥平日謙不肯出以問世賴其子保譿什襲珍藏得以稍稍刊布然十不二三也今撮其爲學大旨並附著述概略於後俾後之傳儒林者有所徵信焉

著述概略

儀禮經注校證四卷

先生自記云儀禮經注刊本以吳縣黃氏影宋嚴州本爲最今所校脫衍誤字斟酌先儒之說間附己意而就此本校正尤多其有校定從宋本而與欽定義疏異者則仍註明義疏本有從他本而與宋本異者亦注明宋本有與宋本互異而並存者以備參考至釋文同異字及他書所引無關考證是非者不備載

以有本書在也其他如鄭注可疑而先儒有辨正之說或先儒之說實有發明經義及考證經文脫衍誤處則擇其確當者採入焉

禮記經注校證二卷

此書用崇文局刊撫州本所校參考各本擇善而從於字之互異者多引說文爲證歲辛酉文治校刊十三經讀本以此附於禮記讀本之後

讀左質疑五卷

先生自跋云幼侍先大父授左氏傳竊怪邱明身爲國史又親受經於仲尼而是非往往謬於聖人以爲高賢不宜有此及考左氏傳授源流蓋門弟子口相授受從而附益源遠而流益分宜其不盡合於聖賢也又其甚者劉歆阿附新莽動以經術文飾其逆探莽意竄入傳文以爲假借欺人之具不獨周官一書滋後人之疑故余嘗謂秦人焚書書未焚者固不亡漢人明經其借明經以亂世者經乃亡非刻論也同治年間假館吳門私有所論說而未敢就正有道又隨筆所記拉雜無序忽忽二十餘年於故紙堆中得之復博採先儒成說條列辨論而於卷首摘取前人通論左氏暨糾其謬誤者都爲五卷名曰讀左質疑先生歿後文治校刊行世并爲之跋

春秋經傳考釋三十卷

先生於三十歲前校讀春秋傳說彙纂此書已有草創光緒壬辰在都門錄成初稿命文治校字一通并書其後自後每有增益至甲辰復加釐訂初名左傳考釋後改今名蓋質疑發抒義理此則精研考據廣

博貫串無所不該約其大綱有九曰明小學考地理正杜失發古義詳氏族證經史闡古禮正譌脫申大義實爲先生精力所萃凡五十餘萬言

四書章句集注校語一卷

先生自記云近刊四書集注仍明永樂大全之舊大都襲元倪氏輯釋倪氏師陳定宇櫟著四書發明惟宗祝氏附錄實非定本吳縣吳氏英曾詳辨之余於光緒己亥三月至常熟罟里村瞿氏瞿君良士出宋淳祐大字本相示因據浙江局本校勘一過既歸復爲纂其去取識於卷端他如詞句小異非義理所在及字體之稍別不盡識也宋本雖間有譌奪率皆刊時偶誤其他均勝於近本斷爲紫陽定本無疑茲錄成校語若干條文治校刊十三經中之論語孟子及禮記附刊之大學中庸即依先生校定本云

讀孟隨筆二卷

子保譓輯并跋云讀孟隨筆先君辛未年讀汪氏份孟子大全時所著原稿隨手批注眉端或字裏行間未嘗寫定也癸亥歲譓應唐君招襄校十三經讀本所刊論孟集注學庸章句即用先君校宋本因談及隨筆唐君謂是先師讀書心得所在析理精深洞明奧旨余少曾輯錄成帙毀於庚子之亂君當重輯之附刊孟子之後以爲學者讀孟之階梯不亦可乎譓謹將原本詳細披讀閱月錄就每條各以經文或集注爲標題而列先君之說於下其糾正諸家或闡發其義者則摘引諸說於前加某按二字以清眉目間有一二語無關閎旨者删之盡心篇未經筆錄則從他著中輯補數語彙爲二卷此外不敢有所增損也

史記校證十二卷漢書校證八卷

先生於史漢二書用功最深既評點其文章復悉心校讎加以攷證積成卷帙蓋皆實事求是非涉獵泛錄者可比云

資治通鑑校勘記

先生書通鑑校本後云余假得常熟張退齋先生通鑑校本對勘此本凡與宋元本出入者悉照張校錄出其張校嚴校本之說存其確實可據而橫生議論者不載焉間有宋元本異而此適與宋合者別爲標出至元本胡注與此本互異之處亦識於上下方今江蘇局本資治通鑑卽胡果泉中丞所刊元興文署本兵燹後補其缺佚以行海內推爲善本然以校宋本凡宋本之所有大抵元本之脫文而其互異之處以多宋優于元然則宋本之寶貴當何如耶余校此本自丁酉六月朔始寒暑無間至明年閏三月七日畢事子孫其世寶之按先生用以校勘者爲明刊三編本昔年文治嘗照度副本其校記尙待輯錄成書云

太倉州志稿十七卷鎭洋縣志稿四卷

此稿成于光緒季年先生以總纂一手成書大半凡州志封域二卷風土一卷祥異一卷水利二卷學校二卷兩衞一卷雜記二卷人物六卷縣志封域水利學校人物各一卷其體例除人物雜記外皆聯綴成篇夾敍夾議略仿八書十志例爲郡縣志之創格會辛亥之變中輟其後邑人士補輯各門類統爲州志三十卷縣志十二卷刊以行世而於卷端各標原修續修以別之

溪山老農自訂年譜二卷

先生嘗得王園照仿子久溪山圖又以卜宅在文廟東偏門對文筆峯三面環水因自號溪山老農寓終隱之意自訂年譜至五十四歲在汴省奉諱歸里而止先生歿後子保讓別爲續編附錄各一卷合刋焉

經籍舉要三卷

先生自跋云書籍無窮即應讀之書終身不能讀茲特舉其最要而爲貧士力之尚可及者錄之非僅僅守此數册以自足也要之讀書立品內外交修顯微無間讀一書而返之身心真有實得則終身受用不盡天下道理全在六經六經道理包涵于四子而朱子章句集注於四子書之精蘊闡發無遺一二考據之未精固無妨于大道果能用力於朱子之說不使一字放過再求之六經則希賢希聖足矣不必貪多也無欲速無鶩名優游饜飫循序漸進自能日新其德區區之心所望士之有志者又云治經之法根本注疏而導源於小學爾雅說文其最要也爾雅釋經多叚借之義而說文明六書尤以金壇叚氏注爲大宗而桂氏嚴氏王氏諸家如驂之靳蓋說文之學延於宋漸衰於元幾絕於明而大昌於吾朝乾嘉之世漢學由是中興學者窮經必先識字先專一經一經既通推之羣經自然迎刃而解舉凡先儒之說析其同異辨其是非深造而自得之自有溫故知新之效而其微言大義之所在不必泥諸詞句之間自然默識心融觸處洞然若力能泛覽旁通則有漢唐宋元以來先儒暨乾嘉諸老說經之全書在焉

文貞文集十卷別集四卷制義一卷

常熟張瑛序云蠖屈窮鄉老屋數椽僻處無可與言出游都會之地可與言者尤少胸中耿耿求一同心

不可得時而憤結則託之於酒或效陶靖節東皋舒嘯或效王無功長歌寄懷所言終不暢退而閉戶閉口自謂此意獨知可矣忽有人焉崛起荒江寂寞之濱先以書來索余著述繼復假余手校書最後以古文稿求序於余展卷讀之舉五百年士習三千年世變傾筐倒篋而出之不禁拍案狂呼大喜過望此如吳太子有疾得枚乘七發以起之涊然汗出霍然病愈古今快事不可多得者也鎮洋紫翔王君與余兄子祖仁同舉於鄉前十餘年來虞同啜茗於石梅心知為文士至是始知君學宗宋儒素懷大志嚴義利之辨以庶吉士散館作宰中州期年丁憂歸不名一錢人品如是文品可知讀其文辣如薑滑如水不必規橅古人暗合古義庶幾震川所謂自得者歟君文約舉大端有二跋吳也筆遺文云凡為子弟大害有四與程子少年科第一不幸之說同書呂四場彭維皋事同治間君遇彭於通州時髮捻回三逆盪平號稱中興極盛彭獨與君言天下事殆無可為不如從石港朱某學醫君年少氣盛笑謝之迄今二十餘年君追思彭翁先幾之哲乃大悔君之言關乎士習彭君之言關乎世變皆余所欲言未盡者一旦探肺腑而陳之紙上古人云相視而笑莫逆於心何以過此聞君今秋服闋將為虞山之遊余將誦彭君之言以當招隱之辭門人唐文治跋云先師王文貞公文集都文三百六十一首初無編次與年積成稾鈔五巨册先生既歿之後其哲嗣慧言世弟以編訂遺集見屬文治謹本先生平日之志擬定分類目錄復經同學陸君禮南王君熾甫李君調卿先後參酌定為文集十卷別集四卷由慧言校刊自庚申孟春迄辛酉季秋竣事助刊資者同學陸君勸之為首倡次則毛君艾孫王君熾甫黃君伯雨朱君盟微陸君璟周暨文治等俱稍竭棉薄而不敷尚鉅則由慧言自行出資以蕆成之憾光緒丁未文治奉諱歸里先生即委

以編輯文集事手稿見示文治懼弗克勝因先生命不敢辭爲僭定一目錄先生意殊不愜若嫌所存過多者一日偶述古來文家割愛之法當以昌黎爲最先生矍然曰此言汝得自何人對曰此吾婁王弇州先生所言也先生曰見於四部稿乎對曰見讀書後中先生曰汝志之此删定文集之要法也於是知曩昔先生之意因割愛太少耳然要之先生之文精則極性命之微大則臍道純之寄其所淵源上則希蹤考亭下則與亭林稼書相頡頏至於貫穿經史議論古今行乎其所不得不行止乎其所不得不止則又極文章家之能事後世學者殫心讀之自能得其獨到之處然則所存之多寡詎足深論乎茲者遺集刊成固可以慰先生於地下獨文治追念教誨之恩宿草如新而居場未遂每一展卷猶不覺泫然而霑巾也

溪山詩存二卷

先生少爲文選學喜詩詞避難江北時積稿成帙自壯歲留心正學不復措意於此偶有所作一變從前格調而大都感事述懷與夫哀輓諸篇情真語摯近乎以文爲詩者晚年删定古近體三百餘首并自序其簡端歲壬戌子保讓校刊

制義正宗四十卷

先生精選明以來諸大家制義而條附讀書作文法於其後云學者斷以立志讀書爲第一義讀書有序以四子書小學近思錄端其本略仿元程氏讀書分年日程法先治一經次治餘經旁及通鑑綱目暨宋周程張朱明薛敬軒胡敬齋國朝張楊園陸清獻張清恪諸儒先之書蓋義莫備於六經於經書求義理

猶駕輕車馳驟於康莊大道縱橫南北無不如志至通鑑綱目二書體用兼備之學天德聖功王道合一之書宋明以來諸大儒之說則皆所以剖析四子六經之理猶輕重之權長短之度讀書既通然後可以言文學無今古文亦安有今古唐以前之文理到而法自隨之宋以後之文理與法兼到世俗論文者必曰理法其弊也至舍理而言法試思理生法乎法生理乎言理而法自隨之言法而理乃裂矣猶之叔世條教刑罰益煩而犯法者益衆且必至廢法而後已故正本清源當先舍法而言理明理非讀書不可切戒揣摩風氣要知風氣二字誤人不淺譬如生長世衰道消之會君子難進而易退而曰今日風氣宜爲小人不宜爲君子其可乎且風氣誰實爲之人自不長進不能轉移風氣而爲風氣所轉移是謂自暴自棄至揣摩者迎合之謂也士人進身之始而已希圖迎合將來更何所不至此於風俗人心大有關係有志者當力破之又曰文無過史漢八家然作文必以理爲主而氣輔之四子六經載理之書也程朱諸大儒之書發明四子六經之精蘊者也四子六經程朱諸大儒書之義理了然於心然後以史漢八家之義法驅遣之則思過半矣其餘諸子百家當自量其材力之所及博觀而約取之可也若夫古人之文雖重段落起伏節奏然其妙給在有意無意間非作意爲之而自然不越乎規矩所謂行乎其所不得不行止乎其所不得不止若泥迹象以求之則陋矣文治粲制義乃文家之一體實爲游藝之助世之非薄時文者爲其庸濫熟媚耳不知此正時文之弊有志之士所唾棄者先生以古文爲時文所論實皆學古文之法指示精嚴懇至於此可見制義自有本原特附識之以諗後世知言之君子

述學

答羅長子論學書

陳柱

長子足下前承大示敬悉一切不遺鄙陋惎然賜教至以爲感多病多事久未承復良用歉然敬祈諒之詩品序平原兄弟爲指曹植尊說甚是拙文係在某會演講之稿偶見近人注詩品誤爲陸平原兄弟未及考史遂妄以字形字音訂爲子桓之訛殊屬疏忽文稿甫出友人馮振心即舉以訂正然已駟不及舌矣近觀古直詩品箋亦如尊說杜春間著詩品參平亦早已改正然尊意甚厚感甚感甚至墨子之霣降即霣降本於齊人謂雷爲霣之說回雷口員以今音讀之謂爲同音同紐誠如尊說未免太濫然古今音韻不同似未可執今而議古考說文形聲之字如云某从某聲者大抵不外三例一曰同紐同韻（此指完全同音或平仄不同者）二曰同韻三曰同紐如示部祿从示彔聲玉部瑂从王眉聲之類祿與彔瑂與眉其音全同示部禧从示喜聲玉部珽从王廷聲禧與喜珽與廷不過平仄之異凡此皆同紐同韻之例也由是推之則有今雖不同音於古亦爲同音者如一部丕从一不聲丕不今不同音然段玉裁注云丕與不音同故古多用不爲丕則丕不古同音也一部元从一兀聲元兀今音不同故徐鍇云兀下不當有聲字然段玉裁云以髡从兀聲軏从元聲例之徐說非古音元兀相爲平入此不能以今音之異而謂於古非同紐同韻也二部旁从二闕方聲示部祠从示司聲旁與方祠與司雖不同音而同韻此同韻之例也由此推之今雖不同韻而於古爲同韻者水部江从水工聲口部唐从口庚聲江與工唐與庚今韻不同而古韻則同不能以今韻之異而謂古非同韻也士部壻从士胥聲讀與細同壻胥雙聲也艸部茸从艸耳聲段玉裁注云今本作聰省聲此淺人所肊改此形聲之取雙聲不取疊韻者此同紐之例也由此推之有今雖不同紐而在古必爲同紐者示部祡从示此聲古文作𥛱从示隋省聲段玉裁注云隋聲古音在十七部此聲

在十七部音轉最近禱之爲柴猶玼瑳柴傞皆同字玉部瑞从王耑聲段玉裁注云耑聲在十四部而瑞揣圖字轉入十五部唐韻是僞切叉入十六部段氏於古韻不同之字則云合韻不知在古必皆爲雙聲或本諧雙聲爲聲或先已轉某字爲雙聲之聲而再諧其叠韻之聲如瑞从耑聲或古音瑞耑爲雙聲或先已轉耑字之雙聲爲制而瑞耑爲叠韻蓋今有方音古亦有方音造字非一人同一字未必卽同一音如同一耑字在古時有讀在十四部者亦有讀在十五部者部雖不同而必以同紐爲轉也皆不能以今不同紐而謂古亦不同紐也治文字學猶治科學也旣以歸納法求其通則其餘可以類推也明乎此則囘靁囗員四字其聲音之關係乃不待辨而明矣靁說文作靁云从雨畾象回轉形籀文作靁云靁間有囘囘靁聲也段注云古器多以囘爲靁柱謂囘卽靁之初文墨子非攻下篇四電誘祇孫詒讓說卽靁電誖振之譌不知四卽囘之壞墨子文本作囘電囘電卽雷電是則囘與靁在今爲叠韻在古爲同音或爲同字䨓从囘聲卽以上同韻同紐之例也說文霣下云齊人謂靁爲霣从雨員聲段注云靁古讀如囘囘與員語之轉蓋謂古雙聲之轉也据說文䨓與霣同字䨓从囘聲霣从員聲其囘員之爲雙聲猶上所舉柴从此聲禱从附聲此附爲雙聲其例一也再舉一例以明之如艸部蔆从艸淩聲或作蘧司馬如說蘧从遴段注云淩聲古音在六部遴聲古音在十二部而合之者以雙聲合之也囘聲與員聲之合正其例也員部員下云物數也从貝囗聲段注云員叉假爲云字如秦誓若弗員來鄭風聊樂我員商頌景員維河箋云員古文云古音云在十三部囗聲在十五部合韻最近不知員囗亦古雙聲之轉也此以上所舉同紐之例也囗部囗囘也象囘帀之形段注古音十五部囘轉也从囗中象囘轉之形段注古音亦十五

部杜謂囘當从重口音義古均相近其聲亦諧口此以上所舉同韻例也又囯下云囘也从口云聲則云口古必爲雙聲又與口訓囘同則囘口云員古或爲同音或爲雙聲其聲音之關係可知又說文齊人謂靁爲實又云一曰雲轉起段注云雲囘轉而起名之實者略與雲同音也古文云作員杜謂靁从畾象囘轉形靁从囘象靁聲囘之古文作回雲部雲从雨云象囘轉之形與畾象囘轉形同又雲之古文作?與囘之形略同可見雲與靁之相生故其形聲之關係亦如此也今簡而言之由口之聲義孳乳而爲囘靁又由口之聲義孳乳而爲員爲實故齊人謂靁爲實靁實爲同字回象靁聲亦象雷聲之囘轉?象雲之囘轉靁聲雲雨所生故云囘形相近音相轉義相通今粵語若干囘俗言若干云卽說文訓囘之囯云初文囯後起之字也囘云既相通轉員與囘同得聲於口故員云亦相通而云又爲雲之古文故雲實又相通然則口囘雷實雲員云等字其聲之關係可知非紐與韻均同則或同韻或同紐也凡此皆當以說文之例求之不宜以今韻律之也足下博學未卜以爲然否十八年四月日

沈敬亭先生文選提要 附選目

何葆恩

太倉沈光祿敬亭先生起元少承庭訓洎擢高科躋顯仕生重鄉賓沒隆社祭可謂學仕兼優之君子矣先生所著敬亭文稿都凡九卷夙已行世近俞鳳賓先生創刊太崑先哲遺書用以闡潛德而發幽光厥功甚偉特委不佞選輯先生文稿以備付刊惟竊愧譾陋實不知先生之學之萬一敢竭管窺謬加採擇得文如千篇分言行學術經濟掌故闡幽五類凡酬世之作擬稍删削約去十成之六綜其大要均與人心世道有關而其爲文祖述六經出入百氏體大思精渟涵淵懿更足以垂範百世也已茲

特撰提要以究厥旨質諸鳳賓先生以爲何如戊辰仲冬常熟何葆恩敬識

言行類　先生天性純孝在翰苑時聞父疾即不待教習准假遽行其上教習一書嗚咽淋漓詞旨沈痛不減李密陳情表而其義方之教尤有詩禮之風具在家訓可知大概至夫一生政績均詳於歷仕錄持躬清廉聽訟嚴明平反極多所在興利除弊有關國計民生實爲名臣循吏之選其丁卯隨駕紀程敘次簡要係先生隨侍高宗秋獮塞外可見御巡之勝概云

學術類　先生自少讀易於講說有未安處自興化罷官後悉心研究因嘆諸經唯易最古而自漢以來或離彖爻而言卦畫或離孔傳而言彖爻支離龐雜易道反因迷晦洎爲京卿乃廣集言易諸書薈萃研幾惟發明孔傳爲主纂輯成書定名周易孔義集說已采入四庫全書刊載簡明目錄及提要本編所選總論即可窺是書之綱領而是書之得成則與查晦餘先生玩辭集解及寇樹峯先生象辭日箋二書參互攷訂特附錄二序即可略知其書之要餘關說易之文一并采入至其鑽研羣經篤信好學每有心得即爲譔述若四書拾遺實足羽翼聖經啓迪後進而其沈潛理學於身心性命之際實能篤守先訓若理氣說等篇辨晰學說均極精邃類多發微之處若與抱桐頫先生書等篇其衛道之誠更可見一班

經濟類　先生吏治通明處事宏毅若去劉河七浦新閘議曉於利弊足徵精於水利之學若擬時務策等篇類皆獨具隻眼上下千古洞澈本原之作若閩省政務等篇均能審時度勢坐言起行若條陳臺灣事宜等篇可覘昔日臺灣之沿革令人讀之得無興滄桑之感乎若循吏約及書院規約均爲訓誨吏士諄諄不倦苟非學優而仕又孰能優於此

掌故類　先生文辭斐然羣相推重若重修江甯府學記等篇可見興廢之由而督運圖序可見漕運之利弊出塞集序可見坐臺之罪制若大梁書院同門錄等篇尤徵化雨之功若婁東十老圖跋可知梓里之文獻凡此悉有關鄉邦掌故足補史傳之不及

闡幽類　先生秉質忠厚慈祥豈弟內行甚篤而於闡發幽光尤屬竭力不懈凡關於私家著述及忠孝節義者多加揚扢惟恐湮沒不彰而表章先德尤爲誠懇且其最著者厥惟中州卓行編琦節瑰行綜覈名實令人讀之可歌可泣實足興孝弟仁讓之心殊有廉頑立懦之概有功世道豈淺鮮哉

附選目

言行類

上教習徐老師　家訓　歷仕錄　丁卯隨駕紀程

學術類

周易孔義集說總論　周易大象傳後　八卦次第說　周易玩辭集解序　周易象義日箋序　四書拾遺　理氣說　無空說　太極圖說　與抱桐書　答趙亘輿方伯　與周永年　答王集青　偶筆

經濟類

去劉河七浦新閘議　擬時務策　錢法論　封建論　閩省政務上蔣相國　覆飭議分立州縣上督院高公　條陳臺灣事宜上督院高公　治臺私議　鍾山書院規約　循吏約　婁東書院規條

掌故類

重修江甯府學記代　惠濟河碑記代　督運圖序　盧抱孫出塞集序　鵝湖書院記代　大梁書院同門錄序　灤源書院課藝序　婁東十老圖跋　又跋婁東十老圖

闡幽類

題周生永年水西書屋藏書目錄跋　顧玉停內則章句序　肥城尹氏金牛山書屋記　宋蔚如字體辨訛序　重刻黃氏日鈔序　座主張清恪公文集序　何孝子傳　單縣烈婦張氏小傳　繆孝子傳張孝子傳　紀王烈婦事　黃節婦歐氏傳　楊君稷山墓誌銘　顧君玉停墓志銘　王君小山墓誌銘　邱君次衡墓誌銘　李君素園墓志銘　王君天游行狀　凌君綏章行狀　顯考白漊府君行述　亡繼室王恭人行略　亡妾王氏述略　中州卓行編

沈子培先生海日樓遺書目

王遽常

先生著述無慮數十種但生平不憙名多未傳布世罕知之遽常去歲爲先生譔年譜時就所諗者編一目中國學會爲發表於時事新報中史學雜志又爲轉載於是始稍聞於世近續有所知重編此目間附序跋提要裨從學之士覽觀焉

佛國記校注一卷

蠻書注十卷

諸蕃志校注二卷

黑韃事略注一卷

蒙韃備錄注一卷

元祕史箋注十五卷　附元祕史蒙語原文九十五功臣名一卷

案先生始爲蒙古地理學在清光緒乙亥丙子之間初讀張氏蒙古遊牧記及沈氏落颿樓文稿其後始研是書見先生皇元聖武親征錄跋語是書箋注余未見頃得見讀元祕史後記稿文集不載錄之以書見一斑記云幼時讀潛研堂集元祕史跋恨無從得其書尋知楊氏已刻入連雲簃叢書中然全昂貫無力置之也此單行本偶從廠市得之驗其紙墨疑猶是楊氏書初出時所印者展卷快讀頗有得荆州之喜楊氏刻西遊記後附程沈董三釋讀者瞭然於古今地名譯音同異此獨闕如殊以爲憾今以視記所及略識一二張石洲蒙古游牧記中屢引此書多有詮釋亦彙錄之不知蓋闕聊備異時之忘失焉不兒罕山者今之巴爾哈山也（胡刻地圖有此山在巴爾哈河之源李都二刻無之）據都蛙兒上不兒罕山望見統格黎水而不忽合塔去順斡難河行至統格黎河邊知不兒罕山在斡難河源之東甚近太祖初起之時周旋於敖嫩克魯倫二源之間東不能至呼倫貝爾西不能過土剌不兒罕山是其根本王汗方强豈能鵲巢鳩據乎故知張氏謂不兒罕卽今之汗山非也乞沐兒合河者今之齊毋爾哈河據祕史云西通斡難河案之今圖地理脗合札木合所居之豁剌豁納主兒不蓋卽弟ム卷之阿亦（惕）合剌合納在乞沐兒合小河然則札木合所居在今齊毋爾哈河也據祕史稱帖木真與札木合分離自阿亦（惕）合剌合納起知非二地矣主兒不疑卽遼史阻卜部據皮被河卽琵琶川又卽契丹所居之白貔河白貔河卽白狼河白狼河舊指爲老哈張氏有辨甚確愚謂白狼河自是大淩河白貔河自是老哈河準其

地望盡然有別白狼河定爲大淩不能再指白貔河爲大淩也據遼史皮被河城南距上京千五百里而自齊母爾哈至多倫貝爾相去亦不過如此阻卜之爲主兒不情事可信但單文孤證一時不能定耳譯音多少不同蓋全不全之別亦或倒字或係異名額亦惕合剌合納者殆猶今之華額爾齊斯汗騰格里耳疑未能定也下有訶闊兒禿主兒不知豁刺豁納爲係主兒不合名矣札木合泰赤烏所居蓋皆在敖嫩河克魯倫河上流內外當與太祖雜處故太祖自齊母爾喀至僧庫爾而泰赤烏驚起其東烏爾匝河鄂爾順河則皆塔塔里所居浯兒札河者烏爾匝河也兀失兒溫河者鄂爾順也捕魚兒海今之貝爾池貝爾今譯或作布伊爾闊連呼子者今之呼倫池呼倫今譯一作枯倫對音皆相合也此已入今東三省地故金人征塔塔里矣塔塔里與達達自是二種書中分晰昭然當時書如蒙韃備錄金國南遷錄亦自分曉後人或乃不知矣案當爲箋注之嚆矢

皇元聖武親征錄校注一卷

案此書先生嗣子慈護姻丈(願)所編遺書目不載予見之日本那珂通世博士成吉斯汗實錄中既得見先生聖武親征錄跋始知已燬於拳匪之亂其跋曰「……此書乃轉展傳鈔得之於是乃知元史本紀所從來知作此書人曾見祕史而修元史人未曾見祕史也互見印證識語眉上所得滋多爽秋爲洪文卿侍郎搜訪元地理書叚余鈔本傳錄逐並眉端識語錄以去侍郎後自歐洲歸先訪余研究元史諸疑誤前賢未定者舉余校語余請曰單文孤證得無鑿空譏乎侍郎笑曰金楷理謂所考皆至確金楷理者英博士而充使館繙譯地理歷史學號最精助侍郎譯述拉施特多桑貝勒津諸書者

也李仲約侍郎自粵反都亦折節下交相諏問顧余於此書所未暸者侍郎亦引以爲憾而無他本校之蓋二先生所據亦何氏校本與此本同出一原也間屬友人訪諸日本亦無佗本廢然太息丙申歲李侍郎卒丁酉余丁太夫人艱銜恤南歸及庚子而鈔本及積年所搜集諸書留在京邸者並燼於拳焰……」尚可見此書致力之大概及其內容據跋云洪文卿曾有錄本則此書或尚在人間也

長春真人西遊記校注二卷

西遊錄注一卷

塞北紀程注一卷

異域說注一卷

案此書原與上塞北紀程注西遊錄注蒙韃備錄注合爲一册以上諸書予均未見

島夷志略廣證二卷

案原本曰注不曰廣證只一卷其後上海國粹學報社刊入古學彙刊中作此名分上下二卷當秉先生意此書就汪大淵書以新舊各圖證之以考見南洋各島唐宋迄今之航路並考見西洋人所建商埠亦卽古來商賈匯萃之區皆發前人所未發

女真攷略注一卷

案原書在兵鏡附刻中後又附嘎爾旦傳注文不甚多

蒙古源流箋證八卷（附近疆西夷傳蒙古四十八部落攷略）

案此書已由錢塘張孟劬先生(爾田)校正寫定並聞慈丈言以上各書除親征錄校注島夷誌略廣證女真考略三種外都存張先生處謀校寫

以上史地之屬凡十有四種附三種

漢律輯補一卷

案此書及下晉書刑法志補蓋與徐博泉(同溥)同輯遺書目不載當已佚金句丞丈與先大夫書曾述及之云弟意其書已不存緣當時與博泉同輯博泉在日問過亦遺失云余在先生困學室讀書記中見輯自公羊傳何氏解詁(凡六條)說文解字(凡十五條)爾雅郭注(周禮注疏)(凡二十九條)儀禮注疏(凡一條)禮記注疏(凡六條)左氏傳注疏(凡一條)蔡邕獨斷(凡一條)漢書顏師古注(凡四條)諸書凡數十條當爲此書嚆矢

晉書刑法志補一卷

案已佚

以上樂法之屬凡二種(晉書刑法志補本在史部茲以類列)

樂髓新經一卷

案未見遺書目有之

以上樂律之屬凡一種

法藏一勺四卷

案遺書目不載予見鈔本於金何丞丈所蓋掇拾菁華之作少所發明後欲假鈔未果而丈遽歸道山身後不振不知流落何所矣

以上釋家之屬凡一種

海日樓文集厶卷

案未見聞近由元和孫隘堪先生德謙校正

海日樓詩集厶卷

案聞有十二卷之多已刻一二兩卷餘存朱古微先生處

寐叟乙卯稿一卷

案此係先生六十六歲時所作歲次乙卯故名孫隘堪先生刻之吳縣後收入海日樓詩集第一卷

喁於集一卷

案未見聞上虞羅叔言先生刻之簃名當爲唱酬之作遺書目不載

倦寐聯吟集一卷

案未見見余堯衢輓公詩注云自予來申四五年間互相唱酬各得詩七十篇爲一時同人所無裒然成帙公顏之曰倦寐聯吟集比之皮陸予改曰寐倦公持不可遺書目不載

曼陁羅寱詞一卷

案上海涵芬樓印行之

類帖攷厶卷
案未見遺書目亦不載予聞之金甸丞丈丈謂有鈔本
寐叟題跋四卷
案上海涵芬樓印行之編次未善有複出
碑跋一卷
案未見遺書目
答龍松生書法問一卷
以上文藝之屬凡十種
東軒溫故錄一卷
案記論經史之屬
東軒手鑑一卷
案記釋家言
札記一卷
案亦記釋家言起癸丑七月二十七日
雜記一卷
案記論道家言

月愛老人客話一卷

案多雜家言起己未二月十日

冶誠客話一卷

案亦係雜家言

護德瓶齋客話一卷

案共只五則記友朋雜語

護德瓶齋涉筆一卷

案多論西北輿地及遼金元史間涉經濟及雜藝自記云此壬午癸未之間所記後亦有續添者大抵在京邸時

護德瓶齋筆記

案只兩則記師門感舊

潛究室劄記一卷

案與護德瓶齋涉筆相似疑一時所記

菌閣瑣談二卷

案論詩詞雜藝

全拙庵溫故錄一卷

案論詩文樂律及詞曲書畫之屬自敍曰尤悔多端七十而不能寡過平旦氣定反省惄然吾先君署別號曰拙孫見於日記時年甫逾二十也自吾曾大父以拙字詔後人小子罔知憧憧朋從及今日而后憬然反本不已晚乎孟東野詩云庶全君子拙恥爲小人明全受全歸毋忝所生勉諸

鄂游栖翫記二卷

案記二氏言及地理樂律字母之屬

以上雜記之屬凡十有三種（其未整理者尙有多種）

唐蔚芝先生茹經堂叢書提要 并序

陳起紹
何葆恩

唐虞三代之世聖哲挺生以先知覺後知先覺覺後覺一以救世救民爲心其所以自任者甚重故言而世爲天下法行而世爲天下則六經者先聖所以明天道正人倫致郅治之成法後之爲政者或得其大或得其小得大則大治得小則小治誠政治之康莊也孔子集羣聖之大成而孟子私淑之孔子神遊唐虞之朝夢想大同之治欲以堯舜之道救民雖不得位然立教萬世非天下之至聖其孰能與於此孟子亦欲以堯舜之道救民雖不用世然闢楊墨放淫辭所謂功不在禹下是也孔子言孝弟也者其爲仁之本與孟子道性善言必稱堯舜曰堯舜之道孝弟而已矣夫孝弟之性生於悱惻纏綿不可解之天性乃人心之所同然堯舜之治本人之天性施於教化行於政治而不忍人之心洋溢寰區人類之生機暢矣於戲孔孟往矣不可得而見矣端賴天下後世賢哲之士能闡揚聖道弼教明倫具救世之苦心則天下滔滔其庶有豸乎蓋莫爲之前雖美而弗彰莫爲之後雖美而弗揚也晚近以來西學東漸國人震其物

實之盛也經濟之宏也幡然改圖盡革舊制甚至有離經畔道者而世乃愈趨擾攘之境矣不知一國有一國之國性有歷史習慣之因革不可沿襲要在舍短取長而已易曰窮則變變則通通則久天下之爲治常變而所以爲本者未常變也歷覽國史受外族之蹂躪者數矣而吾民族終永久而勿失是故外族雖一時以暴力征服之欲施於吾民族者卒有所不行且久反同化於我果何故哉要以吾民族之道德得人性之本然亦實賴先聖賢之陶冶與後世之賢哲相與繼繼承承闡微揚幽維持世教故能歷久而彌光也吾師太倉晉陽夫子學術淵玄撰著宏富功業文章世所共仰政變後壹志講學孜孜不倦四方之士不遠數千里而來慨夫世道陵夷抱悲天憫人之心用發爲救世救民之文章聿觀茹經堂叢書實承先聖賢哲之道繼往開來發揮修齊治平之大義引伸格致誠正之微言導吾民族之性情保吾民族之道德所以維持於不墜者其所以丁寧而反復者三致意焉若羣經大義提綱挈領剴切敷陳實足羽翼經傳而啓迪後進者其辨析學術於世道人心最痛切者厥惟紫陽與陽明學術發微二書夫紫陽之學道問學也陽明之學尊德性也道問學則盡精微矣尊德性則致廣大矣世徒知紫陽涵養進學之盡精微而不知紫陽又何嘗不致廣大者乎世徒知陽明致良知之致廣大而不知陽明又何嘗不盡精微者乎吾師有鑒於此故於論紫陽學曰朱子生南宋時蒿目時艱覩國勢積弱勢將淪爲異域於是本其惻隱之心發爲大文曰仁說曰玉山講義其言謂天地以生物爲心而人物之生因各得夫天地生物之心以爲心曰在天地則坱然生物之心在人則溫然愛人利物之心曰性者真實無妄之理仁義禮智皆真實而無妄迺於性善之學反復申明告戒嗚呼何其言之仁也曰擴然而大公者仁之所以爲體也曰

人或不公則於其所當愛者又有所不愛惟公則視天地萬物皆爲一體而無所不愛斯言一出而天下之公理不滅矣詎非致廣大者乎於論陽明之學曰陽明答歐陽崇一書曰良知不由見聞而有而見聞莫非良知之用故良知不滯於見聞而亦不離於見聞然則陽明良知之學何嘗遺棄見聞哉良知之爲用窮天地亘古今兼本末賅始終豈拘墟一端而已余之分類凡十曰德行之良知曰聞見之良知曰好惡之良知曰事物已往之良知曰臨事警覺之良知曰事物未來之良知曰深沈涵養之良知曰歷練精密之良知曰爲學知類之良知曰良知昏昧之由均以陽明學說比附詮釋之詎非盡精微者乎抑更有進者吾師於朱王之學以爲一致百慮殊途同歸其言曰朱子言致知力行多言隨知隨行而云小學先行後知大學先知後行朱子之意蓋亦統知行先後言也陳氏北溪深得朱子之師法者其言曰致知力行如目視足履動輒相應非截然判先後爲二事陽明之言與陳氏合亦未嘗與朱子悖陽明鑒於天下多虛知冥行之人故爲知行合一以救之然則朱王之學詎非互爲溝通者乎善乎胡氏白水之言曰惟朱子精微之語自陽明體察之以成其良知之學惟朱子廣博之語自陽明會通之以歸於致良知之效斯言也人或謂其穿鑿附會然實有獨到之處也故詆紫陽之空言性命學無實用者非紫陽之過乃不善學之過也毀陽明之高談良知大而無當者非陽明之過亦不善學之過也吾師能洞燭治朱王學者之癥結窮源竟委鎔鑄一鑪自來所未有也晚近世亂日亟人心險巇世人能深讀吾師羣經大義及朱王發微等書力行之以新其國人心其庶幾不泯乎剝而之復其在斯乎吾民族之特性與道德發而導之其在斯乎矧東西學子讀孔氏之書及研究朱王學術者風起雲湧我國人寧可不寶視之乎然則吾

師之以先知先覺而自任以覺後知覺後覺者其救世救民之心爲何如耶海內景仰吾師者甚多而讀其著書者甚少知其讖書者尤尠同門諸君子嘗有爲吾師著書撰提要者然緻學之士猶以未窺全豹爲憾起紹等忝列門牆不揣固陋謹就一得之愚復加探索爰集茹經堂叢書合纂提要俾世之讀吾師書者有所先導云

經部 尚書類

尚書大義二卷二册 民國十八年鉛印本

尚書爲我國政治學之要典治尚書學者甚衆然苦不得門徑是書分內外二篇外篇敍今古文源流採擇精博斷判謹嚴吸收段江王孫諸氏菁華內篇分政治學政鑑二門於聖人禪繼大義著作本原闡發無遺尤精者如論洪範八政呂刑刑法費誓軍紀與周秦二代盛衰存亡之故均足昭示來茲振興世運蓋尚書爲我國寶書而此書尤爲解釋尚書中之寶書

洪範大義三卷一册 民國十一年錢塘施氏刻本

洪範爲箕子所陳上契夏禹心傳下開周孔統緒本治己以治人政治之學莫精於此是書分卷凡三一曰傳註精采黃氏儆香尚書啓幪吳氏摯甫尚書故二書居多傳義則以黃氏石齋李氏榕村之說爲主而參以己意二曰政鑑洪範爲我國政治學之權輿由之則治背之則亂三曰析疑詳引各家之說以正前人之誤由是而休咎福極迷信之說可以破除矣

經部 孝經類

孝經大義一卷一册 民國十一年錢塘施氏刻本

世局之亂由於人心之不務本本不立而道生孝者人之本家之本國之本天下之本也是書首采鄭君注次黃氏石齋集傳又間采阮氏福之說其間參以己意十之五六詳演申論剴切透達令人讀之孝弟忠順之心油然自生吾師著書用意所在非徒疏釋文字而已末附大孝終身慕父母說三篇宏通懇摯尤屬提撕良知

經部 四書類

大學大義一卷一册 民國十一年錢塘施氏刻本

大學本在小戴禮記四十九篇中其經文聚訟不一自注疏本外有大程子本二程子本高氏景逸本劉氏蕺山本皆由本經論誠意之功在先以致開後學之疑是書本鄭注以爲本經八條目以修身爲本而修身以誠意爲本以下明德日新新民之旨皆賅於誠意之內兼採朱注并旁及孫氏夏峯劉氏蕺山顧氏亭林陸氏桴亭李氏二曲陳氏蘭甫諸說之精粹者直探先聖之遺教示人入德之門而其尤要者在自天子以至於庶人絜矩之義即忠恕一貫之義亦即近世平等之義有會於此方可建設大同之治

中庸大義一卷一册 民國十一年錢塘施氏刻本

中庸爲禮記第三十一篇自唐宋以來多有表章此經者此書先列鄭朱二注於其繁冗處稍刪節之次采黃氏元同子思子輯解并旁採顧氏亭林陸氏桴亭陳氏蘭甫孫氏夏峯李氏二曲諸說又參以己意說明中庸與大學相表裏二書不但爲道德之指歸且皆政治之要領也而其尤要者發明仲尼祖述憲

亭之旨即作述禮樂之緒孔子爲素王春秋家說實即禮家舊說有會於此可知後儒疑孔子囿於封建思想實未窺中庸之奧竅也

論語大義二十卷三册 民國十一年錢塘施氏刻本

論語一書道德之淵藪政治之綱領與夫修身處世觀人之道悉備於是初本略采朱注參用古注又間下己意取簡賅以便初學又採先聖精義作大義二十篇後以初本註釋太簡後删改二次采李氏榕村陸氏稼書黃氏薇香劉氏楚楨諸家之說加以按語斷爲定本實爲漢宋以來創作

論語大義外篇一卷一册 民國十八年鉛印本

論語一書後人疑竇甚多吾師因恐學者妄疑特闢其說別爲外篇附大義後此書詳載藝文志經籍志授受源流極爲精深其中尤要者辨疑一篇匡謬闡幽足破學者之惑後載師法表篇次章數表研究法表參攷書目表元元本本指示學者康莊大道爲治論語入門必讀之書

孟子大義七卷七册 民國十一年錢塘施氏刻本

孟子一書實爲今日救世良藥是書貫串羣言發揮新義孝弟人倫之本出處取與之經察識擴充之幾闢邪反正之道不憚剴切敷陳而其尤要者則在剖析義理警覺良知略採朱注兼摭張氏南軒顧氏亭林黃氏梨洲王氏船山陸氏桴亭陳氏蘭甫羅氏羅山諸說雖零金碎玉俱爲精當不磨又別撰大義七篇首篇純係愛民宗旨故列無數民字二三篇係出處大節兼闢異端四篇係政治學而道揆法守之綱具五篇係窮理學而天下爲公之義明六篇係盡性學而天降大任之功顯七篇係立命學而道統授受

一以貫之豪傑之士聞斯言者可以興矣

經部 總義類

十三經提綱十三卷二册 民國十一年錢塘施氏刻本

吾國十三經如日月之麗天江河之行地萬古不磨吾國之瓌寶也治之者務在攬其宏綱抉其大義實事求是以爲修己治人之務是書總羣經之綱領吸百家之精英陳宗旨辨家法獨據己見遠紹微言精訓詁而不涉於支離明義理而不流於虛寂真僞得失詳晰開示學者循是以求得執簡御繁之道不患讀經之難矣

經部 經評類

十三經讀本評點劄記四十五卷十册 民國十一年錢塘施氏刻本

圈點之學始於蘇氏老泉謝氏疊山盛於鍾氏伯敬孫氏月峯歸氏震川而大昌於方氏望溪姚氏姬傳曾氏滌笙圈點者精神之所寄學者閱之如親聆教者告語之辭也是書係吾師歷搜善本逐一過錄積十餘年之精神克觀厥成當編輯時太倉陸師景周及王師慧言亦與焉自蘇氏謝氏鍾氏孫氏歸氏方氏姚氏曾氏外旁及陳氏子淵郭氏文穀陳氏交一張氏賓王楊氏紹溥儲氏同人王氏昭平徐氏退山武氏士進任氏釣臺方氏存之劉氏海峯幷吾師諸色圈點各極其妙學者得此指示並詳玩評點舉一反三不患讀經之難豈非經學之要鑰歟

史部 奏議類

茹經堂奏疏二卷三冊 民國十六年刻本

吾師少學朱子文字故服官戶部時所作奏稿多效朱子封事瓣香南豐成章而達極可寶貴迨入譯署後練達時務文益縱恣而仍歸切實改官商部後一切章程皆吾師所手定與直督袁項城爭議路務則侃侃無所撓論者謂我國商務萌芽吾師實培植之即以商會而論遍於全國推及南洋爲吾師當時所奏准商團之立亦係吾師一力主持惟吾師自致仕後壹意韜晦今無有能知者矣

史部 傳記類

英軺日記十二卷四冊 光緒癸卯北京文明書局鉛印本

光緒壬寅清貝子載育周振奉命出使英國賀英皇加冕兼作比法美日諸國之遊吾師代貝子載育周作爲此書時吾師爲外務部主事以參贊官隨行其間途行八萬里爲時十七旬於各國之民情風俗以及政治學術商務靡不詳載仿黃氏日鈔顧氏日知錄體紀事之餘參以議論大抵英詳於商務及學校諸事比詳於製造工藝法詳於議院各衙門制度而於教務必持之斷斷美詳於各部章程及其地方自治之法日本與我同洲其則不遠故於憲法等並多研究而於教育之法尤三致意蓋不啻近世史中之世界史矣

子部 儒家類

紫陽學術發微十二卷一冊 民國十九年鉛印本

朱子學術博大精深後人鮮有能提綱挈領者是書分十二卷一爲學次第二己丑悟道三心性學四論

仁善國五經學六政治學七論道釋二家學八辨金谿學九辨浙東學十晚年定論評十一十二朱學通論上下朱子畢生學術提要鉤玄洪纖畢備自李氏榕村朱氏止泉王氏白田後未有能道此者自此書出治紫陽學術者不啻得航海之指南矣

陽明學術發微七卷一册民國十八年鉛印本

輓近人心波靡非致良知不能救東瀛講陽明學居然自强其國此書分七卷一講學事蹟二經學宗傳三陽明學四大題四良知經學五六通貫朱學七龍溪述學髓脊萃菁英徹始徹終實功利家之要藥吾師嘗謂訓練學子當以知覺爲先而知覺必致其良始能開物成務陽明良知之學其功不在孟子下此書實可爲强國之基

人格一卷一册民國四年鉛印本

自宋以來論修身立品之書無過於朱子小學次則陳氏確庵聖學入門劉氏念臺人譜是書已歷四版示人以立身處世之標準上采周秦以來古聖賢諸子下逮宋元明諸儒之論說加以淺鮮疏解允宜家絃戶誦人手一編者也而此書又力矯近世浮誇奢侈之習歸眞反璞蓋足繼朱子小學而起亦足與陳劉二氏互相頡頏矣

子部兵家類

軍箴五卷一册民國十四年鉛印本

方今世界幾與戰國相近而師出不以律閭閻騷擾民生困苦有令人目不忍睹耳不忍聞口不忍言者

是書已歷三版專以勝殘去殺喚起軍人愛民之心爲主義分法守戒律孟子格言先賢遺範軍人歌軍事教育已備倘人人能讀此書而軍事學校中採爲課本則中國可強而世界之殺機亦可稍息矣

集部 別集類

茹經堂文集初編六卷三册 民國十五年刻本

是書爲同門南潯金君叔初獨力付刊而此書實有貫串百氏牢籠萬有之概前四卷多發揮聖賢微言大義五卷家乘多至情至性之文尤足感動人心六卷紀事載庚子拳亂狀況關係國故而爲文博大精深實能於八家外別樹一幟

茹經堂文集二編九卷四册 民國十六年刻本

是書爲同門金君叔初及太倉胡君粹士張君貢九及吾師裘甥俞君鳳賓等集貲付刊書凡九卷較初編別有擅勝之處蓋初編較謹嚴二編更爲豪邁經說淹貫漢宋學之精英雜文本源經子出入韓歐至於喚醒世道人心尤有裨益

集部 總集類

性理學大義十七卷四册 民國十三年鉛印本

今世人心陷溺殺機橫溢非本人極之說以救之人道何由而明人格何由而生有宋周子著太極圖說闡發性善之旨以傳於程楊羅李諸氏至朱子而集其大成是書分周子大義二程子大義張子大義洛學傳授大義朱子大義等篇每篇各冠傳狀書中精要處均詳加評點提綱挈領綜括伊洛淵源蓋世之

言理學者皆知讀宋元明學案及正誼堂叢書然學案雜而越正誼堂亦覺其繁提要鈎玄非讀此書不爲功

國文大義二卷二册 民國九年鉛印本

文字者人心世道之綰鑰也我國文字與語言雖判若兩端而實有息息相通之理籍令文化日漓修辭立誠之義淘汰靡遺我國民之心思將日粗志气將日浮智識將日淺气象將日萎其於事理之剖析更茫然若迷格不相入主持人心世道者更將何所措其手是書原名高等學校國文講義彙古人之文分論之教人行文之法中有論文之根源文之氣情才文之志意與理及繁簡奇正變化格律文之聲色味神深通奧窔蓋於姚氏古文辭類纂義例所載更析而精之神而明之實爲文學之津梁也

古人論文大義二卷二册 民國九年鉛印本

吾師自跋云得名師難得衆名師尤難衆名師不可得而況於天下之名師天下之名師不可得而況於古來之名師今是編成是聚唐宋以來衆先生於一堂斯誠可謂文苑之大觀矣云云是書自韓文公至吳氏摯甫都三十家共一百有七篇凡我國自來古文家論文精義畢萃是編矣先生之意非欲使後之爲文者盡拘古文之法蓋欲使人知古人行文之妙自有法以至無法入於化而已可不謂宇宙之奇觀哉

國文經緯貫通大義八卷四册 民國十二年鉛印本

昔姚氏惜抱編古文辭類纂以明文之義法世遂有桐城派之目至曾文正繼之編古文四象以辨文之

陰陽剛柔其道大昌可謂精矣然於文之筋脈猶未詳示學者未得門徑不易領悟而近世言修辭學者或僅尙詞藻流於瑣碎轉使學者精神才氣疲於無用是書分四十四法選文共三百餘篇每篇筋脈貫輸之處加以評點俾讀者瞭如指掌千門萬戶無美不收實開千古未有之奇使姚曾二氏尙在或且心折後世之學文章者必當以是爲鴻寶矣

國文陰陽剛柔大義四卷三册宣統庚戌上海文明書局鉛印本

姚曾二氏所選古文書多未備選擇目次頗多率略古人文之膾炙人口者如韓文公張中丞傳後序歐陽文忠瀧岡阡表均未入選意爲未成之書是書原名高等學校國文講義大抵取材四象而摘選較精自易書詩禮語孟以及國策莊子漢賈董兩司馬揚劉班氏唐韓柳宋歐陽氏都爲四卷共百有九篇蓋自三代以迄唐宋之鴻文鉅製略備於是矣吾師嘗謂陰陽剛柔之道根乎天地發乎人心明其說可以治心可以觀人可以覘國心之喜怒哀樂人之吉凶禍福國之治亂興廢莫不於陰陽剛柔以見其端苟能補偏救弊則中和可致吉祥可臻郅治可待然則是編豈特文而已哉

國文讀本四卷四册宣統庚戌鉛印本

凡教初學讀文務尙實事切忌空談蓋實事爲其所喜空談實所不解然苟毫無議論亦不能開其智識而轉窒其是非之心此書原名高等小學國文讀本以實事爲主而佐以議論首以諸子國策等書最有趣味者爲入門之法次史記小品次孟子淺顯之文各加按語立義正大人格教育已寓其中次精選八品分雄健誠摯雅逸怪奇名雋靈警詼詭恬適各類五花八門開發初學心思莫過於此矣

讀文法箋注二卷二册 民國十三年上海商務印書館鉛印本

吾師選輯古文區爲十品曰雄健精誠靈警雅逸倜儻恬適名雋詼詭妍麗怪奇各系以短論詔示初學名曰讀文法無錫鄒先生聞馨爲之箋註學者便之咸稱爲初學作文之縮鑰蓋國文讀本爲程度較深者而設此書則爲程度較淺者也是編所采類皆風義卓然激發志氣之作其所以淬勵人格者深矣

以上已出版者

經部

詩經大義八卷 未刻本

是書遵孔子說詩家法興觀羣怨事父事君多識之旨爲之比類曰倫理學所以事父事君者也曰性情學可以興可以怨者也曰政治學可以觀者也曰社會學可以羣者也曰農事學軍事學則政治學之支流而亦可以觀者也循是六者天下國家盛衰興亡治亂之迹概可知矣曰修詞學則多識之緒餘也曰義理學則根於詩無邪之旨而深入於倫理性理之情微者也分門別類俾讀者瞭如指掌苟能循是以求詩之大義思過半矣

曾子大義二十卷 未刻本

是書首卷爲孝經 已出版 二卷爲論孟中之曾子語外編大戴禮中曾子十篇小戴禮中曾子問大學二篇 大學已出版 及經子中語以完曾子二十篇之舊

史部

政治學大義八卷未刻本

中國政治學始自唐虞傳至洙泗向無專書倘有外人負笈來學政治茫無以對深可愧也吾師有鑒於此因成斯編內分奏疏公牘書函本論凡四門而本論十二篇指陳近時利弊尤爲痛切

自訂年譜二卷未刻本

是書爲吾師手訂注重者有四端一學問徑途二時政得失三師友淵源四著作源委鈔本至六十歲止書凡二卷現尙在續訂中

子部

儒家靜坐法一卷未刻本

是書自李氏延平至李氏二曲止中尤以高氏景逸靜坐說爲最精

讀近思錄劄記一卷未刻本

讀思辨錄劄記一卷未刻本

以上二書爲吾師評讀之語爲同門太倉朱君賁徵輯錄成書者也

集部

茹經堂文集三編　卷未刻本

吾師文集自二編刊行後仍繼續撰述今裒然又成帙矣

茹經堂制義一卷未刻本

制義之體昉於宋代而盛於明之中葉吾師效法歸氏震川唐氏荆川而才氣實過之中有率性之謂道篇牢籠諸子發揮義理精確無倫父母在不遠遊篇則至性至情令人讀之不禁下淚云

以上未出版者

以上已出版者凡二十四種未出版者凡九種尙須以次刊布謹略爲提要如右起紹等學殖譾陋蠡測管窺實未能道其萬一先生耆年碩德精力過人著書殆未有艾然世之學者欲知吾師之學將已刊者能熟讀而深思之亦可見其大概矣

民生史觀之研究

李懷清

(一)何謂民生史觀？

孫中山三民主義民生主義第一講云古今一切人類之所以要努力就是因爲欲求生存人類因爲要有不間斷的生存所以社會才有不停止的進化所以社會進化的定律是人類求生存人類求生存才是社會進化的原因民生爲社會進化的重心社會進化又爲歷史的重心要把歷史上的政治和社會經濟之中心都歸之於民生問題由此觀之民生史觀最簡要之界說即人民求生存爲社會歷史之重心也

(二)民生史觀與我國儒家哲學

新生命梅思平謂儒家哲學的出發點是生的世界觀豈其然乎我國儒家先認識宇宙爲一動的宇宙論語云逝者如斯夫不舍晝夜易云天行健君子以自强不息中庸云至誠無息詩云惟天之命於

穆不已……儒家視宇宙爲一不舍不息不已之動的本體故因動而生變化易云剛柔相推而生變化按推即動也因變化遂滋生萬物易云天地感而萬物化生按感即變化也又云天地變化草木蕃乾道變化各正性命中庸云天地之道可一言而盡也其爲物不貳其生物不測而萬物亦無時無地不隨宇宙同在動與變化之中易云生生之謂易生生者繼續不斷之變化也亦即生之意義也但一切生物在繼續不斷之變化中其相互關係究何如耶質言之即一切物類是否以消滅其他物類爲條件易云保合太和至哉乾元萬物資生……含弘光大品物咸亨中庸云萬物並育而不相害由此可知儒家以自然界爲一和平安樂各遂其生之世界即所謂生的世界觀也儒家本生的世界觀認識社會之起源爲造端於夫婦（中庸）即認定有天地然後有萬物有萬物然後有男女有男女然後有夫婦有夫婦然後有父子……然後禮義有所措（易序卦）此與近世社會學所謂一切社會制度是淵源於家庭者不謀而合而民生史觀即以儒家之生的世界觀爲出發點以社會造端於夫婦爲中心理論認定社會制度淵源於家庭確定歷史之中心爲民生

（三）民生史觀爲三民主義之歷史觀

三民主義之歷史觀即爲民生史觀茲請得而申言之民生史觀既以生的世界觀爲出發點故有違反生的原則者均加以改造或救濟因民族之傾軋而生民族不能各遂其生之現象故產生民族主義因政治之壓迫而生民衆不能各遂其生之現象故產生民權主義又因改造全體民衆之生活而俾能各安其生故產生民生主義此自民生史觀之實用方面言之亦可知三民主義之哲學基礎即爲民

生哲學戴季陶孫文主義之哲學的基礎略謂中山先生之思想可分爲能作與所作二部份前者卽其倫理哲學後者卽其政治哲學實則此二部份之出發點俱爲民生史觀觀下列民生哲學表當更瞭然矣

民生哲學
- 民生的世界觀——民生史觀
  - 倫理哲學(能作部份)
    - 智
    - 仁
    - 勇
  - 政治哲學(所作部份)
    - 民族主義
    - 民權主義
    - 民生主義
    - ——大同主義

(四)民生史觀非唯心論或二元論

民生史觀所根據之本體論爲儒學哲學既如上述而儒學哲學決非唯心論蓋純以物的觀念爲起點者試觀易所謂仰則觀象於天俯則觀法於地觀鳥獸之文與地之宜近取諸身遠取諸物大學所謂欲誠其意者先致其知致知在格物中庸所謂鳶飛戾天魚躍於淵言其上下察也此皆認定自然界一切原則存乎物之本身而已但中庸所謂唯天下至誠爲能盡其性能盡其性則能盡人之性能盡人之性則能盡物之性斯不免爲反對者持爲有唯心論嫌疑之對象戴季陶以一誠字作民生哲學系統之總出發點而引起唯心論之誤會亦卽在此實則儒家之誠乃以格物爲基礎與西洋哲學家之 Idea 或 God 有殊共產黨之中心理論建築於唯物史觀之上唯物史觀以唯物論作掩護對於反對唯物史觀者均加以一唯心論或二元論(馬克斯實爲二元論者)之罪名自戴氏發表民生哲學後一般中國

共產黨即力詆戴爲唯心論者余深恐世人不察道聽途說受其朦蔽故特辭而闢之

(五)民生史觀與唯物史觀

馬克斯之唯物史觀認定生產方法爲一切社會制度之造因孫總理之民生史觀則認定生產方法之本身孕育於民生一切社會制度淵源與家庭換言之唯物史觀者認定先有生產制度後有社會組織是以生產制度爲因社會組織爲果民生史觀者則反是根據現代之社會學與社會進化論得知有人類始有家庭有家庭始有分工之生產此足證明生產制度乃以社會成立爲前提者也且就人類與經濟之關係而言人類爲人口之蕃殖與慾望之增加即須變更舊有之經濟組織欲變更舊有之經濟組織即須改良舊時之生產力故生產力與經濟組織之變更由于人類求生之動力之推進孫中山先生在民生主義第一講內已將此義闡發無遺幷反復痛斥馬克斯錯認物質爲歷史之中心等謬論總之民生史達爲生的世界觀唯物史觀爲物的世界觀二者之哲學立足點判然不同吾人固宜明辨之也

中學生作文之方法

徐玉成

中學生作文之方法其主要工作約有三部第一爲事前之準備第二爲臨文之注意第三爲屬稿後之修飾吾人欲學作文當從此處尋其途徑茲據古今論文家所說之詞參以鄙意略述如下

(一)事前之準備　初學作文事先之準備應當注意平日之讀書約有四點

(1)求字義之正當解釋

(2)明詞性之正當運用

(3)廣搜各種之典實攷證各種之掌故

(4)明白各篇文詞之章法變化

若能於此四點留意則臨文時不憂無材料得材料不憂難剪裁故劉勰云積學以儲寶酌理以富才研閱以窮照馴致以繹辭見文心雕龍神思篇

(二)臨文時之注意　作文預先有準備後至臨文時尤宜細心攷慮注意下列八點

(1)用字　用字為作文之起點務求地位穩當意義顯明作文而不知用字則終身不得入門故孔子著春秋爭一字之褒貶一字妥則全篇生色一字不妥則全篇減色故劉勰云夫人之立言因字而生句積句而成章積章而成篇篇之彪炳章無疵也章之明靡句無玷也句之清英字不妄也振本而末從知一而萬畢矣見文心雕龍章句篇　又云是以綴字屬篇必須練擇一避詭異二省聯邊三權重出四調單複見文心雕龍練字篇　王森然云無論用虛字實字一一研究其正確之意義不同亂用字在句中力求位置妥協意義安適……勿用古字僻字義有費解或未能了解其真義者宜多查字典或以習見字之相當者代之見中學國文教學概要

(2)造句　字既妥矣進而研究造句勿詰屈聱牙勿俗俚淺近(語體不在此例)勿意思晦塞勿襲取陳言勿與上句重複勿與上句隔絕能注意此六項則句法自能通暢雅潔顯明新奇簡要連貫故劉勰云置言有位位言曰句句者局也局言者聯字以分疆……句司數字待相接以為用……搜句忌顚倒

……四字密而不促六字格而非緩或變之以三五蓋應機之權節也 見文心雕龍章句篇 又云同辭重句文之肬贅也……故三準既定次討字句句有可削足見其疎字不得減乃知其密精論要語極略之體游心竄句極繁之體謂繁與略隨分所好引而申之則兩句敷為一章約以貫之則一章刪成兩句思贍者善敷才覈者善刪善刪者字去而意留善敷者辭殊而意顯字刪而意闕則短乏而非覈辭敷而言重則蕪穢而非贍 見文心雕龍鎔裁篇 王森然云駢散一任自然務求句之構造不與文法相背句句有着實之意義與力量 見中學國文教學概要

(3)明章　字句既安進而論章第一要線索之明瞭第二要次序之清楚第三要前後之呼應第四要聲調之鏗鏘(語體不在此例)勿雜亂勿顛倒勿重複勿過繁勿過簡勿脫離故劉勰云夫設情有宅宅情曰章章者明也明情者總義以包體……章總一義須意窮而成體其控引情理送迎際會譬舞容迴環而有綴兆之位歌聲靡曼而有抗墜之節也尋詩人之擬喻雖斷章取義然章句在篇如繭之抽緒原始要終體必鱗次……裁章貴乎順序環情節調宛轉相騰 見文心雕龍章句篇 曾國藩云以至近世名家莫不各有匠心以成章法如人之有肢體室之有結構衣之有要領大抵以力去陳言戛戛獨造為始事以聲調鏗鏘包蘊不盡為終事 見覆許仙屏書

(4)謀篇　章法既知乃可謀篇當虛靜其心振作精神在文章之虛處實處正面反面旁面精密攷慮用順次逆序分折比較綜合諸法布成局勢故劉勰云是以陶鈞文思貴在虛靜疏瀹五藏澡雪精神……然後元解之宰尋聲律而定墨燭照之匠闚意匠而運斤此蓋馭文之首術謀篇之大端 見文心雕龍

神思篇　曾國藩云謀篇布勢是一段最大工夫書經左傳每一篇空處較多實處較少旁面較多正面較少精神注於眉宇目光不可周身皆眉到處皆目也線索要如蛛絲馬跡絲絲不可過粗亦不可太密也見日記八則王森然云下筆前須將全篇大意想定勿做一句想一句做一段想一段見中學國文教學概要

(5)審題　欲思謀篇尤宜審題將題字審查一過得知其重要所在盡力而發揮之則無空泛不切之弊故劉勰云若天才駿發之士心總要術敏在慮前應機立斷覃思之人情饒歧路鑒在疑後研慮方定見文心雕龍神思篇　王森然云題目宜求了解并宜求題意所着重處見中學國文教學概要

(6)立意　題既明矣而後立意意主新勿欲舊意主顯勿欲暗意主奇勿欲僻意主順勿欲亂意主精勿欲粗意主含蓄勿欲淺露故劉勰云是以草創鴻筆先標三準履端於始則設情以位體舉正於中則酌事以取類歸餘於終則撮辭以舉要見文心雕龍鎔裁篇　又云意翻空而易奇言徵實而難巧也見文心雕龍神思篇　王森然云立意方面以自身爲主體而以古人或他人之說爲參證且不主一家言……作文要有獨立的精神闊大的眼光勿落前人窠臼勿剽竊他人成文見中學國文教學概要

(7)知體　意思既有又在知體現代文學簡約而言可分文言與語體兩種每見初學作文以文言字句雜於語體內或以語體字句混於文言內涇渭不分雅鄭莫辨此不知文體之誤也故劉勰云夫情致異區文變殊術莫不因情立體卽體成勢也……章表奏議則準的乎典雅賦頌歌詩則羽儀乎清麗符檄書移則楷式於明斷史論序注則師範於覈要箴銘碑誄則體制於宏深連珠七辭則從事於巧豔此循體而成勢隨變而立地者也見文心雕龍定勢篇

(8)盡情　詩文之能事在乎發抒性情宇宙界一切事物莫不有情是以千百年來文體雖變而情感未有缺焉文章之性質約分說理記事表情三種無情者雖色澤濃郁但如枯木之着色耳故作文之極至在於盡情劉勰云是以繪事圖色文辭盡情色糅而犬馬殊形情交而雅俗異勢（見文心雕龍定勢篇）又云故立文之道其理有三一曰形文五色是也二曰聲文五音是也三曰情文五性是也五色雜而成黼黻五音比而成韶夏五性發而爲辭章神理之數也……夫鉛黛所以飾容而盼倩生於淑姿文采所以飾言而辯麗本於情性故情者文之經辭者理之緯經正而後緯成理定而後辭暢此立文之本源也（見文心雕龍情采篇）

(三)屬稿後之修飾　稿既屬定必須檢閱一遍因文章雖妙鮮無瑕病修飾之法約分三點

(1)詞句之修飾

(2)節次之修飾

(3)意思之修飾

從此三點修飾後使語語合於論理不煩不漏首尾勻稱文氣一貫然後文章始克完成也

文苑　文錄

租覈敍

單鎭

余於癸卯夏薄游京師寓延壽寺街之長元吳館同里陶小沚兄听夕晤對上下議論時時稱述先德沚邨世丈之嘉言懿行并出租覈一書見示余受而讀之其重租論暨重租申言於吳中豪强之專橫私租之煩苛佃農之寃抑追租之酷烈窮原竟委抉摘靡遺而減租瑣議所列量出入辨上下示度程讞情罪矜寃獨剔耗蠹諸端博攷詳稽統籌利弊酌中定制力求平恕俾反對者無所藉口實爲千古不刊之論原敍引說文段注所謂使其上下四旁之辭俱不得而逞者其立說之精當如老吏斷獄物無遁情想其屬稿之初幾經審愼而後確定誠藹然仁人之言也余少孤隨侍吾母寓居齊門外之東匯接近村落又嘗就醫唯亭鎭之金家村且歲時展墓屢往來於支硎山之麓橋塘徐巷等處於田家作苦狀況兒時熟習頗訝農民伯叔婦子終歲勤動而力田所獲不足庇其衣食冬暖號寒年豐啼饑且追呼不絕襤褸就逮者時有所聞心竊憫之而莫明其癥結所在讀沚丈此書始恍然於業戶之層層逼勒以至於此也可不憫歟雖然業戶亦豈盡無良哉千古之中豈無一二慈祥愷悌者流而顧淡漠置之者實由於習俗相沿積重難返視佃農之困苦顛連若固然而惟取盈以爲計合江李紫璈先生所謂吳人惟佃農最苦官亦必仇視佃農治之如盜賊乃能弋取聲譽催科不勞否則謗詬叢集逋抗租賦以矜之使其去猶不免

於槃因是人人以恤佃爲深惡痛哉言乎痼習之深扨持之衆概可見已昔美洲虐待黑奴視若故常林肯倡放奴之議百戰艱難以底於成遜公理大明澤流萬禩吳中佃農其困苦與黑奴等沚丈此書首發其覆悲憫之懷擬美林肯惜自清光緒十年成書以來迄今四十餘載未有大力者主持其際毅然推行佃農寃苦未獲昭蘇豈時期猶未至耶余嘗謂吳中恤農之時期二而佃農迄不與焉清同治二年之減賦賦減而租未減租之名雖減而租之實漸增既如沚丈此書所述且創設追租局拘縶鞭笞惟所命於是而佃農之受禍酷矣民國肇造百度維新省議會議定漕米折價每石五元永不加增而業戶折價往往至十元左右齊制漕價由藩司按年規定業戶折價例低其率今乃倍於漕價輒藉口於米價之騰貴不知米價騰貴佃農之日用生活耕耘費本亦繼長增高而未有底止且笞刑雖廢動輒拘禁向之芒種放蹟者今且釋放無期向之業戶給食者今且自具飯錢向之逾年撤銷者今且累年積計於是變本加厲而佃農之受禍益酷矣吁沚丈在天之靈想益爲之蹙額而不已也小沚兄擬將原書印行徵公論於天下善承先志爲民請命誠盛舉焉謹誌其緣起如右民國十有六年九月吳縣單鎮謹敘

宗譜敘

單　鎮

周官太宰以九兩繫邦國之民五曰宗以族得民古聖王治天下之道大小相維遠近相繫其必自宗法始秦漢以降宗法漸微士君子猶以族望相尊崇由唐及宋譜牒斯興眉山蘇氏廬陵歐陽氏敘圖述例厥著益宏譜也者足以紹宗法之遺意而尊祖敬宗收族之義胥於是乎存焉吾宗譜牒自宋崇寧間始行纂輯溯周臻公受氏以來以迄宋代六十餘世彙爲一編厥後明洪武嘉靖間一再續修支分派別體

例聿備有清一代嘉慶庚申道光己丑咸豐己未光緒庚寅歷續四次集成鉅帙迄今又三十餘年矣壬戌之秋集議與修族人公推守和大兄主持其事旋以境內被兵風鶴頻驚而贛浙師旅環繞邊鄙凡我宗盟之聚族於饒廣嚴衢等處者交通間阻延至甲子夏秋之際始克調查完備次第編纂裒然成書吾單氏自臻公胙土命氏子孫繼承始爲王朝卿士漢魏以來代有聞人至唐而德成公始遷婺之武溪本支百世日益繁衍如和源梅源花源金竹橫坑王村鮑源珠源金源槎源查源洙坑口黃餘源諸派皆公後裔分居各處調查支派稽合同異歲會月要洵非易易爰考吾宗修譜原委嘉慶庚申和源𢬵修支譜集合槎源珠源金竹查源王村鮑源洙坑口七派奉德成公爲大宗而以分居之世次差別之道光己丑更合梅源橫坑花源爲十一派咸豐己未又增黃餘源爲十二派光緒庚寅則花源橫坑珠源三派另行修訂而和源金竹邀集槎源王村洙坑口梅源查源黃餘源鮑源七派彙爲一編本屆修譜議起和源金竹槎源王村洙坑口梅源查源黃餘源鮑源九派既居續修訂而花源橫坑珠源三派亦翕然合修又有抱殘守闕之漳源派從未歸宗亦復詳訂世系參加入編蓋自明清以來重規疊矩因革損益以本屆所修尤爲完備焉善乎班孟堅氏之言曰士食舊德之名氏農服先疇之畎畝吾宗世澤孔長貽謀悠久累代祖德宗功與夫嘉言懿行之足備陳述者史書方志時見著錄而譜牒所纂燦然具陳允足以昭示來茲爲世世子孫坊表蘇氏所言觀吾譜者孝弟之心可以油然而生歐陽氏所言祖德之傳於其家者以忠事君以孝事親以廉爲吏以學立身士君子述德篤親之旨於是乎存焉方今異說蠭起危言日出少年盛氣之倫崇尚新奇輒以家族主義爲詬病往往數典忘祖蔑棄綱常以逞其亡等之欲居高明者亦

復粉飾塗附掇拾補苴茶然無挈領提綱之計長此以往其隱憂又豈有窮也亭林先生有言觀夫哀平之可易而為東京五代之可易而為宋知天下無不可移易之風俗宗族者國家之基礎也士君子者社會之中堅人物也天下興亡匹夫有責鎮不敏竊願與吾宗父老子弟孜孜焉共勉之已民國紀元十有四年二月鎮謹敘

上海倪王家乘例略

錢基博

上海倪王家乘者蓋王君寶崙秉其宗老以委成於博者也冠上海以昭地望次書倪以明所自若曰上海王氏出於倪者之家乘焉爾謹族屬之自出承先志以勿渝其事具書於篇其義則見王氏前獻之蕃及經舊作之歸宗譜兩序焉（見文獻第四）典訓昭然所不敢沒也不仍俗稱曰譜者蓋譜者家乘之一體不足以賅之也曰乘者車載也史家取載事為義而特叚乘之稱者有焉孟子曰晉之乘是也此之謂家乘者若曰倪王一家之乘用別於國之乘焉爾家乘何為而作也曰收族也何為而收族也曰蘇明允族譜引稱情見於親親盡則情盡情盡則途人也吾所與相視如途人者其初兄弟也兄弟其初一人之身也悲夫一人之身分而至於途人勢之所不能免情之所甚不安也敬宗故收族也王氏先世遺象茲圖而冠諸編前庶幾一展卷而僾乎愾乎敬宗之心油然生也而附之以宗老像者家有骨鯁之老子弟矩矱之所存也圖象之後繼圖墓者啓手啓足先人遺體所委則何敢不致謹也圖墓之後繼圖職思堂址者肯堂肯構先人發祥所自亦焉容不致詳也故同以冠編前焉本編首之以世系表第一明尊卑定昭穆也後漢書盧植傳言同宗相後披圖按牒以次可知即此物也則甚矣其重也古亦謂之圖歐陽氏譜所列

世系全爲表式而別署曰圖（見歐陽修文忠集）今不依者圖昭其象表承厥系無象之昭不可謂圖當正其名曰表也次之以世譜第二世譜之與世系表者古同而今異太史公次三代世表稱自殷以前諸侯不可得而譜而桓譚謂三代系表旁行斜上並效周譜（語見南史劉杳傳）則譜式本同於表而劉勰謂譜者普也註序世統事資周普（見文心雕龍）則是譜詳而表略也表挈其綱譜詳其委也譜皆書名臨文不諱也佚名書字書次第皆歐陽氏譜例也佚字則記以方空紀氏譜例也（京城紀氏家譜序例見紀文達公集）書名系字婦書父族亦書名皆劉孝標世說注引魏晉諸譜例也婦名佚者書某氏則蘇氏譜例也（見蘇明允集）七略稱子雲家牒載以甘露二年生（見文選王儉集序註引）周氏譜載翼以六十四卒（世說注引）則譜詳生卒古法也詳其生而后長幼辨詳其卒而后忌日之禮可舉也有子書生幾子歐陽氏譜例也書女之所適世說注引謝氏譜袁氏譜例也書塋墓隋書經籍志載楊氏譜例也此譜例之所昉也又次以傳誌第三稱世美以爲子孫法詳譜之所不得詳也歐陽氏譜載行事今不載而別出傳誌者據隋書經籍志也隋書經籍志家傳入傳記家譜入譜系不相屬也又次以文獻第四與傳誌出入者鉤稽縣志旁摭佚文懼於無徵不信疑者詆其親也又次以族約第五將以崇先人之所遺約子姓以世守曰職思堂房產公約曰職思堂墓地公約一爲倪王發祥之地堂構所傳一則祠宗藏蛻之區精魂所戀起敬起孝世世萬子孫無斁焉署約之日今歲丙寅四月二十八日實倪王第四世祖經誕生後第二百四十二年之生日而經者家乘之自始焉者也余故特表而出之敘記第六則寶崙之言而勿畔於躬行者也所以頌先志垂法戒而以束編末者擬史記之終以自序漢書之殿以序傳也而留餘紙題永世所以俟載記於來者纂祖服以亡窮也用附於編末始作者王之

謐王經王振揚皆王氏之前獻也譬之則裨諶之草創也玆所成之而亖與於會議者有王澍增錫增鉉燮欽熙四人爲僟得追美討論之世叔乎博愧不文而任以東里潤色之事謹爲發凡起例具如右中華民國十五年八月無錫錢基博

上海倪王家乘敍記

錢基博

上海王寶崙旣秉宗老澍增錫增之命以托家乘於無錫錢基博而基博則以知待之厚也不敢辭輒爲祭比譜牒撰次故事凡五門曰世系表第一世譜第二傳誌第三文獻第四族約第五寶崙訖讀作曰吾家自明以前不可得而考於明晚季有倪公愛泉者始由無錫僑上海焉是爲別子之祖而其仲子雲美公實承父志以啓後於上海繼別之宗也夫倪公愛泉不忍於其子以托其友而雲美公不貪爲人後以祀其父愛泉之慈子也周雲美之承父也孝志事不同敦仁一也傳世數十三百餘年其間得廁君筆者男謹孝友女極貞順世笠其行罔有敗德勤生劬業服賈力穡非其有不取非其力不食不見利而悖親不惰公以自恤雖先聞人顯德焜耀簡編而信庸言謹庸行信足模楷人倫垂範方來者矣嗚戲自古聲施及四海而不檢於內行功名蓋一世而致玷於倫紀君子譏本實之先撥它何稱焉此吾王氏所爲不以彼易此也余少爲商人顓愚不學儻毋墮前徽以遺羞我前人雖萬鍾何加焉此寶崙所爲以自勗并以勗子姓者也自寶崙之幼少即沈毅不爲物誘能薄飲食忍耆欲節衣服寫楹語曰布衣菜飯天理人情以自刻勉傭於錢店劬作業而不廢學問商學會者蓋寶崙會同志之所創起以振商學而濬商智者也第一第二兩義務小學堂者蓋寶崙受同志之所委辦以教窮乏而正養蒙者也嘗與籌辦商團而作

則於厥躬晨四五時卽起起則取冷水盥面擦所用火槍緻緻有光而扛諸肩徒步行四五里赴操所如是以爲常未嘗一日勞僕從坐街車也旣以勤信見任於時益自厲以公忠曰公則無私忠則竭力奮自樹立糾資金闢銀行榜曰正利集語爲聯曰正誼明道利用厚生以明志也五年之間贏利鉅萬旣睹世難未已成功者退止營業歸資金而與投資者子母相權什而贏二三焉論者以爲難可謂繩其祖武以无忝於前人者也生平燕居坐論每致憫歎世人之逐役於利而不能自拯性命於形骸之內也遂偕妻子皈奉天主教而與長子述之則爲前路之導焉曰今而后吾父子身心永得皈依不墜昏冥矣乎乃圖己端躬植立翹首默禱之象蓋祈天永命誠壹不貳有如此也儻所謂用志不紛迺凝於神者耶顧終身慕父母雖歿起敬起孝圖爲父母中坐而已與長子述之長跪左右若有提命之狀顏其額曰善繼所以教孝也將遣述之以赴學英倫手書一紙曰常念祖國保重身體持其一端而命述之持又一端撮影以詔毋忘曰常念祖國斯見異而不遷其思善葆厥躬斯謹疾而無戚於余行矣勗哉毋父母詒罹既間月則致以書長者不下萬言短亦數千言語重心長諄復而不已其大指謂吾人必自捄而后可以捄國自捄者先志於學行己有恥是也今日中國之大患在一國之庸愚者盡人不能自捄而待捄於人尤在一國之材賢者盡人不圖自捄而拯捄於人然天下寧有不圖自捄之人而捄人能有濟者亦寧有盡人奮圖自捄之國而國猶不捄者誠竊以爲生今之世由今之道自捄爲上捄國次之蓋國之學者方人人捄國自任發揚蹈厲而或騖不進於學故有慨乎其言之也其次子曰序之者稚年就傳未足語大道而所爲勗厲以自捄捄國之指者大率稱是焉嘗詰犂從子弟曰吾所欲昭祖訓以佑啓我後人者曰孝友於

家勤勞於外必敬所事毋貪非有如是而已吾祖德之懿在此吾所以垂昭世世子孫者亦在此雖然寶喻猶有進焉寶喻之言曰人不可一日不食卽不可一日不事事天職之攸在則然也曾子建云爲視鳥息終於白首此徒圈牢之養物署所居廳事曰天職以自警也又曰教子者天職之最不可曠者也然吾所爲致謹於教子者匪徒私其子之爲孝子順孫也抑知吾子者國家之一民吾之所不得私而不可不教之以効能於國家焉爾儻子而材也徒以吾之不教而處材不材之間焉其甚者或爲國家之僇民焉則是以吾之墮職於爲父而戕國民之秀傑者也吾罪大矣是故侈費以自奉所不敢出也豐財以教子則亦不敢已也又曰中國人好以多子爲祝然多子而不材也則所以致損於國家者何算中國之久不振寧曰人民之貧抑亦繁庶姓而婾不事事者之多也與其多子而失教也何如節育以寡子也願吾世世子孫之知合男女爲好會者寧徒曰縱慾娛戲而可不致謹也吾且重言以申之曰凡育子者不可不知父之天職苟育子則必知教不知教則寧不育又曰多子則教有不周庶妾則育有難節納妾者國人之所不禁吾之所大戒也吾見妻之賢者什五而妾之賢者百一人之變妾也甚於妻而妾之驕縱也什伯於妻予取予求猶若不當意而日長其侈心或孕禍於胎教焉於戲妾出之子罔克其家理也亦勢也夫好納妾之家繼世興者吾見亦罕矣又曰好狎妓則歡幸不可好之色以滋淫疾禍種姓好博進則妄希不當得之財以長倖心喪所守好飲酒則沈湎無不醉之樂以恣誕狂迷厥性三者有一於此罔不凶於而家害於而身凡所欲云皆吾更歷世艱之所必欲一吐而詔子孫於世世補祖訓之莫逮者也自愧不能文惟吾子有以達其意世世子孫感且不朽基博於是聽其言而察其行謹爲之潤厥辭詔後來云

漢書事鈔寫本跋

錢基博

吳江薛公俠先生示余所藏寫本漢書事鈔兩册端楷淸整朱書圈批丹墨爛然而批於文心亦時有會卷端有吳江進王灝滄洲校讀題字有謝茂芳字仁卿及許元基讀書記陽文方六分朱印兩顆目錄前黏一紙爲元基所記曰昔董易農先生分史漢爲文鈔事鈔二書而漢書事鈔未就而歿靖元唐先生摘而補之此本爲余大伯父祥趾公照唐本手錄者也乾隆辛未冬獲于肆中如珠還合浦劍合延津爲之興感長至後二日元基識乾隆辛未爲十六年許氏元基及其伯父祥趾不可考而所云董易農先生及靖元唐先生皆武進人唐氏本以史學名家名惲宸字靖元諸生性豪邁爲詩有奇气年十四患病父命以三國志自娛憤陳壽帝魏僞蜀有意訂正卒成季漢史一書見者謂義例本春秋文章逼史遷也事見宜興吳德旋仲倫得月樓閒見錄而董易農名文驥字玉虬易農其號也順治進士官御史外擢隴西道乞歸休年未五十家居注三禮有徵泉閣集常州府志有傳元基稱其分史漢爲文鈔事鈔二書云云則漢書而外別有史記文鈔史記事鈔皆不見漢書文鈔亦不見文鈔摘錄文篇必如二十四史文鈔之類而事鈔則爲記事之提要此册首行題下注凡同史記者不錄而帝紀起武帝元封傳自李陵蘇武外戚傳自孝武李夫人皆斷自孝武以後者以前有史記事鈔省重複也唐後史家無專門別識鈔撮前人史籍不能自擅名家故宋志藝文史部創爲史鈔一目就可考見權而爲論有離析而編纂之者如沈樞之通鑑總類是也有簡汰而刊削之者如呂祖謙之十七史詳節是也有採摭文句而存之者如洪邁之史記法語南朝史精語是也有割裂詞藻而次之者如楊侃之兩漢博聞是也董氏此鈔離析編纂蓋通鑑·

總類之比矣特其事鈔文鈔別輯爲書牝牡互詳頗爲創例厥後乾隆之世餘姚邵晉涵二雲嘗爲總督、湖廣尚書鎮洋畢沅秋帆諟定所撰宋元通鑑以續司馬光書則請姑標宋元事鑑謂說文史訓記事又孟子趙注亦曰天子之事爲天子之史見古人即事即史之義宛轉遷避蓋取不敢遽續司馬光書而會稽章學誠實齋因推孟子其事其文之義且欲廣呂祖謙撰輯之宋文鑑一書別爲宋元文鑑將與事鑑並立以爲後此一成之例所爲方志咸撰文徵今觀董氏事文兩鈔相輔相成儼開實齋之前例而爲揚徵之首塗者乎若論其書祇旨便蒙求備誦覽爾則固卑之不足高論

讀曾氏子固唐論

程鵬搏

曾子固唐論一篇推原秦漢以來中國政治是非得失言簡而該敘唐太宗之爲君及其典章法度政教號令語密而切可謂盡文章之能事具論古之卓識矣然而某有議焉以謂言雖簡而不得其宗語雖密而不明其統詞雖切而不中乎探本之談也何以言之古昔聖王三代之爲政經綸天下之大經立天下之大本莫不出於至誠惻怛正心修身施之家人父子閨門之内推及國家天下四海之外所謂刑于寡妻至于兄弟以御于家邦者也故有關雎麟趾之化而後有周官之政有修身正心齊家之德而後有治國平天下之功正修者治平之基礎治平者正修之成效也能修齊於家而後治平天下方爲有本有源此三代之政所以長治久安而不變也苟爲不然不誠其意不正其心不修於其身不齊於其家而專任智任謀任術任力以求其速效雖或暫有成功政績昭著而盜治平之名譽之無根之木無源之水縱由孳蘗生溝澮俱滿其枯槁涸竭之處正可蹺足待也此所以雖以唐太宗之盛賦役有定制兵農有定業

官無虛名職無廢事數年之間幾致刑措而猶不再世大壞者身之不修家之不齊而國本未立也且子固既讀唐史矣不識太宗之爲人乎兄弟推刃蹀血禁門强納弟婦自累辰嬴是其于兄弟夫婦之倫已掃地而無餘矣家之不齊尙有大於此者乎遑論正心以修身也故其從諫如流非從諫也僞也仁心愛人非愛人也亦僞也思盜虛聲以一天下之心也故縱囚呑蝗不情之事連書於史皆太宗任術之顯見者彼豈真有愛人之心哉果曰愛人而獨不愛其親非所聞也至其制度之美典章之善多襲先代之餘其租庸調及府兵官制諸大端皆自周及隋蘇綽諸賢所經營數世者房杜輔之遂蔚然成貞觀之治所謂無根而有由孽無源而溝澮皆盈也然智術可以牢籠一時不能長持其後死骨未寒武尼入侍父子聚麀幾亡唐室階之厲者誰也非唐太宗乎此我家純公所以謂其三綱不正有夷狄之風也而子固不察僅云法度未備禮樂未修田疇未劃庠序未成窮兵黷武多事四夷不足與先王並亦過甚矣使太宗兼此數者而無之亦不得與先王並若謂可以與先王並是方寸之木可使高於岑樓也豈不悖哉余懼天下後世爲唐太宗智術之所欺子固法度未備之說之所淆故不惜其辭之費表而出之焉

鍾嶸詩品集釋自敘

葉長青

予以民國十九年八月應無錫國學專修學校聘爲學子講詩品坊間舊有詩品箋詩品注詩品釋諸書或失舛誤或病缺略因博采諸說並申愚箋凡有演益悉皆鈔內刪其游辭取其要實或義在可疑則數家兼列未詳則闕弗敢臆說猶裴龍駒集解例也夫注家之失至云夥頤約舉之以明商較古公愚識陳仲子注平原兄弟誤丕植爲機雲不知古氏亦誤植彪爲丕植詩品中清河之方平原殆如陳思之匹白

馬可證子卿雙鳧梁任公謂乃六朝另一子卿非漢之子卿然哀江南賦李陵之雙鳧永去蘇武之一雁空飛六朝另有一蘇子卿六朝另有一李陵乎古文苑載蘇武別李陵詩云雙鳧俱北飛一鳧獨南翔即本李陵錄別詩爾行西南游我獨東北翔及雙鳧相背飛諸句何處另有六朝之蘇子卿乎六朝蘇子卿詩現存朱鷺艾如張梅花落紫騮馬南征五首見於藝文類聚及樂府詩集者皆稱陳代人且絕無雙鳧語記室何由預知而評之耶嘉會寄詩以親古者燕饗有詩會朝有詩鄉飲酒亦然詩工歌鹿鳴四牡皇皇者華之屬是也解佩出朝一去忘返見袁俶儆曹子建樂府白馬篇影節去函谷投佩出甘泉呂延濟注影節死信也投佩謂去官也言分義之人或以死信去國或以憤怒而出甘泉宮名又沈約樂府亦有解佩去朝市一篇諸家箋注蓋缺如矣乃至謫簡栖爲王巾衆視無覩豈曰手民之失夫康成起廢無取相輕子道買菜亦云求益而已

明史藝文志補自序

吉向榮

隋書經籍志曰古者史官既司典籍蓋有目錄以爲綱紀體制湮滅不可復知章氏文史通義曰昔者向歆父子之條別其周官之遺法乎聚古今文字而別其家合天下學術而守於官非歷代相傳有定式則西漢之末無由直溯周秦之源也旨哉言乎而章氏之說尤不可易矣章氏又曰七略別錄雖亡而班固史學出劉歆今藝文志存而劉氏之學未亡也（與前說並見文史通義言公篇）夫班氏之志藝文實爲史家目錄之祖其所著錄雖有出入劉氏之外而上承劉氏之學則談目錄學者所公認者也厥後史家之爲目錄者若隋書經籍志舊唐書經籍志新唐書藝文志體例之不能明備去取之不能謹嚴視班志遠矣宋史藝文志

則紙漏顚倒瑕隙百出於諸史志中最爲叢脞前賢言之審矣明史藝文志雖斷代爲書而達者以爲善焉錢氏之補續漢書藝文志（顧氏侯氏亦各撰補後漢書藝文志）侯氏之補三國藝文志（姚氏亦有補三國藝文志四卷）丁氏之補晉書藝文志（文氏亦有補晉書藝文志吳氏有補晉書經籍志）顧氏之補五代史藝文志（徐氏有補五代史藝文志考）倪氏之補三史藝文志（宋氏亦有補三史藝文志）錢氏之補元史藝文志凡此諸家之所綴輯雖補史志之缺然其斷代爲書靡不與明史藝文志若符契也向榮近讀明史藝文志竊以爲有可補者焉明史藝文志稿出倪氏燦手而明志簪錄之書往往未備言念倪氏婞雅通博不應如此之疏始張廷玉等修史時所刪節歟然蓄疑未能決也頃讀抱經堂集盧氏謂明史藝文志稿乃康熙時史官倪燦闇公所撰今以頒行史校之所分門類多有刪併移易之處史於書不甚箸及無卷數者俱削之倪志中小註爲史所採入者無幾耳於是蓄疑爲之頓釋惜乎倪氏志稿絕少傳本無由窺其體例也向榮不量檮昧管測所及隨筆補苴時依短檠用自怡悅歷時五旬成書四卷仿倪氏宋史藝文志補稱名之例顏曰明史藝文志補闕見未廣疏略孔多其不能復倪氏志稿之舊觀有斷然矣昔龔氏自珍之言曰目錄之學有三支一曰朝廷官簿一曰私家簪錄一曰史家著錄三者其例不同頗相資爲用（見定盦文集）竊觀班氏之志藝文取材劉氏此史家著錄而有資於朝廷官簿者也隋唐經籍藝文之志又何莫不有資於朝廷之官簿迺宋以降蓋不㬎然矣若夫倪氏之爲宋史藝文志補雖未自注出處要之採自私家著錄爲多向榮之爲斯編也則採自四庫書目爲多是皆補史家簪錄所未備而有資朝廷官簿及私家著錄者也烏乎龔氏之言豈欺我哉爰於受業之暇寫爲淨本他山攻錯企予望之其有督教之者吾師也敢不拜賜區分類別序雖詳者更爲例言於后

吳摯甫先生文評手蹟跋

唐文治

右余辛丑歲舊作二首錄以就正於桐城吳摯甫先生者也先生諱汝綸文章傳桐城宗派師事湘鄉曾文正公通達經世大猷負海內重望余初未識其人滿洲紹越千世丈先生弟子也數以余名告先生辛丑十月先生訪余於紹宅之愚園余適他出先生候余良久乃去越日余屬戶部書記生錄文二首維時傺傯字跡惡劣不暇自錄遂袖以見先生先生見余歡然如舊相識顧撝謙甚亦稱余先生余踧踖請曰吾將受業於長者何稱謂顛倒乃爾先生堅不許閱余文頗激賞余請益先生但唯唯迨再三請先生始慨然曰天壤間作者能有幾人子欲求進境非明文章陰陽剛柔之道不可因爲余言少時偕張濂亭先生從曾文正公學爲文殊碌碌無短長某日文正公出吾偕濂亭檢案牘見公插架有古文四象一書蓋公手定稿本也亟取之錄其目越日歸諸架踰數月文章大進文正怪之曰子等豈竊閱吾祕本乎則相與大笑又爲余言文章之道感動性情義通乎樂故當從聲音入先講求讀法濂亭初見文正時文正告之曰子文學南豐類稿筋脈太緩宜讀介甫文以遒鍊之即就座中朗誦王介甫泰州海陵縣主簿許君墓誌銘一過濂亭聞之大有悟此文家入門訣也余因亟求吳先生讀法先生即取余奉使日本記諷誦之余慚甚然聆其音節無不入妙爰進叩其蘊先生曰讀文之法不求之於心而求之於氣不聽之以氣而聽之以神大抵盤空處如雷霆之旋太虛頓挫處如鐘磬之揚餘韻精神團結處則高以侈敘事繁密處則抑以斂而其要者純如繹如其音翱翔於虛無之表則言外意無不傳樂記師乙所謂上如抗下如墜曲如折止如槀木纍纍乎端如貫珠皆其精理也知此則通乎神矣余又叩應讀之文先生曰第讀古

文辭類纂經史百家雜鈔二書足矣文正之文以昌黎爲間架而其神理之曲折則皆廬陵也故黎蒓齋稱謂歐陽文忠後一人君善學之會心不遠矣余感謝別去明年壬寅七月余隨載育周專使遊歷歐美道經日本先生亦在東邦考察學務會駐日公使蔡鈞凌侮留學生某君等朝旨命載專使查辦先生來謁專使見余喜甚曰君來學生可吐氣矣余嘗問事繁先生每來夜談因又詳詢曾文正遺事先生慨然曰此數百年來一人非特道德崇隆勛華彪炳而已迺其精神已不可及遂言文正每日於寅正起披覽公牘卯正早餐羣僚畢集公詳告各案剖析如流辰巳兩時接見賓客將領等或批答公牘午初作大字午正餐畢卽偏歷賓僚宿舍無偶遺者或圍棊一局未正後見賓治事酉初晚餐後卽讀經史古文至亥正止高誦朗吟聲音達十室以外子初與家人或幕僚談旋濯足子正始寢至寅正又起蓋晏息僅二時歲以爲常其自強不息如此先生又慨然曰吾壯時佐曾文正幕四十以後佐李文忠幕遭際亦幸矣然佐曾公幕時日有進益而佐李公幕十餘年則故我依然何者蓋曾公每辦一事無適莫心無人已見但詳告事由命諸同人各擬一稿以進擇其最善者用之且偏告曰某君文佳倘皆不合始出己文如有勝己者則曰吾初意云云今某君文勝吾吾用之矣卽將己稿棄去於是人爭自濯磨事理愈細文思亦愈精李公則不然每辦一事必出己意曰吾欲云云合其意者用之不合者擯之無討論無切磋於是人爭揣摩其意無越範圍者而文思乃日隘二公之度量性情於此可見而其能作人與否亦於是焉殊矣間又論讀書作文之法先生述文正言凡文學家讀經之外宜讀七書曰史記曰前後漢書曰莊子曰韓文曰文選曰說文曰通鑑此七書者天資薄弱之士通其一二已足中材則通其三四若能盡通之則爲全

才矣又爲余言文者天地之精華牢籠萬有靡所不該貫在獨立不當偏滯一隅君文理學氣太重夫以理爲學固美矣嗇矣若以理學爲文動雜以陰陽理氣之説則易入於膚庸而無變化其弊與考據家之支離詞章家之浮靡異體而同譏宜洗滌之余大心折乃知嚮者先生謙未嘗爲余盡言也如是者縱談三夜不倦朋僚竊聽莫敢贊一辭余隨赴先生寓所見其令嗣辟疆世兄示余文精光灝氣神似昌黎迹其游學東瀛已久而好古若斯信乎能守家法者余因告先生平反留學生案並請別簡監督狀先生甚喜曰吾固知君來學生可吐氣也停數日辭先生歸彼此依依不忍言別越明年癸卯先生亦返京師時余已調商部事務繁不克見先生又踰二年先生遽歸道山余聞之悲惋者兼旬蓋余受業鎮洋王先生紫翔定海黃先生元同嘉興沈先生子培而外平生景仰者惟先生一人而已丙午後奉諱同里始得讀先生遺集又踰數年始得讀先生評點諸經子書偶與辟疆世兄及先生猶壻廉君南湖通函卒未悉先生行狀也是册於宣統元年己酉歲裝潢成爲門人李生頌韓借去前年李生卒余追思吳先生不置爰索歸之縷紀其始末感念老成愴懷知己蓋於邑不知所云然庚午十月唐文治謹跋

沈寐叟先生年譜序

唐文治

歲戊辰春同學王子瑗仲輯吾師沈子培先生年譜成來徵序於余每思屬稿流涕不成一字己巳夏瑗仲以書來敦促乃勉綴以應之曰嗚呼吾尚忍序先生之譜也邪憶光緒丁酉歲八月太師母韓太夫人薨於京寓余弔先生於苫次先生握余手呼搶幾不能言但曰吾欲求子文繼曰吾欲求子文表揚吾母余亦嗚咽不能答既後見先生於堊室中則瞿瞿繭繭色容顛顛蓋水漿靡嚮廬入於口洎乎送葬出國

門先生羸瘠號哭擗踊不能行中道蒲伏嬰兒依戀杖而不能起吾輩更迭扶掖之以徐步道旁咸嘆息追憶斯狀如在目前嗚呼先生之事君也資於其事親也其愛君與國也猶之其愛母也哀哉先生於學無所不精囊括六經出入百家諸子貫天人之奧會中西之通嘗語余爲學之道貴乎知類通達開物成務若拘墟一隅何爲者然則今所傳先生之作一鱗一爪耳而論者多以乾嘉諸老儗先生其測先生者淺矣康有爲之初至京師也氣燄張甚追見先生論學雖機鋒百出而無一足與先生抗者先生曰嘻子再讀二十年書與吾談可耳康乃不敢作跋扈態強學會之設先生稍加宏奬爲作序文擠而與之故強學會解散先生之名不與焉及戊戌春康駸駸將大用先生風之讀順宗實錄蓋逆知德宗之嗛不能言而康併不能爲王叔文也於此見先生之學之大而燭幾之早矣厥後國步日棘先生欷歔每謂余蘭芷變而不芬荃蕙化而爲茅又曰吾輩今日無可言者惟有與古人相晤對或與九夷八蠻人道耳嗚呼先生之憤世疾俗也非真憤激也實見於時事之無可爲也然卒知其不可而爲之矣哀哉藉使先生生際康乾極盛之時匡上德而盡忠孝則可與孫文定阮文達諸公互相頡頏即不幸生當叔季如長沙張文達南皮張文襄雖目擊時艱猶得壽考康彊從容入地獨先生遭丁陽九匪風下泉之思黍離麥秀之感抑鬱於中不能自已至於憂傷憔悴以死嗚呼其可痛也哉雖然昔殷有三仁而殷賴以永傳蜀漢有武侯而漢賴以永傳宋有文陸諸儒而宋亦賴以永傳天之生先生也未始非珍碩果於不食也西山片石沛乎浩氣猶在人間今中江之血淚未嘗不與津沽之恨水嗚咽以長流也然而先生之名則既成矣先生之身則既殞矣先生之心則耿耿千秋而彌苦矣嗚呼吾尚忍序先生之譜也邪而如璦仲之綱羅國

故篤念師門亦不可及已受業唐文治謹序

山涇草堂詩集序

錢萼孫

世嘗謂造物之奇不鍾於山水則萃之於人處山平遠無奇偉崛崪之觀自宜有豪於詩者挺生其間及讀汪先生啓東山涇草堂詩清矯拔俗如長松巨柏森峙空山中極出風入雨之奇舉詩人沈憂靡麗之習一掃而空之於以知造物之奇果獨厚於詩人也余以乙丑歲識先生於伯舅沈公企棠座上縱論古今詩人得失大相契自後相見必譚詩語汨汨不知倦及余客海上詩筒來往亦未嘗少疎先生生平除詩無所嗜居常鍵戶苦思一鐙自媚冥搜萬象與古精靈游尤沈浸於韓一篇出手剔髓刳肝必以示余必强之摭其利病而後快先生爲人處世和而論詩嚴其自爲詩然衡他人詩亦無不然一字未安必斷斷然爭世方以爲狂先生不顧也而獨器余每摘其一二佳語於稠人廣坐中揚扢極齒頰昔龔定庵以童子見知於仲瞿余何幸得之於先生哉先生既自删定其稿爲若干卷謂知余莫若子乃以序命余先生之詩所以自期於千載者余亦不論惟念伯舅之沒於今四年矣故鄉耆老與先生遊者如辛盧季公谷士蕭公芙卿張公皆相繼沒余亦江湖浪跡意氣蕩然如先生之聰明老健曲折以求合古人之轍謂非造物之獨厚於先生者耶序先生詩所爲旁皇而不能已也辛未春三月後學錢萼孫謹序

江南二仲詩自序

王蘧常

予庚申癸亥間所得詩近千首多隨手散落不自惜後在錫山交吳興錢仲聯仲聯吾黨儁也最少能詩閟不示人於人少許可卽古人亦偘偘肆譏彈無恕辭當者少完膚予憚焉辟爲詩中之商君韓非子不

敢有所示一日酒後高睨大譚忽及詩大相契窮三日夜未已自後有作輒相示示必存稿每自矜許雜以詼嘲予嘗戲誇爲王迹所寄而仲聯則如無道秦以其論詩鞫礉少恩且深閉固距而自得也仲聯罔肯下必勝乃已仲聯居城北予在城南一日不見如飢渴之不能忍見則刺刺不可休臨去猶徘徊焉予居羊要道上常送之必盡道道盡而言猶未已未幾仲聯來海上予亦繼至喜言考據於詩幾絕筆仲聯亦嬾散不多作皆爲事纏低首十丈紅塵中意氣都非疇昔矣然握手必言詩各言欲剗古人未辟之竟志亢而言大聞者皆驚怪撟舌而予與仲聯盎自憙仲聯生平無所耆惟耆讀古今人詩集三年來所得都三數大篋盡讀之平騭其高下爲詩話十餘萬言其佗倘日出而未有窮也一日忽語予曰志終不足剬碌碌於古人藩籬中何爲哉予亦絕筆矣予聞而拊掌旣曰雖然前時辛苦而僅得之者亦不可以不記也乃相與收拾叢殘予得詩凡若干首而仲聯則倍之合訂之曰江南二仲詩二仲者二人皆字仲也詩未必足存特以見吾兩人舊時狂態爲不可近也庚午王蘧常記

太倉蟹斷記

唐文治

距吾婁西門外三里許當太倉塘之首有蟹斷截流橫居其衝不知始自何時當八九月後夜燈火熒然蟹郭索上斷漁人獲之以爲利歲久圮壞則修葺之余幼時隨吾父館沮涇館蘇台館滬上往來必經是斷舟底砉然有聲每出過斷心輒悵然以其離吾祖吾母而去也每歸過斷則歡喜跳躍以其將見吾祖吾母也迨抵家吾姊候於門吾祖吾母欣然出曰汝父歸乎汝歸乎于是喁喁聚語一家雖王侯之樂無以過也此情此境蓋夢寐時猶或見之已巳春正月太倉鄉先進葉涵溪先生暨吾師王文貞公入鄉賢

祠諸同鄉邀余還里贊襄典禮爰率長子慶詒同歸輪舟若箭激過蟹斷砉然聲尤厲心爲動搖至里門舍親翁陸君勤之家親屬僚友歡迎者數十人濟濟一堂歡然話舊可謂極一時之盛數年來無此樂者然靜言思之吾祖吾母棄養久矣吾父雖少享一日之靜然棄養亦閱六年矣吾姊之沒則已四十餘年矣追維過蟹斷時情況曷禁悄然以悲泫然以泣也嗟夫一蟹斷之微而動人感慨若此蓋蟹斷可以常存而吾親不能常存此古今來生死自然之理無可如何者也然蟹斷可以常存而吾與子若孫思親之念亦可與蟹斷永永以常存此則先天之良知不容泯滅者也曾子曰父母既歿雖欲孝誰爲孝乎君子思其不可復者而先施焉凡人之念慮萬有不齊彼春暉方晉者庸知天壤間無父無母之孤子有無限之苦哀哉當明發不寐聞鴉聲嗚嗚然與他鄉迥異則念吾親之恩斯勤斯者而今安在也日方晡聞鄰舍讀書聲則念吾親之顧我復我教我育我者而今安在也夜闌聞人家呼兒聲閉戶聲則念吾親之倚門倚閭以望者而今安在也詩曰維桑與梓必恭敬止靡瞻匪父靡依匪母非謂桑梓中皆吾父母特吾心所瞻依者惟在於父母爾是故題鶺鴒而求無忝所生也陟北山而思不得養父母也覩缾罍而痛鮮民之生也夫如是豈獨一蟹斷爲然哉蓋人生所歷之境與其所爲之事舉足以感念吾親惟吾思親之心既託于蟹斷則精神知覺即寓于蟹斷之中而茲蟹斷者亦可藉吾言而不朽故爲之記以告慶詒輩曰余之對於是斷感念若斯未知將來子若孫曾若元對于是斷其感念何如也慎毋忘先人稼穡之艱難也又告後之過是斷者曰鄉土者人之根也父母者人之本也人必先愛其父母而後能愛其鄉土凡過是斷者宜省吾言追憶其親且思其不可復者而先施焉道之所在無形與聲蟹斷有形者也當推而

極之於無形聲有聲者也當推而極之於無聲夫微之顯發而爲至誠之不可揜孺慕終身悠久不息至於天地明察庶幾能盡其孝道毋若余之因循拖戚於無涯也

辛未淸明掃墓記

唐文治

文治於辛未歲淸明前三日率長子慶詒赴劉河表弟朱君聿臣叔姪殷殷爲主宿鎭北之集善堂越日晨往拜洋子涇吾祖吾父母墓巡視松楸依依久之乃去旋赴瀏漕拜始祖墓暨三世祖墓暨本生高祖墓幸皆無恙旋又謁四世祖周太孺人節孝坊因告慶詒曰此吾家百六十年舊物居然完好風霜駁蝕字跡不甚漫漶可喜也願世世子孫其毋忘及歸寓則親翁陸君勤之已遣其子慶熙由婁買舟來接慶熙余及門弟子也越日晨遂偕慶熙赴婁城舟抵南渡夾岸桃花繽紛陸君景周與樸丞弟慶厚姪已在渡頭相迓意俱懽然舟折而西赴吳塘橋拜外祖父胡公墓（俗名花腦頭墳丁名趙木林）比入城勤之昆季迎於河干故舊咸集即宿陸氏宅越日偕勤之昆季謁陸陳江盛四先生祠並沈即山先生墓由學宮前迤邐而南約行二里是日淸明令節方嚮午有祭於家者有祭於野者老者少者男者女者獨者衆者哀者啼者嗚咽者哭聲斷續而不絕也乃愀然歎曰吾鄉民德之厚有如是哉豈非鄉先賢講學之效歟抑發於本心之良知歟藉令併是而掃除之則孝弟之性滅人道淪於禽獸矣古先王之制禮也必使人有以自盡其心故曰霜露既降君子履之必有悽愴之心非其寒之謂也春雨露既濡君子履之必有怵惕之心如將見之言如見吾親之形容也今是大鳥獸失喪其羣匹越月踰時焉則必返巡過其故鄉翔回焉鳴號焉躑躅焉踟躕焉然後乃能去之小者燕雀猶有啁啾之頃焉然後乃能去之可以人而不如鳥乎今人而

不知祭其先雖能言曾鳥獸之不若乎抑聞先儒有言祭於祠不如祭於墓然椎牛而祭墓不如雞豚之逮存也往者先大夫挈文治埽墓每誦古人詩曰一滴何曾到九泉當此之時未嘗不淋漓出涕也而迄於今文治思之不禁痛淚之下咽於迴腸也嗚呼人生如朝露不可磨滅者天地之至誠春之朝秋之晨麥飯一掬濁酒一尊臨風而號泣者繄何人繄何人惟賴子孫之繩繩繼繼庶化者之精神魂魄永永而常存今文治拜吾祖吾父母之墓而痛吾祖父母之不及見也拜吾外祖父母之墓而痛吾舅氏之凋零也謁四先生祠即山先生墓而痛其後人之無復存也嗚呼是後學者之責也雖謂百世而後皆其雲礽可也乃壹聞夫閭閻之哭聲絫令文治之心靡瞻靡依宛轉淒其而腸斷於吾親也越日遄歸無錫勤之原舟親送玉峯潭水深情彼此惘惘不忍別云

陶君馨杏家傳

單鎮

君姓陶氏諱恩章馨杏其字也又自號怵齋江蘇吳縣人生而聰穎祖望山先生鍾愛特甚躬自課讀幼時體弱曾患咯血父保之先生夙擅醫術多方療治漸臻壯實清光緒辛卯補縣學生員壬寅舉乙科甲辰膺嘉定秦公佩鶴之約赴閩學署襄校試卷去取如程秦公雅善之庚戌以舉貢考職得法部主事辛亥八月武昌事起各處響應蘇地風鶴頻驚君適丁外艱旋里隨同各士紳創辦團練以保衛閭閻民國二三年間歷在江蘇國稅廳江蘇審計分處辦事勤慎趨公具有成績審計院成立調充書記官未幾升任書記官長君沈靜斂約不苟言笑而處事雅有條理局度安詳無世俗浮競之習余與君居同里閈壬寅又同舉於鄉顧落落不相聞民國二年余任蘇稅廳約君爲助相與爬梳蕪雜抉剔利弊時有規畫洞

中肯綮始心識其人嗣是而審計分處而審計院共事者十四五年之久綜核度支鈎稽款目其精密有逾儕輩逮任書記官長院務叢集悉力措持簿書期會因應咸宜頗爲上峯器重京師人海交游徵逐黨派紛歧甚囂塵上君退食餘暇時與二三故交商量舊學間游廠肆撥拾叢殘不改書生本色創辦借本處廣募基金免利借本分期歸償俾貧民流轉營業藉維生計推廣至七區之多都門窮苦小民一時頗受其惠焉十八年春政局遞嬗君亦解職南旋適前審計院院長武進莊公思緘任江蘇通志總纂聘君爲采訪於八月一日赴焦山會議對於采訪條目暨著手進行辦法頗多貢獻三日旋蘇下午過余劇談三小時而別是晚遽以中風逝世君生於清同治十一年壬申春秋五十有八配諶氏繼配葉氏子三長令瑩以瘵疾先歿次令錫在銀行服務三令瑗幼讀女一未字

論曰余供職計院十有三年政潮迭作此仆彼起每與君感懷時事相對欷歔迄今追維殆如夢幻而君已奄然物化矣君卒後臧同年綏之馳書相告謂君將歸之先整治行裝遲遲未決一日占牙牌數得鯤鵬將圖南去以六月息之句遂移家南下乃君卒之日實爲夏時之六月二十九日也殆前定耶可慨也已

汪君祉賁傳略

王進會

汪君名祉賁號稼雲安徽績溪人少穎悟年十三小學卒業泰父母命肄業安徽省立第二師範校長胡先生止澄皖南經師也一見君即曰是子貌嶷志遠可造才也公暇輒招君至室論聖賢之事業伊洛之淵源雖徹夜不倦君學由是大進爲一校冠厥後以家貧親老不果升學服務母校胡氏小學任科學教

員以所受於胡先生者授弟子忠於所職孳孳不倦三四年如一日性至孝遭父喪擗踊盡禮哀毀骨立隣里稱之以爲難比年覩時事日艱謂非求專門學術無以救國雅不願以一小學教員終其身聞吾校校長唐先生蔚芝講學錫山慨然曰此今日之程朱也于是束裝負笈拜母堂前戀戀久之不忍去母曰兒有志聖賢孝孰大於是家事有汝兄在毋過慮君遂決然就道今年七月考入吾校竟獲冠軍自以數年夙志一旦獲伸故益熟讀深思旦夕不輟同學中有勸措意健康不宜過勞者君慨然曰予僻居皖南山中走水陸千里來此修業受名師之教不自強何以慰老母其篤志如此初君之來也時值炎夏長途跋涉感受溽暑迄未告痊近又以致力課業用心太苦内外交迫而君疾竟作厥後移普仁醫院淹臥旬日藥石罔效同學有欲電告其家者詢君臥側呻吟間猶曰第以鄙病告阿兄毋令老母知恐傷老人心也其孝思又如此電發後病益革十二月五日病殁於醫院年二十有七子一纔二齡其在吾校也亦僅四閱月於其卒師生咸痛惜之共開會追悼嗚呼君之爲人可知矣余與君同攷入校屬有鄉誼一見如故人琴之痛詎有窮期茲特述其崖略恐未能盡君于萬一耳

黨君鼎桂傳略

馮拔

黨君名鼎桂號侶梅廣西北流人性聰穎幼時受業其世父盡傳家學而於國文根柢尤深年二十三畢業北流縣立中學成績冠其曹厥後服務邑之區立小學熱心任事教授有方校長信之諸生敬之歷數載而勿渝君嘗願遠遊以自廣深以故步自封爲恥民國十八年夏決然來錫投考吾校竟下第君自愧譾陋誓不返鄉權寓滬讀書益自淬勵每謂人曰吾千里遠來夙慕國專試不入轂有何面目見故鄉父

老乎明年夏再攷吾校得錄取爲正式生君大慰如登龍門入校後勤奮異常孳孳不倦試輒列前茅一文出師生交譽之今歲志學益堅積勞成疾四月初病傷寒君初未介意受課如常未幾寒熱甚嘔吐不止病勢日篤徧延名醫診治訖無效竟於五月九日上午四時殁於吾校年二十有八師生咸惜之開會追悼嗚呼傷哉君性溫和平居於人無疾言遽色而慷慨仗義緩急可恃寓滬時凡與君有一日之雅者向君假貸能力所及罔不傾囊相助當君病時神識湛然言笑如昔彌留猶顧謂侍者曰天將明矣汝可滅燭睡侍者不從再三言訖而君殁家中父母俱存白髮垂暮妻某氏子一六齡女一四齡其鑒權寓惠麓丙舍余與君同里來校後相見甚契茲就所知略述梗概實未足盡君萬一嗚呼求學未竟齎死他鄉行路傷之况在吾友蓋吾校自去歲汪君祉貴殁後又弱一个矣人事之傷心其孰能逾於此

陳君善餘墓誌銘

唐文治

君姓陳氏諱慶年字善餘江蘇丹徒縣人曾祖諱景周妣耿氏祖諱英俊妣江氏原氏洪氏考諱懋恆字子貞誥封奉政大夫妣柳氏誥封恭人自君之卒也士大夫僚友莫不驚相告曰江蘇大師陳先生歿矣相與咨嗟道其遺事踰數月其孤裕菁裕業等迭以書來請曰先生與吾父交最深夙以學問道義相切劘知吾父尤稔敢請銘余揮涕不能銘然不忍不銘也君爲學大旨不分漢宋門戶篤守孔門博文約禮家法于諸經中三禮春秋尤精兼復旁搜遠紹補漏匡幽必實事求是折衷至當而後已其蚤歲所著有古香研經室筆記爾疋漢注輯述祀竈書述故中年肄業江陰南菁書院著有知亡錄司馬法校注輯司馬法逸文漢律逸文疏證補三國志儒林傳厥後淹貫史乘學故又著有宗聖志潤古述西石城風俗志石

城鄉人叢記橫山鄉人叢鈔京口掌故叢編風俗史料近代史料通鑑紀事本末要略五代史略明史詳節選史講義陶隱居蘇魏公沈夢溪楊文襄諸年譜渟蓄演迤騰踔百家間作罪辭短簡亦務合于大義江南北諸名宿斂手推服長沙王益吾學使定海黃元同先生皆驚賞曰吾門得一汪容甫矣俞理初輩不免畏此後生然此未足以盡君也君之志以爲士不通經不足致用然非致用亦不可謂通經故于食貨財用兵陳策略與夫山川阨塞諸要端靡不殫精竭思究其源流終始嘗主修兩淮鹽法志別爲撰要其關于農事商政者有丹徒農事述物價研究史料關于地利者有法顯行程圖玄奘旅行圖元代疆域圖輿地新資料關于兵事者有京口兵事通紀兵法史證兵法史料口義柏舉戰史吳越戰史萬歷蜀徼征播史兵事叢鈔等方張文襄勘查京山唐心口堤工以君精地學偕君行他人方飲酒賦詩而君獨步荒郊挈測器實地勘驗並訪野老詳詢疾苦狀文襄尤器之夫人必具經天緯地之才而後可以登山臨水顧亭林先生之言君蓋心知其意矣然此未足以盡君也君之才將開物而成務以爲海禁大開後載書紛綸必熟知彼己深維利害始足裕因應之方故今日儒者決非畫封故步所能濟世而安人爰著外交史料列國政要與鄂省諸學子講明中外形勢瞭如指掌蓋當是時君方佐張文襄幕府管攝兩湖學務云其創辦江南圖書館也江督端忠敏實委君主之君高掌遠蹠先購杭州丁氏藏書數十萬卷又采取他省官局書二十萬卷嘗一拒日人島田彥楨再拒木村恆雄等購書之請蓋非此則吾江南之書勢將不脛而走君之功于是爲大又佐忠敏與日商西澤爭回東沙島蓋援雍正間陳倫炯海國聞見錄沿海形勢圖以爲據海內搢紳交口稱頌甚矣通人之有益于邦交也然此未足以盡君也天之生君子也

其智慮宜充周乎萬彙其行詣必矜式乎聖賢三王祭川先河後海孔子言孝爲德本教所由生君之所以不可及者孝行純篤而已矣君之幼歷境彌艱而其視于無形聽于無聲者靡不至壯歲官學四方眷念庭闈夢越魂馳輒于中宵流涕赴江陰時乃考子貞先生送至江干君于岸上燈光中見先生鬚髮蒼然不覺淚盈于睫過焦山淒然西望猶感泣庚子拳匪亂作柳太夫人憂君甚詭言病電速君囘君惶駭星夜馳歸見太夫人無恙則先笑後咷曰吾母乃健存吾豈在夢中耶及太夫人病君侍奉數十晝夜太夫人以珍重爲囑君哽咽斷續不能成語及歿號哭不絕聲子貞先生疾革時君伏其側先生曰汝盍重呼我我將載汝聲以去君肝腸寸斷幾不知有生比送葬鄉之人聚觀曰嗟乎白頭孝子乃哀痛如斯耶雖古之顏丁少連奚以加諸猶憶丙午歲余亦丁先妣憂君貽書慰藉並述柳太夫人遺言謂他人母皆死汝獨求母長生無是理也毋爲愚孝滅性毀身讀之不禁淚血交迸嗚呼方今世道日衰良知泯昧人倫之教不綦重哉然則君之不朽者固在此而不在彼也余于丙戌歲與君同學于南菁時則又有江陰章君琴若常州莊君思緘趙君劍秋常熟孫君師鄭數人者最相得或宿舍譚經或講堂角藝爭相先後以爲笑樂暇則登君山覽長江天風浪浪遙吟高唱一吐其胸中之奇他人以爲狂而吾輩不顧也迨後離索天各一方而音問往往不絕辛酉歲余創辦無錫國學專修館延君主講君復書謝曰吾病矣不能行我設傳經堂子關國學館從此終隱可矣嗚呼曾幾何時章君逝世余既爲文以哭之今又哭君而爲銘俯仰身世滄桑之變易朋舊之凋零益復累歎欷歔而不能已已也君以同治元年十二月十五日生民國十八年六月三日卒享壽六十有八光緒戊子科優貢生嘗選授江浦縣教諭徵辟經濟特科皆辭

不就癸卯鄂撫端忠敏奏保內閣中書銜其平生著書校籍都凡千餘卷至不可勝紀今著錄者十之四五而已夫人何氏繼配張氏皆有賢行子四人裕菁裕業裕武裕潤克紹孝德世其家女二人孫男八人孫女四人某月某日葬于某所之原銘曰

皖有東原揚有汪南皮長沙歸二張君累著書百斯箱學貫天人參翱翔夙昔抗懷大道行春風化雨三千英胡期乾坤正氣渺沈淪龍蛇之蟄以存身憂鬱于中不得伸矧復蓼莪銜恤鮮民生莫年慨歎亡臣精瑩病瘵痺九載悲吁吟賓朋來集涕縱橫際此生死安足論嗚呼君兮君兮穆愉以甯誓乎子孫濟美能傳經百世而下聞者莫不興

高老愚先生墓誌銘

唐文治

先生無錫人姓高諱汝璞字韞甫自號老愚鄉之人私謚曰孝愍爲忠憲公兄鳴陽先生十一世孫忠憲公以理學氣節著鳴陽先生以孝友稱世澤宗風由來舊已曾祖諱琪妣秦氏祖諱鶴田妣華氏楊氏父諱光照妣顧氏繼張氏先生行狀累見於陳氏澹然墓表王氏蘊登謚議錢氏基博家傳中而余復不能已於銘者則以令子文海孝思不匱爲遂其請也先生昆季三居次六歲喪母兄若弟俱蚤世幼小能體父意以解憂年十二事繼母盡孝友愛異母弟無間浸長矢力於忠憲公主靜養氣之學丰裁嚴峻悃愊無華言行交飭蓋恂恂君子人也授讀於鄉終日緣督無倦容儼然爲師表而出入庭闈告面定省色笑承懽抑復如孩提然禮曰儼威嚴恪非所以事親也成人之道也又曰閨門之內戲而不歎先生其知之矣家貧無以爲養乃遠遊而贛而蘇蓬飄二十年而孺子之慕未嘗一日去諸懷倦遊歸任同仁堂育嬰

事保抱恩勤如己出頌聲遍鄉里顧先生從容謙謹自視常欿然此推孝弟之道舉斯心以加諸彼者有子曰君子務本本立而道生余嘗謂本立即天下之大本道生即天下之達道鄭君以大本爲孝經豈非然哉配喬太君歸先生有賢德先生自幼善病輒以數月太君謹湯藥且精女紅黽勉有無不令先生知病卒以瘳先生外出太君持門戶常綢繆未雨勤於教子而篤於任恤嗚呼刑于之化又可風矣先生以清咸豐五年八月初九日生民國六年八月三十日卒春秋六十有三疾革自述云到死保全遺體平生未有愧心此鄉之人所爲諡孝慤歟太君後先生六年卒子三文煥早卒文彬文海能世其家孫四振武振胄振新振綱曾孫二丙鈺丙炎於是年十二月二十一日葬於許原之阡洎十八年十一月二十五日太君合葬時其子文海來請銘爰爲銘曰

亶聖有言孝爲德之本天經地義民之行疾痛慘怛呼吾親良知不昧夜氣存孝慤本原真性情龍山之麓埋幽銘

高母喬太君祔碣銘

錢基博

太君無錫喬氏諸生子彝先生之女年二十一適歸於高而用有家於老愚先生先生全性通德敦行不怠吾嘗傳其平生以式我邦家而令聞令譽播誦四方者也太君敏於德詳於禮拮据持門戶修身飭行用能輔佐勸勉其君子而相與以有成者蓋四十年內諧外附有疾皆餽問及喪來弔哭皆哀有餘湘潭袁思亮旣爲之傳雅懿可頌足以敦薄俗而明婦順然後知老愚先生之處約不困在卑無汚而皭然有以自潔修者太君之相之也先生旣歿之六載又十日而太君卒爲中華人民造國之十二年九月初十

日距生於遜清咸豐七年八月初一日得年六十有七子三人曰文煥文彬文海文海最稚弱而焯有至性能不沒其親之懿以顯揚於當世將舉太君以合於老恐先生之墓而同縣錢基博銘其碣曰

於嗟太君惟德之馨猗有嚴葬祔妥汝靈猗千秋萬歲眎此銘猗

孫先生鶴卿紀念碑

錢基博

無錫國學專門學院院主孫鶴卿先生既歿之一歲而圖書之府式觀于厥成太倉唐文治迺揭諸壁㠯景行多士曰院主孫先生紀念之碑俾芳烈奮於百世令聞顯㠯光竉而詔辭基博㠯文于後曰

先生孫氏諱鳴圻鶴卿其字無錫人家承儒業生而和靜照章麗藻㠯試提學第高等補諸生有燿于庠以恩貢生援例官江西候補同知尋擢浙江候補道而未嘗一日赴官雍容鄉邑觀時變因通商賈之利以自饒益又不屑屑計錙銖有大人長者之德然其贏得過當愈於纖嗇遂㠯儒生起富於戲天下財富人衆矣罔不纖儉習事以矜能操奇計贏以逐時勞身苦思靡得一當而先生獨以長者雍容得之不窺市井坐而待收身有處士之義而歸于富厚焉先生之言利不任心計因時翕張主於能散博施宏濟事難以殫計凡所興利皆爲后規邦人倚重邑政是毗方當先生任事逡逡若不能久而見思人以爲莫之逮迺知賢者不可測識性固通敏而外則謇謇既出儒家通商惠工獲其贏利以末致財用本守之敬教勸學以爲己任而覩歐風之東漸迺自輕家丘五經東閣吟誦不閑先生惻惻引爲大戚矣無錫國學之有專院始基之㠯屬文治者錢唐施公省之而實恢宏於先生相邑文廟之東是經是營築閣五楹㠯爲院　宇焉顏其額曰尊經之閣昭其舊也燕居之室誦講之堂寢宿之館至於庖湢庫廄各以序爲施公概

更世患而以謝不敏先生則悉力自任世德如燬弗震弗渝詔于文治曰公播其教吾輸其賄斯文一脈唯力是視前后八年所費累鉅萬不啻文治老矣亦唯先生之董督罔敢以自惰棄考覽六藝收朋勤誨諸生賴焉用袪其敝將拯文武之方墜延微言于已絕昭德塞違目徵將來先生之教也如何靈祇殲我哲人末命之日遺誥所親曰吾生裨贊都關公盜凡所贈繼宜如余存而國學院實居其一於戲音徽未沫其人已亡誦孝標之言君子所爲薄言永歎者已享年六十有一目中華人民造國之十七年歲在戊辰夏四月九日卒凡我同仁永懷哀悼靡所寘念乃相與惟先生之德貞亮足以幹事隱括可以矯時不有所述後來何觀揭於貞石用詔无極系曰

於皇先生何不耋也顧盼清揚肌玉雪也席豐履厚志不涅也人間何世微言絕也沃已古膏我內熱也風雨如晦光則烈也我生有已而志揚也何以報之粢盛絜也薦之白茅長無絕也

中華人民造國之十八年四月十日愚表弟錢基博謹撰

祭孫鶴卿先生文　　朱文熊

維中華民國十七年六月十七日私立無錫國學專門學院全體職教員學生謹以桂酒椒漿致祭於院主鶴卿孫先生之靈曰嗚呼哀哉先生之生於世六十有一年於時歐風煽於西鰈浪傾於東洋流澎湃海水沸渭元黃於是乎雎刺蒼赤於是乎顛連計倪范蠡失其智墨翟公輸失其巧即有儻中之達材抱一出而存魯彊晉霸越之宏願猶將愕眙而未易於行櫛蕪由國能一失則萬途隕顛邯鄲效步又匍匐而旋惟先生獨淵然嶽然不蘇乎赫赫之功不欲爲衮褧之行既吸受此二十世紀之潮流而又殷憂夫

五千年來歷聖遞嬗之心傳故其於事也本乎禮行乎信輔以仁義道德而無病乎拘牽其於物也準於時合乎勢衡乎盈虛消長而無失乎後先故於其卒也工欲於肆商歎於市貧民災黎哭於途而有咨嗟而不能自已者尤爲我院二百有餘之學員嗚呼哀哉當世運之屯剝矯枉者至欲一切粃糠塵垢盪原而滌川然而玉有其海金有其淵布帛菽粟有其方幅而潔蠲譬夫深山大澤苟龍睡而虎臥則狐狸鱷鱔皆號舞而蹁蹮又如膏腴沃壤苟廢耕而輟耒則黃茅白葦成汙萊與石田爰有宏達刊經惠學設館授餐遂於高顧講學之地謀所以操縵而安絃然終徬徨瞻顧謂其任之難獨肩先生乃不動聲色起而承之以惠後學而企前賢於是建高閣以迎我夷大庭以遷我添豐樓以處我開傑閣以延我左圖右書有以悅我剛經柔史有以研我卽以去歲之横遭蹂躪人咸謂國學之將不足復綿時先生亦息影海上仍慰問之殷拳跋前疐後而卒予以援助之廉泉俾夫韓子勤誨得安其朝虀而暮鹽陽城生徒得循其右粥而左饘此非所謂輔世之志切而衛道之心堅者乎嗚呼哀哉昔孟子有言分財謂惠教善謂忠得人謂仁蓋事曠世而一遇義一身而難全今先生獨乘茲衆美守以靜專當吾院之立也先生扶之而不居其功其立之而仆也仆而仍起也先生益不忘援助而惟恐所以韜晦而避悄悄故吾院同人始所以不敢誦言先生之宏功者蓋知先生之之隱衷於吾院罔未嘗一日而不心鏤也嗚呼哀哉魂一往而不返誼百世而不湮此吾院同人所以追念先生而益不勝其嗚咽嗚呼哀哉尙饗

列子御風賦 以御風而行泠然善也爲韻有序

唐文治

莊子逍遙遊篇夫列子御風而行泠然善也旬有五日而後反李氏云列子鄭人名御寇得風仙

乘風而行案莊子雜篇本有列禦寇篇而外篇田子方篇亦言列御寇爲伯昏無人射伯昏無人曰夫至人者上闚靑天下潛黃泉揮斥八極神氣不變然則列子本致心于窈冥之門游神于鴻蒙之庭所謂不食五穀吸風飮露乘雲氣御飛龍而遊乎四海之外者乎然本篇下文云此雖免乎行猶有所待者也若夫乘天地之正而御六氣之辯以遊無窮者彼且惡乎待哉此可見列子雖能遠遂大明近習惚恍然猶滯于筌象不若莊子之能與天地精神往來而上同造物者遊也爰衍荒唐之文用附子虛之義其詞曰

飄嶢兮虯踊螭騰麟超龍翥儵忽㴒滂激飈駭遽犇馳大荒之庭迴翔元徼之署過汗漫之所不游探鴻蒙之所獨踞陽烏爲之頓羽夸父爲之叱馭升虛凌冥逐塵馳虛羌巾雲衣而踐朝霧詎赴春衢而整秋御維時有列御寇者藹瑟虛元之表嘉遯冲漠之中方將揮斥八極矚棲太空極窈窈冥冥之奧闚渾渾沌沌之宮廼排胥堺而命駕出蒼垠而摩穹造乎伯昏無人之居而問曰吾聞聖人馳思于天雲之際外物象而不可窮今將經迴漠出空桐拊翀雀躍騁雨馳風其曷以離塵埃返冥極而收夫沆瀣造化之功伯昏無人曰嘻子且澄神定靈豈志凝思以喩吾辭厥有南冥是爲天池姑射神人扶搖上之野馬塵埃物生息吹于是澱大塊之噫氣從雲將而飈馳寥寥調調被麗披離晌煥粲爛離散轉移如星之轉捷于皴箕如龍之變化作鱗而子且習夫飡氣之法庶幾超氛埃而登太儀列子由是羨韓衆之得一鍊形氣之澄淸形穆穆以浸遠氣芒芒以獨盈時惚恍而曾舉忽神奔而鬼驚羌㛹㜲以遙見精皎皎以營營載營魄而登霞淹浮雲而上征爰馮靑蘋之末將躡芙蓉之精比翡翹而翥羽戟雲旗而霓旌凌驚雷之硠

磕弄狂雷之晶瑩衝飈發而日迴飛礫起而沙鳴憐蛟蛇之皆喈縱萬足無足而均滯於行爰乃排空御氣高馳淩冥窒寥叫昇清清泠泠狂趡泱漭之野踊躍漫衍之庭招元鶴以爲馭駕蒼龍以爲軿紛兮若飛騖迅兮若驚遝絕少陽而登太陰臨九天而撫彗星倏而來兮沅湘之浦倏而去兮北渚之濱望大微兮極目排閶闔兮揚靈南方之帝爲倏北方之帝爲忽並居於寥廓之天列子於是蔑蒙騰躍而與之譚道乎崑崙之巔厥有夭根方乘夫莽眇之鳥以游乎寥水之淵列子於是飄遙徙倚而與之論六極之無邊時而蓬蓬然起於東海則駕乎苑風之前時而刁刁然入於西海則御乎諄芒之前鵷雛不能嚇其魄胡蝶方其栩栩然上窺無極下瞰黃泉蓋是謂谷神不死而惟致福者可以得其傳漆園叟於是心折之而復言曰是徒能飄風遠逝方行曼衍莅颯莽欻騖涌雲轉僢蜈佗以驕騖沛艾趄以敞展勉升降以上下紛容與而偃蹇鞭飛廉使啓路召屏翳使陪聲猋雲中遡絕巘而不知其猶有所待尙未足云至普也夫至人者能乘天地之正而御六氣之辯精渺渺以往來運萬竅而驅遣是故遊乎無窮者必承此德之選噫嘻爲鷃爲鵬呼牛呼馬義本謭詭詞亦虛假然觀其精騖六極娛嬉大冶上神乘光茐茐形瀉彷徨乎廣莫之鄉浮游乎曠埌之野知其采真在泰初之先釋神在清都之下故卽此鰌我勝我激者宎者吾驚怖其言猶翔天風而無極也

老愚高先生象贊并序

鄧楫 遺稿

老愚高先生吾鄉隱君子也神炯炯而清氣戢戢而下節稜稜而介度止止而閒避仕貴其若汙守性道則如命身口之累彌縫於一研南北之遊羈旅兮日久瀍洛其學倪黃其畫保赤其心恬淡其志大江南

溢令聞焉丁巳八月晦日以疾卒於里第春秋六十有三未遂隱居之志僅存盈柱之書嗚呼哀哉季子涵叔敬恭遺像謹𢑱先生五十六十兩照裝潢卷軸蒲伏請贊毋與涵叔共研席於一堂數晨夕其兩載敢云公瑾之知東海差比林宗之贊子師誄長葛辭用紓悁邑其辭曰

於廓靈襟浩浩其天纘緒止水主靜守專神運道表學溯性先竺友樂廣孝毋閔騫汴洛行脚蘇贛飢驅度事爰勑主者用愉禨祓倦還永謝興聘秋雨相如匪渴以病㡳括穆穆知斥恢恢教授鄉里蔚育英才銷鄙范恐朝爺夕習嗟彼多士爰有矜式載佐育嬰戩發其籍赤子何辜瓊葩多折先生曰吁乳者來前爾慈爾虐天道好還格以精誠慰以溫語羣赤熙熙如登春煦乃豐乃茁兒躍以嬉不中奚遠顧而樂之匪曰望報亦匪市名善祥是宅緣擧發誠晚歲家居小樓坐雨縑素娛情怡怡栩栩胡爲行路借道瀧阡頎言觀之小極纏綿少微一星繫光無阤天不慭遺老成凋墜倪積高士元瑜畸人嚮乎真詮史冠隱綸白鬚鬑鬑披緇染雪秋灉挹神古梅纏骨孝友仁慈謚其在我疇謂儉勤云不我可冲懷五十崢嶸徵瓿閤十星霜從容老夫名有隱顯道不瑕瑜侁侁忠懋煇映門閭施而不德厥蓄滋厚君子有穀聿啓惟後載瞻靈光肅拜淒愍薤露抽悲用闡遺躁

漢書藝文志書後

戴恩溥 遺稿

嗚呼漢書藝文志何爲而作也曰志六藝之文之意也所以志者何明六藝之道記授受之統存於信史所以垂久遠崇聖人作經之意使後世有王者作遵而行之耳然而前代之史蓋未之有者何曰唐虞三代之時世風淳厚大道之行天下爲一左史記言右史記事事爲春秋言爲尚書文字簡書只行乎王廷

下民之智謳歌頌德而已質文相遞至周末而文學之風臻於極盛莊列之深遠蘇張之縱橫韓非之排奡荀呂之平易紛然雜陳莫衷一是於是宗深遠者則習爲恬淡無爲超世高舉之行極其弊則放曠恣睢而不規于禮爲縱橫者則辨僞而飾非朝秦而暮楚其弊極於失信於天下至於爲排奡之學者則失之刻削爲平易之學者則失之寡實故有爲神農之言者矣而自圭治水之功自以爲愈於禹而遂欲二十而取一當是時也楊墨之言盈天下天下之人不歸楊則歸墨不歸楊墨則歸莊列歸蘇張歸韓非歸荀呂其爲人而無所歸者必其大愚不靈者也惟有槁項黃馘以老死於布褐而已此時而有爲六藝之學講仁義之道者必爲舉世所排擊而不容烏乎此孟子所以困於齊梁歟孟子不得行其道而六藝之文仁義之道存於人心者蓋寡矣秦有天下惡其支離也於是燔書坑儒以愚黔首而學術遂爲天下裂炎漢大儒輩出六藝亦漸萌芽而天下始曉然於治國經邦之道非六藝不爲功諸子百家之說雖時有可取固未足以爲重輕也乃大收篇籍廣開獻書之路及後孟堅修史遂以六藝列於藝文篇首而以論語孝經小學附焉蓋重之也其於百家之偏者每多綴以鑑戒之詞而少過量之譽不欲刪繁就簡者亦存其一得之見不使蔽埋而不彰也其作書之意至深遠矣而或者論之以爲失之簡異失之繁蕪二藝者之識豈知言哉然使漢興之時書缺簡脫禮崩樂壞而不有劉氏父子纂輯於前孟堅修明於後則六之道烏能獨尊萬古垂之今世而炯明乎哉烏乎盛矣

囈語偶存跋

藏恩溥　遺稿

囈語偶存者邑先賢錢敬堂樸齋先生平日讀書所得參以已意而記之成書者也所言皆闡明心性之

語修德進業之大道略備於斯矣其精純處直可與近思錄小學等言理之書相輔而行有裨禮教良非淺鮮所以名之曰囈語者蓋自輓近以來人心不古縱欲無厭廉恥淪喪間有一二潔身自好之士心道德而口仁義者舉世無不目之爲夢人囈語正道之不行非一朝一夕矣而錢先生顧欲救之於世道大非之日自謂囈語不亦宜哉推其名書之意至足悲矣同里金世丈俠文先生既將斯書鈔本重行裝訂擬付梓傳世而命書其後不才如余何敢率爾操觚然先賢遺著百難一存幸存矣而能使之光大發揚者後學之責也雖然微金世丈斤斤保存則是書之歸於澌盡泯滅者蓋可必矣余既讀斯書而善之復感世丈保存之功乃爲序之如此云

余君觀光傳

戴恩溥 遺稿

余君觀光太倉瀏河人少工畫山水花卉人物翎毛無不精研入神於書宗李北海頗能得其神似顧賦性介耿不喜表襮無名公巨卿爲之稱道贊揚以是蜷伏鄉里於藝術界無籍籍名又家世清寒迫於饑驅未得敖游四方執贄爲當代藝術名家弟子故雖藝古才高而終無以成其名然君固壯年意氣英發潛修以俟時下學而上達君之所自處者至深則其實至名歸可指日而待也抑又有進者前代之畫家如王石谷楊西亭之流皆以耆年碩望名重藝林其於少壯進德之日固亦未嘗有籍甚名焉然則如君者正少壯有爲之年非著重名於當代之日也而君亦可以稍慰矣僕於去歲執教鞭於本邑私立國英算專修學校與君爲同事相從甚密知之較深故樂爲道之亦使當世人士知荒江僻壤尚有精研藝術如余君其人者勿使其名之久不著也

文苑　詩錄

英軺雜詠

唐文治

月出

海天遲月出璀璨吐流雲霧氣凝空黛波光皺遠紋前身疑約略舊夢感紛紜我欲乘風去消去萬丈氛

新加坡佘氏花園（一名蔚園）六詠

芳塘

陂塘淺淺水盈盈繞樹蟲聲掩抑鳴應爲故園春色去故教暗訴別離情（園中塘岸蟲聲與海淀諸園絕相似殊有游子天涯之感）

白荷花

出水丰神白玉姿清香暗與曉風滋白華補入皇華詠總是庭闈眷念時（時當三月荷花已開園主採以贈予對此白華尤動思親之念）

荷葉

十丈曾聞玉井蓮今看翠蓋大如船（荷葉絕大中國所無）何當遍裹青精飯鼓腹人人作地仙

竹門

扶疎翠竹結成門上有盤虬彩鳳痕此徑端宜佳士入炎涼世態莫相論

樹色

無邊海水夢悠悠怪底尋春已換秋（園中春樹俱作秋色）紅樹青山不歸去有人遠望獨登樓

草茵

芳草依依別院香重茵疊錦亦成章莫言芰薙農夫業零雨應知闢鹿場芳草王孫古人所賦何如零雨自有經綸耶

二十六日抵檳榔嶼有巫來由王附舟同行觀其容貌禮節迴異尋常紀之以詩聊當採風之助

蓬頭赤足恣婆娑異俗何緣事禮多漫笑君王惟守黑得師能自學遙羅近遙羅君許勒龍岡勵精圖而游歷諸國巫王竭力救之

尉佗磊落久稱王繇蕞威儀未敢忘放踵果然如墨氏滿朝鼻觀盡生香諸官登舟送行握手跪安並嗅王足亦云異矣

粉黛不施施黝墨六宮面具掩蛾眉不將真相教人見自轉秋波怨別離宮妃送者衣或青或紅間以雜色俱如斗蓬面貌深藏祇露兩目

國名竟是沒來由巫來由一作馬來隅論六書諧聲之例應作沒來由族類朋興跨亞洲鋪類者地甚多太息中原正多故不如海外訪犇虬

聞蟬

萬樹龍葱夾道迎新蟬未夏已先鳴都因喜見星軺瑞奏出薰風第一聲

格崙坡聽濤

格崙坡迴未稱高攬巒登臨興極豪漫說錢塘風景好此濤何似出江濤

四月初三夜雨思親二首

客行已是亂愁生況復淒其聽雨聲今夜高堂知健飯夢魂乍越海千程

故園種偏竹千竿飛出文禽刷羽翰博得老人開口笑天涯游子總平安

有所思

四月四日危坐樓船白浪掀天碧波無際言念跳征適經嬌度摹新絲於楊柳萬縷柔牽聆絕調於胡笳一聲唱徹爰仿平子作四思詩質之風人或有取其悱惻之旨云爾

極目洪波有所思九重閶闔欲陳詞玉關羌笛聲聲怨太息靈修浩蕩時
極目洪波有所思離憂再賦北山詞天青海碧無窮處回首臨歧繞膝時
極目洪波有所思緜緜遠道葛藟詞歸期應向庭前數記取茱萸插徧時
極目洪波有所思桃花潭水故人詞赤魚不達千重海紅豆江南未寄時

阿丁苦熱行

康回憑怒地南傾陰陽霿圍錯迕行日中星火一點落湧出世界名阿丁阿丁正當赤道下黑齒卉衣小細亞表裏山河盡不毛鬱律洪爐自茲化旱既太甚翠生荼雨師十歲九迴車瀚海清波千萬丈曦倒影成紅霞我心烈烈彌憚暑終日飯冰如沸羹沐浴不用溫蘭湯流汗須臾皴石許耳暗目暗精魂搖剝牀不寐膚先燋聞道紅海更苦熱魚龍游釜生寃潮咄哉吾黨丁斯厄如坐塗炭不得出抱火詎敢言徙薪準備焦頭爲上客

蛙鳴

飯聽聒聒鼘鼓一時爰詠蛙鳴興而比也

不聞絲竹不聞琴坐井聊爲得意吟一自越王曾式怒蛰蛇變幻到於今越王式怒蛙三軍競奮見越絕書國語伍子胥諭越曰爲蟄勿

摧爲蛇將若何

觀西人角戲一人伏地翹兩足以兩手行後一人以兩肘夾前者足作推車勢推之推較速前者不覺俛跌破鼻見血觀者大粲焉

無軛牛車駕傈蟲揮肱叱坂亦英雄如何濃畫于思墨反濺桃花一點紅

跳舞曲

四月十四夜同舟爲跳舞會男女雜遝笑語喧鬨予設酒點餉之舞竟各致謝而退爰作曼歌抒寫斯樂水仙聞之當爲一笑

地中海水混空茫雲譎波詭馮夷狂中有鮫人奏雅樂綠水么鳳紅霓裳霓裳新譜陽阿曲坐中窈窕顏如玉變幻離奇頃刻間土伯䰣䰣山鬼伏碧衣赤幘何紛紜披髮黝面乘文身（印度人塗而以藍赤衣雜綵跳躍而出彷彿山鬼）巨靈高掌拊蟲廌鳥蠻咄叱來羣神須臾海市蜃樓起鬭叉執戟明光裂（裝海神者彼髮各執刀叉）但知山海縚奇形疇識婢娟是羅綺（有男裝女者有女裝男者紛紛莫辨）芳菲舊製芰荷衣璀璨芙蓉五色緋何似洛陽爭紙貴七襄神女織支磯（一西女以新聞紙爲衣摺疊無縫飄飄若仙）更看彼美喬裝束如火如荼五銖服蹴踘彈棋寶相裝銀鉤金勺參雙陸（一西女收集玩具皆附於衣如棋子紙牌釣竿水勺球圈之類無不備）星河耿耿夜迢迢王母嫦娥降碧霄一霎驚鴻身外影兩行飛燕掌中嬌柘枝舞蓮花舞穠纖合拍羣芳譜懊儂無力儘相扶一波三折鶯聲吐流水舞迴風舞不鳴鉦鐸不聞鼓海上神山半夜拳翻手爲雲覆手雨俄進鸞環鳳翔舞碩人有力原如虎一曲虞兮怨美人霸王畢竟成傖楚（一西女與西人之裝鬼相者同舞頗自得也）倏成蛺蝶舞鴛鴦舞平地珊瑚交玉樹同心雙綰我與汝郎情莫爲他人蠱

楚楚蠻腰劇可憐玉釵搖落顫花鈿選鉚盥釵簪落不絕回頭一笑秋波轉此境由來便屬仙夜深翠袖生寒否玉液金波香滿口舞畢關送聚飯滄海相逢未醉時散花描出摻摻手韞櫝題名甲乙高錙流色相壓金貂舞罷公評甲乙以公舉之多者為勝有西女裝尼姑服者為第一好將別鵠離鸞怨化作楊枝法雨消裝尼姑者為一寡婦其夫死於特闢乃得耳之戰公舉之所以哀其志也吾聞鄉儺本古義跳舞要即中國古者鄉儺之意況是搜神倘瓌異天道弛張不可知但願人間無恨事

五月十三日觀奧斯福武學堂題贈各教習

朝趁星軺發來登象譯堂平湖欄艇小講舍供花香賢主通酬酢牛學教習柏樂各習華語極工高才集濟蹌百年同樹木名世好留芳

五月十六日夜望月

萬家燈火正朦朧皓魄娟娟入望中此影曾經照蘇武銀琶誰唱大江東迷姆河畔夢悠悠倫敦地跨達姆斯河人自傷心水自流何日乘風便歸去九天探得廣寒秋

太平洋歌

舟行太平洋半月遇大風五日暈眩不痳

太平洋勢亙西東蜿蛇秋水百潦洪澎濞滭灤兩洲通試訪河伯與海童我行鑿空自紐約歷盡千山與萬壑維多利亞暫依泊英人尊愛其君即以君名名其地轉瞬船頭風浪惡馮夷擊鼓鯨魚趨驪龍驚起探明珠九天九地湧風驅踏破雲梯拉朽株浪溢船面鐵梯均為擊斷顛倒冏混窮區鷁海吝蜷伏鮫人怖沉心搖精不得寤手足罷劣蒙疾痛吁嗟乎生人是處皆風波鵬戾鯤橫强食多但願八極靖干戈容與太平忞婆娑

精養軒感懷

悠悠滄海昔曾經圓嶠方壺今又臨碧樹參天荷半沼盛衰我欲問山靈
每從奎斗望中原砥柱狂瀾孰起元太息遼東正龍戰幾人相助固藩垣

游後樂園

後樂園爲水戶藩源光所建其規模皆明遺老朱舜水所布置朱浙之餘姚人有明末造流寓日本遁跡不出寄居是園構得仁堂並刻伯夷叔齊遺像以寫其志予欽其忠賦詩弔之

勝國遺蹤暫駐車唐門未許碧雲遮（園門額曰唐門）採薇獨抱黃農志贏得清名海外誇
誰將憂樂細評量率意孤行亦可傷二百餘年興替感幾回把酒對斜陽

觀擊劍

豈因斫地發狂歌耿介凌虛氣不磨勝負一家爭不得伐柯且自執吾柯
距躍還當擊柱呼英雄屠狗總窮途諸君故是萬人敵莫學粗深井里徒

觀馬上打毬

玉驄嘶勒草離離擊鼓鳴鉦進退宜九轉彈丸頻脫手休教一簣惜功虧（球共十枚然勝負總以末枚爲度）
莫言相厄兩賢逢（球以紅白爲別擊司紅者進則司白者半途阻之使不得蹤）揖讓猶存君子風（負者其拜皆下馬）自是閭牆游戲事他年禦侮總同工

游日光山

恍入蓬萊境游人疑是仙濤長濺澎湃（緣山澗流湜絲淙濺不絕）徑淠曲蜿蜒（自馬返而上山徑盤紆與夫背僂傴蟻旋而登）古寺初鳴磬（寺名中禪）平湖好放船（山巔有平湖紅樹青山景尤幽勝）山靈應識我塵慮渺雲煙

五君詠五首 有序

唐文治

在昔靈均寫怨赴汨羅而弗辭精衛含愁投滄溟而不返弔先賢於柴市衣帶千秋訪遺蹟於東林榛蕪半壁然未若冤成薏苡釁起蜉蝣有如五君之甚者也庚子夏五義和拳匪搆難京師赤眚兆於中天黃巾徧乎禁闥五君爲國重臣屹然砥柱或萬言陳疏或片語諫諍曾不踰時天飛冤霹地起愁雲意欲之讖朋興莫須之禍倏遘嗚呼聞山陽之笛名士興悲讀太傅之碑文人隕淚矧夫士感知己伯牙碎琴義激友生漸離擊筑僕也既咄叱於銅駝益傷心于禾黍編長宏之遺傳痛哭摛辭仿宋玉之招魂旁皇設祭嗚呼慟已爰綴律詩用代信史五君有靈倘能鑒我

許公景澄

科名共羨少年呼報國忘身歷仕途雪滿榆關馳使節（公曾使德又使俄）雲靡葱領攬輿圖（公印有帕米爾圖並西北邊界圖均精絕）舟師列國傳新表（公著有外國師船表至爲詳備）文字佉盧教曲摹（公設俄文學堂京師學者甚衆）千載沈冤誰與雪夕陽荒草夜啼烏

袁公昶

洛陽年少騁才思（公少年時才名甚著）博古通今是我師著述司農推絕學（公精研經學著作尤夥）詩篇太白吐仙姿（公詩才尤絕一時）綠章萬口傳寅直（公有請勦拳匪疏忠肝義膽可與椒山先生諫草並傳）碧血千年怨子規流水高山今已矣天涯何處哭鍾期

徐公用儀

滔滔浙水共西流（公與許袁二公均浙人）城北於今姓字留渤海江山爭半壁（俄租山東廟拳島事公與許公爭之極力）樞庭政誥亦千秋（公銜直軍機）襄陽書法新摹勒（公極好碑帖書法甚精）貝葉梵經舊校讎（公有手批金剛經）外部文章今絕筆大名諸葛在歐洲

聯公元

太息臨風酒一卮如公古道有誰知（公極長厚）爰書事定無將獄（時人目許袁徐三公爲漢奸而獨不能言公之罪）片語寃成意欲辭（公召對時言謀定後動四字端邸大怒遂被害）政績允符循吏傳哀銘共勒峴山碑（公在外任愛民頗至）傷心更欲臨歧弔宛轉嬌雛誓死隨（公幼女痛父盡節竟以身殉）

立公山

懲奸直欲戮猿升（公力斥拳匪）象齒焚身兆已徵（時人所以力傾公者實覬公之富耳）北海縱開浮綠蟻（公極好客座多名士）西朝擅集畏青蠅（公在內務府最久然竟不免於難）外交疇見明珠贈（公居與西什庫相近時人遂謂公通樊主教眞大可笑事）海稅空開寶藏興（己亥冬譯署論加稅事公疑孤方伯推誘正言厲色相規甚至）慘絕一坏黃土在忠魂千載此依憑

題秦佩鶴年伯湘絃秋夢圖

單鎮

淮海才華冠上京閨中德耀著賢聲無端忽墮罡風劫折翼鴛鴦百感生
星軺千里赴瀟湘碧海青天事渺茫回首宣南兒女淚當年添倩倍神傷
淒然錦瑟憶華年遺挂長留欲化煙秋恨綿綿春夢短祇將幽緒付湘絃
新詞十二寫離愁天上雙星感女牛人世因緣如露電縹緗一幅自千秋

題陸聲吾丈秋夜讀書圖長卷　單鎮

郊祁才調冠名流一室壎篪自唱酬寫出鯉庭清曠景桐陰涼月伴吟秋
楷墨如新歲月長人天小劫換滄桑君家手澤同珍護濟美雙梧舊草堂

題沈秋壑君小影集東坡句　單鎮

頗覺寬容勝弱翁放懷還喜一尊同宦游到處身如寄存在先生杖屨中
從公已覺十年遲晚節孤風益自奇惆悵無華真漢吏緇衣誰作好賢詩

涵叔先生寄其　祖大人月洲先生手澤將裝潢作百歲冥誕之紀念爰題四絕句以誌欽遲　朱文熊

涇陽試卷墨痕新佳什流傳付後人景逸子孫陶令擬躡桑世業話津津
勝事誰將記永和傳家翰墨悵無多烏衣子弟懷童冠歷歷題名記大羅
兩家忠孝自千秋選佛場臨妙響流況是深情姻婭託謝庭重器未輪劉
我滯蓉湖已十年舊家名蹟久心鐫最懷忠憲遺書從楷法猶留綽與虔

題金君俠聞褒碩介壽圖代　陸修祜

家世亭林壽丗儀歡開瓊宴燦靈芝當年釵鳳分眉案竟夕丸熊淡鬢絲藜照細書中壘傳箋杭罷讀衛風詩枌榆坊表輝彤管節勵松筠載口碑
褒飧將丗歲如梭賓粥燃鬚誼若何三徑護花迎爽塏半櫓竹影寫婆娑盤堆梨棗搖銀燭酒晉葡萄引

玉珂介弟孔懷推伯姊兒孫孝德嬔卷阿

題潔進血書蓮華經三首

陳邦懷

我聞儒釋本殊途苦行躬行計未疏今日經生輸衲子趁閒斂手怕鈔書

七卷經成十指枯山靈得此可湔汙能書自是吳興體象外空空莫浮諛（狼山僧穢濁者多故有汗韵）

塔蔭堂西日影移靜觀梵筴幾翻披松濤認作江濤聽（經寫於吾鄉焦山）坐我東風索莫時

範九寄所撰曹公亭記印本至閱竟感賦時日本方出兵山東也

陳邦懷

見說么麼竄海濱噫嘻舊事又翻新平潮風烈思先哲秋水文章出故人（趙堯生先生嘗言範九下筆秋水無塵）吾舌猶存

惟寂寞天心未厭恐沈淪賓萌頓觸無涯感誰表東亭葛曰純（東臺葛曰純亦與倭著績者甚碍後人題作葛曰純尚非泰州志幾無從正其訛矣）

重至扶海垞

陳邦懷

荒荒扶海垞漠漠起車塵蠻俗來看慣鄉心入夢頻音辭猶在世田舍復何人壁上朱衣貴千秋迹已陳（聽事西一室懸朱衣神象尚存）

展王觀堂先生遺札作二絕句哀之

陳邦懷

書疏江南傳面目（書乃庚申辛酉間寄自海上者）字如瘦棘刺叢叢更留詩讖增惆悵風義衰時拜鬼雄（此觀堂題哉山先生遺像句也）

塵外全身未或非便無楚些亦欷歔撓之不濁惟湖水（昆明湖）淵隱從容作永歸

題嵩庵師南山石銘遺墨

陳邦懷

此心不轉如山崖此書可卷存吾齋看翁持毫偶侍席謝與敉詩翁所佳嘗許荒辭已入室獨慚茲事才

及階平鋪碑碣苦搜討高懸肘指勞筋骸要使風神得併古往往落筆爲俗諧坐觀於此若有悟試以紙墨仍餘乖亦旣畫衾衾盡破揣摩筆法尋根荄張之素壁喚奴擣食訖爽具類手揩翁書隸古世絶少當時拾得嗟安排山鳥千聲更百囀來吾庭樹鳴喈喈

敦甫約食鰣魚及桃花鷄見謂不可無詩作此爲報　陳邦懷

爲口不計脚街西就子居子時方假寐吾姑正擣蒲中庭看月上何物香庭除滿架木香花乃在屋東隅俄然與予季鄰里過沈廬燈光坐稍定子已來我呼不惟桃花鷄紫筍烹鰣魚更有明前茶一一爲君娛如子真解人知我非酒徒得一誠快意況有三者俱去去不數武入門我體舒高踞在胡床浪語才須臾佳茗品殊絶淡比天人姝杯行忽到手惡醉微沾濡堆盤美無度飽食雞拘虛口口有同嗜其如我知乎予季不愛鷄但饗魚味腴鷄自野而雋骨氣香且酥坐客與主人謂我言非誣苦爲物爭長掩口堪盧壺是時飯食訖一閧闡諸雛我起折花枝芬馥襲衣襦長夜未潺潺詩意來徐徐寫此爲君報餉我洵不辜

獨酌偶成　馮振

吾生值叔季禍亂四方醞澄清知何時攘臂虛自奮書生漫憂國天高寧許問知已是芳杯有淚且當拔

中秋寄陳生一百美國　馮振

清光不到海西頭欲寄相思可自由今夜明朝兩明月不應同說是中秋

偶成　馮振

有情芍藥含春淚無力薔薇臥曉枝識得溫柔本詩教何妨時作女郎詩

葬亡弟用拯於上海公墓賦此誌痛　馮振

忍念棺中骨平生友愛殷死仍羈異域生已阻祆氛鬱我六年淚營茲半尺墳九泉呼不起知否更誰云

奉題黃賓虹先生畫桂林山水　馮振

桂林山水天下秀昔年一游至今來往常夢中無錢買山困塵土愛而不見術真窮忽覩黃山黃公此幅畫浮天亂插青芙蓉千巖萬壑競攢處一一可指前游蹤坐覺置身長林下耳邊隱聞山寺鐘黃公乃是黃山之僊翁七十愈少顏如童飽餐山中煙霞氣游戲人間其猶龍偶至八桂契心賞平生臭味將毋同收拾煙雲入腕底隨意揮灑筆愈工世人苦學亦何用先須有此不着一點塵俗胸自然妙與造化合天機所止超人功桂林之山千萬重化作烽火殷天紅兩年苦戰幾人免猿鶴已盡餘沙蟲清江石瀨誰復聽崩山巨礮聲隆隆心驚魄動夢怯往得覽此畫真從容嗚呼何日手攜一短笻隨公更登獨秀之高峯大呼天地迴春風

懷母吟　嚴濟寬

烏啼月欲落寒風吹竹林竹音一何悲感我游子心天乎何高高海也何深深聊將明發意成此懷母吟憶我生六歲遽遭阿父喪阿父有遺命藐茲兩兒郎弟農兄則讀鞠育惟汝望在昔無父兒每作邦家光母也載拜言養子如種穀願將茹蘗心瞑汝千秋目八齡入學初晨起爲櫛沐焚香告父靈掩涕理書服謂勿學他兒他兒福命佳有父有田產汝窮且無爺黃雞屋角叫今日又生卵速讀去拾來飯時爲汝火姨來有果餌舅來有雞黍速讀去採來全家吾愛汝弟妹不解事惱汝讀書子速讀持筐來從我取蔬水

有蔬苦無鹽有水復無米速讀待春來飯糲先撥與四月養蠶忙呼兒助采桑結繭可賣錢爲兒製衣裳五月田事急呼兒管牛羊牛飽可耕作羊肥將繁昌衣食於焉賴束脩於焉生書衣看昂昂兒衣日以長、血費千萬盆話費千萬箱插柳初成蔭種樹未成梁客歲來西粵日夕縈愁腸住憂八口窘去憂萬里航兒心猶膝下母心已他鄉臨行却緘淚祇恐兒心傷那知命途舛我馬丁倉皇硯田成惡歲粒米未能將況復得妹書云母日就尪展書損寢食嗚咽淚淋淋未能承菽水敢謂游有方捧檄姚毛義迴駕慙王陽心以修竹碎夢與白雲長遊子意如何小草歧路旁

小至書懷 并序

嚴濟寬

羈旅南阪忽焉一載丁茲離亂鬱鬱寡懽同事有惠以詩者多所慰藉明日爲長至日率爾賦此以答雅意云爾

清晨采芙蓉薄莫不盈襭與子結綢繆風雅相媚說長安如弈棋（邇年政局一年三變）我馬生荆棘攀龍亦何才呼鷹詎爲俠鳥呼延秋門豹變威遠懾誰云文墨士不受聲利壓嗟哉硯田耕糧幾在陳絕高歌惜花落俗物生謗譏此事知者誰或譽不我愜飢操文字觚冷親童子褋蹉跎平生心侘傺夢成甕憶我來南阪十見落蓂莢豈無仲宣懷水重山百疊益之阮囊羞無以買歸艓老母日倚門將之無一粒昨復得家書云發舊時疾五夜獨傍徨掩涕肝腸裂嗟予夙孤露非母無今日家有負郭田力耕堪自給雞豚有欄柵裋褕客緥繰客來翦哇蔬葵莧佐匕梜鋤犂釋手時或舉草玄筆顯親非所望色養自可必惜爲天所械一竆爲接摺飢驅塵網中俯仰百憂集日夕北風厲庭柯欲拉擸寒蟲語透幃一榻冷如鐵遊子睇白雲旅

窗莫愁入客情滿千里初月照久立休哉同事友慰藉來佳什一讀再三歎慷慨有餘邑感此迴中腸差解羈愁結草此會雅意悠悠難具述

送表弟朱作人東渡進士官學校　丁儒侯

綸巾羽扇亦揮兵緩帶輕裘自策勛何事遽投定遠筆算來名將總書生

寄表弟朱謁臣蜀中　丁儒侯

萬里乘風心事違十年時勢已全非要知草澤龍蛇蟄漫說中原鹿更肥

春雨　吳鴻璋

春雨如膏綠漸肥郊原閒愛麥新滋溪頭弱柳舒魂未穿過浮橋特地窺

清明　吳鴻璋

閉門孤陋自懷慚春興清明冷不堪燕子一雙花外立隔簾低喚憶江南

晚晴　吳鴻璋

晚晴烟際鵓鴣啼綠靜紅嫺弄好姿春味漸濃新雨後夕陽閒立數花枝

寄孫竹義都門　吳鴻璋

早秋一別感離羣愧賦閒居望北雲客地江山徒笑我故鄉風月正思君重嗟髀肉心猶壯那慰情懷性欲勸如問近來何所似小窗惟讀古人文

寄王魯庵蘇州　吳鴻璋

經年不見王居士海上重逢喜可知（九月卅逢君海上）積恨萬般消永晝傾談一味療相思白衣虎阜秋風冷（君新遭父喪）黃葉蘇門夕照悲（君師黃老諱學蘇門亦新物故）寄語高秋懷古客爲披榛莽弔要離（要離塚在蘇州城內）

莫江吟

吳鴻璋

巴蜀分源古蛟龍觸浪開雲沉千嶂雨風吼一江雷

重至姑蘇

吳鴻璋

三吳幾度擁征塵跨踔姑蘇是舊身風景不殊當日地韶華非復昔時春要離塚畔餘荒艸鐵令關前沒古津誰信虎邱山寺塔登臨尚有未歸人

春夜

吳鴻璋

短劍孤背慘不歡落紅庭院倚欄干愁隨風雨三更至夢逐梨花一夜殘鄉思怯寒因坐久客魂無月欲歸難且將春色分南北兩地睽離得共看

春日刼後至錫山和錢萼蓀作

吳鴻璋

風雲莽莽三吳道琴劍茫茫獨客身恨我偏逢離亂日令人俱憶太平辰他鄉痛哭無知己舊地狂歌更有人雖是錢郎詩興好也應惆悵眼前春

隋苑

吳鴻璋

廢殿荒池跡總陳吳公台畔莽荆榛狐嗥釣渚花空碧龍臥雷塘艸自春烟雨不逢飛火夜風雲猶壓鬥雞塵誰能記得當年事說與傷今弔古人

南國烟花客總愁錦帆猶落廣陵舟柳迷斷岸隋家苑艸長荒陂蕭氏樓廿四橋邊新月白九重天上舊風流空聞水調江頭唱無復當年帝子遊

潤州長句

吳鴻璋

江水空吞鐵甕城六朝樓寺罷鳴箏東阿道上霞成錦北固山頭日半晶浮玉不沉連陸地陣雲猶在莽縱橫愁邊過客聞吹角淚墮摩訶第一聲

即景

吳鴻璋

晚紅憔悴受風斜賸得階前綠幾叉小鳥不知春去恨朝來還啄墮泥花

遊梅園作同遊者劉君頌善龔君聖受

夏敷章

病國憂心撇浰漾此間昂首縱觀望披襟步上招鶴亭搖目晴光驚萬狀養鼻何須澤芷蕁淸心不用鄧梅訪千樹萬樹雪花飛香氣渾通雪海浪遊伴龔君別懷抱曰予胸襟殊不暢巖穴幽人本無多孤高避世不人仗冰肌玉骨格原淸乾死窮山心更曠豈願糁點在山阿俗人染汝怵侈恙此恙一染不能貧俗及君骨變君相君今久染不自知春暖揚揚樂豪放梅兮梅兮歸去來窮谷無知莫怏怏余曰君無憤世疾俗諂及梅君不見天欲春回梅欲開天不能因亂不成歲梅不能不開與春來梅非仗人人仗梅借梅巧作花亭賽嗟哉和靖以後知己少曉月寒風梅亦相向哀

遊惠山與謝君宗元自黃公澗直上惠巔盡所欲遊而歸

夏敷章

幾番春雨洗品物流露淸晴光未朗豁遊興不能平同往人四五險阻怯隨行先我履危石俯闞惟謝兄

跨歷復欹立如跛側石驚未敢一輕舉顛恐作球行雄心兜爾起如坦步崢嶸謂行山蹊易不足探奇險
黃公澗中水鋪瀉石面傾石滑寸流淺間處足趾并小決出其側小科尺許盈科盈復決溢湯湯若佩珩
澗源及山麓科決十數瀯越半倦思坐小憩力殊振氣平神亦定清耳只水聲低響若簫管忽爾似吹笙
高響清若遂時或作拳鳴餘音何遼嘹乍聽疑春鶯舍之窮其源觸耳驚碎琤心更怪其故因風變其情
不時窮澗源直以澗作程裴回稍留駐翻身登覺輕漸高背風足送我雷車轟每及一艱險尻高首下傾
惟俟蜚廉至山巔一臂擎倏然臨其頂舞蹈興倍生縱目震澤去數艘湖邊橫陰雲重積地湖天風更獰
行舟俱避匿白浪駭吼鯨俯窺環山麓邱墓壘屯營松濤響播溢破吼聽然訇敦敦坐石久謝君目瞠瞠
余曰聊瞻足謝曰未厭睛回首轉東望萬家比市城市聲浮城上近寂遠聞明縱橫參差裏白黑嵌閈閎
市屋數十丈高瞰縮瓦甍小者如雞塒大亦沈沈塋一片曠野綠田盤麥無埜青氈大可業徧地何菁菁
十圍樹雖大矚之纔拙萌高占覽物盡奈又失真誠遙遙勢所異非由吾目盲

己巳秋感即事

夏敬章

瓦碎中原舉國驚犯邊猶見赤俄旌西風苦偪寒蟹老北狄空聞匹馬爭國府纔傳編遺策關山已復點
行兵人心惶惑民生急滿地黃巾不敢聲

丁卯冬奉　如六家叔手諭賦呈

何葆恩

大明湖上昔曾過（壬戌夏余侍家嚴省叔父於濟南）一別五年客裏磨（癸亥春余負笈西神）吳越已開新世界燕齊猶復舊山河心
驚陵谷魂難定回首家園淚更多（介山從伯暨維之從叔比歲在邗先後卒）千里伏波書貽戒（叔父每手諭必諄諄訓勉）仲容慚愧可如何

題無錫施襄臣先生函關秋振圖

何葆恩

函谷關道瘡痍戰血痕流離骨肉散搖落故園存目擊頻垂淚心傷幾斷魂哀鴻徧野是盡夕氣潛吞同是雪泥跡此圖却罕奇一心慘淡際萬里幽憂時懇懇慈懷厚拳拳善意滋萬家生佛祝仁粟義漿施

長歌行

吉向榮

吉子一生多好奇踏遍名山足不疲在家一日如千載出門千載如一時興來豈問山水惡但隨心意任所之巫山十二我飛渡弱水三千我驅馳欣翁當時好健足安有能者得支持樓頭賦花下詞茶後酒酒後詩山中琴洞中棋案前書榻前姬銅雀硯逸少池夏之鼎商之彝欣翁一身獨收用又有强者與之移我材與世不相當世俗所好我無望當今賢者皆飯囊有誰認識本家鄉世態炎涼魑魅滿場積善之家必有餘慶積不善之家必有餘殃不隨虎而作倀不隨豺而爲狼披我羽裳奏我金簧明月滿床懷我元良陟彼高岡羨彼穹蒼齊天地之壽同明月之光吾誰適從終世世而徜徉

黃公澗觀瀑布放歌

吉向榮

我來錫山已半載況又慶逢新雨後山之大者不足登山之小者皆培嶁幸有惠山足低昂尚可乘興一趨走黃公澗上一佇立何來聲音似龍吼立身山腰一拭目滿山青嶂白雲剖吁嗟乎春泉三峽倒秋月一痕流壯懷未去志士心飛泉起落萬慮休始知天下曠達士一生只合死山邱

輓錢師紐庭

吉向榮

寒霜九月降明星九月落儒林資遺範士子書味薄天公情意眞蕭颯後生小子何所託憶昔隨夫子深

文苑　五六

得教學樂夫子執教溱水間雨露深恩頌聲作道貌濟癯長者風衣冠法度如權綽立我程雪門坐我揚玄閣授我幾卷書廣我識見博門下數百人情深莫我若我今弔夫子神慘悲山脚我今哭夫子淚傾雲林壑夢魂縹緲溱水間會奠流觴一清酌嗚呼夫子今亡矣疑何從析解誰索

蠡園放歌題人海萍蹤圖

吉向榮

太湖三萬六千頃中有十頃歸蠡園前有石塘山之崚嶒後有錫山城堞之嵯峨百尺長廊駐煙波鷗汀鷗渡湧黿鼉我來錫山幾度過寒香閣後倚松蘿湖上草堂抱銅駝芒鞋竹杖走山坡小桃源裏踏青螺湖水湖山盡消磨有誰味此一剎那五字我吟哦（指人海萍聚圖五字）六逸復有佗（指余等攝技六人）寒山秋水寫影多常留此間淩滄波嗚呼人海快意有幾何收拾世事免蹉跎

除夕醉歌索德培學兄和之

陸去愁

往年逢除夕詩思如雨不得休今年逢除夕詩思苦澀難向愁腸搜詩思苦澀何爲乎豈關江才欲謝花管枯事多失意何能說心事紛然下筆如結舌嗚虖吾徒寥落何爲者開天無語淚盈把眼看雞犬之流盡登仙斷教之徒怒出長安馬頹然一醉復何言三嘆擲筆多煩寃

橋尾

陳振東

橋尾夜來坐心還天共清水搖星斗亂秋撼草蟲鳴古樹寒生色高樓月自明何須歎飄泊閭里未休兵

輓同學績溪汪君稼雲 社員

徐義

毋子相依二十春承歡菽水不憂貧孀兒一別成千古腸斷高堂白髮親

自君之出柳依依雨雪霏霏盼早歸閨裏不知人不返月明猶自搗寒衣
秋風疎雨憶黃昏剪燭西窗笑語溫堪嘆蕭條今至此一龕燈火伴孤魂

寄吳子馨同學 有引

戴恩溥 遺稿

乙丑九月同學吳君其昌子馨自京師清華國學研究院來書言多勸善詞意懇摯並云梁任公胡適之諸先生邇來亦均提倡義理之學行見學殖不致終淪風氣當爲一變並於胡君家得觀宋元學案補遺一百卷尚未刊行舊傳此書已遭紅劫今竟見之爲之驚嘆欲求大力者捐貲付梓校勘雜役君身自任而以集款謀於余余以一時實無把握容徐圖答之近兩日來縈念此事夜不成寐於枕上得七律五章以寄子馨並以自勵云爾

數千里外賜蠻牋維誦臨風喜欲顛世亂我常悲末運道衰人尙記先賢滄桑變革嗟何極否泰循環總自然勖我反躬銘五內媿無才調勉加鞭

前哲遺文守者稀雕鐫誰復兩依依蘭臺讎校君才富芸館棲遲我力微人到愛書財必匱業分研理願多違滔滔天下皆如此缺憾求償未有期

說劍吟詩大白浮一身俛仰等沙鷗素心莫轉乾坤軸交誼應希管鮑儔寄簡欲憑鴻雁繫鑽書常共蠹魚愁殺青鉛槧昌明待愧我無能作纂修

暮色蒼黃四顧愁江山烟障海天秋化工雖具轉移力斯道安能曲折謀壯志不隨花草萎雄心常與地天流昌明大義需來日此刻延遲不足憂

別來滄海話驚魂況復如君南北奔與我忘形親肺腑念君遠別恨殷昏客懷半落身猶壯世運艱難道愈尊何日班荊重敘首聯床剪燭細評論

乙丑季冬第一學期功課結束爲詩以示諸生并以紀別　　戴恩溥遺稿

詩禮相從祗半年師生契合兩情縣人心早已趨虛誕我道猶將瀕棄捐德行於今幾斷絕文章在昔者連蜷艱難此日丁時厄壯志窮當矢益堅

文字研求在日新不拘迹象貫精神讀書務擇不宜雜說理持平尤要真舉世滔滔皆醉夢眾生擾擾盡沈淪孤標敢謝能離俗相當藏修避濁塵

北望中原無限愁干戈雲擾幾時休詩書焚棄師生散黌舍樵蘇將帥猷此地居然論道德他方未必樂吝諏新潮澎湃終歸盡我輩甘爲章句囚

大道消沈去不回神州名教早傾隤欲憑隻手狂瀾挽尤仗眾人鼙鼓催同學少年皆有造獨傷短景又無才光陰疾逝如流水差過良時不再來

嶺上梅花大放姿即爲我輩別離期歲殘傷亂客心碎日莫悲愁我意癡小道紛紜無異旨高才抑鬱不遭時於今暫別偏增戀轉瞬韶光一局棋

文苑詞錄

探春慢 答郭侗老塞上來書用白石韻同息庵盋雲二公作

唐蘭

凍雪催融晴烟布暖青青新換原野斷壘沈寃橫江遺恨應見胡兒牧馬爲想添孤憤但淒絕國殤難寫

游不知甚日歸來高齋還共清話　書到渾如一面笑斂灩尊酒蠻娘能把耿耿巖城遲遲冷月最憶盛時游冶飛將今安在又誰念白頭燈下更展新詞遙遙愁繼長夜

蝶戀花 那不一首 北平作　吳其昌

那不人生容易老綠厚垂楊便覺春如掃自撥華燈浮苦笑燈前悵觸無名惱　閉眼分明開眼杳平薄黃雲淒碧天涯道入夢樓高橫斷照晚霞紅處拖芳草

鷓鴣天 夜坐南海瀛臺香扆殿眺月遇雨　吳其昌

紫翠琳宮飄渺間黃昏明月碧成環湛盧樓裏銀燈裏十二闌干澈夜寒　雲冪冪雨潺潺依稀端正轉攏殘犯涼自怨辛勤待重向人間一笑難

南鄉子 夜經某王廢邸　吳其昌

落月照荒牆牆上離離草半黃牆角危樓堆暗影蒼茫俯視行人獨思量　誰見此淒涼忽憶鸞笙雜鳳簧彈指五朝原是夢興亡夢裏鶯啼只亂螢

驀山溪　春雪　耿惟賢

青旛乍立薄暖花徐坼恨滕六紛飛頓改了河山景色重重疊疊妬煞滿園梅嬌燕懨癡蜂寂那個知憐惜　寒風苦逼誰問春消息聽柳上啼鶯一聲聲如悲如泣無端情緒牽惹不分明傷今昔馬無力何處尋芳屐

木蘭花慢　張君達

擁春酲嬾起看雙燕立雕闌正暖雪埋香酥風醉玉庭院清閑留連較遲芳信做一番朝雨一番煙柳眼因循好夢梅花僝僽孤眠　黯然凝望雲邊流水去雁南還更丁寧深意舊家門巷不似當年湖山明霞千里倚東風佇久越羅單兩岸幾聲啼鴂溪橋一片春寒

臨江仙　張君達

沙漲平波香浪暖柳陰暗曳磯頭苕溪風物似揚州春風三十里都上木蘭舟　萬一故園消息在而今羞見溫柔此心每逐水東流好山千萬疊人倚夕陽樓

念奴嬌　張君達

澄湖如鏡是當時桃葉扁舟來處拖雨煙飄歸影直數點寒峯清苦沙落潮平雁迴人遠此地傷遲暮年年新燕對人顦悴無語　聞道湖上梅花一枝清絕誰為尋春去料得明年花更好短帽空悲塵土萬一深宵挑鐙再見夢裏揚州路傷心應在夕陽啼宇南浦

雜綴

呈報奉派赴菲列濱考察僑情文

薛一塵

呈為呈報事案奉　鈞令第五號開茲令祕書長兼總務科長薛一塵前菲列濱考察僑情於最短時期內回會詳細報告以憑核辦仰即遵照此令等因奉此一塵遵於三月一日由廈門搭孟加利亞船赴菲五日到菲島首都岷里拉嗣即週行菲屬羣島實地切確考察至三月廿四日離菲取道香港返國廿九日到廈銷差茲將考察所得條列呈報如後

一　華僑註册事務　華僑在菲總數在十二萬與十五萬之間此十二萬與十五萬之間之華僑其留菲也或因生長在菲故未曾回國或因經商之故由華赴菲其赴菲也大多數盡依菲政府入口手續辦理間有極少數者未照手續辦理菲政府欲取締之實則嫉視華僑在菲經營而已於是制定華僑註册條例將全數華僑盡行註册每人收註册費菲銀二十元若不註册隨時得拘遣回籍該案現在菲政府審查期間內本年六月菲國會開會時即將交議通過執行故旅菲華僑人人自危夫日本鼓勵南進自歐戰以還大有席捲南洋之志我僑民在南洋之固有地位因之已臻險境乃重有菲列濱華僑註册之例我華僑披荆棘闢草萊所得之地從此將不能立足似宜設法防止該項註册條例之實行以安南旅

二　出洋種痘情形　僑民自廈門赴菲之前先往廈門美國領事指定之美國人錫醫生處或錫醫生

指定之處有爲醫生有爲學徒請彼施種牛痘其收費也每人普通一元特別二元所謂普通者在每日上午八時至十二時間所謂特別者即在每日下午但若非出洋者而前往種痘即無用納費痘既施種由施種給一單據交與被種者翌日上午八時後被種者持單往錫醫生處請驗痘有效者錫醫生簽字於單無效者令退出翌日再驗如再無效即當再種終不效者即不於單上簽字同時此人即不能出洋赴菲其已得簽字之種痘單者方得持單買船票上船船將開時錫醫生會同駐廈美國領事所派人員列乘客於甲板驗之船到菲列濱埠菲政府再派醫生上船逐一驗視同時將種痘單收去此華僑赴菲種痘之情形也竊以廈門爲我國海港我政府當然有完全行政主權其他上海廣州天津等埠情形聞亦相同主權復何所存亟應由外交部交涉收回種痘之權由衛生部擬設各海港種痘處方足以保主權而免刁難

三　驗病　華僑欲前赴菲列濱者在廈上船時即經醫生驗病先驗眼次驗髮際如患沙眼及髮頭或他種傳染病者均予驅逐下船不得出發對于兒童尤爲注意但船到菲埠仍須再經醫生查驗往往在廈放行而到菲之後查驗不能及格即須原船退還本國此時往往有父母上岸子女回國者設夫婦二人帶二兒前往菲島大兒可以隨親登岸二兒配回兒穉無撫斯時親情兒况實極人世悲酸之概聞如此配遣者每船恆有十餘人之多且大半爲兒童似宜設法使在廈放洋時之驗船醫生嚴加檢驗驗後即負責保證到菲上岸若有疾病在廈即行退回使其父母遠適異邦得在本國託人撫育乃嗣始稱利便

四　護照船票　赴菲者應於起程前一月至美國領事館申請赴菲即由領事館詳詢到菲前狀況及預定到菲後狀況倘欲經商必問在菲有無熟人可作保家所問情形領事記諸簿認爲無甚緊要即發證書認爲尚須考查即函在菲官廳查復費時二旬一語不合勿許前往倘承允許亦發證書領照者既得證書持赴本國發照機關照章繳費妥覓保家備具保單幷呈相片五張即得領照本國官廳不甚詢問既得護照持赴美領館簽字繳印花費美金九元此時美領以曾經問妥便即照簽總之發照實權在領事而不在華官與外人發照華官不稍留詢祇知簽字者大異赴菲者既得護照持往客棧請代買船票無護照者不能買票即有護照者亦不能逕向船行買票於是客棧從中操縱視客之多少而隨意上下其價竟有超出原價一倍者船行不顧也此之謂船票二盤生理各客棧團結甚固勢力極大作客者無如何也似宜設法尊重本國發照之權且須取締船票二盤以利行人

五　大字館之擔保　華僑上岸例需經菲政府之移民部查詢因人數過多不能逐一查詢於是每人令納保證金五百元暫准上岸俟後再查僑民一肩行李遠適異邦無力遽納該款於是有大字館者中都律師爲之代納代保每人取代保金二十元現聞已漲至四十元大字館除作此項事業外另作販賣大字之事凡領取護照赴菲者每人得帶不及二十二歲之自己小孩九名設未帶去可於上岸時向海關及移民部申明保留將來帶去至將來實行帶去時移民部即查明以前申明保留情形發一證書名曰大字令寄交本國兒子即許該兒入口僑民既由大字館代保上岸即將附帶兒子入口人數售諸大字館每名二十元至百元不等將來有年不及二十二歲之人赴菲無須護照即向大字館請買大字每

張百元至三百元不等大字館即向移民部申請謂某人之子茲將來菲請發大字無不許者其實某人或無一子而來者非某人子也故赴菲僑民以手續求簡之故用大字者十之七用護照者十之三查日本人赴菲由駐在領事担保故其費省而利便我國似宜仿行

六　在菲登岸情形　自廈到菲之船傍岸時乘客無論一二三等均集甲板海關人員用巨索圍乘客不許走動担保之大字館律師呼乘客中某甲名某甲乃自人叢中擁擠以前復縮頸曲背自繩圈下鑽出因是愈形擁擠海關人員取鞭鞭之氣概不可一世客既出行李留海關待驗往往翌日客逕往海關開箱待驗領去驗時又多方爲難賄以款每件一二元即可速驗速領凡自香港搭船至菲者便無以上不良待遇此節可請本國駐菲領事交涉改良即難全改亦可較好

七　船上待遇　一二等客食宿尙好三等客之食也俱在甲板往往有飯無菜碗筷粗穢極無衛生之可言而航海者又多爲外國籍船似應由海港當局取締之

八　華僑在菲之商況　華僑多係業商雖有富者但以多係勞工出身智識似嫌不足故團結力弱尤其甚者不能與外人作商業競爭而祗知華僑與華僑競爭譬若布途某布甲店售每碼五角乙店知之每碼即售四角半以廣招來虧本不顧也而所運貨物皆自外國絕少華產其售與之人大多非民於是華僑居間一方爲外國工廠賺錢一方爲僑民生活節費加以菲人近作種種排華運動華僑在菲地位危險如何可以知矣而華僑不講究廣告陳列等學及謙和招客之法亦商場蹶足之可預科者

九公會　各進商雖各有公會但皆不受黨部或其他一最高機關之指揮對于領事館亦不接近故羣

龍無首不能謀得福利似宜於各商埠公會之上設一統治機關或聯合會負責謀華僑之利益各運商市價雖不能完全劃一亦當時時妥議核定遵守使不私競而保資本

十華僑與工藝之製造　菲地大宗產品爲米蔴烟菜糖椰子等現在菲島尙少工藝廠故常將生貨運出成爲熟貨再行運入華僑若能集資作合宜之製造廠聯絡商家以製利用品物獲利必厚

十一華僑教育　華僑在菲之教育現有小學十餘所中學一所其教學往往華文課與洋文課並重將每日上午時間看讀華文功課欲使與國內學校同程度而下午時間盡致力於洋文欲使與所在地學校同程度於是學校上課有日至九時十時者全不顧及兒童生理衞生似宜設法注意糾正且宜注意中華文化尤當注重國語教育使知溯源尋本不忘宗邦

十二變於夷狀況　華僑中知愛國者固不少但不知講中國話讀中國文祇知一味洋化者亦甚多此無完善之學校教育與社會教育使之也其甚者問其始華人也原有妻室於中國以飢驅而出至富厚而逸於是娶土女以爲室故兒女之言語習慣盡與土人無異其人之生尙得謂之華僑其人之死財產咸歸土婦不能匯至我華而其後人盡化土人矣菲人有言我菲但能多生美女卽足制華僑之不爲華僑何其酷也此節最關重大而如此者甚多亟應設法補救

以上十二點係見聞所及者但一處留菲不到三旬知多考察未週之處緣滲前因理合條陳鑒核辦理實爲公便謹呈

福建省僑務委員會主任戴

附註本件本共二十條茲刪去八條當時呈奉議決施行現查註冊案未成立種痘權已收回其他亦已有相當改進矣一塵註二十年三月

夢茗盦詩話

錢夢孫

陳秋舫沆簡學齋詩古淡幽夐有味外味在同時名家潘四農程春海姚梅伯之上石遺室詩話稱其字皆人人能識之字句皆人人能造之句及積字成句積句成韻積韻成章遂無前人已言之意已寫之景又皆後人欲言之意欲寫之景當時嗣響頗乏其人云云誠確論也其詩言情寫景說理皆有獨到各體精美五言尤高多骨重神寒之作淡遠處從苦吟而出空山無人沈思獨往羚羊挂角無迹可尋秋舫詩品庶足當之

簡學齋寫景之作可分幽秀與奇警二種如孤帆信風游水闊山漸遠不知舟行急但覺地勢轉篙櫓終日閒吾亦興不淺却緣急櫓聲驚吠岸旁犬屐行落葉深門敲秋雲響不知何花開奇馨悅靜想一松一精神一石一造化坐久佛無言微聞鶴嘆咤何不入山深人間少真暇萬樹結一綠蒼然成此山行入山際寺樹外疑無天我心忽蕩漾照見三靈泉靈泉秋在朝寒谿秋在暮寺門開夕陽落葉閉斜路却聽流水聲寒色上衣屨空山一鐘聲曳杖吾亦去積雪滿林屋沒我階上苔出門視天宇闃若戶方扃上下同一寂真宰獨未停還歸滅燭坐虛房羅衆星開望西山雲御風獨高出安能化玉水一洗塵中色鐘鳴萬山裏響落萬山外尋聲入東林靜極冥諸籟石泉左右流曲與真源會閒雲不離寺倚樹作奇態風搖修竹巔清韻動高館開門忽無聲傾耳聽已遠索幽情難歇看山夜更好晚飯帶玉堂燈前萬峯遠江光切

虛空衆陰合窅篠風隨嶺樹定星落蠻天小大霜疑小雪殘月避高星樹影連村暗雞聲帶水聽寒僧燒
落葉古佛守殘燈山空生妙響樹古有仙心野雲多在樹春水不離村秋心多在夜坐理妙於眠樹如將
曉色蟲有欲秋聲月明山帶霧烟定水容星塔影搖寒日鐘聲墮白雲畫圖白現千山影燈火青圍半郭
烟疏窗紙薄風常聚老樹聲多雨不知三面山圍僧榻靜一湖水抱佛樓圓槐陰綠暗千村雨麥浪青浮
萬隴烟淸遠靜穆高者兼有陶王韋柳之勝次亦不失宋人至如朝見太行靑暮見太行碧行人無時休
山意去不息立馬望中原縱横見城邑去雁無定聲垂雲可憐色戰餘草木荒歲晚風沙直虛空捫有稜
聲夜混無界側身酒家壚四壁風破碎勢欲挾茅龍上天始稱快山氣開夕陽河聲轉孤郭杖底百蠻山
一氣青到海人烟開夕照草木帶河聲水將孤枕急霜逼衆星高一氣浮三楚重湖陷百蠻浪搖天地白
山積古今青東湖老龍抱雲歸掉尾猶作跳珠白舟行忽到星斗上水底別有青天開高歌古月不墮水
紙外隱有蛟龍聽等句則蒼涼雄奇得老杜之神能者罔無所不敢也
秋舫七古才壯氣逸力追唐人如萬壽寺七松歌句云不雨何爲怒濤吼綠雲横鋪三十畝生平入寺不
拜佛茲乃絕倒支離叟二松在左二松右三松當中相配偶旁一大榆羞老醜掉頭意欲牆外走靈根日
月照不到元氣自貫天地後我疑七松皆老龍七龍上天成一松不然何故非枝葉一一變化鱗鬣同突
兀奇警苗刀歌句云此刀鑄自苗人手五月五日神飲酒臨水呪取黃蛟魂霉雨炎風爲父母憶昨天兵
下五溪將軍轉戰南荒低野苗殺人如截泥取頭祭刀刀夜嘶彼刀雖然一當什不如我刀智勝力專急
爭來馬後降微生忽向刀前舉祇今妖氣猶射人斑斑戕血痕疑新夜來髑髏哭山雨繞刀索魂吹碧燐

母韶嘶韶憐韶奇警異常苦寒行句云太行西來僵不動滹沱東流連底凍大樹飄零白雁魂明珠破碎驪龍夢寒威未許尺寸逃世間廣廈嗟何用直是合老杜昌谷爲一手劉貞女行神肖昌黎中有警句云窮冬僵臥夜雪紛紛母憐兒寒翻以魂夢中抱母不見母往往夜哭驚起村小人沈痛語前人所未有至其河南道上樂府四章則又椎心動魄香山樂府之遺不徒極才人之能事而已焉

秋舫五古長篇如貞女棄三姑行蘭陽渡二首皆得樂府神理必傳之作

秋舫寫情之作皆自肺腑中流出真摯動人如送魏默深歸湖南句云登堂見我母具道兒今肥邳州道中守雪示弟大雲句云同行吾良樂俱出親何慰中秋飲李雙圃寓齋放歌句云巴陵一樣團圝月照見堂前雙白髮酒後如聞太息聲天涯游子歸何日情真語不可多得又如出都詩句云與君久相處豁達如一心以月置水中不知誰淺深送唐竟海歸省句云坐我明鏡中自然呈浮僞能使妄者心照之發深愧又云去後思更深常懼爲君棄送魏默深歸湖南句云同生不同氣偶合終成離送君旋閉戶積此悠悠思寄答竟海四首句云執業須執真結交須結久所懼德不修內外成兩負知再見君時還相許與否十一月默深留長沙相聚旬餘得詩五首句云久客今還家狎戴父母寵積茲手足間漸覺聰明壅忽與良友親一敬疏百冗入小龍山拜稼門師墓與均之句云我昨聞汝病如適在我身踴躍來視汝忽如冰得春尊酒過夜半語多屢沾巾乍逢良慰藉言別轉酸辛友道至此令人可敬可愛又如項師竹張馥亭自麻城來訪欣然有作句云前夜江上風舟來亦不易小除日景州道中感賦句云最好故鄉居難得少年日又云晚飯不肯飽一鬨爭棗栗長者將予杖急則抱母膝自倚誦書多不受相撻扶皆有真意律句

年荒驚俗改歲暮見家窮夢短心常覺寒深氣轉淸水深人語應鄉近客心疑俱耐尋味
秋舫詩見道語極多而不墮腐氣蓋學問在詩外益以蘊釀之功乃造此境非尋常小家所能望其項背
也如秋齋讀書雜感句云高齋誰所營貽我以有餘客居雖云暫誰謂非吾廬又云羣物各雜生不礙蘭
蕙長秋雨綠一山始見門戶廣又云利端卽禍首何以安羣生聖人體萬物無過口腹情又云多讀吾未
能靜對良亦悅六經有微言了了川上月印波本常圓投石乃成缺靈泉寺句云泉性定且淸物形視所
遷流行與坎止外內符自然冬夜句云沈思與浮慮異趣同營營不有夜氣息何由知至精寄答竟海四
首句云人海足車馬夜久聲如織靜中感至聽今古去不息十一月默深留長沙相聚旬餘得詩五首句
云歲暮百物斂縱心俱一收檢點終歲事一身千悔尤又云一念靜躁間終古霄壤侔由廣州至南雄舟
行雜詩句云各有天地身攀附甯非恥放船句云順逆天何意窮通我自疑賃屋嘆句云世間寒士貧無
屋每逢風雨凍折足今我賃屋有屋居日受逼迫猶爲福立春句云客當歲暮心俱促天到寒深意已回
送默深歸邵陽句云名到無成方肯悔學當欲進轉多疑皆深於理境
簡學齋近體多法唐人五律如夜抵劉山人家云行到月斜處入門千竹林故人此高臥前日約相尋雨
過春如夢山空夜有音坐深無一語何以答同心眞得王孟神理非漁洋時帆之貌爲王孟者可比七律
尤多神完氣足之作如北行留別舍弟大堃云十年車馬逐風塵今日辭家又暮春仗爾多才能養母憐
予此去尙依人逢迎自愧無奇策出處須知不辱身長路艱難休在念客中生計未嫌貧此詩初看似平
淡無奇細繹之章法甚密辭家二字領起三四尙字與又字呼應第五句項第四句第六句出處二字綰

合三四第七句長路艱難頂出在念頂處融成一氣便不覺一結漾開全首脈絡靈活情真語摯自是名作蘭陽守風云曉來天影變黃埃天外驚風捲地來隔岸似乘飛雨勢橫流難倚濟川才蛟龍影裏孤城動鴻雁聲中萬鬼哀身世蒼茫雙眼淚沙頭忍凍立徘徊賀耦庚評曰四句可知用世之難魏默深曰五六句沈著蒼涼濮州道中云父老車前說戰場可憐不是舊春光桃花破屋開殘雪燕子空墳語夕陽偶有人言驚鬼答翻從寂寂見兵忙流亡徧地須安集莫使田園鞠蕪荒吳蘭雪曰起結用意俱佳三四句哀豔默深曰五六句悽惋沈痛中元黃鶴樓待月云醉後婆娑不用扶登臨恰與好風俱暮天悄悄月將出江影荒荒山作無靜坐偶教千感息高懷獨倚一樓孤誰家漁艇歸來晚驚起斷鴻雲際呼耦庚曰三四句空際傳神默深曰寫景入微結逸按此首極似近人海藏樓集中之作揚州城樓云濤聲寒泊一城孤萬瓦霜中聽雁呼曾是綠楊千樹好只今明月一分無窮商日夜荒歌舞樂歲東南困轉輸道誼既輕功利重臨風還憶董江都龔定庵曰裂笛之作蘭雪曰五六句紀實語非憂時者不能道出默深曰末二句真杜除日抵京云四千餘里舟車馬九十日程雨雪霜（十月朔由武昌解舟）短景行常乘晝夜長安到亦抵家鄉轉無往歲追逋苦奈此流年過客忙兒女今宵知憶我祗應歡笑慰高堂默深云格律俱高九里關云九里關連三里城關門高倚夕陽明地形險更逢荒歲人語輕猶帶楚聲雲裏白飛雙澗落馬頭青擁萬峯行欣看隴上鋤新麥河北於今不用兵壯往舒發似明七子之學唐而有真氣

五絕一體宋以後工者不多秋舫渡河遇相識寄家書云俯到長沙去平安寄兩行東風殘夜月逢我渡蘭陽真得唐人之遺法矣

程春海恩澤先生詩奇字大句力追昌黎山谷於遜清三百年中最近蘀石齋余最喜其忠孝女沈將軍歌云獻賊殺人若薙草長沙以南無完堡避賊鋒者走且僵諸統制師皆女郎守備獨以孤軍當孝女沈至緒父殄賊過半身乃戕身戕其骨爲賊得孝女哭父淚盡血刀如青霜馬如雪白甲白旗白袴褶一隊銀龍翻虎穴賊見孝女疑飛神弓不暇彎矛不穫但覺仆如木偶人多羅棉手劍鋒利左鋋右鋋恣我意帳中萬賊俱伏地忠臣骨在孝女肩歸來一慟雲黯天環障士卒誓死守忠臣屍與州城全獻賊不敢窺其藩孝女志與州城堅詔褒嬋娟晉遊府十六芳齡帥貔虎五嶺以外鬧其鼓鼓聲忽死麾不揚天涯熱血埋千將夫亦戰死爲國殤孝女夫賈萬策夫逐父去魂洋洋妾感身世何蒼涼脫我綵沈之甲還君王雞斯徒跳弃故鄉青鐙萬卷聲琅琅殺賊手說經口宣文女徒環座右花時不作兒女夢夢見彎弧射天狗滄桑一變無何有只此能忠能孝能節奇女子女雲霄上三不朽况復文能傳經武戡亂俯盡天下雄才首君不見明瑙繡帔廡灘祠異代猶作勤王思嗚呼孝女何其奇飛動排奡起落自如不愧子尹師資

春海寫景詩極雋妙如綠蘿巖云玉人曉臨鏡綰作墮馬髻自顧一嫣然光照姊與娣名流醉欹帽衣角飄風前書味盎胸中俯仰皆可憐茲山勝以態千古向人拜不假草樹色濃秀發天然囘飆叩其腹其響若鐘鼓其腹疑有月夜夜白如許桃花日暮天祗愁化流烟安得棹漁舟守山長不眠北沙河云寒山碧於雲朵朵落平地清流帶沙渚冰雪結其裔馬蹄波離風人影鏡面字稍稍涉坡陀悠悠緩征轡忽見西蹄鴉萬點溼空翠枯柳抱村紅中有夕照醉自山足登飛泉亭云萬樹裹江水江水影萬樹一碧混天地白界一沙路帆檣寺門隱徑轉飛閣互玉聲琅琅然秋瀑倏响霧僧吉凍雨後雷轟海傾注欲吸人影去

行者屢回顧樵答與梵語多爲泉所誤晴久自歛抑蹇蹇出深錮小亭坐巖竇當夏亦寒迺我欲窮其源雲滑不可赴大雪望嶧山湖云清極一湖水雪來改其色四面白皚皚但覺波影黑平極一湖水雪來使之高琉璃突中心不關風起瀞一繩南雁拍波急驚起老魚沙上立片帆渺渺何處投已褱烟雲萬重溼皆能獨造意境章句亦奇創子尹傚之更出藍矣

春海趙北口句云魚聲在水都成雨帆影依天欲化雲真繪聲繪影之筆見瀛舟筆談程侍郎遺集不載

潘四農養一齋詩根底盤深嘉道間一作手所著詩話標舉質實二字以救漁洋倉山兩派之弊洞見本源可範來學全集中五古最高各體則才力有所未逮錄其數章於此同景遷作二首云翠芳奮春陽日夜有新得出門見柳陰招我閒佇立餘情共春流高下散原隰勞者促壟務田夫多暇色安得耦耕人泄泄養心力羣生私其私識趣不互寄自笑我所懷寂寞一野寺寺門連園田僧語諳農事午飯雞數聲歸人逐牛至村景入閒矚狹陋有餘地寄言谿上客四體善安置暮春云萬化續自然吹律何新故十年送春歌羣愁歸一悟蜂高不離花鳥低部胥絮是物膠春心天公恝不顧奇忍以爲仁陰陽甘怨惡逐境煦煦然么翹紛上訴牡丹讌集云燕子幾時來飛絮忽已滿看花至鼠姑春色漸悽斷更防零落盡亟命壺觴伴愛極慮轉生物濃興宜短歸去茅齋清蘿月下緩緩刈藤云種藤十餘年蟉曲如蛇龍開花滿牆頭爲我招好風何苦痛斬刈不使緣蒙龍蒙龍良可喜侵陵太無窮一割當其罪適以全迺功擲鉏坐清陰俯仰恬心胸幽居殊寡績持斯翊天工鵲巢云物理互相賚人心何不平東園破鵲巢鴿鴿來經營巢成鵲不居飄搖霜月明鴿鴿距多事移居非力爭昨游芳田中翠鳥喜飛鳴見人無懼色牛行鳥亦行土壤

帶新草烏正伏牛耕牛不居盛功烏不感至情飛走與巨細造化原交并人故貫於物誰其通至誠題畫
云春夏接續間山氣似花發畫師亦何心迺使滄入骨應知穆穆中萬象競榮茁蘊茲貞後元難與豔者
說南村卽目云涼雲傍谿宿晚樹就烟隱詩心入飛鳥不與斜陽謙策杖伴僧歸漸覺鐘聲近與子履公
殘雪不忍掃爲待空明月雪月夜相親兩美意疏豁如何我所思片雲楚天闊歲杪與勤子別塗中却寄
云半生我一友恨不同室住小別顏不開何況今遠去畏別忽已別變淚伴一路君文置我膝欲讀不能
旬合眼卽見君飛身那可度贈君以自愛百年各調護鎮江至江甯山行雜述云雜樹編爲籬碎石堆爲
牆朝行不離門種菜依南塘暮行不閉門放牛眠東岡人畏冬山肅我愛冬山麗老木妍新霜淺紅透深
翠潤以淡水墨遙山抹松際兩人輓一車一車坐孤客坐者貪曝背輓者汗四滴羨煞驢背僧松風颺樓
笠江頭不斷山山腰不斷楓衣裳染雲碧門巷鋪霞紅居人淡然忘我乃行畫中秋日舟往吳門塗中感
懷云悽悽復悽悽含悲出庭戶制淚憐老妻回頭痛長女（七月十七日長女夭逝）今春予北行女歸送爾父臨別語再
三愁予道間苦今日予南征無爾話覼縷予仍一葉舟爾賸一坏土闔家不忍說相對色慘沮柔腸痛欲
斷迺更作孀旅問女如有知幽明共悽楚嬌兒甫十齡哭姊鬱肺肝昔繞父母啼夜歸那得安季女貲尤
羸涕泗長汍瀾痛姊亦致疾嘔噦銜悲酸余如驚弓禽惕惕防摧殘醫藥連日夕奔走形神殫漸喜有起
色眠熟能加餐制愛徑出門此心胡能寬天屬勞夢魂未闌行路難吳門豈云遠計里祇七百況爲舊遊
地賞音多莫逆及茲桂花獻江山勸幽屐詎如悲鬱餘遊興減歎邇斜陽城南樓登舟已惻惻長川動晚
烟旅恨與無極去冬亦獨遊心空境無罣今茲纔仲秋毛髮有衰色中年哀樂多擺落故無策對遣云糊

雜綴　一三

古發長嘆養心以八表登邱來遠天白雲送歸鳥暝烟一色中萬態炯如曉即目既有會古人豈縹緲躡來還步櫩不識戶庭小晚坐遲通甫不至云人靜天降庭星漢氣盈眼端坐待明月萬里海風遠之子衆諸豚老夫一縫綣咫尺嗟跡違爽猶夕忘飯城外晚舟云林盧秋氣生鼓柂足逃暑菰蒲動微風城郭入疏雨却憶秣陵舟開看遠帆去題馬鷁船老漁圖云一竿在天地萬物若潮汐江湖十頃深名姓有誰識我不爲老漁髮似老漁白長風偶然起吹我過趙北泊然人海中忘筌魚可得雨後看山云遠山霽後近近山雨中遠匡廬迭回薄朝嵐鬱不散谷雲藏日華蒼茫忽疑晚但覺靑濛濛一氣抱徐究葱龍萬草木佳境掩何限詎識磃礪中天地合蒼渾峯巒變削露所保毋乃淺哭黃蔚雯云歸里哭邱生寸心已分裂斗聞君亦亡肝肺真斷絕踉蹡至君門一語萬嗚咽君死不姑待我行復牽掣隔此數日間不得生訣別瀕死日念我舌卷尙頻說回思弱冠交卅載如一瞥坐君堂戶間似君話瑣屑開眼成夢幻諸郎已衰絰出門悲復悲胸腹日瘀結仰天復何言死去悲乃輟題陳秋穀西谿夢隱册子云林翠似山合盧白覺霜近水際物自明人外天無盡夢醒短櫂歸吾將就真隱皆真意嵒然造平澹之境寓感五十首乃出都南歸紀行之作與姚梅伯南轅雜詩一百八章同工異曲其他長篇亦多佳構不具錄

魯通甫詩筆雄健私淑四農幾欲出藍其傑篇巨著感時紀事之作蒼涼雄直可備一代詩史不勝錄錄其荒年謠五首賣耕牛云賣耕牛耕牛鳴何哀原頭草盡不得食牽牛躑躅屠門來牛不能言但嗚咽屠人磨刀向牛說有田可耕汝當活農夫死盡汝命絕旁觀老子方幅巾戒人食牛人怒嗔不見前村人食人拾遺骸云拾遺骸遺骸滿路旁犬饕烏啄皮肉碎血染草赤天雨霜北風吹走僵屍僵欲行不行醜且

低今日殘魂身上布明日誰家衣上絮行人見慣去不顧髑髏生齒橫當路縛孤兒云縛孤兒孤兒縛急啼聲悲主人出門呵阿母阿母垂涕洟已經三日不得食安用以子殉母爲不如棄兒去或有人憐取主人聞言淚如雨家中亦有三齡女前日棄去無處所撤屋作薪云撤屋作薪雪霰紛紛三間老屋昏無燈朝撤暮撤屋盡破竈下溼烟寒不溫大兒袒小兒羸餘草布地與包裹明日思量無一可倘有門扉堪舉火小車轔轔云小車轔轔女吟男呻竹頭木屑載零星嘔呀啁哳行不停破釜墮地灰痕青路逢相識人勸言不可行南走五日道路斷縣官驅人如驅蠅同去十人九人死黃河東流捲哭聲車轔轔爲聽驚心動魄如讀吳野人樂府近體佳句如歸牛徐隱樹小雨久藏村廟火懸孤嶂江風捲亂星春雲如遲客高柳漸依人逆風過午縣危岸入冬高湖天寒變白冬樹水留青深談交涕淚小飲敵風沙山蟬知向暮秋雨不隨雲石楊連雲溼山松翼閣齊露添隄柳重風過佛燈低撥泉初過屐籠燭細看松螢盡捫逾濟山蔬飫漸濃山如行客倦樹爲望鄉多溪明沙數米谷暗柳成城虹霓纏白疊人鬼雜孤城開愁將酒泛好夢著香薰路並丹陽直山包白下圓林深晴更滑水近午猶濟柳暗人歸郭江鳴雨到船蟻還將雨地蟲擾欲風天晚藥侵燈賁春詩帶病删遠天浮客夢小雨靜山谷雲泉瀉山綠風柳掃江沙風烟盤戰地雲水濟歸人樓船似馬爭趨海鐘阜如龍欲進城九點烟迷三島月十洲風轉六鰲身三更夢裏齊山淚一棹燈前濺水聲天下奇觀原絕域古來春色自皇州發府千峯坐嘯河源萬馬識歸塵金笳有淚秋乘障鐵騎無聲夜度淵水禽入戶自呼食江草無名齊醬花千里江光涵作雨一宮秋水變成霰梨花辭樹全成雪楊柳當門似有人白日米消奇女氣黃河猶見古人心三輔河山龍脈遠九州塵土馬蹄驕雲

中帆影趨遼海樹裏湖光遠鄭州座中佳士與秋遠湖上好山如畫明誦法浣花森然有可畏之色滬上博古齋書店有莫郘亭批校通甫詩鈔本索值太昂未購取不知其月旦如何

讀姚梅伯復莊詩間雕肝鏤腎戛戛生新體格與二樵山人相似而局度廣於二樵並時名家俱有褒語程春海曰處境愁鬱故旨合風騷拓胸闊大故辭無庸淺李杜再世定當把臂入林潘四農曰有鞭風叱霆之氣而用遏抑掩蔽之法遂能刻畫崖竅虛空粉碎生峭幽異迥絕叢流目前求砭俗追古者非作者而誰陳雲伯曰其博大昌明如摩詰之王其出神入化如少陵之聖其枯寂空靈如閬仙之佛其飄忽綿邈如太白之仙其幽豔奇崛如昌谷之鬼君才誠不可斗石量也後有論者當目為詩中之神推許如此亦云至矣

梅伯詩寫景之作最工其遊普陀遊四明諸章尤見慘澹經營普陀有海上仙山之稱佛地仙蹤靈奇幽秀以尋常詩筆狀之必不能工天做蓄此異境以待梅伯之宣洩也其由妙嚴路至普濟寺句云不履中極高安知下方齊置我太始間神駒氣為制朝海羣岫嚴纏天萬松緊又云寸心如茲山獨立謝依傍鐘梵出峽遲星斗落檐亮且抱青蓮眠遙浮大海上息耒院句云東風不受海烟氣吹動春嵐作蕊香白蓮庵句云潤流夜細調嚴語苔氣酥膩石甕澄靈潤句云鍊心初夜月洗耳再來禪大海無真岸空山有逝川青玉潤句云藻繂皆山影沄沄動日光青鼓磊句云山勢愁海沈力挽氣能健喇吹嘴句云俯吸落日氣仰吐初月華容腹未及斛作意偏谽谺林陰石垂掌與雲相攫拏揉之極粉碎散如楊柳花笑天獅子嶺句云孤雄不受羈莽莽冠諸岫海氛東出闢遠避不敢寇煉丹峯下仙井句云神淵不宅龍積蓄萬年

雨醞作醍醐香與僧養清苦又云一淬冰鏡光山鬟靜相嫵石罌懸到根大星浴如烜但照鸞鳳遊不照蟪蛄語月夜坐海印池句云空池但有竹柏影初月窺人海東嶺吾衣拕碧如遠山欲化雲痕落千頃遠山如鬟如畫屏薄烟染爲荷葉青畫屏一扇一鬟倚春泉作佩風泠泠梵唄不鳴塔鈴語孤鶴飛來月方午定月不擾諸天眠高鶴能令萬象俯又云放歌溟渤五嶽小浴夢蓬萊萬星曙寸心靜得絪緼香瘦猿斜睇西玉梁誰知空谷清鐘夜絕似人間暮雨涼清涼洞句云振風衣得露坐石目隨端紫竹林句云鑿空生綠霞撲地有餘備檀欒開畫屏潮音打成片自飛沙礫至梵音洞句云蟄龍破霧遊天庋斷中硤亂石青芙蓉垂瓣皆倒插上有流金砂萬丈布黃氍圍砂千仞城三面九里堞一面當海脣雙礁鎖爲扃大魚豎長鬐逆風與潮狎潮音洞句云驖景動怖人先令耳目死巨狐天關蹲不肯掉迴尾鑿隙如兩眸其神注千里披蔦測下深凍雲側爲底法華洞句云仰驚萬仞勢一落當吾肩古苔厚三尺蹴之疑薄棉腕底攀蘿雲隸作樓臺懸樓臺百二門面面皆有天一天一世界隨界開白蓮此蓮非佛種亦非凡世妍跨鳳掇其英觸手成古烟不知此身輕已置蓮葉顛造句奇闢與牧齋遊黃山詩相髣髴而靈雋處或且過之至遊四明諸詩荒幻奇秀較遊普陀詩尤勝與劉裴村峨眉詩相伯仲矣祗潭嶺句云崑崙垂天紳魁斗爲之握山谿爭亂流此嶺實鈐束中有元珠潭孛星挂裙裾瀠帶影晚紅躍肩展秋綠倒吸地髓乾吐之化青玉玉轢成雲痕澤使萬蘚縟石死愁骨枯芝菌漸相肉孤悽坑句云坑中無舟行坑上無人居似從冰天涯來陟陰山隅老枝頹敗灰不復青根株齒齒刀劍林石緊泉流枯薄日偶來照慘澹易爲徂奚空霜一絲天荒如夜初下厂蹬松庵句云巖勢方急森忽踏一腹佳仰失頂上鴻[illegible]過溟渤去杜槧徐氏莊

句云風來聚陰合石立澗水分蜈蚣潭句云陰林不受風凍霧結彌厚黏黖懸蛇胎石劍怒橫剖吸貯蚯蚓漿極力避清瀏豈我爲夔魑照之面靨醜自仙人巖至梓樹坑句云玉女拳水簾睨我過雲嶠瘦石隨吟肩撐空競巑岏自醒鴆嶺踰石竹岡憩字巖下田家句云犇泉下嶺易行人上嶺難一嶺十八盤一盤一迴環盤盤蟻旋磨既去倏如還滑蘚無寸株許捫未許拔殺羊巖句云噬齧險重發目眩心不持殺羊名其巖於義竟難知股紅拋暗雲林果偶離枝跳澗來碧猴急攫無少遲窮天寶悅象生氣蝕已虧好殺不啓狼殘忍終奚爲初平百卷石鞭血猶絲絲要媚山鬼粧潑草成胭脂沈家莊夜大雨句云置席雲濤中有如潮碇舟弱夢不守魂沈沒誰能求雷霆夾壁生驪龍過吾頭木客騎老龍環屋聲啾啾萬林併殘葉力塞三潭喉犇瀧抵難過奪峽穿西流漸從吾枕根倒拔千丈湫八鉞坪句云鑿阜開半蹊幹岫拓微坦泉氣雲術包風力樹半縮雪斗坑句云山靈苦結轖未得尺寸砥忿鬱難再甚驪然始爲喜松篁氣濕石改狀不遵理參差灌與喬因厓亂懸委略致霏微風蒙頭潑涼水使我馳驟心束入凍雲底覓愁嶺句云危峯伸佛臂坦掌高及天既坦復斜聳似秉重臺蓮由梅樹孔星夜趨鬼叫坑三更抵化龍莊句云始峻履栝梢漸俯匐榛罅黑風澗底盤似有哭聲過又似人語聲鬱在千仞下高星搖慘芒未肯到地射鬼車飛過頭碧血上衿涴碎葉攪暗沙慈窣辨無暇沙縫千髑髏纍纍觸吾胯落趾不蹈空便喜步得鞾刮面氣入冬浹體汗流夏自大巖坑踰簾崎嶺出鬱甕峽句云蜀關峨眉雲蒼蒼割一股巨靈矜力強移來掌心舞下聽蛟峽崩瘦日壓淒苦疑突陰洞兵驚魂攝鞞鼓百梗通細流水徑極岨峿地勢知鮮完天力亦艱橋拓臂兩臨開攢骨萬矛聚叢薄荒不修元精觸遺腐刻畫山水千氣萬力七言如柿嶺寫望句云

萬蘿倒拉石入溪石勢不肯一寸低呀然上聳拄山住翻拉蘿葉作雲衣又云積壁非石乃積鐵日光欲留氣先滅又云四山白晝聞轉鐘山將跨日天難空日輪走遁萬厓底光明去照冰蟾宮自華桃橫冒雲下紫樹陵句云對峯覆雲如白蓮側峯雲裊猶如烟近峯雲作一龍走遠峯已裹千重棉斷雲路讓峯出巔峯與雲勢相摩研空飆一蕩四雲合四雲一白峯皆天俱戛戛獨造登幹山絕頂俯眺二百八十峯浩然作歌一起云三台無根五嶽小天姥兒孫頭白早神仙亦是齎寥駒隨代隨時作塵掃後半云吁嗟乎死生非爲我身哀亦非以此哀後來塊然頑石今未開焉知中有金銀臺焉知上古廣成子至今姣好猶童孩不如撒手返塵世盡吾所事全吾歸形神有滅名無灰形神有滅名與灰除此眼中海水覆作堂坳杯與此二百八十一萬三千餘丈之峯一一皆崩隤動搖五嶽呼吸帝座兩當軒後再見斯才

濤道光辛壬間癸夷之難奇恥大辱爲外夷淩迫我國之始梅伯身丁其亂出入干戈備嘗艱苦空山拾橡歌歔傷懷其詩蒼涼抑塞逼近少陵錄其北村婦山陰兵兩首入詩話一句水可知大海味也北村婦云妾夫充水兵戰死浹江口願妾懷中胎生男續夫後昨夜生一男夫外妾有子生男未一日獐獰遍鄰里云賊來虜村跳足偕逃奔妾死尋夫魂殺妾賊之恩妾殺不足惜妾死兒何存摺衾手襁兒河上行邏迴一步一顧撲蓬髮面如灰妾欲還娘家娘家路懸懸指指雙銀鐶招手河壖船刀民來奪衾並奪妾兒去眼看將妾兒投棄亂流渡山陰兵云霧霧江雨淒江滸少人過亭柱多漏痕一兵藉草臥覆領閩徽州呼痛不呼饑面目經火焦血肉土攙混自言垂盡心碎作萬米幾憶昨臨戰時棄馬將先悞同隊兵五人二者遂殘剗其一憐我傷力疾冒煙馱頃猶衣我旁攢樂守磚銼生逃罪當殺恐遭黠者邏遣其歸報家

且免死同坐但得尸還鄉速亡轉堪賀僂地枯木巢慘有病臨利如聽招魂詞哀作楚音些與工部三吏三別真摯飛動如出一手其他如速速去五解驚風行五章哀東淮杭州留雨行鬧衆兒在城中阻夷軍不得出同弟向長春門冒刃入城至寓館覓得之薄暮始乘間出城城上爲段塘火太守門兵巡街官家兒棄妾行毀廟神瘦馬引縴夫謠後冒雨行大帥客有逃三總兵定海殉難事哀之以詩鎮海縣李公殉節詩暗風嘯怪鴟行諸篇並浸淫古人極海立雲垂之變裒而出之以告欲讀道光一代詩史者

曩讀李蒓客越縵堂日記見其極口詆張亨甫際亮詩頗疑未當頃讀松寥山人集一過乃知越縵之言不謬亨甫詩大抵粗淺率易貌似青邱北地夫高李學唐昔人已有不能變化之譏亨甫更效之尚何取哉潘四農與亨甫書云五言古近體興至命筆與千百年大手合符七言於足下特中駟當其有得亦鏘震金石淒感心神常音避焉今海內名流蔚起參和天人度長衡藝將足下其殊尤乎再與亨甫書云足下七言亦極勝揣其成就比方古人其今之裕之季迪耶數百年之兩雄足下將繼之其昔賢所謂非常之絕技命世之異人耶四農知詩者奈何亦阿好如此

道光一代祁翁兩文端秉國政俱以實學爲天下倡𦞙䜣亭詩清真瘦硬力追蘇黃陳石遺近代詩鈔取以冠首外祖翁文端公亦擅吟事有知止齋詩集十六卷和平雅正有垂紳正笏氣象大抵得力唐人處多以較祁文端祁則開同光風氣之先翁則結乾嘉流派之局石遺選詩斷自咸豐照例知止齋亦當入選殆石遺未見其集耶玆錄其有力量者渡河云步出北郭門河聲在天上排空殷怒雷倒立蹙駭浪驅車上危隄平挹攀山遶下視村墟煙窅窅出深壙黃流西北來岐華扼其吭自從下底柱千里始奔放

豫州土墳墟地勢更夷曠日夜東南趨一綫賴隄防峨峨黑岡口衆力資捍障全城萬戶口呼吸關得喪
我乘扁舟度維誦小海唱亂流狎風濤布帆告無恙回視鐵塔尖突兀正相向憂懷夫如何下策思賈讓
延津道中云紆回沮洳盡對面沙礆臯長風吹不動積此太始雪得毋媧皇世鍊石遺玉屑或恐羽淵神
息壤漢潴窳連天無草木厚地豁崖穴想見古黃河蕩潏此融結我行當季夏亭午觸炎熱仰瞻淨纖雲
俛視亂深轍呀呿類渴鯨嬰屑笑跛龍登陀四牡煩下坂兩靭絕遙指延津城百雉影明滅安得振羽翰
幽燕夕弭節上灘二首云高溪從南來緣崖聳列岫蜿蟺蟠驚龍蹲伏森猛獸激東使水高勇與石力鬪
漫漫蹴晴波汩汩決犇溜橫空雪練寒孤削雲根瘦紙碓輪斜飛鬼矼矴微逗嘈呟鐃鼓喧幽咽笙竽奏
千迴尙鬱盤一瀉乃疾走脫韝鷹爪拳中的箭鋒透珠璣百斛翻綺縠萬層皺我行逆風濤寸寸敎弓彀
篙師負舟趨絕叫杖夾脰失手一剎那呼吸安可捄危乎履戈矛凜若犯甲胄目眩亡其精齒冷不敢漱
何當宅烟霞永享喬松壽我聞灩澦奇嵬嶤在天上吾愛贛江險乘輿忠一訪茲行周坦坦奇險安足望
豈知上水船宛似登天檬詰屈沿坡陀突兀插屏障盤渦忽雷鳴挾石以風壯蹔機進如牆作勢忽相向
崩崖萬牛挽動地千人唱河魚鼓鬣飛秋隼側身讓轉關氣無前深入力而抗憶我初來時正値春波漲
瞬息百里間指顧見淸曠及此理歸櫂舉足觸駭浪幸免顚躋虞布帆告無恙上下本一塗夷險乃殊狀
涉險貫不驚遘夷亦須防始悟執偏隅未足得圓相持躬愼周旋一笑吾其蹺登七曲山云連山抱西南
十日行不竭旣苦陟降艱復被陰雨辭今朝登七曲詰屈走蛇蚓螺旋徑蜿蜒蟠附石菌蠢隆然起崇岡
突兀起高囷呀然劃深谷窈窕俛盧牝蚪幹蟠松椿龍鱗錯原隰漾川從西來一髮向南引翠岑如連牆

四面列闌楯陰陽迷向背出沒見秋隼明霞天際橫五色燦芝蘭極望青濛濛雲物正遒緊看山我已厭
何苦攫肝腎欲訪石盤陀秋深理同軫閑先瀑布步東坡韻云峨峨太古雪浩浩陰厓風天瓢翻北斗驚
起雙飛龍雷鞭裂山骨雨脚搖晴空餘怒殊未已力鬬盤深洪同飆忽掣斷銀漢不敢東天孫擲文綃挂
在琉璃宮試呼謫仙人或從長帽公飛躡三石梁俯視青冥中但極錘鍊之力集賢院曉起云寒月三更
滿照我池上冰清輝相激射上下晶光凝積雪冒脊嶺鋒鍔排崚嶒嚴霜被原隰不辨畦與塍夢隨脊柝
斷人逐寒雅興殷雷會方軌繁星燦華鐙列宿漸韜影日出萬象澄長庚大如月睒睒方東升清華之氣
似玉局翁吐颶雨𩆜發易州工次二首之一云南經半壁店插脚觸泥淖東上荆軻山險滑不可過晨鐘
淫猶弇牟鐸冷相和危厓礙輪擺急溜春石破琮琤金奏喧偃蹇樹偃臥遙知昨夕陰山外雨更大遺蝗
抱蘖枯滌蕩良可賀策杖撥深叢草間無一箇寫雨餘征途光景逼肖七古專仗筆氣以爲盛唐起句如
秋夜泛舟石湖云我騎白黿浮滄溟同飆倒挂垂虹亭長橋駕空浪澎湃花山兩道長眉青總宜山房曉
起看雪云曉色光明射窗紙童子大踞先生起空中誰灑水晶鹽一夜雪深三尺矣東方朔故里云豈尤
夜半衝天起太白光芒射西畤東方失卻蒼龍精天遣歲星佐天子張鹿樵閣讀大鏞種松調鶴圖云撫
松恨不千尺高放鶴恨不萬里翔松心鶴骨自脩逸肯澗齷齪凡兒曹登祐國寺塔放歌云我來挂席浮
黃河南指汴城一剎那雲羅浪涌迷雉堞半空塔影高嵯峨鄭烈女傳云子雲死作莽大夫子魚生作魏
司徒嬋娟取容事二姓負此七尺堂堂軀西臺弔謝皋羽云陰飆倒卷桐江水落日沈沈呼不起狂揮如
意發哀歌竹石一齊敲碎矣洪州古鐘歌云豫章高樓庋古鐘倒影俯瞰東湖東蒲半夜吼發幽響迴異

凡叩聲春容江濤怒翻白月沒似寫萬古牢愁胸雙劍篇贈熊墨樵茂才兆麐幷示劉滄洲孝廉士瀛云我攜長劍游南州遙瞻雙龍躔斗牛江聲嶽色蕩胸臆一洗眼界無凡儔送陸淶臧同年我嵩出宰閩中云登山不到第一峯排雲不上第一重雙鳧飛入人海中手持萬朶青芙蓉化爲膏雨點點濃寸長亦補大造功簡羅茗香上舍士琳云我生兩眼如幪瞍差幸闚天識北斗三階九列光燦陳一一疇能辨誰某題伍春嵐觀察元華聽濤樓圖卷子云根矩舊宅海上洲廿年前憶支笻游蒼髯白甲閱千載百丈夭矯驂潛虯九龍攖拏挾飛雨天瓢倒寫翻靈湫松聲水聲渾不辨但聽驚濤日夜東南流荆軻山云劍氣縱橫入石理石根皆作鋒棱起土花凝碧飛血腥壯士千秋心不死格調俱佳微嫌千篇一律千將篇起語云精金躍冶爲干將大冶咄咄呼不祥鑄成拂拭唾紅豔薛燭眂之非良劍良劍不貴徒屈伸貴在生死能殺人數韻勁氣真貫昌黎利劍詩之流亞也

知止齋近體詩五言多學杜佳處乃似忠雅堂七律詠古之作絕似嚴海珊五律如揚子橋云萬樹垂楊翳雙橋夾岸闌寒螿抱葉語江鳥學飄飛天地增秋色烟波失落暉夜涼多水氣斧子尙單衣總宜山房看雪云喜氣迎三白飛霙徧萬家松高當竹拜山好被雲遮酒量因寒長歸塗覺路賒春盤時節近還就看梅花吾生云愁與春俱到吾生合早衰病危真負孝貧甚最傷慈忍痛緣親老吞聲恐婦知回腸如轉轂雙鬢已成絲脊縣夜發云半夜衝寒發荒村喌喔雞風回深谷冷天入亂山低明月鬪魚梵清霜斷馬蹄車鈴搖夢醒已過萬峯西雨度大散關云秋雨陳倉道西風大散關一丸封隴蜀兩戒劃河山大壑龍蛇伏清時虎豹閒雷聲聽隱隱知在翠微間佳句如舟中卽景云風遲嫌路遠眠短覺宵長天光臨水動

秋色過江深築云海氣連潮上沙聲卷雁來山館云白日不到地青山還背人哭音保云病中吾未死夢裏汝猶生宿破山寺云泉聲春夢碎佛火罩燈圓丹陽夜行云林光疑宿火人影認殘碑欺雪月無色打冰風作聲對月云月臨中土靜雲傍大河陰安肅大風云無心雲影亂得意馬蹄驕舟中雜興云石斜横枕礙風緊著篙難渡沂水云水活知魚樂鷗閒看客忙暮雨抵黃牛堡云飛梁穿广滑沓嶂卷風迴甯羌夜雨云棧雲連樹動崖溜入江圓盧龍立春云春生孤竹細寒壓萬峯晴七律如華陰道中云茫茫清渭繞城限極望風烟四面開華岳高擎秋隼出秦雲低擁美人來五千文字留仙術百二河山感霸才玉露淒涼金掌折寒燕誰問集靈臺宿中前所云淒清聲角卷行旌初入遼西第一程罔兩夜游風四壁髑髏人語月三更波回紫澥冰皆立山過青城勢不平却望燕雲關塞隔那堪棖觸故鄉情暮抵中後所云積雪連天海氣腥噴烟猶似陣雲横沙埋戰骨千秋白風颭神燈萬點青人跡踏冰鏘碎玉馬蹄敲石迸寒星山城爆竹春雷響無限淒涼不忍聽度大凌河云鷹隼呼風雁踞哀大凌河畔雪皚皚人行冰上春無迹山入遼陽勢漸開鐵騎三千環雉堞天閑十二育龍媒聖朝威略超前古汗血何勞絕域來氣骨蒼涼不讓明七子佳句如高閣云樹環高閣兜風勢人擁孤衾聽雨聲秋日書懷云山難入畫看尤好詩到無心得自佳花朝滕縣道中和吳惠欽同年廷鈐韻云人別江南方是客天高淮北不知春西楚霸王墓云萬古疑冤狀義帝一篇本紀代秦皇燕南云沙横大道無邊白山劃中原不斷青秋氣中人寢不成寐即事感懷云孤燈吐穗心先死秋夢如雲影亦忙冬夜書懷云要思出世聊爲客幸未成名可讀書春日書懷云身似游絲經雨倦愁如芳草到春生送春云花當深夜愁如夢雲戀斜陽懶不飛落紅似海飄春

去新綠如山擁夏來邯鄲道中云黃鞠花隨人意澹白楊風戰雨聲乾得梅江書却寄云交從真極方能淡氣到平時不露才積雨叠前韻簡心宇云客愁攙雨飄難定秋夢和雲畫不成將歸述懷云華年脫手黃金彈舊夢當頭白玉盤花因薄命方增豔人到窮途易感恩漸覺鋒鋩隨分減未知肝膽向誰傾登舟云乍聽鄉語渾如夢纔上輕航便似家雨中放舟云別緒暗隨春水長游蹤還比落花忙富陽江上云江流曲折初成字山徑微茫似有人洪州雜詩云地盡鬼方江以外天連澤國水當中盧堂罔兩秋無影白日籠罷氣不驕盱江道中云微斷沙痕晴作雪乍澄水面氣成雲晨發介休云衣黏霜彩濃于染人踏冰花碎有聲夜渡馬頰河云風迴馬頰寒生粟人躡狐蹤夜度冰新淦舟次云暑氣漸消新雨後秋光多在夕陽中趙北口云鳧翁浴罷唼蓮葉燕子飛來銜蓼花過趙北口云洲邊碧茨茁無數沙際白鷗眠不驚叠前韻寄兒子同書云戰骨白看春浪洗烽烟青比亂山多復霽叠篩字韻云徑仄藤扶將墜石天寒鳥避最高枝皆可入蒲褐山房詩話國朝詩人徵略摘句圖者

桂林山水奇秀爲天下冠淸中葉後文風滋甚論詩獨推朱伯韓琦爲巨手怡志堂詩前向陳師杜尊桂處借鈔一過下筆遲重天資所獨稟感時念亂之作無愧一代詩史不獨桂中詩人之冠而已李蒓客詆張亨甫詩並及伯韓豈公允之論伯韓長篇如道經河北客問當時守濬事爲述其略范將軍輓歌感事王剛節公家傳書後題金陵被難記抒憤長沙官吏祭軍門塔齊布詩以紀哀等篇皆雄深駿邁傳之不朽者過長不錄老兵嘆云金門已倡廣門失老兵歎息爲我說借問老兵汝何來道路飛書連兩月公家程期不得緩兩脚皴瘃皮肉裂老兵悲苦何足陳我家主帥孤大恩廣門屯戍兵有萬況有鎖鑰連金門

當時烽堠眼親見主帥逃歸竟不戰獨有把總人姓林廣額大顙又多髯自稱漳州好男子當關一呼百鬼辟可惜衆寡太不敵一矢洞胸腸突出轉戰轉厲刀盡折寸臠至死駡不絕嗟哉漳州好男子安得防邊將軍盡如此與爾同生復同死狼兵收寧波失利書憤云城頭黯澹城門開天狼星墮聲如雷赤髮獰獰遮突出飛礮如雨從天來我兵直入不畏死前軍失陷後軍止妖童噴霧作狻猊截江鬭殺火又起迴軍與角者爲誰巴州都士幽州兒手中剩有槍半段大呼斫陣山爲摧危哉銜枚競深入一賊橫刀勢將及抽刀斷賊撾其馬揮鞭疾渡水沒踝背後但聞號呼聲狼兵三五奔至城可憐此輩驍敢手搏鮫魚口生啖奈何一炬付燼灰勾餘山頭鼓聲慘將軍失計空頓足潰軍兩岸詈且哭斷後尙有牛松山强弓百石力能彎不然三百虎士無一還朱副將戰歿他鎭兵遂潰詩以哀之云將軍名桂其姓朱膽大如斗腰圍粗願縛降王答鮫奴臨陣獨騎生馬駒寧波三鎭新失利大帥倉皇欲走避公橫一矛踞帳前此輩跳踉那足畏我有勁軍人五百自當一隊往殺賊大兒善射身千尺小兒英英虎頭額紅毛叫嘯總戎走峨峨舟山棄不守鎗急弓折萬人呼褒瘡再戰血糢糊公拔鞾刀自刺死大兒相繼斃一矢小者創甚臥草中賊斫不死留孤忠是時我兵鳥獸散月黑漫漫天不旦中丞下令斷江皋亂兵隔江不敢逃敢有渡者腥吾刀皆卓絕伯韓工古文故其詩古勝於律也論詩絕句云驚人猶易愜心難此語深合鄙懷

王定甫拯亦桂中詩人之錚錚者可以抗顏伯韓猶黔中之有鄭莫也杜尊師極推崇之龍壁山房詩曾假讀一過未細復記其中書憤一篇感紅羊之亂而作最爲傳作祁文端所稱書憤一篇詩史在北山終合勝南山也

自姚惜抱喜爲山谷詩而曾文正祖其說以詩學變一代之運硬語盤空由昌黎山谷以規杜惜爲功業所分心未能極詣余頗喜其傲奴一詩云君不見蕭郎老僕如家雞十年笞楚心不攜君不見卓氏雄貲冠西蜀頤使千人百人伏今我何爲獨不然胸中無學手無錢平生意氣自許頗誰知傲奴乃過我昨者一語天地睽公然對面相勃谿傲奴誹我未賢聖我坐傲奴小不敬拂衣一去何翩翩可憐傲骨撐青天噫嘻乎安得好風吹汝朱門權要地看汝倉皇換骨生百媚詼詭中存兀傲之態此得昌黎陽剛之美者石遺近代詩鈔未選失之也

鄭子尹詩清代第一不獨清代即遺山道園亦當讓出一頭地世有知音非余一人私言

子尹詩才氣工力俱不在東坡下其自毛口宿花堌詩句云此道如讀昌黎之文少陵詩眼著一句見一句未來都非夷所思可以況其筆力之奇恣

人皆知東坡詩長處在筆所未到氣已吞不知其消息在於交柯亂葉動無數一一皆可尋其源子尹詩亦然

大凡詩不難於奇難在奇而馴昌黎所謂文從字順各識職妥帖力排奡識職妥帖即馴字注脚子尹於此庶知之而能之若王仲瞿龔定庵鑱刻意求奇不特不馴直覺詭𢌿耳

子尹臘月種竹詩要宜肥地必凡材七字特絕名句所包者大以子尹之才而生於荒僻之壤寒素之家天故無地不生材也後起羣賢不可不勉

言情之作子尹特長出門十五日初作詩黔陽郭外句云記我出門時梅花繞茅亭攜兒坐石上吹笛使

酒醒山妻持鐙來大字寫縱橫妹女各袖扇爭書壓吾肱閧閧一宵事不知雞已鳴度歲澧州寄山中句云所依爲至親親念亦稍慰今宵此一身計集幾雙淚爐邊有耶孃燈畔多姊妹心心有遠人强歡總無味憶在十載前舊事已酸鼻老懷況愈慈如何淡此際又云卯卯今夕樂樂到不可名不解憶郎罷但知燒粉蒸守歲强不臥喧攪至五更斑斑稍解事鋮鏤亦略能頭試活葵花安排拜新正章章小而嬌其舌甘若餳亦知歲已盡向母索珠嬰阿耶十年來慈祥喜淵明詩袍誤憑我殘燈澧州城安得與爾輩叫躍如沸羹歷敘家人父子之情深摯而生動至重經永安莊至石烘句云秋雨爛塗度阡陌埔鄉未到天暮色每逢曲處便看我遠聽慈聲喚窗櫺當時歸去自洗泥女嬃詈我冠猶兒拋書寸步不離母隨母應到鬓過臍而今我鬓正如此再欲母隨不得矣孺慕之忱可格天地矣

子尹描寫平易庸俗之事亦入神妙武陵燒書歎句云烘書之情何所似有如老翁撫病子心知元氣不可復但求無死斯足矣燒書之情又何其有如慈父怒啼兒恨死擲去不回顧徐徐復自摩撫之極比附之能事完末場巷矮屋無聊成詩數十韻揭曉後因續成之一詩中敘應試情況云四更赴轅門坐地眠瞢騰五更隨唱入階誤東西行揩眼視達官蠕蠕動兩棖喜賴搜挾手按摩腰股醒擔籃仗朋輩許賄親火兵拳臥半邊屋隔舍聞丁丁黃簾自知晚蝸牛喜觀燈夢醒見題紙細摩壓揩平功令多於題關防映紅青文字如榨膏藥急膏自傾此段將科舉時代應試情形曲曲傳出妙在出以詼詭之筆又如已過武陵句云記我出門時榆柳未知春行得山水綠望家如隔鄰隔鄰猶即到人情覺已親寫歸客心情如見候漲退句云岸樹盡相熟枝葉無一紊入篷坐未定又出驗水印明知不能纜却怪舫師鈍師益氣塞指

水但增恨旅容候漲退而不得之神情活躍紙上

子尹題新昌俞秋農先生書聲刀尺圖句云女大不畏爹兒大不畏孃小時如牧豬大來如牧羊血吐千萬盆話費千萬筐爺從前門出兒從後門去呼來折竹鐵與兒記偏數爺從前門歸呼兒聲如雷母潛竊兒倍忿頑復憐癡夏楚有笑容尚爪壁上灰爲揑數把汗幸赦一度笞爲小兒就學頑劣情況真繪聲繪影之筆題史蘧洲秋鐙畫荻圖句云平生我亦頑鈍兒家貧讀書仰母慈看此寒燈照秋卷却憶當年庭下時蟲聲滿地月在牖紡車鳴露經在手以我三句兩句書累母四更五更守則尤爲深摯真切矣

子尹春盡日句云綠荷扶夏出嫩立如嬰兒春風欲舍去盡日抱之吹雲門礎句云眉水若處女春風吹綠裙迎門却引去碧入千花村淩空設想雋妙無匹有文章天成妙手偶得之勝

巢經巢後集中三女籛于以端午翼日夭越六日葬先妣兆下哭之五首之四云買山種竹已堪箱十七年中夢一場過眼詩書成記誦借鐙鍼黹足衣裳但爲女子猶深惜復託窮爺盡可傷父德母恩全不負白頭空欠淚千行自小偏憐慧亦殊女紅轉手事充奴指揮纔念身先到緩急常資債易逋細數勞生甯解脫時忘已死尚頻呼雛孫不解酸懷劇啼繞牀前索阿姑冢下栽花不羨官汝曹外向漸無歡割慈乂近離嬌素煖眼猶寬有季蘭豈料却成先姊去那能長作嫁人看送生送死今年了寂寞衰翁守暮寒（次女適人期十月）青犢黃巾淚眼中賊聲聞又上巴東遭逢末世難言命憂患平生不止窮汝得九原從大母天將何地置而翁一盤殺祭還相慰塡豁滿渠養育同一字一淚純從心腑中自然流露不假矯飾細按之章法亦甚密此等處是真杜韓皮相者以爲元白矣記海藏哀東七句云遼瀋方驚兵暴骨滿關外誰非父

母體軀向萬里棄汝殤何足恨浩劫行且至朱芷薌廣文寺祝亡女祥琳遺榑感賦句云而翁入世百不可宿業遷延到汝身汝死儻歸乾淨土而翁猶是亂離人詩意俱胎息於子尹

子尹律詩頗新穎而不覺其生硬佳句五言如明月來深夜低星閙遠林溪山爲我好花鳥使春忙人行蠶豆外蝶度菜花前樹隨山影失雨覆夕陽高流螢低共路漁火遠分光涼聲歎烏雀落照睨村墟碧雲收去鳥翠稻出行人遠山陰見日高樹靜聞風晚飯依花聚林風入酒醒潭光清漏石山影綠搖雲江鳴知雨到鴨語覺村來潮收沙露尾桀過水生臍嚌岸一巷白晴砧雙婦紅萬山浮軟翠雙鳥帶遙天風聲和鐸隱月色帶曛昏七言如人住四圍淺竹裏鳥呼一碧低松間處壁亭亭深入露涼鐙燄燄不生風斷鐙兒誤求爺乳歎食妻疏到母家雙江一碧渺然去孤嶼中流無限佳並路牽衣兒有母望鄉遮眼樹無雛春當大已猶無燕地近南都漸有花蠶豆香濃非故國馬頭春暮動歸心肩輿冷瘦尋村遠石氣青紅過雨涼碧雲四合曠無底白鳥一雙歸正閒恰夢家來忽驚醒正聞犬吠尚疑真大風呼洶僧樓震細雨霏微石路高天隨路入藤蘿峽人共雲爭虎豹羣天清馬度茱萸道日落烏盤桔槔門一路亂蛙初插稻半溪明月不逢人皆錘鍊而自然清微淡遠者似王孟真樸瘦硬者似工部大體則於宋人爲近也

子尹詩之卓絕千古處厥在純用白戰之法以韓杜之風骨而傳以元白之面目遂開一前此詩家未有之境界其善於驅使俗語俗事之句如倚檜飼么豚淚俯鏡盤抹麥深不見人時聞輓車響傍道多草舍學翁語三兩負母一生力枯我十年血維母天地眼貴命不貴術阿卯出門時論語讀數紙至今知所誦曾否到孟子今日趁公回假面可市曾卯須張飛胡童也稱儒龍還應筏黃竹預辦鍛蟹燈指麾小兒女

亦學事作家觀之不如意復起爲補苴半日不逢人深林犬時吠知越山幾重去塗仍拄鼻顧壁有懸肉大小知未餓米鹽問梗概兒女猶拜賀閏歲耕事遲一半常臥旁斷草看人讀其味如我長更遲數日終汝勞多笑幾回亦吾意老懷一慰轉嘆息人生難此飯一盌魯論半部應成誦渠毋前朝早任嬉嫩綠胡孫高蹋臂雄黃王字大通眉可念阿翁先溺愛便令新婦莫教啼皆點染日常俚俗事語成爲雅音其臘月十七日馮氏姊還襲海一詩全用白描深曲洞達尤爲名作

子尹七絕亦多用白描其法本自杜韓而加以變化遂覺壁壘一新如才兒生去年四月十六少四十日一歲而殤埋之梔岡麓云木皮五片付山根左祖三號愴暮雲昨朝此刻懷中物回首黃泥斗大墳留湘佩內妹云欲歸何事真無說飲過昌蒲不汝留算待明年方見汝明年又識果來不過黃粱祠云烏帽黃塵正月尾曉風晴日呂仙祠車中一覺還山夢正及村前餅熟時自望山堂晚歸莊灣示兩弟二首云墓門此隔不二里時去時來日幾回在日眼穿無我到而今脚破見誰來時時鬚有一莖白倦矣似今前可知汝曹相惜如料理放我墓邊閒幾時留別樾峯云半月相從榕樹陰苦將秋雨挽離襟男兒要去直須去那復愁乾愁滑心題仇實父清明上河圖云南北瓦頭諸伎新龍津橋外漲紅塵荔支腰子蓮花鴨羨爾承平醉飽人俱絕佳至如晚來風味濃於酒添起田蛙閣閣聲村店雨來天欲晚行人方度杏花橋稷葉不搖風日靜細黃一根茴香花明朝驛路相思處回首梅花是白雲等句則又清妙絕倫可分南宋名家之席也

閱莫子偲郘亭詩鈔六卷遺詩八卷才力騰踔不及子尹而樸屬微至洗盡腥腴亦偏師之雄矣憂時紀

亂之作傳之他年足當詩史茲錄其短古數章以覘功力金谿山云南風吹野心古寺抱幽翠軟徑無崎行嫩日啓新態開門黃雀引排檻蒼臨墜雲度半山陰香縈一篠賦作客鮮佳懷登樓益愁思百里徒故國臯臯嘆生事烏江渡云烏道各千盤鑿翠屹相向晴雷翻九地草木皆震蕩峽束湍已豪木落勢益壯飛鳥不敢前潛魚那能傍渡師爭逆流百泝待一放亂雨浪花飛垂雲石根亮中流聊意快就岸翻胆喪山鄉無深流此水已鮮抗蜀舟阻重門黔路但疊嶂徒將劃漢挾尙覺無沅讓天如閟窮鄉鏟去或宜當霸王城云舍舟日初跌半嶺聲已昏夾路叢小樹望如萬軍屯急行益窘步結氣生煩冤螭魅含鬩窺虎豹磨牙蹲暝觸怪石倒白踏跡涔翻絕頂知幾盤荒店不可捫衆星繞足出始訝所據尊信有行路難惻愴可具論張燈誰翦紙嘔黑爲招魂南望山云南望高如何山叢露孤脊氣吞黔楚外勢逼烏蠻窄陰藏太古雪腹斷摩霄翮日浴千嶂青雲纏一峯白朝行指南望暮宿在咫尺前途更朝暮南望仍不隔遲迴泥淖中多情謝山石熄烽至日云後徑落雲根前徑垂木杪狠石接輿生勁風逼人倒自來南行客愁絕熄烽道健步怪僕夫度險若飛鳥未哺得常程命宿訝已早日至那遽增酣歌對晴昊俱似雙井半山之學杜者律句五言如萬家晴翠裹千嶂夕陽嬌燭經簷溜滅人蹤電光行片言留上洞孤艇過千崖橫江孤塔表殘雪數峯醒七言如雙蝶送人過曲水雜花扶路入虛嵐開雲帶鳥常依樹淸月隨風直到門軟翠隔城通日氣斷虹收雨過林梢老去祇添人事感悲來虛說醉鄉寬連朝知負幾山好長夜更禁疏雨寒形容欲付塵土葬耳目乍緣山水淸浮梁喜踏黿鼉出絕岸仍穿虎豹行隔水樹疑天上種入村車點麥頭飛十里花光扶月轉萬山鐙影踏星回天際江光乘月轉城頭塔影聚星扶風勢隔江搖早旭雷聲

催雨下三山俱清硬可玩絶句如明朝不共花中醉如此春光更幾回誰憐一片青田月中有南來夜夜心五分明月千絲雨併作中庭一夜涼等句神韻亦佳

舅祖翁文勤公序莫郘亭詩云凡爲詩不尙流美非惡流美也求至於流美則蘄其流美能流美矣而專務以說世不入於卑靡不止是故貴有以矯厲之然後風骨高而性情出按淸乾嘉以後作者大都挹袁趙之餘波輕靡流滑至於不可遏止鄭莫諸公欲救其敝乃力趨昌黎東野山谷后山一路若近日則旣家西江而人宛陵矣其病又至於有骨而無肉有魂而無魄淸而不厚沈而不雄是又當以八代三唐藥之而出以光怪雄奇爲詩世界中拓開疆宇蓋過於流易與過於槎枒其病正相衡不得輕彼而軒此也

何子貞紹基東洲草堂詩爲晚淸學蘇第一人篇什富有不免有平庸之作律句如月光冒地起雲影貼天飛疏星漬殘雨暗葉墜流螢波平千樹臥灘斷一鷗扶星光都到水風力只搖煙晴梳兩岸霽寒皺一江烟石根深下土山色古於天荒村拖賸雨危石礙歸雲拔地石千轉去天雲萬重雲影掃開星點亂雪聲敲碎月光多野水生烟遮斷夢青山如鏡照秋容殘月有魂隨夢落鐙花如病捧心開客路且欣隨日短鄉音漸覺隔船稀斜日西飛千嶂轉大河南倚一城懸不辨春烟接春水好從江北望江南春柳炎雲作態乍成雨林意無心偶到秋一笛仙風隨鶴去千年樹影隔江晴浮生飽看中原月絶微來搜太古心政餘讀盡千峯雨別後看花萬里杯十里水光明郭外一船秋思到江南閏重九日嘆復嘆看十三陵山外山詩心到處能聽雨我裏憑虛自作樓谿雲到處自相聚山雨忽來人不知星飛上界幾疑霹石裂盧巖暗有風夜郎萬里看山眼秋士三千聽雨心一行雁叫有霜夜萬里星明無月天花氣化雲成寶界海光

如鏡照飛樓名酒好風烏夜曲快雲奇雨白公祠使節三年圓一夢奇峯萬點洗雙眸雨聲送客仍聯夜秋氣隨雲下山西極崑崙方右顧中原郡縣盡東傾拆與一旬三度醉蕭然兩叟萬枝花雪後商量無限昧春前多少未開花俱清妙可誦

子貞七絕如次日晨起知已過洞庭喜甚口占一絕云曉寒白浪高千尺柔櫓一枝搖過來夢醒忽聞舟子語岳陽樓上禮仙回曉發看月云夢魂飛越度重關千里長安半夜還明月不知歸路熟十分圓與照江山俱超逸春江云幾處漁村欸乃歌輕烟染就萬峯螺烏篷搖入瀟湘路纔信春江是綠波海山仙館夜起云肩杆雪闌靜瓏玲夜色珠江萬影青婉婉荔支灣上月五更來照酒人醒又雋妙絕倫

閬江弢叔湜伏敔堂詩錄苦語使人不歡危語使人毛戴擬之東野后山不足以盡之也至其字句則又戛戛生新以昌黎山谷爲骨幹而出以白傳誠齋之貌彭甘亭所謂先愁我肺腑乃入人肝脾足以狀其孤詣之苦心

清詩至嘉道間漁洋歸愚倉山三大支皆至極敝文敝而返於質質文正以回天之手未試諸功業而先以詩教振一朝之墜緒毅然宗法昌黎山谷天下嚮風和之者爲何子貞而處窮鄉僻壤如鄭子尹莫子偲亦皆喜言西江諸人皆負盛名弢叔其時一窮薄儒素耳與諸公無聲氣之接納創壇坫於江海之上獨吟無和近日海藏諸老始極口稱之吳中文字綺靡弢叔獨以清剛矯濃縟曲折洞達寫難狀之隱如聽話言惜其中歲專取真摯稍近率直不及鄭子尹之騰挪變化捉摸不測耳與吾家祖姑丈李小湖聯琇先生談藝不合處時見於詩中猶未免涉於意氣也

弢叔詩爽利無匹宜於古體故集中古勝於律五古尤勝於七古如志哀九首靜修詩感憶詩四首皆至誠慘怛沈痛入骨又純用白描詩律七言勝於五言如近年云近年手創一編詩脫略前人某在斯意匠已成新架屋心花那傍舊開枝漫愁位置無多地未礙流傳到後時要向書坊陳起說不須過慮代刋之南臺酒家題壁云忽忽青春客裏休半生贏得一生愁與人會飲從沈醉是處無家且浪游海氣夜迷燈火市江風涼入管絃秋不知一枕羈人夢更上誰家舊酒樓五月二十日生一女云中年心跡兩沈淪只望生兒救晚貧得女他時翻是累今生何事更如人直愁詩卷無藏處莫論飢驅不貸身一段淒涼客中意封書還去惱衰親皆淒婉清折耐人尋味

弢叔寫景語有絕佳者如天流雲氣吞孤日谷應雷聲撼別峯雄秀有魄力萬竹無聲方受雪亂山如夢不離雲則又空靈澹靜如不食烟火人語其他往來途次寫景卽事之絕句信手拈來莫非妙境亦古人所未有佳者至夥不遑悉舉

鄭子尹望鄉吟句云一灘高五尺十灘高五丈行盡銅溪四百灘銅崖應當青天上黃仲則新安灘云一灘復一灘一灘高十丈三百六十灘新安在天上二詩用意相同鄭未必有意襲黃大抵英雄所見略同耳

詞話考索

畢壽頤

總目

碧鷄漫志　春渚紀聞（卷七詩詞事略）　苕溪漁隱叢話（前集卷五十九　後集卷三十九）　能改齋漫錄（卷十六　卷十七）　浩然齋雅談

雜綴　　三六

卷三　吳禮部詞話附詩話後　樂府指迷　詞源　詞旨　詩詞餘話　渚山堂詞話　詞品　王弇州詞評
爰園詞話　歷代詞話附歷代詩餘後　柳塘詞話　花草蒙拾　金粟詞話　遠志齋詞衷　七頌堂詞繹
皺水軒詞筌　詞苑叢談　填詞名解　古今詞論　雨村詞話　樂府餘論　詞綜偶評　藝概卷五
詞概曲概　蓮子居詞話　靈芬館詞話　詞逕　芬陀利室詞話　介存齋論詞雜著　復堂詞話　聽秋聲
館詞話　宋六十一家詞論　白雨齋詞話　人間詞話

例言

是書搜集古今各家詞話間有疑義者加以考證體裁與何文煥氏詩話考索略同但何氏既刊歷代詩話末附考索一卷故不必備錄原文是書所集詞話有三十餘種之多卷帙浩繁剞劂匪易爰略爲變通參用胡應麟氏藝林學山丹鉛新錄例摘錄原文於前附載愚案於後俾閱者展卷瞭然

宋時無詞話之名亦鮮論詞專書但如苕溪漁隱叢話能改齋漫錄之類內均有一二卷專論長短句者實開後人詞話之先例一律采入

昔人評詞者甚多類皆寫於書眉本未成帙但既經後人輯錄甚有研究價值如王弇州詞評許蒿廬詞綜偶評之類今皆列入

萬紅友詞律極多考證之處杜氏詞律校勘記徐氏詞律拾遺兩書已盡搜剔匡正之能事然尚有一二漏略者鄙人另有詞律補正茲不列入

拙著花庵詞選箋校間有與是書可資互證者但彼稱箋校不厭繁徵此名考索務求簡覈宗旨則一匪

有歧異

宋人筆記涉及詞家掌故者甚多歷代詩餘附錄詞話搜采略備但遺漏者亦尚不少鄙人另有詞話補遺之輯是書末附雜詮一卷即爲詞話補遺之考證

是書隨時札錄略加整理本無當於著作之林倘蒙　博雅君子指其紕繆予以劻勷則壽頤所昕夕禱祝者耳

詞話考索卷一

碧雞漫志十一則

蘇在庭石耆翁入東坡之門矣短氣跼步不能進也

案蘇詞未見石詞僅見蝶戀花一首載梅苑卷八

賀方回六州歌頭望湘人吳音子諸曲

案方回詞已多散佚東山寓聲樂府僅存上卷晦叔所云六州歌頭當是樂府雅詞所載少年俠氣一首望湘人當是花菴詞選所載厭鶯聲到枕一首吳音子已佚不傳

歐陽永叔所集歌詞自作者三之一耳其間他人數章羣小因指爲永叔起曖昧之謗

案陳振孫云歐公詞多有與花間陽春相混者亦有鄙褻之語一二則其中當是仇人無名子所爲也

西清詩話云歐詞之淺近者是劉煇僞作

賀方回初在錢塘作靑玉案魯直喜之賦絕句云解道江南腸斷句只今惟有賀方回

案中吳紀聞方回本山陰人徙姑蘇之醋坊橋有小築在盤門之南十餘里地名橫塘方回往來其間嘗作青玉案詞云凌波不過橫塘路但目送芳塵去錦瑟年華誰與度月臺花榭綺窗朱戶唯有春知處碧雲冉冉衡皋暮綵筆空題斷腸句試問閑愁都幾許一川煙草滿城風絮梅子黃時雨後山谷有詩云云則此詞確在姑蘇作故首句云然晦叔之說恐誤

吾友黃載萬歌詞號樂府廣變風學富才贍意深思遠直與唐名賢相角逐又輔以高明之韻未易求也載萬所居齋前梅花一株甚盛因錄唐以來詞人才士之作凡數百首爲齋居之玩名曰梅苑

案黃載萬詞已佚不傳碧雞漫志卷二載更漏子斷句又卷四載虞美人一首亦有脫字其他選本不載隻字才人湮沒良可慨歎猶幸梅苑十卷依然無恙未至同歸澌滅其序引題名云岷山耦耕黃某當是蜀人耳

蘭畹曲會孔寧極先生之子方平所集序引稱無爲莫知非其自作者稱魯逸仲皆方平隱名如子虛烏有亡是之類孔平日自號灌皋漁父與姪處度齊名李方叔詩酒侶也

案蘭畹曲會一書已佚方平詞僅見水龍吟一首載梅苑卷一而魯逸仲詞花庵詞選草堂詩餘均載數首如晦叔言則魯逸仲非真有其人實卽方平之隱名耳處度詞亦僅傳水龍吟鷓鴣天各一首均見梅苑

崇寧間建大晟樂府周美成作提舉官而製撰官又有七時田爲不伐亦供職大樂衆謂樂府得人云

案田不伐詞流傳不多花庵詞選陽春白雪各選數首北湖集中有贈答之作特其爵里已不可攷宋

以後諸選本只稱其爲田不伐卽以歷代詩餘附錄之詞人姓氏素稱淹博亦莫知其何名今閱碧雞漫志則名爲字不伐彰彰無疑湮沒七百餘年一旦表而出之快心爲何如耶

易安居士京東路提刑李格非文叔之女建康守趙明誠德甫之妻趙死再嫁某氏訟而離之

案俞理初癸巳類稿末附易安居士事輯辯再嫁之誣况蕙風詞話中亦有辯正極爲詳確

賀方回石州慢予舊見其稾風色收寒雲影弄晴改作薄雨收寒斜照弄晴又冰垂玉筯向午滴瀝簷楹泥融消盡牆陰雪改作煙橫水際映帶幾點歸鴻東風消盡龍沙雪

案石州慢一首載陽春白雪水際作水漫東風句作平沙銷盡龍荒雪又與晦叔所見稾本異矣

周美成初在姑蘇與營妓岳七楚雲者游甚久後歸自京師首訪之則已從人矣明日飲於太守蔡巒子高坐中見其妹作點絳脣曲寄之云遼鶴西歸故鄉多少傷心事短書不寄魚浪空千里憑仗桃根說與相思意愁何際舊時衣袂猶有東風淚

案夷堅志載此詞本事略同並云楚雲得詞感泣累日

水調歌頭瑤草一何碧春入武陵溪溪上桃花無數花上有黃鸝世傳爲魯直於建炎初見石耆翁言此莫少虛作也莫此詞本始耆翁能道其詳予嘗見莫浣溪沙曲瓊釧湘裙上玉梯雲重應恨翠樓低愁同芳草兩萋萋又云歸夢悠颺見未真繡衾恰有暗香薰五更分得楚臺春造語頗工晚年心醉富貴不復事文筆

案水調歌頭黃花庵亦以爲魯直作莫詞流傳絕少僻里亦不詳梅苑卷七載木蘭花十首已佚其一

又卷八載獨脚令一首此外未見

春渚紀聞一則

司馬才仲初在洛下晝寢夢一美姝牽帷而歌曰妾本錢塘江上住花落花開不管流年度燕子啣將春色去紗窗幾陣黃梅雨才仲愛其詞因詢曲名云是黃金縷且曰後日相見於錢塘江上及才仲以東坡先生薦應制舉中等遂爲錢塘幕官其廨舍後唐蘇小墓在焉時秦少章爲錢塘尉爲續其詞後云斜插犀梳雲半吐檀板輕籠唱徹黃金縷夢斷彩雲無覓處夜涼明月生春渚不踰年而才仲得疾所乘畫水輿艤泊河塘柁工遽見才仲攜一麗人登舟即前聲喏旣而火起舟尾狼忙走報家已慟哭矣

案唐人徐凝詩云嘉興縣裏逢寒食落日家家拜埽回唯有縣前蘇小墓無人送與紙錢灰陸廣微吳地志亦云墓在嘉興縣側至宋人始言墓在西湖咸淳臨安志引周紫芝詩爲證今觀紀聞所載似更信而有徵此亦事之聚訟而莫能決者也

苕溪漁隱叢話十四則

西清詩話云南唐後主圍城中作長短句未就而城破櫻桃落盡春歸去蝶翻金粉雙飛子規啼月小樓西曲欄金箔惆悵卷金泥門巷寂寥人去後望殘煙草低迷余嘗見殘藁點染晦昧心方危窘不在書耳藝祖云李煜若以作詩工夫治國事豈爲吾虜也苕溪漁隱曰余觀太祖實錄及三朝正史云開寶七年十月詔曹彬潘美等率師伐江南八年十一月拔昇州今後主詞乃詠春景非十一月城破時作西清詩話云後主作長短句未就而城破其言非也然王師圍金陵凡一年後主於圍城中春間作此詩則不可

知是時其心豈不危奢於此言之乃可也

案耆舊續聞云蔡條西清詩話載江南後主臨江仙云圍城中書其尾不全以余考之殆不然余家藏李後主七佛戒經及雜書二本皆作梵葉中有臨江仙塗注數字未嘗不全其詞云櫻桃落盡春歸去蝶翻輕粉雙飛子規啼月小樓西玉鉤羅幕惆悵暮煙垂別巷寂寥人散後望殘煙草低迷爐香閑裊鳳皇兒空持羅帶回首恨依依後有蘇子由題云淒涼怨慕真亡國之音也觀此則後主臨江仙故是全作胡氏謂詞詠春景非十一月城破時作其說甚當但未見全詞耳

又案後主全詞或當時不甚流傳故劉延仲康伯可輩皆以爲闕後三句而補足之劉補云何時重聽玉驄嘶撲簾飛絮依約夢回時康補云閒尋舊曲玉笙悲關山千里恨雲漢月重規康詞過拍多一字作曲屏朱箔晚惆悵卷金泥故歇拍亦多一字

東坡云李後主詞云三十餘年家國數千里地山河幾曾慣見干戈一旦歸爲臣虜沈腰潘鬢消磨最是蒼惶辭廟日教坊猶奏別離歌揮淚對宮娥後主既爲樊若水所賣舉國與人故當慟哭於九廟之外謝其民而後行顧乃揮淚宮娥聽教坊離曲哉

案南唐二主詞此詞調名破陣子前闋云四十年來家國三千里地山河鳳閣龍樓連霄漢玉樹瓊枝作煙蘿幾曾識干戈轉頭下同此則載東坡志林引李詞脫兩句過拍衍一字幾令人莫辨爲何調亦見甕牖閒評但彼僅錄歇拍三句耳

雪浪齋日記云荊公小詞云揉藍一水縈花草寂寞小橋千嶂抱人不到柴門自有清風掃略無塵土思

案荆公漁家傲詞前闋云平岸小橋千嶂抱柔藍一水縈花草茆屋數間窗窈窕塵不到時時自有淸
風掃此誤倒兩句脫一句遂不辨爲何調矣

苕溪漁隱曰曾端伯慥編樂府雅詞以秋月詞念奴嬌爲徐師川作梅詞點絳脣爲洪覺範作皆誤也秋
月詞乃李漢老梅詞乃孫和仲和仲卽正言諤之子也

案秋月詞耆舊續聞亦謂李漢老作梅詞則以爲朱新仲作知不足齋刻灊山集據以補入續聞云待
制公十八歲時嘗作樂府云流水泠泠斷橋斜路橫枝亞雪花飛下全勝江南畫白璧靑錢欲買應無
價歸來也風吹平野一點香隨馬朱希眞訪司農公不値於几案間見此詞驚賞不已遂書於扇而去
初不知何人作也一日洪覺範見之扣其所從得朱具以告二人因同往謁司農公問之公亦愕然咨
退從容詢及待制公公始不敢對旣而以實告司農公責之曰兒曹讀書正當留意經史間何用作此
等語耶然其心實喜之以爲此兒他日必以文名於世今諸家詞集及漁隱叢話皆以爲孫和仲或朱
希眞所作非也考待制公卽朱新仲名翌舒州人官中書待制

又世傳江城子靑玉案二詞皆東坡所作然西淸詩話謂江城子乃葉少蘊作桐江詩話謂靑玉案乃姚
進道作

案江城子銀濤無際捲蓬瀛一首見石林詞花庵詞選亦謂葉作靑玉案三年枕上吳中路一首東坡
送蘇伯固歸吳中作伯固於己巳年從東坡杭州至壬申三年未歸故首句云然陽春白雪作姚志道
詞志道當是進道之誤進道名述堯有簫臺公餘詞不載此闋決非姚作

又樂府雅詞中有漢宮春梅詞云是李漢老作非也乃晁冲之叔用作政和間作此詞獻蔡攸是時朝廷方興大晟府蔡攸攜此詞呈其父云今日於樂府中得一人京覽其詞喜之即除大晟府丞

案揮麈錄云漢老少日作漢宮春詞膾炙人口所謂問玉堂何似茅舍疏籬者是也政和間自王省丁憂歸山東服終造朝舉國無與談者方悵悵無計時王黼爲首相忽遣人招至東閣開宴出其家姬十數人酒半唱是詞侑觴大醉而歸數日遂有館閣之命與漁隱所載異花庵詞選亦作李漢老詞

苕溪漁隱曰詞句欲全篇皆好極爲難得如賀方回淡黃楊柳帶棲鴉秦處度藕葉清香勝花氣二句寫景詠物可謂造微入妙若其全篇皆不逮此矣以上七則前集卷五十九

案方回浣溪沙全篇云樓角紅綃一縷霞淡黃楊柳帶棲鴉玉人和月折梅花笑撚粉香歸綉戶半垂羅幕護窗紗東風寒似夜來些第二句承首句而來方見寫景之工單摘第二句未見妙處至謂全篇皆不逮此句更所不解處度此詞未見古今詞話云少遊子處度亦多好詞山谷極稱賞之如藕葉清香勝花氣一時盛傳

古今詞話云東坡在黃州中秋夜對月獨酌作西江月詞曰世事一場大夢人生幾度新涼夜來風葉已鳴廊看取眉頭鬢上酒賤常愁客少月明多被雲妨中秋誰與共孤光把盞淒涼北望苕溪漁隱曰樂府集載此詞注曰寄子由作後句云云兄弟之情見於句意之間矣疑是倅錢塘時作

案樓敬思云公仕杭時倡酬甚多非酒賤客少地也而且御史評告亦未知有烏臺詩案之患難也何至有一場大夢等語月明雲妨即浮雲蔽白日意孤光誰共即瓊樓玉宇不勝寒意的是黃州中秋作

雜綴 四二

彈駁胡氏極爲明辯

汪彦章點絳唇新月娟娟夜寒江靜山啣斗古今詞話以爲蘇叔黨作非也以上二則後集卷三十九

案黄公度有和作見知稼翁詞汪黄同時斷無謬誤漁隱之說可信花庵亦以爲叔黨作承楊湜之誤

東軒筆錄云王尚書素守平涼永叔作漁家傲詞送之其斷章曰戰勝歸來飛捷奏傾賀酒玉階遙獻南山壽

案此詞六一詞及他選本皆不載

冷齋夜話云少游在黄州飲於海橋橋南北多海棠有老書生家於海棠叢間少游醉宿於此明日題其柱云喚起一聲人悄衾暖夢寒窗曉瘴雨過海棠晴春色又添多少社甕釀成微笑半破癯瓢共舀覺健倒急投牀醉鄉廣大人間小東坡愛其句恨不得其腔當有知者

案此闋淮海集不載各家選本亦不見錄嘯餘圖譜載之調名醉鄉春賴氏塡詞圖譜萬氏詞律皆因之徧攷宋代諸家詞絕無塡此調者竊謂此詞蓋淮海自度腔本未有調名嘯餘即就此詞本事而強名之耳

漫叟詩話云高唐事乃楚懷王非襄王也少游詞云不應容易下巫陽只恐翰林前世是襄王誤用也

案藝苑雌黄云朝雲者東坡侍妾也嘗令就秦少游乞詞少游作南歌子贈之云靄靄迷春態溶溶媚曉光不應容易下巫陽祇恐翰林前世是襄王暫爲清歌住還因暮雨忙瞥然歸去斷人腸空使蘭臺公子賦高唐何其婉媚也載叢話後集卷二十九甕牖閒評載此詞本始略同今攷淮海集無之然則

少游之詞亡佚多矣

後山詩話云杭妓胡楚靚靚皆有詩名張子野老於杭多爲官妓作詞而不及靚靚獻詩云天與碧芳十樣葩獨分顏色不堪誇牡丹芍藥人題徧自分身如鼓子花子野於是爲作詞也

案亦園名家詞集有子野望江南詞與龍靚其詞云靑樓宴靚女薦瑤杯一曲白雲江月滿際天拖練夜潮來人物誤瑤臺醺醺酒拂拂上雙腮媚臉已非朱淡粉香紅全勝雪籠梅標格外風埃龍靚疑即靚靚

山谷云八月十七日與諸生步自永安城入張寬夫園待月以金荷葉酌客客有孫叔敏善長笛連作數曲諸生曰今日之會樂矣不可以無述因作此曲記之文不加點或以爲可繼東坡赤壁之歌云斷虹霽雨淨秋空山染修眉新綠桂影扶疎誰便道今夕淸輝不足萬里靑天姮娥何處駕此一輪玉寒光零亂爲人偏照醽醁年少隨我追涼晚城幽徑繞芳園森木共倒金荷家萬里難得樽前相屬老子平生江南江北最愛臨風曲孫郎微笑生來聲欸霜竹 以上五則散見各卷

案汲古閣本山谷詞孫叔敏作孫彥立或即叔敏之名曲作笛攷老學庵筆記云魯直在敘州作樂府云云予在蜀見其稿今俗本改笛爲曲以協韻非也然亦疑笛字太不入韻及居蜀久習其語音乃瀘印間謂笛爲曲故魯直得借用亦因以戲之耳

能改齋漫錄十二則

政和中一中貴人使越州回得詞於古碑陰無名無譜不知何人作也錄以進御命大晟府擬腔因作中

語賜名魚遊春水云秦樓東風裏燕子還來尋舊壘餘寒初退紅日薄侵羅綺嫩草初抽碧玉簪媚柳輕窣黃金縷鶯囀上林魚遊春水幾曲欄桿遍倚又是一番新桃李佳人應念歸期未梅妝淚洗鳳簫聲絕沈孤雁目斷清波無雙鯉雲山萬重寸心千里

案耆舊續聞云余嘗見本事曲魚游春水詞云因開汴河得一碑石刻此詞以爲唐人所作云嫩草初抽碧玉簪綠楊輕拂黃金縷蓋用唐人詩楊柳黃金縷梧桐碧玉枝今人不知出處乃改作黃金藥或黃金縷與此異草堂詩餘載此詞以爲阮逸女作未知何據漫錄衍一未字

仙女侍董雙成漢殿夜涼吹玉笙曲終却從仙官去萬戶千門惟月明河漢女玉鍊顏雲軿往往在人間九霄有路去無跡裊裊香風生珮環李太白詞也有得於石刻而無其腔劉無言自倚其聲歌之音極清雅東皋雜錄又以爲范德孺謫均州偶遊武當石室極深處有題此曲崖上未知孰是

案太白詞菩薩蠻憶秦娥二闋盛傳於世尊前集又載數闋意調絕不類此二闋亦未敢斷爲太白作許彥周詩話以爲李衛公所作步虛詞庶幾近似起兩句均作七字第一首云仙家女侍董雙成第二首云河漢女主能鍊顏

元豐己未廖明略晁無咎同登科明略所遊田氏者姝麗也一日明略邀無咎晨過田氏田氏遽起對鑑理髮且盼且語草草妝掠以與客對無咎以明略故有意而莫傳也因爲下水船一闋上客驪駒喚銀瓶睡起困倚妝臺盈盈正解螺髻鳳釵墜繚繞金盤玉指巫山一段雲委半窺鏡向我橫秋水斜領花枝交鏡裏淡拂鉛華匆匆自整羅綺斂眉翠雖有愔愔密意空作江邊解佩

案此闋晁氏琴趣外篇不載書錄解題晁無咎詞一卷已佚不傳今所傳琴趣外篇五卷蓋後人僞託也起首二句應作上客驪駒繫驚喚銀瓶唾起此誤敚兩字耳

王江寧元豐間嘗得樂章兩闋於夢中云雨打江南樹一夜花開無數綠葉漸成陰下有遊人歸路與君相逢處不道春將暮把酒祝東風且莫恁匆匆去其二云春又老南陌酒香梅小徧地落花渾不掃夢回情意悄紅牋寄與添煩惱細寫相思多少醉後幾行書帶草淚痕都搵了

案此二闋臨川集不載前一闋調名傷春怨萬紅友云應是創調他無作者後一闋爲謁金門

鄭穀夫樂章有玉環妾意無渝問君心朝權何如玉環韋皋事朝權王僧孺詩語也

案此詞無攷穀夫樂章久佚今所傳者僅好事近江上探春回一闋耳

王師下蜀太祖聞花蕊夫人名命別護送途中作詩自解曰初離蜀道心將碎離恨綿綿春日如年馬上時時聞杜鵑三千宮女皆花貌妾最嬋娟此去朝天只恐君王寵愛偏

案太平清話云花蕊夫人製采桑子題葭萌驛壁纔半闋爲軍騎促行後有續成之者云云花蕊至宋尙有十四萬人齊解甲更無一箇是男兒之句豈隨昶行而作此敗節之語耶花蕊夫人詩見后山詩話僞蜀降太祖召花蕊夫人使陳詩誦其國亡詩云君王城上豎降旗妾在深宮那得知十四萬人齊解甲更無一箇是男兒

東坡先生謫居黃州作卜算子云缺月掛疏桐漏斷人初靜時見幽人獨往來縹緲孤鴻影驚起却回頭有恨無人省揀盡寒枝不肯棲寂寞沙洲冷其屬意蓋爲王氏女子也讀者不能解

案甕牖閒評載此詞本事甚詳古今詞話引女紅雜志云爲惠州溫氏女作野客叢書亦宗是說毛氏汲古閣刻東坡詞卽據此改竄標題大謬花庵絕妙詞選載此詞附鮦陽居士語具有卓識亟錄於下以關妄談鮦陽居士云缺月刺明微也漏斷暗時也幽人不得志也獨往來無助也驚鴻賢人不安也回頭愛君不忘也無人省君不察也揀盡寒枝不肯棲不偷安於高位也寂寞沙洲冷非所安也此與考槃詩絕相似

別酒送君君一醉淸潤潘郎更是何郎壻記取釵頭新利市莫將分付東鄰子回首長安佳麗地三十年前我是風流帥爲向靑樓尋舊事花枝缺處餘名字右蝶戀花詞東坡在黃時送潘邠老赴省試作也今集不載 以上九則卷十六

案侯鯖錄亦載此詞云東坡在徐州送鄭彥能還都下所作三十年前作十五年前並謂秦少游見此詞和之其中有我曾從事風流府今攷淮海詞並無此句

龍舒人阮閎字閎休能爲長短句見稱於世政和間官於宜春官妓有趙佛奴籍中之錚錚也嘗爲洞仙歌贈之云趙家姊妹合在昭陽殿因甚人間有飛燕見伊底盡道獨步江南便江北也何曾慣見惜伊情性好不解嗔人長帶桃花笑時臉向尊前酒底得見些時似恁地能得幾回細看待不眨眼兒覷著伊將眨眼底工夫剩看幾遍阮官至中大夫累任監司郡守他詞皆類此

案阮閎一作阮閱字閎休建炎初知袁州致仕寓居宜春著詩話總龜此詞載宜春遺事典雅詞本阮戶部詞失載

顏持約流落嶺外舟次五羊作品令云夜蕭索側耳聽清海樓頭吹角停歸棹不覺重門閉恨只恨暮潮落偷想紅啼綠怨道我真個情薄紗窗外厭厭新月上應也則睡不着

案顏持約名博文德州人靖康初官著作佐郎金人立僞楚時充事務官草勸進表南渡初竄澧州移賀州死流傳之詞絕少

朱希真洛陽人亦流落嶺外九日作沙塞子云萬里飄零南越山引淚酒添愁不見鳳樓龍闕又驚秋九日江亭閑望蠻樹繞瘴雲浮腸斷紅蕉花晚水東流

案希真名敦儒紹聖諫官勃之孫靖康亂避地自江西走二廣後官至鴻臚卿有詞三卷名樵歌

右史張文潛初官許州喜官妓劉淑奴張作少年游令云含羞倚醉不成歌纖手掩香羅偎花映燭偷傳深意酒思入橫波看朱成碧心迷亂翻脈脈斂雙蛾相見時稀隔別多又春盡奈愁何其後去任又爲秋蕊香寓意云簾幕疎疎風透一線香飄金獸朱欄倚遍黃昏後廊上月華如晝別離滋味濃如酒著人瘦此情不及牆東柳春色年年如舊元祐諸公皆有樂府惟張僅見此二詞味其句意不在諸公下矣以上四則卷十七

案張集傳世有二本一爲張右史文集傳鈔本一爲柯山集武英殿輯佚本均不載樂府散見於諸選本者亦絕少惟大石調風流子亭皋木葉下一闋傳誦一時豈虎臣未之見耶此二闋遜風流子遠甚

浩然齋雅談五則

劉過改之嘗遊宮沙與友人吳平仲飲於吳所歡吳盼兒家嘗賦詞贈之所謂雲一窩玉一梭淡淡衫兒

薄薄羅輕縈雙黛蛾盼遂風意改之吳憤甚挾刃刺之誤傷其妓遂悉繫有司時吳居父爲帥改之以啓上之云韓擒虎在門顧麗華而難戀陶朱公有意與西子以偕來居父遂釋之然自是不復合矣改之有春風重到憑闌處腸斷妝樓不忍登蓋爲此耳

案此龍洲詞長相思前半闋也其後半闋云秋風多雨相和窗外芭蕉三兩窠夜長人奈何樂府雅詞拾遺載此詞不著撰人姓氏注云一作李後主作陽春白雪以爲孫肖之作春風二句頗似鷓鴣天歇拍龍洲詞不載不可攷矣

秋厓李萊老西江月賦海棠云綠凝曉雲苒苒紅酣晴霧冥冥銀簪懸燭錦官城困倚牆頭半影雨後偏饒豔冶燕來同作清明更深猶喚玉靴笙不管西池露冷

案武英殿聚珍本此條下注云玉靴笙三字未詳其義疑有誤今攷此三字不誤絕妙好詞卷七趙與仁琴調相思引歇拍云好天良夜閑理玉靴笙

謁金門云人病酒生怕日高催繡昨夜新翻花樣瘦旋描雙蝶湊慵憑繡床呵手卻說新愁還又門外東風吹綻柳海棠花斷勾踏莎行云照眼菱花剪情菰葉夢雲吹散無蹤跡聽郎言語識郎心當時一點誰消得柳暗花明螢飛月黑臨窗滴淚研殘墨合懽帶上舊題詩如今化作相思碧此二詞並見趙聞禮釣月集然集中大半皆樓君亮施仲山所作安知非他人者

案謁金門亦載陽春白雪不著作者姓氏樓君亮名采詞不多見施仲山名岳有梅川詞

汪彥章舟行汴河見傍畫舫有映簾而窺者止見其額賦詞云小舟簾隙家人半露梅妝額綠雲低映花

如刻恰似秋宵一半銀蟾白蓋以月喻額也辛幼安嘗有句云閑道綺陌東頭行人曾見簾底纖纖月則以月喻足無乃太媟乎

案汪詞當是醉落魄前半闋浮溪文粹不載辛詞爲念奴嬌轉頭書東流村壁劉改之沁園春詠美人足歇拍云知何似似一鉤新月淺碧籠雲卽脫胎稼軒此詞也

周美成長短句純用唐人詩句如低鬟蟬影動私語口脂香此乃元白全句

案低鬟句杜牧續張會真詩

評江南二仲詩

姚繼虺

江南二仲詩者吾友嘉興王君瑗仲虞山錢君仲聯合刻詩集也計王君明兩廬詩三卷錢君夢苕盦詩四卷以骿論固不爲多以質論則皆剝膚存液儘耐尋味以視世之浮詞累紙者眞有雖多奚爲之歎余與二君文字深契知二君者宜莫若余故樂爲論次之爲留心近日詩壇者告焉

王君爲嘉興沈寐叟尚書高第弟子其曾大父補樓先生有玉樹堂詩集張叔未解元廷濟以爲逼似大蘇錞人部昫先生以詩人爲循吏寐叟稱其詩品在梅村上所著二欣室詩集卓然名家彩雲一曲尤負時名論者謂非樊山所及君淵源所自不同凡手少於其鄉有神童之目十五始學詩十八寐叟自海上回籍君私以二截投之託曰阿龍叟嘖嘖曰是近玉溪遍問鄉人無識者是年夏君謁之於海上叟遽稱曰阿龍先生旋大咲曰好爲之昔者我固疑吾子之爲之也自後君益致力於詩由唐宋以上溯子建康樂及漢郊歌鐃歌十八曲均有鈔本二十君來錫山執經吾師唐茹經尚書之門治經之暇時復旁及一

日見睬叟於海上談詩既知君治經曰在在皆詩境即經亦可發詩吾鄉竹坨固以經發詩者也而能結唐宋分馳之軌君大痛詩境由此益高未幾余亦來錫山從君爲五七言有嘱于集唱和之作粗解聲詩實由君啓之自後君遊海上主各大學講席吟興不復似前自序所云皆爲事纏低首十丈紅塵中意氣都非疇昔矣云云道實也近歲君喜言攷據奮志造三代史詩幾絶筆大似孫淵如壯歲以後今古才人固無獨必有偶也

明兩廬詩衆美畢具有老杜之精鍊長吉之奇麗玉溪之幽婉東坡之超逸山谷之屈強究於古人似而非似蓋已能鎔鑄諸家自成面目冥搜萬象擺蕩乾坤沈睬叟評其詩爲高格金何丞先生評爲得老杜神理朱叔子師則謂其俊逸似杜陳柱尊師題詞所云傷多工部句豪謫仙詞云云猶皆不過指其一節而已要其出奇制勝處厥在琢字鍊句之生擲吐語若腹危石而下至其佳處仍爲人意所欲言而格格不能吐者蓋深得詩家三昧非近倣宋人一派所知也平日論詩最惡甜熟而於近日詩界耆宿如散原諸老亦不甚謂然蓋病其鉤棘過甚乏天然之趣也君與仲聯書有云弟於近代詩人常不敢親近恐爲一時習氣所囿便難擺脫即散原海藏對之猶有戒心也每嗤近人學陳幾如劇家之雙簧不敢失一板眼不失板眼時固維妙維肖一失時便不成腔調蓋自己無立足點處處靠人遂落此圈套云云故所自作陳言務去自鑄雄詞律句如至桃花里句云風餓饕帆腹雲濃斷塔身二月十六日遊青山句云溪靜魚忘水春和風諂花嬾雲隨意臥野鳥自成家題非園春江漁咏圖句云長烟寫真意春水養詩魂閒居句云小雨偶留夢微痾時養饑臨窗句云風留烟作字雲造雨成胎愁輕句云園樹喧肥葉牆蜂煦病紅

天涼能引夢屋老易生風小寐句云夢中添日月愁外拓乾坤小病句云人靜爲闔戶雨驕屋作航日暮登城望南湖句云殘城轟市響古屋網秋烟樹病殭吞日湖狂欲侮天初秋句云漸識心歸淡稍能詩向圓坐范蠡湖小閣遇某道人自言能琴偶成句云夕陽制花影水氣逗秋陰尊經閣夜望句云長河漸欲墮冷月噤無聲迎涼句云晚風時起伏詩意漸翺翔月定天初大愁空夢易長六月十五夜夢遊西湖得雨氣一聯足成句云雨氣欲浮山脚動日光苦熨浪頭齊思歸句云斜陽沒水兩相搏峯影脫雲孤欲飛南來句云頭重衆情歸腦後夢回萬象立燈前望湖雜感句云狂蒸暑氣熟明月冷照東風乾暮雲雨後夜登斜橋句云寒氣結成魂一片月光細鑄樹千身絕句如春日雜書句云春聲如酒味中我百愁眞新月如新婦羞人遮雲樸明兩廬雜言句云夕陽搖吟魂悄悄從風去天空百徘徊黏上牆頭絜庭樹一二三仲枝爭掬月晚立句云屋角斜陽紅不盡還留一線照詩心再題春江漁唳圖句云網得詩心不經意無端嗅入夕陽邊夜立句云滿地鳴蛙人獨立碧天如海一燈驕等句皆戛戛獨造極搜肝鏤腎之能事足以拔奇古人之外也

然徒言矜鍊不足以盡王君之長明兩廬詩之可貴處尤在其胸襟之高大浩然元氣獨往獨來茲舉其近體數首如戊午游杭出候潮門登小阜得百韻一聯近足成云候潮門外看潮來引劍高歌亦壯哉百韻截江回地力萬濤奔海放天才渾疑身欲凌風去忽漫心從反照開雲樹兩行秋一髮隨風和雨作空哀歲暮歸車過東柵云北風吹盡浪花肥湖海沈沈歲事非萬戶立烟春欲動一燈飄夢客初歸無邊口月擺蓬鬆如此江山著布衣入眼鄉關贏一笑滿林烟月絮中飛白荷云明璫翠羽映雕疏月上蘋梢香

滿舒一世萬花應斗拜十年雙眼只憐渠不翠移恐人間少絶色原離地上居門外野風吹不斷白雲天際渺愁予七月厶日徹夜大風雨晨起霧重城郭廬舍失所在感賦云秋來處處斷人腸又聽西風下八荒一夜亂雲扶海立萬山癡霧挾天狂幾疑地到洪荒化漸覺心從混沌忘冥冥長空餘病日猶能伴我看玄黄揚州道中云臥吹簫管到維揚月漸分明水漸長山過大江俱跋扈春來北地亦蒼涼隱然敵國誰相濟(友人三四人好弈十數局不休)偶爾逢場亦不祥我早忘情成局外年年只慣看玄黄墮地云無端墮地百憂謀風雨縱横看九州傲骨三年成百折狂奴雙淚亦千秋眼前日月從頭去身外文章與命仇十二萬春曾一瞥要攜春草入扁舟及望湖雜感句云久思買夏千山頂大澤高天定我魂雙十節登大世界看提燈句云男兒何必淩霄住歷歷星辰在下頭皆有高瞻遠矚凌跨萬象之概又如狂言句云黄農虞夏跡蘧然吾欲立柱昆侖巔獨挾遺書三百篇長驅聖道闢西邊立广詩來云行將歸約予迎烟雨樓下大喜報之句云各創新世界了了見洙泗我稱三代側君造大同識曰孔斯大昌千年待我備做杜工部詠懷二首用原韻句云余生氣吞牛不識人世機俾倪天地間湯武有不爲懷抱如此區區詩人之稱奚足以限王君乎又如南來云滿院尙餘花爛漫不隨風去向人妍小寐云門前餘五柳只許白雲屯孤芳自賞幾無秦漢此豈尋常詩人吐屬宜其不合於今之世矣

王君感時念亂之作如要環環云遙望城東門車馬塡道路胥吏擁大官呼聲一何怒人行遲白梃來吞聲鉗口不敢開隣翁今年六十三龍鍾一杖倒塵埃淚血被面屛息步侯門似海那敢訴似聞新政崇大同奈何貴賤趨歧路吁嗟乎大官滿地行路難女兒猶唱要環環上杭州焱車一去行人謳小童報道春

日麗行吟長嘯鶩湖頭於賞賤之不均爲激烈之指斥金句丞先生所評爲神似老杜樂府者是也快哉樓遇雨與張鏡人讀報拈元韻十字督爲詩成三章云偶放長謠撼九閽忽看雨氣裂蒼痕狂雷碾地黃塵門大浪搖天白日翻湖外雲隨竈作主眼中樓借我爲魂平生慣盡江湖惡合眼風濤又一溫納納頭顱百感屯萬方多難此招魂長天落日江濤壯病柳疏花涕淚新（新韻鏡人誤舉後廢易不當鏡人曰存之唐宋人多有）孤鳥欲回還上下亂雲無定作晴昏愁心更在斜陽外獨倚東風洗酒痕北望長安總斷魂湖山點點沒啼痕驚花滿眼今何日風雨高樓暫汝尊已盡蟲天小生死好完心地舊乾坤山青水白分明在容得清狂幾輩存則當曹氏竊國時作談言微中婉而多風足稱詩史

至其抒情之作則尤真摯動人不假矯飾如思親云無端苦憶立斜暉滿眼青山花正飛南望白雲多少淚有風吹不上親衣病裏云病裏思親百思刪奮飛無力淚空斑可堪夢內尋歸去一夜千山十往還語皆深至月夜寄兄弟句云苦憶老親老遙憐長水長關山經百戰兄弟各他鄉再贈仲聯句云予季去年死傷心夢未通得君年與若溫我苦能融則尤沈鬱似杜倣樊川云人自無言月自斜碧闌干外即天涯垂垂一樹相思子隔着銀河自放花珍重云珍重天涯寄遠詩萬千種語一鐙知無端鈎我十年恨立盡風殘月墮時從此云春光寂寂我將病眉眼盈盈夢幾經從此江山明月裏不愁風露只愁醒雙十節大世界觀提燈云此是人生第幾回憶曾隨夢到蓬萊銀河西畔麻姑宴手摘春星照我來相望云花須柳眼蠻微晴笛裏相望蔵幾更萬里夢魂通一息十年湖海照雙清銀波灩灩春無定玉漏沈沈夜有情寂寂不聞靈鵲語冷看星月到天明則以玉溪香豔之筆寫致蕤悱惻之思尤極變眩迷惑之能事矣

明兩廬詩就各體論之所作以五七律爲最多絕句亦不逮上壽已夥不再論古體所存絕少然皆有古意上舉之要環環外短篇如風謠云垂楊夾短隄新荷立水際東風吹之長西風吹之逝人莫怨西風西風爽我袂人莫愛東風東風淡我契質樸中饒嫵媚心如繭云歡心深如繭不見心偷變紬絲連理絲飛去不相念郊居謳云門前長塘路一日千萬渡中有故鄉音欲聽淚先墮南望水復山立絲斜陽暮夜半蛙聲怒鐙影淡如鶩四海著一身猶處無安處忽憶去年時風雨黃家渡皆古意盎然非宋以後人所到其餘稍長者如蟹斷脣膞狂言微蟲謠倣杜工部詠懷三首用原韻諸首皆言之有物讀者自求之明兩廬集中可也

仲聯爲歸安錢楞仙先生文孫楞仙先生以文章氣節名道光間爲曾文正所契服祖母翁爲松禪相國之姊著有簪花閣詩詞馳聲藝苑伯父念劬星使藏書極富伯母單著作亦夥其清代閨秀藝文志一書尤爲胡適之先生所激賞姑母寄漚女史亦以詩鳴有冰凝鏡澈齋詩集叔父玄同先生則首揭文學革命之旗幟者一門風雅濡染者深君家兄弟皆能詩而君尤吐語驚其長老朱叔子師題君詩所謂仙才子美祁公託韻事羊曇謝傅傳家法未忘湘瑟詠離孫猶自學松禪烏目還如天目奇誰家小杜擅清詞樊南文補承箋注更補樊南未有詩者是也虞山老輩蕭谷士季辛廬金惺齋姚筱棠汪啓東諸公皆折節與訂忘年交季辛廬贈詩至有語語千錘百鍊來蒼蒼莽莽亦奇哉時因家國揮清淚我爲鴻濛惜此才堪與韓蘇相伯仲合教孟賈作輿臺騷壇今日逢飛將爾後談詩口莫開自是君身有仙骨從知我輩盡庸才問誰還作千秋想讓爾高登百尺臺之語汪啓東贈詩亦云刪存精語能驚俗掃盡華詞乃見才

魏晉之間成格調黃陳以後屬輿臺時君年才十有八耳君性落落有作閟不示人旣來錫山與瑗仲論詩獨契合無間每相詠嘲瑗仲自誇爲王迹所寄而譬君如無道秦以君論詩鞫微少恩且深閉固拒而自尊也然君特謙抑自謂不如瑗仲實則二君之詩取徑不同各有獨到瑗仲天才尤超拔耳

夢若盦詩寫景最工五言深得謝柳之神而以宋人變化之七言則濡染於昌黎長吉東坡諸家七古如湖田夜步梵樓兩短篇則學蘇卡爾登跳舞廳夜飲聽雛娃奏琴作歌則以太白之逸氣運昌谷之句法雨後再至龍華萬花已敗白桃一樹獨存憮然有作鄒巷古藤圖爲表兄翁忍華題法相寺古樟各首則學韓啓東丈詩來盛誇黿頭渚之勝追憶昔游長歌和之則兼學韓蘇雖絕佳終不如其五古工力之深五古精警之句如破山禪院曉坐句云微陰交薄嵐雲我影一綠溪曉句云溪闇網晨光萬竹使之碧水禽聒夢回荷邊有微月湖上玩夜色句云微茫霜月中浮光盪孤影脊深山影高環湖碧成井挹辛廬看荷句云空水忽自明殘月蛻清曙秋籟掠風荷圓珠動無數遠近瀰一碧空香引恬步秋夜錦峯別墅坐月句云秋月皎春月灩灩生瀰靜樓臺冰玉壺萬象析形影身心化寒碧夢覺不知省晚步崇安寺公園句云綠陰妙於深斜照佳在遠浮埃偶欲來清飆勒之返葉香較花好況乃花未晚破山寺句云千松化一綠千綠包一山山中藏一寺寺外疑無天白蓮以夜勝獨起訪之有作句云白蓮清夜明冰魂結露氣美人出深碧獨立自成世葉動卽詩聲籟散得秋味花我了不分仙心合烟際秋曉觀荷有殘蕊矣句云殘葉抱風吹欲舍紅芳去婉變失因依冷抱苦誰訴餘魂在秋空長與妙香住歸舟不寐舒眺成詠句云況參山水窟夜靜横烟霜一白罩湖波非月非曙光三潭印月雨過句云妙香濯精魄人影在水殿仙山

笑晚晴淡妝綠三面掃雲出空青洗波納明儁晨登保俶塔句云雨晴山俱佳要不及初霽譬彼美一人
睡起更嫵媚合澗橋跳飛峯路口南北二澗合流處句云入門萬松酣咏之成天籟混合青冥中風濤一
世界飛來峯句云府陰生碧澗午日高在松全靜歛翠妙坐斷孤亭空一磬潰烟去下方雲正封自靈隱
登韜光句云風細磬聲瘦泉澀澗語苦膩苔香過花存元孕太古千篁綰相抱空翠自成雨龍井寺亭上
看瀑句云懸崖壁垂練企石心奮飛澗聲不示寂雷聲生四闥萬籟趨一亭如語靜者機下龍井往丁家
山觀焦石鳴琴句云翠山蒼媚態霽綠出新染烟霞洞句云連峯距劍戟及上失諸縣路隨松屢盤人與
石俱瘦翕張一元闢敵面竦神攝鐵壁沈中陰百怪入空漏晨自湖濱放舟往蘇堤句云千峯餘夜碧湖
氣生空妍柔櫓劃山影漾入荷花烟自題三潭賞荷小影句云淸籟四邊來綠戰一湖雨瘦影滅空潭自
疑浴仙羽自題韜光看竹小影句云萬葉搖空光寫我作雲影平生看竹處於此又一境中秋夜外灘公
園獨步句云江月千星扶脊氣萬鐙養等句皆矜鍊而歸於自然孤秀靈芬亭亭物表高者固可平視韋
柳次亦不失爲樊榭律句如微烟寫空水詩夢接山雲初陽熨花氣新綠養山光天闊雲爲海春深樹作
城涼痕寬一夢雨力制翠喧竹光恬鳥性茶氣噤蟬聲殘燈支夜雨暗竹使秋風雪光通月色風力坼冰
痕鐘聲圓水面空翠孕湖心鐘聲隨鳥散水態借雲妍鐘聲安鳥夢日氣逗松陰潭空通佛性水滿礙魚
神諸天疑水積深殿覺燈微鐘罷寺如定雲開峯欲飛竹深搜雨息荷定妥鷗魂一徑獨無葉萬山都向
門萬籟誰真假孤心此抑揚春山女兒臂親切抱人來鳥語出新綠幽人共一林萬竹立寒色一峯支夕
陽聽雨培詩意憐花總佛心初破荷香三日雨半留曉色一山雲一峯青出無人境萬籟秋專不夜天斜

陽四面鐘催下敗葉一枝蟬抱吟亂響欲交諸澗合層雲高結萬峯平魚聲聚水都成雨荷意吹香不在花亂峯脫雨參差出落葉無風自在飛等句皆以新穎取勝清風吹空月舒波足以方茲詩境至如呼吸萬峯青蒼崖古木靈乾坤有元氣仙佛示真形天光忽與地相合風勢欲吹車倒行大木三更翠籟入危樓一嘆萬山驚城深笳角餘悲壯日暮牛羊接混茫中華天地依江湛重譯帆檣跨海來等句則尤爲大氣包舉已近似明兩廬矣

夢蓉紀事抒情之作亦擅勝場如十二月十三日避亂離錫雪夜作於姑蘇城外四首亂後至錫二首舟病歸舟不寐舒眺成詠夢舟哭舅父沈企棠先生五首蘭陵孫烈婦行或晞懷家國或闡揚義烈皆情真語摯純用白描茲不備舉近體如惠中旅館夜作云作別忘歸夢初醒似在家一衾偎獨影萬恨入鐙花客久諳眠理愁多上鬢華孤魂與芳草著處便天涯句如狂態鬼猶拒病身天與全哀樂無端成我老笑啼只合背人狂霜後孤花如許老燈前殘抱爲誰傾百淚咽成相慰語一鐙難寫欲離情好風私我曾無價佳月如人不厭看皆可謂情溢不匿其兼有理境之句如方生物亦無常住已往人皆類子虛心緣物擾難除妄愁與生來詎有根意中芳草絕霜變淚底殘山抱月溫一爐活火籠羣態兩眼秋光幻六時殘鐙相影成三世往事迴潮動百哀天假百年緣未了死爭一息我非真則尤耐尋味也

夢蓉爲各體五言之風格高淼無論矣七言雖非極詣故是能品七言絕句尤多合作如題麟書金閨感舊詩云秋入琴絃化百哀舊時月色認莓苔紅樓一角鐙千樹常與梅枝作夢來芷湘書來訊我病狀夜雨秋蛩不復成寐云高樓月黑雁行斜淚滴紅箋暗自嗟病久不知秋色老一蛩啼瘦雨中花夜歸經跑

馬廳裏柳數行黃月淒苦惘然成詠云秋盡長天雁影疏亂笳吹月上征裾江南搖落誰能賦殘柳黃於二月初十四偕瑗仲赴中西女塾雨中柳翠沈沈樓臺若夢疑仙境也云細雨簾鈎淡淡風分明清境記誰同柳絲一片春魂溼著個紅樓似夢中尋山院風荷遺址云想像紅雲玉漿過淒涼誰寫洞仙歌新來滿眼傷搖落淚比芙蓉殿裏多夜遊中山公園故清行宮也云風亭雲榭隔秋屏環珮無聲月有棱猶似南巡全盛日流螢小隊作宮燈神韻殊絕當今日宋派風行之際忽得此中晚唐人之筆彷彿空谷覿佳人日成一笑也

總核二君詩王君以奇闢博大勝錢君以清微淡遠勝雖面目有不同而其欲獨闢異境高視千古則一二君平素譚詩特重音調每怪時賢音節多啞故所自作聲調高下疾徐無不中節而尤有異於古今詞人者自來詩家多依附二氏以出世爲高否則又如昌黎諸公以文爲詩儼然衛道又失溫柔之旨二君則獨欲以風人之筆達儒家之理求合於古人平治之懷於骨肉之際尤見肫摯憶親之作時見篇章以視茹玄吐釋弄月嘲風者流真有大小巫之別矣充其所至或將於唐宋詩人之外別開天地惜其不能竟所業自序皆有絕筆之言則非獨爲兩君惜且爲當世後世惜之予草此篇尤有不盡之感無窮之禱焉

特載

本校校歌

f調　**無錫國學專修學校校歌**　4/4

5•5 | 1 2•3 2 1•3 | 5•4 3•2 3 — | 2 5 3 1 1 3 | 5 — 6•4 | 2 — 0

五百　載名世生道統　繼續在遺經　乾坤開闢學　說　何紛　紜

2 2 | 5 3 3 5 1 | 7• 6 5 — | 3 3 2 3 1 3 | 5 5•3 6 5 | 5•6 5 —

惟我　中國教　化　最文明　上自黃帝迄孔　孟先知先覺　覺斯民

5• 1 7 — | 1• 5 5 — | 3 2 3 5 3•4 | 3 — 2 2 | 1 2 1 2 3 |

大道行　三代英　吾輩責任詎敢　輕　勉哉　勉哉儉以養

3 2 3 5 3 | 3 2 3 5 3 5 | 6 5 5 6 | 3 2 5 — | 1 — 3 5 |

德靜以養心　建功立業博古　通今爲生　民立命　爲　萬

1 — 3 — | 2 — 5 — | 1 — • ‖

世　開　太　平

本校大事記

錢塘施省之先生捐撥經費創辦國學專修館延請太倉唐蔚芝先生爲館長　民國九年十二月

呈報立案定名爲無錫國學專修館議定館章聘請朱叔子陸景周兩先生爲教授沈健生王懋言兩先生爲職員賃館舍於惠山之麓地址借山貨公所招收第一班學生三十人　九年十二月

行開館禮　十年一月

刊印十三經　十年二月

無錫孫鶴卿楊翰西兩先生重建無錫尊經閣設立講堂並由施省之先生另建宿舍由無錫縣公署函請本館遷入　十年十月

聘請陳柱尊先生爲教授　十年十二月

招收第二班插班生十四人並聘請孫鶴卿先生爲館董捐撥經費增建宿舍三間　十二年二月

選印館生成績錄初編　十二年六月

派遣高材生五人赴寶應劉氏鈔朱止泉先生朱子全集校注並由學生王遽常重加輯錄定名朱子全集校釋　十二年十月

舉行第一班學生畢業禮共二十七人並印講演集初編　十三年一月

招收第三班學生三十八人　十三年一月

設理學社刻印無錫高忠憲別集太倉陳安道周易傳義合闡二書甫刻成齊盧之戰起理學社餘欵撥歸急振劉河災民費社事遂中止　十三年十二月

舉行第二班學生畢業禮共二十七人並印講演集二編　十四年一月

職員王懋言先生辭職　十四年一月

招收第四班學生三十八人施省之先生脫離館主孫鶴卿先生繼任　十四年一月

補行第二班插班生畢業禮共六人　十五年一月

選印館生成績錄二編　十五年一月

增設函授科另訂章程　十五年二月

舉行第三班學生畢業禮共三十三人　十五年十二月

招收第五班學生四十二人　十六年一月

改名無錫國文大學修改章程　十六年三月

共黨徐夢影爲無錫教育局長勒令解散本校校長教授等一律辭職諸同學攝影作泣別圖陸續散歸　十六年三月

越兩月共黨徐夢影事敗脫逃同學會代表蔣庭曜王遽常等赴甯京　教育廳具呈請求恢復在錫同學崔履簋路式遵等亦奔走相助旋奉　教育廳令飭無錫縣政府出示保護爰于六月一日公請校長等復職諸同學先後來校上課　十六年五月

院董事會成立議改名無錫國學專門學院呈請　教育廳備案　十六年七月

第五班學生因上學期停課二月改爲秋季始業添招九人共五十一人　十六年九月

聘請錢子泉先生爲教授陳柱尊先生辭職聘請馮振心先生繼任　十六年九月

聘請錢子泉先生兼主任　十六年十一月

招收第六班學生四十八人函授科停止　十七年三月

聘請錢子泉先生爲教務主任馮振心先生爲院務主任高滌叔先生爲訓育員並租校外宿舍　十七年二月

本院原定學程與國立大學文學院中國文學系大致相等茲再參照新章分別必修選修科並訂規則實行學分制規定三年畢業必修選修科至少讀滿百二十學分爲度　十七年三月

中央大學特派汪東寶王瀣兩先生調查本院狀況回京覆呈極稱辦理完善　十七年四月

特號　四

增設國技選科聘請徐哲東先生兼授並舉行全體早操練習潭腿八字弓兩項　十七年五月

大學院特派俞仲還先生蒞院監致三民主義試驗均及格　十七年六月

院主孫鶴卿先生病歿特開追悼會　十七年六月

舉行第四班學生畢業禮共十二人　十七年六月

招收第七班學生五十人　十七年八月

聘請劉鬱民先生任黨義教授侯敬輿先生任國技教授　十七年九月

大學院特派柳詒徵薛光錡兩先生來院切實調查呈報條例符合成績優良即於九月二十日批准立案　十七年九月

教授徐哲東先生職員沈健生先生均先後辭職聘請徐管略先生爲教授孫庭香先生爲訓育兼會計庶務員　十七年九月

院董會添聘經濟董事十人　十七年十二月

院董唐保謙先生等提議在本院宿舍後空地建造鶴卿圖書館請程炳若先生董理其事遵依鶴卿先生遺囑由其哲嗣錫海援助洋六千五百元爲建造圖書館經費　十八年一月

本院編印刊物定名國光一時風行　十八年一月

奉　教育部令核准補助本院經費每學年洋三千元　十八年二月

遵照　教育部通令增加軍事教育訓練聘請史渭淸先生教授　十八年四月

舉行圖書館奠基禮　十八年四月

招收第八班學生五十六人　十八年八月

聘請單束笙先生爲教授　十八年八月

軍事訓練教授史渭淸先生辭職聘請蔡味畲先生繼任　十八年九月

圖書館落成太倉陸勤之先生設法將前北京國學專修總館歷年收藏圖書暨家藏書籍前後捐存一萬五千册連同本院原有圖書六千册移庋新建圖書館雙十節舉行開幕典禮來賓孟憲承廖茂如兩先生俱演說下午開游藝會來賓稱盛　十八年十月

奉　教育部令改名私立無錫國學專修學校參照大學規程之第五章專修科辦理并頒發鈐記　十九年一月

遵　照教育部令利用文廟餘屋作爲教育產業之用本校爰修葺文昌閣及其他餘屋擴充校舍商准無錫縣政府教育局立案　十九年二月

教授單束笙先生辭職聘請鄧傳若先生繼任又聘請陳湘圃先生爲教授　十九年二月

舉行第五班學生畢業禮共二十九人　十九年六月

教授朱叔子鄧傳若陳湘圃三位先生辭職聘請葉長卿陳保之兩先生繼任并聘陳駢玄先生爲特約講師　十九年八月

招收第九班學生八十人　十九年八月

選印畢業生論文定名叢刊　十九年十月

增設校歌校長製歌詞上海沈叔逵先生編譜並定校訓作新民三字請校董華繹之先生書匾　二十年一月

舉行十週紀念并第六班學生畢業禮共十七人二月一日上午行紀念式由校董程藕初先生給憑致訓詞　教育廳代表秘書長侯葆三先生暨諸名家演說下午開游藝會來賓極盛　二十年二月

本會會員錄　二十年六月

本校校董

現任校董　教育股

姓名	字	籍貫	通訊處	備註
俞復	仲還	江蘇無錫	無錫城內公園路	

特撥

孫家復	臧香	仝上	無錫迎溪橋
丁福保	仲祜	仝上	上海梅白格路一二一號醫學書局
錢基博	子泉	仝上	無錫城內七尺場
錢基厚	孫卿	仝上	仝上
顧寶琛	彬生	仝上	無錫城內鎮巷口
顧倬	述之	仝上	無錫城內鳳光橋
蔡其標	虎臣	全上	上海徐家匯交通大學
高陽	踐四	仝上	無錫社橋江蘇省立教育學院
陸仁壽		仝上	無錫縣教育局

現任校董經濟股

唐滋鎭	保謙	江蘇無錫	無錫城內鎭應道巷
穆湘玥	藕初	仝上	上海愛多亞路八〇號五樓 鄭州豫豐紗廠駐滬辦事處
蔡文鑫	兼三	仝上	無錫城內石薇橋
程文蔚	炳若	仝上	無錫北門外通匯橋
榮宗錦	宗敬	仝上	無錫西門外申新三廠
榮宗銓	德生	仝上	仝上
楊壽楣	翰西	仝上	無錫棋杆下
華士巽	繹之	全上	無錫西門外宏仁棧

六

劉克定	鴻生	浙江定海	上海霞飛路一二三一號或上海愛多亞路三八號五樓	
丁彥章	梓仁	江蘇無錫	無錫西溪下	

前任校主

施肇曾	省之	浙江錢塘	上海愛文義路一五〇號	
孫鳴圻	鶴卿	江蘇無錫		已故

前任校董

陸起	勤之	江蘇太倉	太倉城內痘司堂街
鄒家麟	同一	江蘇無錫	無錫城內大河上

本校教職員

現任教職員

姓名	字	籍貫	職務	經歷	通訊處	備註
唐文治	蔚芝	江蘇太倉	校長兼總教	前任上海南洋大學校長	無錫西溪	
錢基博	子泉	江蘇無錫	教務主任兼教授	前任清華約翰大學及現任光華大學教授	無錫七尺場	
馮振	振心	廣西北流	校務主任兼教授	前任北流中學校長現任暨南大學教授	廣西北流振文書局	
葉長青	長卿	福建閩侯	教授	前任廈門金陵大學教授	福建福州鋪前頂程厝衕七號	
陳邦懷	保之	江蘇丹徒	仝上	前任南通大學教授	東臺城內中堂巷	
徐景銓	管略	江蘇常熟	仝上	前任常熟縣督學	無錫七尺場錢宅	
陸修祜	景周	江蘇太倉	教授兼文牘	前任上海南洋大學教授	太倉城內小月池	

甘豫源	導伯	江蘇寶山	教授	現任江蘇省立教育學院教授	無錫社橋江蘇省立教育學院
劉覺民		四川榮縣	仝上	現任南京中央政治學校教授	南京紅紙廊中央政治學校
邱有珍	友錚	江蘇淮安	仝上	現任江蘇省立教育學院教授	無錫社橋江蘇省立教育學院 民國十九年起暫代劉覺民先生
侯鴻鈞	敬輿	江蘇無錫	仝上	前任無錫縣立初中教員	無錫城內四郎君巷
蔡萃耕	味畬	江蘇吳縣	仝上	前任江蘇省立第三七九師範學校教員	無錫學前街嵇宅
孫家復	颺香	江蘇無錫	訓育兼會計庶務員	前任脊經小學校長	無錫迎溪橋
高文海	涵叔	仝上	訓育兼教務員	前任東林乙種實業三師附小教員	無錫歡喜橋
丁儒侯	素堂	江蘇泰興	訓育庶務員兼圖員	前任泰興國學專修館主任	泰興北門小橋下周用行轉
何葆恩	芸孫	江蘇常熟	訓育兼圖員	前任吳江震澤中學教員	常熟城內草蕩八號
姜謀孫		江蘇崑山	書記		崑山張浦鎮
黃彬昌	紫城	江蘇太倉	仝上	前任太倉縣立第二高小主任及初小校長	太倉城內縣署西首

前任教職員

姓名	字	籍貫	職務	通訊處
王保譿	懿言	江蘇太倉	職員	蘇州振華女學
王瑟常	瑗仲	浙江嘉興	教授	上海光華大夏大學
顧季吉	紹隨	江蘇太倉	職員	吉林永衡官銀號
蔣天樞	秉南	江蘇豐縣	仝上	遼寧第三高中學校
韋煥章		江蘇無錫	仝上	無錫社橋江蘇省立教育學院

陳柱	柱尊	廣西北流	教授	上海海格路交通大學
徐震	哲東	江蘇武進	仝上	南京中央大學
沈炳瀛	健生	湖南長沙	職員	上海高昌廟半淞園路建設委員會電機製造廠
瞿鎮	束笙	江蘇吳縣	教授	蘇州城內史家巷
朱文熊	叔子	江蘇太倉	仝上	南京革命軍遺族學校
陳兆蘅	湘圃	江蘇丹陽	仝上	無錫社橋江蘇省立教育學院
陳鐘凡	斠玄	江蘇鹽城	講師	上海真茹暨南大學文學院
鄧椲	敷若	江蘇無錫	教授	已故

第一屆畢業同學以姓氏筆劃多寡為次

姓名	字	年齡	籍貫	經歷	通訊處
丁天兆	子厚	三一	浙江餘姚	上海震亞織造廠職員	上海閘北西寶興路倫敦路震亞織造廠
丁儒侯	素堂	三四	江蘇泰興	本校訓育員兼圖書館員	泰興北門小橋下周用行轉
王鍾恩	仲雅	三一	江蘇崑山		崑山西塘街三四號
王鴻栻	式軒	三二	江蘇太倉	上海錢業中小學校教員	上海蓬路錢業中小校或太倉南尖頂
王蘧常	瑗仲	三一	浙江嘉興	上海光華大夏大學教員	上海赫德路春平坊八四號
白虛	心齋	三三	江蘇武進	上海錢業中小學校校長	常州廟頭鎮或上海蓬路中小學校
吳其昌	子馨	二八	浙江海寧	北平清華大學講師	北平東單大羊儀賓胡同三二號
吳寶凌	雲閣	三二	江蘇寶應	上海交通大學教員	寶應南街或上海海格路交大

特載

政思與	起棻	三一	江蘇太倉	前任上海中國女子文學專校教員	太倉劉河
俞漢億	志超	二八	江蘇無錫	廣西龍州省立第七中學教員	無錫楓塘橋或廣西龍州省立七中
侯　場	芸圻	三一	安徽無為	北平燕京大學圖書館員	北平燕大圖書館
袁鵬騫	怒飛	三一	江蘇崇明	上海錢業中小學校教員	崇明虹橋鎮或上海蓬路錢業中小校
郭兆俊	峻峨	三五	江蘇崇明	南京市立救濟院職員	崇明三橋鄉斜港或南京市立救濟院
陸呂年	師尚	三三	江蘇川沙	上海國際學院經文公學教員	川沙城內金粟堂或上海益湯弄經文公學
陸遜義	次雲	三一	江蘇太倉	上海錢業中小學教員	太倉城內症司堂街或上海蓬路錢業中小校
陳寶恭	思恩	二九	江蘇無錫	上海經文公學教員	常州徐墅或上海益湯弄經文公學
陳紹堯	慕唐	三五	江蘇鹽城	鹽城十四區公所職員	鹽城草堰口或上岡第十四區公所
唐　蘭	立厂	三一	浙江嘉興	奉天東北大學教員	奉天東北大學
唐景升	堯夫	三〇	江蘇南匯	上海錢業中小學校教員	浦東張江柵潤元藥材號或上海蓬路中小學校
許師衡	心魯	三三	江蘇無錫	無錫梅園豁然洞讀書社教員	無錫北門外通匯橋
畢壽頤	貞甫	三五	江蘇太倉	上海經文公學校長	蘇州景德路一二四號或上海愛文義路一五〇號施宅
錢國瑞	鳳書	三五	江蘇無錫	前任無錫新安鄉行政局長	無錫巡塘鎮
蔣庭曜	石渠	三四	江蘇武進	上海大夏中學教員	常州東青鎮代渡橋或上海膠州路大夏中學
嚴濟寬	伯僑	三二	江蘇無錫	無錫縣立初中教員	無錫陸區橋或無錫縣初中
顧季吉	紹隨	三一	江蘇太倉	吉林永衡官銀號職員	太倉小西門街或吉林永衡官銀號

以上均於民國十三年一月畢業

未畢業同學附

方和靖	樂天	三一	安徽桐城	前任上海商務印書館編輯	安徽桐城新巷

第二屆畢業同學

王道中	耀平	三一	安徽無爲	南京務本墾植公司經理	南京道署街九號務本墾植公司
王霆	子威	三五	江蘇武進	常州延陵中學教員	常州羊頭橋或常州延陵中學
朱宗洵	潤夫	三五	江蘇無錫	無錫揚名鄉志海小學校長	無錫方橋楊許富橋或揚名鄉陳大巷志海小學
李家俊	章民	三五	江蘇太倉		太倉瀏河新塘市
周天游	滌中	三三	江西臨川	北平師範大學教員	江西臨川雲山市恆利貞號或北平師範大學
胡集勛	紹周	二九	江蘇寶應	寶應教育局科員	寶應城內朱家巷
姚繼虺	仲諧	二七	浙江杭縣	肄業上海法學院	杭州臨平亭址或上海愛文義路眉壽里四七號
孫執中	道權	三〇	江蘇寶應	蘇州桃塢中學教員	寶應朱家巷八字牆張宅或蘇州桃塢中學
孫品珩	卓吾	二九	江蘇太倉		太倉城內石皮街口
陸慶熙	揖文	二八	仝上		太倉城內痘司堂街
陳學裘	尙同	二七	廣西北流	廣西北流陵城中學教員	廣西北流城大街或北流陵城中學
陳渭展	繼亭	三三	江蘇高淳	高淳東壩縣中教員	高淳東壩或東壩縣初中
陳華鋌	鐵眞	三〇	江蘇武進	上海錢業中小校教員	常州北大門篔村裕豐號或上海蓬路錢業中小校
陳拔彰	寶夫	三〇	廣西北流	廣西北流陵城中學教員	廣西北流羅村或北流陵城中學
徐靖淵	少陵	三一	安徽無爲		無爲草市北興煙莊轉或南京水西門外上新河螺絲橋中和堂藥號轉

特載

徐世城	萬里	三〇	江蘇無錫	上海中國運輸堆棧職員	無錫南橋下或上海小沙渡中國運輸堆棧
黃希眞	璞厂	三一	安徽無爲		無爲烏坤坊
馮勵青	勛純	二七	江蘇武進	上海錢業中小學校教員	武進余巷或上海蓬路錢業中小學校
楊燚	頌華	三一	江蘇太倉	上海南洋中學教員	太倉毛市鄉或上海龍華路外日暉橋西南洋中學
秦艾三	久賡	三〇	江蘇江寧		南京門西陳家牌坊二二號
楊仁溥	克念	三二	江蘇無錫	肄業上海法學院	無錫陸區橋或上海江灣路上海法學院
劉文灝	翰修	二九	江蘇江陰	上海南洋中學教員	無錫北閘鎮或上海龍華路外日暉橋西南洋中學
錢定安	靜遠	二八	江蘇無錫	上海正風文學院教員	無錫洛社南雙廟或上海正風文學院
蔣天樞	秉南	二八	江蘇豐縣	遂寧第三高中教員	豐縣城內棋杆街蔣寓或遂寧第三高中
蕭孚亮	國英	三五	江蘇武進	常州延陵中學教員	常州奔牛鎮通裕號或常州延陵中學

以上均於民國十四年一月畢業

何葆恩	芸孫	三〇	江蘇常熟	本校訓育員兼閘員	常熟城內草蕩八號或本校
施秉鋆	頌平	二九	江蘇太倉	無錫江南中學教員	太倉南牌樓或無錫江南中學
黃謨泰	淵卿	三〇	江西臨川	江西吉安省立五中教員	江西臨川李家渡轉許家渡或吉安省立五中
黃謨沁	深卿	二七	同上	前任廈門樂美中學教員	江西臨川李家渡轉許家渡湖西村
童詠南	舜琴	三一	江蘇高淳	東壩縣立初中教員	高淳東壩費雍昌行或東壩縣立初中
嚴雲鶴	沛棠	三〇	江蘇武進	上海錢業中小學校教員	武進西夏墅同春樂號或上海蓬路錢業中小校

以上均於民國十五年一月畢業

一二

未畢業同學附

王文成	煥卿	三三	陝西乾縣		乾縣臨平鎮
李璜	渭臣	三三	江蘇鹽城		寶應建陽鎮吳恆豐號
高作	逖齋	二九	江蘇淮安		淮安蘇家嘴瑞萬生藥號
袁鏡人	悟我	二六	安徽桐城		安慶北門楊溪橋鎮

第三屆畢業同學

丁儒珍	玉如	二八	江蘇泰興		泰興北門嚴家巷馮雨亭轉
王志熊	禹九	三四	江蘇崇明	前任川沙建設局職員	崇明南堡鎮
王士培	浙明	二八	浙江杭縣	上海上南川鹽公堂職員	上海十六鋪上南川鹽公堂
王承堪	守根	二四	江蘇太倉	前任上海實學中學教員	太倉瀏河河西街
印文燦	醉棠	三〇	江蘇泰興	前任泰興縣黨部幹事	泰興焦家蕩應曉莊
安鍾祥	雲五	三二	江蘇無錫	上海市公用局科員	無錫安鎮或上海斜橋市公用局
李耀春	和卿	二七	仝上	肄業上海法學院	無錫開化鄉周潭橋或上海江灣路上海法學院
吳鴻璋	大聲	二八	江蘇鹽城	上海法政大學肄業	鹽城上岡朱義和號或上海打浦橋法政大學
周岐	呂明	三三	江蘇無錫	前任上海錢業中小學校教員	無錫玉祁
周渭泉	永清	三一	仝上	無錫縣立初中教員	無錫南門外華大房莊或無錫縣中
金鳳鳴	仞千	三〇	江蘇崇明	崇明縣立初中教員	崇明城內東門街或崇明縣中
易羲	象明	二七	江蘇南通		南通西亭北二總涉

特載

芮良珍	聘之	三二	江蘇高淳		高淳城內芮宅
胡述堯	葆初	二七	安徽無爲		蕪湖荻港吳同興煙莊
夏敦章	祖禹	三〇	江蘇武進	無錫號志女學教員	無錫戴溪橋嚴家巷或無錫號志女學
孫學靜	緝祖	二八	仝上	安徽當城於酒局職員	常州東門政成橋一〇一號或安徽當城於酒局及蚌埠三河尖捐銷局
張壽賢		二七	仝上	中央黨部幹事	東橫林昌泰布莊或南京中央黨部
張文郁	從周	二九	江蘇高淳	東壩縣立初中教員	溧陽東壩李廣泰轉安興戴延記號或東壩縣中
張述明	子容	三一	安徽南陵	南京中央大學教員	南陵青弋江王同泰轉或南京中央大學
陳起予	學先	二七	廣西北流	廣西興業中學教員	廣西北流羅村或廣西興業中學
陳起紹	介之	二七	仝上	北流陵城中學教員	廣西北流羅村或北流陵城中學
徐玉成	湘亭	二七	江蘇武進	無錫江南中學教員	成墅堰或無錫江南中學
徐輿		二八	江蘇寶應	前任上海總商會職員	上海辣斐德路成裕里十號
倪殿揚	鐵如	二八	江蘇無錫	無錫江南中學教員	無錫巡塘鎮或無錫江南中學
倪可均	志平	二六	仝上	濟南茂新第四麵粉廠職員	無錫巡塘鎮或濟南茂新第四廠
莊錫元	蘇鼎	二七	江蘇武進	武進坂上公立初級小學教員	武進坂上鎮
黃文中	吉厂	二六	安徽無爲	前任南京務本墾植公司文牘	無爲皇華坊
黃雨璠	魯濟	二九	江蘇鹽城	肄業廣州中山大學歷史語言系	鹽城進化醫局或廣州中大
趙履坦	康莊	三一	江蘇無錫		無錫洛社鵝子岸或城內斛聽橋楊宅
劉作邦	頌善	三一	仝上	無錫劉莊小學校長	無錫周橋或陸區橋轉

一四

錢蓴孫	仲聯	二四	江蘇常熟	上海經文公學教員	常熟章家角或上海盆湯弄經文公學
謝宗元	念修	三四	江蘇無錫	前任無錫十七區助理員	無錫周橋
龐天爵	澹人	二八	江蘇常熟	廣西桂林國民中學校長	常熟西塘橋或廣西桂林國民中學

以上均於民國十五年十二月畢業

未畢業同學附

唐以修		二八	江蘇無錫	上海錢業中小學校教員	無錫石塘灣前州唐義茂號或上海蓬路錢業中小學

第四屆畢業同學

丁湊英	次咸	二七	安徽無爲	南陵教育局科員	蕪湖開城橋或安徽南陵教育局
王樹槐	世澤	二四	江蘇武進	前任桂林國民中學教員	常州奔牛王瑞豐號
周祀旦	希晦	二六	廣西容縣	廣西容縣都嶠中學教員	廣西容縣靈山墟同益號轉六査或容縣都嶠中學
周逵泉	淵博	二四	江蘇無錫	上海申新紡織七廠職員	無錫華大房莊或上海楊樹浦申新七廠
徐迺昌	綬華	二五	江蘇鹽城	鹽城教育局科員	鹽城吳家牌坊
徐友三		二四	江蘇無錫		無錫寨門轉游村
柴壽照	韻和	二四	江蘇寶應		寶應北門內水門橋王震大轉
崔履宸	希拱	二七	廣西容縣	廣西北流縣立一中教員	廣西容縣城內崔館或北流縣立一中
章鵬若	扶九	二四	江蘇無錫	南京市教育局科員	無錫楊墅園或南京市教育局
張惟明		二四	江蘇江陰	前任廣西容縣中學教員	江陰猛將堂
許僔崟	宗獻	三〇	江蘇無錫	無錫江南中學教員	無錫周新鎮或無錫江南中學

特載　　一六

路式遵	籌食	二三	江蘇宜興	肄業上海法學院	宜興白果巷二九號或上海江灣路上海法學院

以上均于民國十七年六月畢業

未畢業同學附

王省	默思	三〇	浙江龍游		龍游橋下紀仁昌號轉七都
王錫祜	峨齋	二五	江蘇高淳		溧陽下壩王信成行
方愷	舜元	二五	安徽無為		蕪湖開城橋河東王怡興號轉蘇塘
郁祖安	康侯	二五	江蘇江陰	青島無線電報局局員	江陰三甲里或青島湖北路三三號無線電報局
胡志高	企崟	二二	江蘇武進		武進芙蓉圩東周村
胡晉藩			江蘇高淳		
潘金科		二七	安徽南陵		安徽南陵濟弋江許同康號轉
張彥華	秀夫	三〇	江蘇高淳		溧陽東壩李廣泰轉安興榮昌號
殷幼馴		二六	江蘇無錫		無錫牮壩橋性泰行
陸文勳	舒華	二四	浙江平湖		浙江平湖城內北門倉橋堍
陳壁承	序西	二八	浙江蕭山		浙江蕭山城內西河下訥敏堂
龔孔思		二四	江蘇無錫		無錫牮壩橋

第五屆畢業同學

丁學賢	迪豪	二一	安徽無為		無為一字城劉謙泰號
王冰川	天任	二二	江蘇丹陽		丹陽南門福成醬坊

王正氣	浩然	二五	江蘇高淳		高淳東壩王隆泰號
王紹曾	介人	二一	江蘇江陰	上海商務印書館職員	無錫轉璜塘或上海極司非而路中振坊一五號
王祖蔭	文森	二一	江蘇無錫		無錫北門外布行弄王氏醫室
方驥齡	雲程	二〇	江蘇江陰		無錫祝塘
孔令煥	成章	二〇	江蘇高淳	高淳清鄉局職員	高淳固城鎮朱森順號
朱星元	毅興	一九	江蘇宜興		宜興大浦鎮
宋應宏		二六	江蘇江陰		江陰璜塘錢隆昌號
朱寶書	玉森	二五	江蘇鹽城		鹽城岡門西公茂轉小朱村
吳世浩		二三	江蘇海門	肄業上海法學院	海門大生三廠市場或上海江灣路上海法學院
施閎	病飛	二五	仝上		海門長東正延生堂
柳鐸	仲鐸	二四	江蘇鎮江		鎮江新河街八五號
馬燮基	理臣	二一	江蘇無錫	杭州電話局職員	無錫西水關或杭州西浣紗路七弄一號
倪燮龍		二一	仝上	儀徵縣政府科員	無錫槐樹巷或儀徵縣政府
翁以觀	智田	二〇	江蘇武進	無錫競志女學教員	常州察院弄民元里或無錫競志女學
許壽平	成侯	二二	江蘇上海	上海宏遠美術鑄金公司職員	上海盧家灣康悌路康悌坊一號宏遠美術鑄金公司
黃聿祥		二二	江蘇鹽城	上海東南女子體育專門學校教員	鹽城北沸墩鎮王裕興號或上海東南女子體專校
張功元	蒼毓	二〇	江蘇江陰	南京內政部科員	江陰城內小塔巷一號或南京內政部
張光昶	曬麈	二五	仝上		江陰璜塘萬和燭號

特載　一八

張浩鎮		二二	江蘇無錫	無錫南門實驗民衆教育館職員	無錫西門外棉花巷九十九號或南門外實驗民衆教育館
馮新巽		二二	仝上	無錫江南中學教員	無錫南門外清名橋下塘
過瑞炯	𤇹和	二二	仝上	無錫培南中學教員	無錫南門外培南中學
鄒靜九		二六	江蘇武進	常州延陵中學教員	常州東戲鋪或常州延陵中學
趙榮長		二〇	江蘇江陰	上海商務印書館職員	江陰西大街永裕衣莊對門或上海極司非而路中振坊一五號
巢箴	叔傑	二三	江蘇武進	宜興精一中學教員	常州奔牛西夏墅或宜興精一中學
錢鍾夏	禹㐫	二二	江蘇無錫	上海商務印書館職員	無錫西門日暉巷或上海極司非而路中振坊一五號
蔣庭海	克明	二五	江蘇武進		常州東青鎮代度橋
蔣庭榮	毅厂	二一	仝上		仝上

以上均於民國十九年六月畢業

未畢業同學附

王慶麐		二一	江蘇海門		海門三星正張大興號轉
朱補鈞	公束	二六	浙江餘姚		餘姚驛下協生木行轉或上海極司非而路三六號朱宅
周樸	木齋	二一	江蘇武進	前任上海泰東書局職員	常州公園路
何邦達		二二	江蘇江陰		江陰后塍祝義源號
胡德彰			江蘇青浦	上海復旦大學修業	青浦或上海復旦大學
章幹	世楨	二二	江蘇無錫	漢口鹽務稽核處職員	無錫小河上三二號或漢口一元路五號鹽務稽核處
張寧	寅八	二三	廣西容縣	廣西北流隆盛市第三初級中學教員	廣西容縣楊梅市致祥和轉或北流隆盛市第三初中

湯中	時齋	二七	江蘇武進	武進七區公所助理員	常州椉橋老廣生藥號
蔣貴春	植之	二〇	仝上		常州椉橋新廣生藥號

第六屆畢業同學

毛鵬基	希遂	二二	江蘇宜興	宜興楊港鎮天順號轉
史秩甫	翰卿	二一	江蘇溧陽	溧陽上黃鎮汪森茂轉
吉向榮	吉文	二七	江蘇泰縣	泰縣溱潼開村
李希白	銷華	二一	江蘇溧陽	溧陽
何德培	梅生	二〇	浙江嘉興	浙江硤石西南河保守坊六四號或上海法租界小北門外惠順里四號
沈貫之	華濟	二六	江蘇宜興	宜興新莊街生生堂交或崇明堡鎮大公所
林達祖	涵齊	一九	江蘇吳縣	蘇州吳縣前西河九〇號
許明俊	農圃	二一	江蘇宜興	宜興大街豫和轉
馮齊耕	硯稔	二三	江蘇溧陽	溧陽山下橋正泰號
張鍾毓	錫君	一八	江蘇無錫	無錫園通路張氏醫室
陸繼濂	溪清	二四	江蘇鹽城	鹽城高作陸家墩
陸寶和	致中	二二	江蘇南通	南通唐閘陳萬豐生糧行轉
梅儀年		二一	江蘇武進	常州南北岸二九號
湯容翠	鳴陵	二七	江蘇泰縣	泰縣溱潼開村
錢一如	士謨	二二	江蘇無錫	無錫華大房莊

姓名	字	年歲	籍貫	職業	通訊處
盧國鈞	心竹	二二	江蘇南通		南通惠民坊西巷
薛桐軒		二五	江蘇啓東		啓東三星鎮

以上均於民國二十年二月畢業

未畢業同學附

姓名	字	年歲	籍貫	職業	通訊處
汪播聲			江蘇無錫	無錫民衆教育館職員	無錫民衆教育館
朱森千			仝上	無錫厚生絲廠職員	無錫玻璃廠厚生絲廠
周明松	季清	二四	安徽秋浦	肄業安徽區長訓練所	安徽秋浦南門外周寓
吳允中	精一	二四	江蘇武進		常州棗橋廣生北號
吳文珊		二〇	江蘇無錫		無錫溜橋一八號
邵一清			仝上		無錫大洋橋堍同益轉運公司
陸去愁		二三	江蘇吳江		吳江莘塔鎮凌發茂油坊轉
韓頌琦		二二	浙江嘉善		嘉善西塘北市
劉猗	篠園	二七	江蘇泰縣		泰縣溱潼鎮儲寶興銀樓
錢樹棠		二一	江蘇海門		海門二堰鎮中和堂藥號轉

在校同學第七屆

姓名	字	年歲	籍貫	通訊處
丁鍈軒	述東	二五	江蘇鹽城	鹽城岡門張宏大號
白謙九		二八	江蘇武進	武進萬塔鎮

江鴻濤		二五	江蘇常熟	常熟沙洲市南興鎮
向長庚		二四	江蘇宜興	宜興湖汶鎮
杜燊培	子荷	二三	江蘇無錫	無錫胡埭鎮
李元樓	善夫	二一	江蘇鹽城	鹽城岡門養生齋轉周家伙
祝廷樞	星北	二一	江蘇無錫	無錫大河上三號
姚榜元		一九	江蘇武進	武進鄭陸橋
俞月秋	子懷	二三	江蘇無錫	無錫陸區橋
陸理誠	宗賓	二〇	江蘇武進	常州東下塘五九號
耿維賢	睎顏	二七	江蘇泰興	泰興北門萬資生藥號
陳炳元	汝鵬	一八	江蘇武進	常州仁育橋龔家弄四號
陳茂林		二四	江蘇溧陽	溧陽下壩鎮胡一美號轉許家埂
陳猷		二四	江蘇高淳	高淳城內恆泰雜貨號
陳祖德		二四	江蘇武進	武進東青鎮
陳廷遠		二四	江蘇鹽城	鹽城農民協會轉
陳學東	嘯青	二一	仝上	鹽城南門亭子巷東口八號
陳學斌		二三	江蘇江陰	江陰文昌巷一六號
郭則澂	晴湖	二三	福建閩侯	青島寶山路八號印花稅局
郭則濟	小蘇	二〇	仝上	蘇州盤門師古橋四號

特科

張良淇		二一	安徽桐城	無錫北塘永裕街
張聯芬		二四	江蘇南通	南通劉橋市
馮拔	拔得	二一	廣西北流	廣西北流振文書局轉
程鵬搏	圖南	二五	江蘇泰縣	鎮江口岸大泗莊高大成烟莊轉曹于莊
虞健	健人	二三	江蘇金壇	金壇丹陽門街五六號
趙大觀	伯慈	二一	江蘇鎮江	鎮江大港
蔣立之		二二	江蘇武進	武進東青鎮
劉子厚		二二	安徽全椒	安徽全椒復興集
鄒廣華		一九	浙江海寧	浙江硤石保昌莊轉
戴錫昌		二四	江蘇武進	武進奔牛湯莊橋
魏守謨		二四	安徽巢縣	安徽巢縣槐林鎮盛廣泰號

離校修業同學附

陳可		二二	廣西北流	廣西北流河邊街泰亨
陳松茂		二〇	江蘇武進	武進湖塘橋同泰稻行或上海中國公學
陳濟慶		二三	江蘇丹陽	丹陽呂城
高學儒	幼彬	二一	安徽蚌埠	安徽蚌埠餘慶里二七號
張惟中		二一	江蘇武進	武進奔牛張復昌號
葉潤清		二二	安徽秋浦	安徽秋浦

楊　鑑		二一	江蘇句容	句容城內柴巷
劉健行	雪芝	一九	江蘇武進	武進城內廟巷四〇號

在校同學第八屆

王玉衡	伯濬	一八	安徽無爲	安徽蕪湖開城橋
王道平		二一	江蘇武進	常州南宅公和號轉
李懷清	式夷	二四	江蘇泰興	泰興黃橋雙泰橋巫元泰號轉
吳毓麟	天石	二二	江蘇南通	南通西門外大木排巷四四號
周明湘	楚卿	二一	安徽秋浦	安徽秋浦城內榮和號
周樹慈	倚梅	二三	江蘇太倉	太倉裕華綢莊轉
周繼昌		二六	江蘇無錫	無錫張舍梅墅滸
范兆楨	翼華	二一	江蘇太倉	太倉沙溪長隆梅記
夏芳材		二六	湖北蘄春	湖北蘄春北門上大街口
馬厚德		二一	江蘇吳縣	蘇州閶門外山塘街黃土橋航船
徐　則	靜庵	一九	江蘇金壇	金壇吹鼓橋董宅
徐靖坤	夢樵	二二	安徽無爲	安徽蕪湖吉和街半畝園三號
高君仁	伯仁	二一	江蘇碭山	碭山中山街恆聚號
高中第	也如	二七	江蘇嘉定	嘉定城內啓良學校轉
孫樹恩		二一	安徽懷遠	安徽懷遠河溜

特載　　　　　　　　　　　　　　　　　　二四

姚雲照		二六	江蘇江陰	江陰東門外太字圩港
崔竹生		二一	江蘇武進	常州奔牛湯莊橋轉張公橋
陶存煦		一九	浙江紹興	紹興西城歡河沿
陳霓		二二	安徽滁縣	安徽滁縣古樓官井巷
陳振東	枕亞	二一	江蘇東臺	東臺時埝市史家堡
戚元良	以貞	二六	江蘇武進	無錫禮社
郭則湘	衡九	二四	福建閩侯	青島寶山路八號印花稅局
程雅儀	楚農	二二	安徽繁昌	安徽繁昌城內張宅轉
理朴	民初	一九	江蘇南通	南通馮家巷尾
黃榮	戟侯	一九	江蘇武進	常州東直街四六號
黃元亨		二七	江蘇沛縣	沛縣大張寨濟生堂藥鋪
曹廿霖	子章	二七	江蘇無錫	無錫周橋鎮
傅鴻漸	劍虹	二六	江蘇東臺	東臺南安豐杜家巷杜龍伯轉
盛和鳴	璧伯	二七	江蘇武進	常州大北門外潘市
張君達		二二	浙江吳興	浙江南潯鎮張敬堂
錢緒堂		二一	江蘇常熟	無錫合興街
蔣古梅		二四	江蘇宜興	宜興鈕家村仁和堂
繆文達	雲溪	一九	江蘇江陰	無錫北周莊謙泰恆號

蕭佩三		二三	江蘇高淳	高淳滄溪蕭家灣
顧衡鉽	珥亦	二七	江蘇南通	南通西南營過棋杆巷
竇彬	劍影	二二	江蘇邳縣	山東郯城港溝郵局轉郇樓或上海小沙渡路海防路安豐里七〇七號

第九屆在校同學

丁舜年	僥孫	二一	浙江長興	長興大西街
于耆年	永平	二五	江蘇泰興	鎮江轉口岸大泗莊德生藥號轉
王正履	旋伯	一八	江蘇江都	鎮江轉嘶馬鎮
王萃嘉	立方	二五	江蘇太倉	太倉西門內高橋南
王桐蓀		一八	江蘇江陰	無錫轉祝塘王暢茂行
王慎莪		二三	江蘇東臺	東臺林家橋南
卞玉麟	逸塵	二一	江蘇海門	海門十二挋鎮瑞成昌號轉
史美成	耘心	一九	浙江寧波	浙江寧波鄞東陶公山史家河
石巖	少逸	二〇	江蘇海門	海門縣府東
朱裕昌		二四	江蘇常熟	常熟灣灣橋周宅轉
朱湘神	枕流	二〇	江蘇吳縣	蘇州黃埭大街一三五號
朱蟠	我龍	二八	浙江義烏	浙江義烏佛堂恆大烟莊轉朱店
任穀	授經	二一	江蘇興化	興化東嶽廟橋南
任致遠		二一	安徽涇縣	南京東倉門口四十二號

余曉峯		二二	江蘇銅山	徐州城內鑰匙橋
李兼善		二二	廣西容縣	廣西容縣靈山城德安堂轉
吳祖鏜	敬升	一八	江蘇武進	常州武進電氣廠內
吳德明		一九	江蘇松江	松江猪行街電報局西隔壁吳宅
吳壽祺		二一	安徽涇縣	安徽涇縣茂林村學灌園
鄧鴻勛		二二	江蘇碭縣	碭山中山街永隆號
周兌庵		二三	江蘇宜興	宜興計亭橋德源號
胡光熙	景遴	二三	江蘇上海	浦東三墩鎮
俞洛生	丹伯	二〇	江蘇宜興	宜興和橋乾源仁
俞振楣	子石	一九	江蘇金山	松江干巷鎮
徐沂	樂山	二一	安徽滁縣	安徽滁縣烏衣鎮義昌祥號
徐林	孟武	二一	安徽廬江	安徽桐城東湯池黃湧源號
徐義	仁甫	二五	安徽舒城	安徽舒城千人橋
徐文淵	可人	二一	安徽桐城	安徽桐城東湯池三十里舖
徐炎文		一九	安徽廬江	安徽廬江岡上徐祥盛號
徐振亞	企峯	二二	江蘇江陰	江陰西石橋徐廣億號
秦桂祥		二二	廣西博白	廣西博白城東秦氏祠轉
倪志僩	瑟仙	二一	江蘇鹽城	鹽城新興市

陸培文	潁如	二〇	江蘇武進	常州局前街一二六號
許　賓	務實	一七	江蘇金壇	金壇城內九房巷
許志伊		一九	江蘇江都	泰縣稅務橋喬公館
章進堂		一九	江蘇武進	常州戚墅堰
張脊五	山栻	一九	江蘇江陰	江陰城內大巷二五號
孫伯寅	健菴	二五	江蘇武進	常州武進感化院
孫建中		一九	江蘇南通	南通金沙
孫謙六		二〇	山東嶧縣	徐州壩子街榮茂生藥棧
屠　楨	致祥	二一	江蘇武進	常州周線巷七二號或武進中學
程詠沂		二二	安徽定遠	安徽滁州正泰轉天長集王元吉交
黄兆裳		二〇	江蘇宜興	宜興和橋洊聚
葉榮賓	勁秋	二〇	江蘇泰興	泰興北門林仁和轉老葉莊
楊炳方		二二	安徽無爲	安徽涇縣南街寶盛和轉
楊全經		二一	江蘇溧陽	溧陽茂新號
黨道南	贊揚	二〇	江蘇沛縣	沛縣西門內陳公順先生轉
閻駿材	豹龕	二〇	江蘇太倉	太倉城內周西街
萬達源		二一	江蘇宜興	宜興楊巷天和堂轉
廖渾球		二〇	廣西容縣	廣西容縣靈山義興轉

特載

二七

特載

二八

臧　鯤	天池	二一	江蘇宿遷	安徽五堵坡一號
蔣　誠	正豪	一九	江蘇武進	常州士橋
蔣樂天			江蘇無錫	無錫學前街
闞桂蓀		二二	江蘇碭山	碭山中山街洪德隆號
劉　衡	立銓	二一	廣西岑溪	岑溪水汶埠郵局轉山白村
鮑元豫	智孫	一八	江蘇丹徒	鎮江城內第一樓街三四號
錢保康		二六	江蘇常熟	常熟鹿苑義聚泰轉
薛宗元	綜緣	二二	江蘇鹽城	鹽城南門曹家角五號
薛玄鶚	思明	二一	江蘇吳縣	蘇州同里太平
盧景純	伯雅	一八	江蘇如皋	南通中國銀行
孫　超	瀾瑩	二四	江西清江	江西清江樟樹鎮觀上城慶豐仁轉
戴宏復		二〇	江蘇吳縣	蘇州柳巷八號
顧永悌		一八	江蘇南通	南通城內西大街九二號
顧增賢	立方	一九	江蘇太倉	太倉沙溪鎮東市
顧伯榕	迺剛	二〇	江蘇武進	常州後麥蒲巷讓德里
蘇奎炳	涇川	二四	江蘇武進	常州鄭陸橋鎮

函授科同學

姓名	字	年歲	籍貫	經歷	通訊處

薛一塵		江蘇海門	滬廈海軍警備司令部外交秘書	福建廈門鼓浪嶼鹿耳礁適浪

已故畢業同學附

姓名	字	籍貫	畢業屆數
夏崇慶	祥生	江蘇江寧	第一屆畢業
龔天玉	聖受	江蘇武進	第三屆畢業
鈕方義	季端	江蘇興化	第二屆畢業
楊養吾		江蘇無錫	第一屆畢業

已故修業同學附

姓名	字	籍貫	修業屆數
胡鳳臺	桐閣	江蘇寶應	第一屆修業
陳庭寶	庶若	陝西乾縣	仝上
陸潤林	文波	安徽無為	第三屆修業
張光炤		江蘇江陰	仝上
盛乂民	清賢	安徽無為	第四屆修業
趙勳	建銘	江蘇海門	第六屆修業
李經修		江蘇漣水	第七屆修業
姚之臧		浙江孝豐	仝上
丁唯一		江蘇泰興	第八屆修業

特載

汪社貴　稼雲　安徽績溪　第九屆修業

黨鼎桂　侶梅　廣西北流　仝上

本會簡章 十九年六月

第一章　總則

第一條　本會定名為私立無錫國學專修學校校友會

第二條　本會以研究學術聯絡友誼協助本校為宗旨

第三條　凡本校前任及現任校董暨教職員與畢業同學在校同學及肄業一年以上之離校同學均為本會會員

第二章　組織

第四條　本會最高機關為校友大會

第五條　校友大會每年開常會一次遇必要時得開臨時會

第六條　校友大會閉會後其進行一切事務由評議會代理之

第七條　評議會由全體校友選舉評議員十一人候補員五人組織之同時選出執行委員九人候補委員三人組織執行委員會

第八條　評議會與執委會之選舉時間規定在大會前二個月由本會印發選舉票通信選舉待限滿後在每年大會時開票

第九條　執行委員會互推常務委員三人並設總務編輯文書三部每部由執行委員二人彙理之

第十條　凡本會職員之任期為一年連舉得連任

第十一條　校友會組織系統如左

全體校友大會
- 評議會
- 執委會
  - 總務
  - 編輯
  - 文書

第三章　職權

第十二條　校友大會之職權如下
甲　接納執行委員會之報告
乙　制定本會進行大綱
丙　通過本會預算決算
丁　修改本會章程
戊　選舉本會職員
己　議決其他關於本會之一切事宜
第十三條　評議會之執權
在校友大會閉會後代理校友大會決議一切進行事宜
第十四條　執委會之職權
甲　執行校友大會及評議會之決議案
乙　謀各地校友之聯絡
丙　處理本會日常事務
第十五條　各部辦事細則由各部另定之
第四章　會期
第十六條　校友大會規定每年在春假時舉行之
第五章　經費
第十七條　本會會員每年至少須繳會費洋壹元

特　載

三一

第十八條　本會遇有特別事故得召集臨時捐其捐款由會員自行認定之

附則

第十九條　本簡章由校友大會通過後施行之

第二十條、本會會址暫設本校（無錫學前街）

本會評議員及執行委員一覽表　十九年度

姓名	字	籍貫	職務	備註
唐文治	蔚芝	江蘇太倉	評議員	評議部主席
錢基博	子泉	江蘇無錫	仝上	
馮振	振心	廣西北流	仝上	
徐景銓	管略	江蘇常熟	仝上	
王蘧常	瑗仲	浙江嘉興	仝上	
許師衡	心魯	江蘇無錫	仝上	
丁儒侯	素堂	江蘇泰興	仝上	
何葆恩	芸孫	江蘇常熟	仝上	
徐玉成	湘亭	江蘇武進	仝上	
倪殿揚	鐵如	江蘇無錫	仝上	
丁學賢	迪豪	安徽無為	仝上	
孫家復	麟香	江蘇無錫	執行委員	主席兼總務

蔡其標	虎臣	仝上	仝上	常務
嚴濟寬	伯僑	仝上	仝上	編輯
張述明	子容	安徽南陵	同上	常務
周渭泉	永青	江蘇無錫	同上	編輯
許岱雲	宗嶽	同上	同上	總務
巢篋	叔傑	江蘇武進	同上	仝上
郭則灜	晴湖	福建閩侯	同上	文書
姚榜元		江蘇武進	同上	同上

本會大事記

民國十九年六月一日在本校開成立會

(甲)開會是日下午一時開會出席者有教職員陸京周馮振心黃粱城校外同學許師衡丁儒僎楊仁溥施秉鋆何保恩徐玉成劉作邦夏敷章倪殿揚許岱雲徐友三陸去愁及校內同學巢篋丁學賢等共七十餘人開會如儀公推巢篋為主席徐玉成為紀錄(乙)報告事項(一)主席報告開會宗旨(二)會計委員丁學賢報告經濟狀況略述前由同學會執委尚中保管經濟後因事離校將一切賬款移交執委張尊接收迨張尊復因事離校交下賬款一切余以候補名義接收現除支出外尚存洋一〇三元六角(三)由前同學會常務何保恩報告同學會改組為校友會經過情形及國專學潮所以遲行付刊原因並表示歉意(丙)演說紀略(一)馮振心先生略謂今日開會同在平等地位無分主客我本身就是一個校友來此不過作平等談話希望各位盡量貢獻使本會得造成鞏固地位(二)徐玉成略云今日校友大會希望各校友兩點一 合作二 持久有此兩種精神則本會可永久下去發生偉大力並不致虛設(三)劉作邦略述本會最好仿上海某會設職業介紹部則校友到會必較今日為多云(丁)討論事項(一)討論本會章程案議決

修改通過(二)本校教師朱叔子先生辭職由校友會派代表一致挽留案議決全體共推許師衡夏敷章巢篠丁學賢前往挽留(三)本屆選舉事宜應如何進行案議決公推丁儒侯何葆恩印發并收存選舉票待臨時大會時開票(戊)攝影假縣立初中明倫堂全體攝影

十一月九日在本校開臨時會啓選舉票匭當衆開票

是日下午一時開會出席者教職員陳保之姜謀孫黄紫城先生畢業同學嚴濟寬許師衡丁儒侯徐玉成施秉鑑夏敷章許伯宏張浩鎮何葆恩并在校同學陸寶和張聯芬俞月秋李懷清汪祉貴孫伯質等共八十餘人(甲)開會行禮如儀公推何葆恩爲臨時主席郭則澂記錄(乙)報告事項主席報告開會宗旨略謂今日開會意義有三點一校友會第一次通信選舉開票二歡迎新教授新同學加入本會三討論對於本校十周紀念本會應定贈送物品辦法又校外同學許伯宏周渭泉施秉鑑周遂泉等曾請求本校唐校長遵教育部令追認資格辦法將前四屆畢業生證書彙呈部中補請驗印一案已蒙唐校長許可現已函探部中消息如何再通告徵集畢業生證書(丙)開票評議員票選十人唐蔚芝先生七票錢子泉先生十票馮振心先生四票丁儒侯八票何葆恩八票倪殿揚四票王蘧常三票許師衡三票徐玉成二票丁學賢二票臨時推選評議一人徐管略先生二八票候補五人朱叔子先生陸景周先生吳其昌薛庭暉施秉鑑執行委員票選六人蔡虎臣先生五票孫殿香先生二票巢篠三票嚴濟寬二票張述明二票許伯宏二票臨時推選執行委員三人郭則澂二九票周渭泉二六票姚榜元八票候補三人榮德生先生六票許濟平六票趙榮長六票徐玉成提議評議員缺正式一人候補五人執行委員缺正式三人候補三人最妙選在校同學以利進行議決仍在同數選舉票中推定之推選結果姓氏見前(丁)討論事項慶祝本校十周紀念辦法議決校外同學捐送款項不拘多寡由本會先期通告徵集分途遞寄本會在校同學捐送應有相當限度由各班長開會酌定(戊)茶點散會

十一月廿九日在本校開第一次評議執委聯席會議

是日下午二時開會出席者(評議)許師衡丁儒侯徐玉成倪殿揚何葆恩(執委)孫殿香先生蔡虎臣先生(孫殿香代)周渭泉嚴濟寬(周渭泉代)

許俗雲張述明許俗雲代郭則澂郭則澂代姚枋元公推孫颭香先生主席郭則澂紀錄(甲)開會如儀(乙)(報告)何葆恩報告本會會費前由丁學賢移交大洋九十九元小洋二角當卽寄存本校會計處現除支用外淨存大洋八十六元小洋二角仍存本校會計處俟執委會推定總務後卽當移交又前校友施秉𨤲等請求本校唐校長遴教育部令將前四屆畢業生證書彙呈驗印一案現已蒙唐校長許可卽由本會通告函徵各證書(修業證書亦在內)每人應照校中規定納手續費二元限至國曆二十年一月廿五日(本校十週紀念日)截止一律親自呈校或由郵遞亦可(丙)(討論)一　提議推唐校長爲評議會主席孫颭香先生蔡虎臣先生張述明爲執委會常務委員又孫颭香先生許俗雲任總務嚴濟寬周泗泉任編輯郭則澂姚枋元任文書議決通過二　巢箴來函辭執委職務應專函慰留議決通過三　提議應設外埠通信員以資互通消息應由執委函聘校友担任議決通過四　提議會員會費校外同學應通函幷本校十週紀念分金一併徵收校內同學亦同時通告徵收惟下屆可請校中會計處於學期開始繳費時帶收議決通過五　提議籌集校友會基金一面向校外同學徵收特別捐一面再向校董募捐議決保留容大會提議六　提議本校十週紀念會先一日(卽國曆二十年一月二十四日)開臨時大會議決通過七　提議本會刊物徵稿及出版時期議決每年至多出兩期定名友聲徵稿自國曆十九年十二月一日起至二十年二月底止八　提議評議執委開會日期議決二月一次遇有特別事故由主席召集之(丁)(移交)執委會總務及文書新舊雙方交替一切函件簿籍點驗清楚(戊)茶點散會

二十年一月本會評議會主席唐校長特介紹前函授科大學生薛一麐正式入會

前函授大學生薛一麐學行俱優服務政界極有聲譽唐校長特正式介紹入會

一月二十七日評議員何葆恩赴滬向各同學報告本校十週紀念展至二月一日及籌備狀況

何葆恩赴滬往經文公學及錢業中小學校法學院等處訪各同學報告十週紀念改期籌備一切狀況請各到校參加慶祝越日返校報告評議會主席唐校長及執委會主席孫颭香先生接洽情形

一月三十一日在本校開校外同學聚餐會到者二十餘人

特載　三六

本會原定一月二十四日開臨時會嗣以本校紀念展期聯帶變更改一月三十一日開會一并發通告屆期在校同學因籌備紀念事務甚繁未克參加用是中止特開校外同學聚餐會到約二十餘人觥籌交錯頗極一時之盛

二月一日爲本校十週紀念並第六屆畢業式滬寧常錫等處各校友到者約四十餘人

是日本校開紀念會校友共到四十餘人公推蔣庭曜爲代表致頌詞又徵集校外同學紀念分金共收到一百八十餘元另有報告

三月一日本會刊物徵稿期及徵集證書期均各展限一月

本會以刊物投稿者寥寥及未繳證書者亦甚多特通告各展期一月至三月底止

四月一日本會執委編輯股開始編輯稿件總務股特將徵集各證書彙呈本校

本會收到校友投稿甚多編輯股員嚴濟寬周渭泉因事不克兼任特託何葆恩代理開始編輯剋日付印又總務股特將徵集畢業證書八十八張修業證書六張彙送本校請唐校長呈部驗印

二十年三月二十一日在本校開第二次評議執委聯席會議

是日下午二時開會出席者許師衡許俊雲又代徐玉成倪殿揚二君周渭泉丁儒侯又代嚴濟寬何葆恩又代錢子泉馮振心二先生姚榜元又代郭則澂(甲)開會如儀(乙)公推丁儒侯爲主席姚榜元紀錄(丙)報告事項何葆恩報告本校十周紀念分金共收到大洋一百八十八元五角正除買風琴一具支付六十二元正外餘一百二十六元五角正唐校長擬將此款儲存以備建築故校主孫鶴卿先生紀念亭之用議決通過此款由本會會計暫時保管至開大會時再討論進行方法又經濟方面十九年度會費共收到大洋捌拾叁元未繳會費者校外會員已函知催繳校內會員應如何徵收議決由郭則澂姚榜元代爲通知催繳又會中刊物定名前經第一次聯席會議議決定名友聲唐校長擬改稱國專校友會集刊第一集議決通過(丁)討論事項何葆恩提議校友常會應否展期案議決準展期至暑假前舉行(日期臨時由主席訂定)許師衡提議開校友大會時應否敦請師長演說案議決開大會敦請唐校長錢主任演說許俊雲提議補驗第一屆至第四屆畢業證書應請求學校當局從早辦理在暑假前開大會時分發各校友給領議決通過

(戊)散會

五月一日本會集刊第一集付印

本會集刊第一集稿件編輯竣事分述學文苑雜綴特載四門內容豐富交華東印局代印准六月出版

本校圖書館落成紀念校外同學分金收支報告 十八年十月

母校圖書館於雙十節舉行落成紀念先由本會開常會時議決分級公送禮品除在院同學另組外特通函離院各同學未得要領嗣龐君天嵛夏間在滬發起函徵第三屆同學分金應者約十餘人終以各同學散處四方不易集合特再由本會函徵分金逕由會中酌辦禮品致送應者約三十餘人乘承龐君天嵛將所集欵一併移交本會合辦茲特將收支報告如左

甲收欵項下

蔣庭曜 畢壽頤 王遜常 白 虛 唐景升 陸呂年 陳寶琲 丁天兆 龐天嵛 張壽賢 以上各納銀五元 崔履庭

周祖旦納銀三元 顧季吉 許師衡 袁鵬騫 吳寶凌 馮勵青 楊 焱 王道中 陳雩艇 孫執中 楊仁溥 朱宗洵

徐世城 徐靖瀾 嚴崇鶴 施秉鑾 李耀春 徐玉成 劉作邦 倪殿揚 倪可均 安鍾祥 陳起予 周渭泉 周達泉

張沭明 易 義 金鳳鳴 謝宗元 張文郁 黄文中 黄雨璠 夏敷章 胡沭堯 趙履坦 唐以修 丁澂英 徐乃昌

許佾雲 徐友三 郁祖安 丁儒俠 何葆恩 以上各納銀二元

共收銀壹百肆拾元

乙支欵項下

一 支二尺四寸大元自鳴鐘一架 三十八元 一 支三叉四大電燈二盞 五十四元(以上二物均託龐君天嵛由滬購回運費在內) 一 支門上電燈三盞 七元 一 支黑白布幕料 拾元 一 支銀杏版對連刻 念八元 一 支人文雜誌十册 一元八角 痰盂一對 一元二角

以上共支銀壹百肆拾元　收支相抵無存

國專同學會委員會經辦人丁儒侯 何葆恩

本校十週紀念校外同學分金收支報告 二十年二月

本校于二月一日舉行十週紀念先期由本會開臨時會議決分組公送禮品除在校同學另組外特通函校外各同學徵集分金承各同學熱心異常遠近先後遞送分金者甚多暫先公送大號五組風琴一具餘款經第二次評議執委會議議決由本會儲存以備建築故校主孫鶴卿先生紀念亭之用茲特將收支列左

甲收欵項下

丁天兆　納銀六元　吳寶瓊　納銀五元　留季吉　白　廬　畢壽頤　王遜常　陳寶恭　姚繼虺　王士培　張功元　以上
各納銀四元　黃雨播　徐適昌　許倚雲　徐友三　張浩鎮　倪殿揚　倪可均　嚴濟寬　翁以觀　許師衡　陸厚熙　施秉
褧　周渭泉　倪឴龍　趙履坦　徐世成　金鳳鳴　徐玉成　何葆恩　庚午乙級畢業生　以上各納銀三元　張述明　郁祖
安　安鍾祥　馮勵青　丁儒侯　夏敷章　麗天僧　朱宗洵　謝宗元　楊仁溥　路式遵　嚴雲鶴　唐景升　袁鵬騫　周達
泉　朱晨元　巢　筱　陸呂年　馮新巽　殷幼馴　陳肆艇　唐以修　薛桐軒　張壽賢　易　羲　徐靖淵　王道中　侯
塤　黃希真　黃文中　丁濬英　胡述堯　張彥華　以上各納銀二元　劉文灝　納銀一元五角　丁儒珍　陳渭屏　張文郁
童詠南　柳　鐸　錢夢孫　孫執中　印文燦　胡集勛　王祖除　王鍾恩　錢國瑞　許壽平　蕭雪亮　朱補鈞　錢鍾夏
過瑞炯　趙榮長　王紹曾　王鴻栻　以上各納銀一元

共計收洋一百九十元零五角

乙支欵項下

一支大號五組風琴一具共六十二元　一支風琴上漆工寫字洋五角五分八厘

共計洋六十二元五角五分八厘

結存洋一百二十七元九角四分二厘（由本會會計處暫時保管）

本會十九年度收支報告 待續

收前同學會移存洋八十六元一角七分四厘何芸孫君交來

收校友會會費洋一百四十六元

唐校長鉞主任馮主任徐管略陳保之單東笙徐哲東孫颷香何傑恩張述明許師衡丁儲珍郁祖安張文郁陳渭犀童詠南安鍾祥柳鐸邵一清宋森千顧季吉馮勵青王承堪王道中張浩鎮錢夢孫孫執中黃謨泰周岐趙履坦黃謨祉印文燦胡集勳吳鴻墀吳寶璇丁儲侯芮良珍王祖蔭朱宗洵謝宗元白虛嚴雲鶴唐景升袁鵬鶱馮拔施秉銘陸慶熙陳紹堯畢濤頤陸呂年王錫恩劉文灝錢國瑞馮新異陳寶恭王蘧常嚴濟寬陳學裘陳拔彰陳起紹丁天兆陳雪艇唐以修徐玉成張濤賢易義徐世城王鴻栻蔣庭曜張功元周達泉周渭泉王士培姚纖颸楊仁溥鄭廣華陸寶和黃雨璠向長庚陳起予薛一麐徐迺昌孫學靜張彥華張聯芬竇彬高君仁徐義郭則澂黃棨周樹慈王玉衡曹什霖程雅儀陶存煦高申第蔣占梅徐則程鵬搏胡光熙程詠沂任致遠屠楨徐沂劉衡予耆年胡增賢閻駿材閻桂瀋邵鴻勳石巖吳德明俞振楣薛玄鵠聶超朱裕昌許志伊萬達源孫建中戴宏復黃兆裳吳祖鍠陸培文楊炳方本玉麟徐振亞丁舜年朱湘神陳振東許伯雲倪攀龍祝廷楓程炳若高涵叔陸崇周沈健生孔令煥郭則濟王桐蓀史美成鮑元陳揚全綼姚雲照施天循倪殿揚倪可均（以上各洋一元）

共收洋二百三十二元一角七分四厘

支郵票洋十六元零六分　支登申報十週紀念廣告費洋十一元五角四分　支信封洋三元一角六分　支毛邊紙洋四元五角

支賬簿洋六分　支茶點洋三元五角七分　支洋漿熱水洋六角二分　支何芸孫君赴滬旅費洋四元　支十週紀念獎餐費補虧

洋二元四角　支招待校友旅館費洋二元　支送故校友汪社言燕翼杜竹布輓聯洋一元四角一分　支集刊費先付洋一百十元

共支洋一百六十元零三角二分

實存洋七十一元八角五分四厘

本刊徵文簡章十九年度

一 本刊分述學文苑雜綴特載四類凡可分隸四類之著述均所歡迎

二 惠寄之稿須繕寫清楚并於稿末詳註明姓名住址以便通信

三 惠寄之稿選載與否不能預覆原稿亦概不奉還惟長篇在二千字以上如不揭載及有特別原因者得預先聲明寄還原稿

四 本刊投稿暫以本會會員為限

五 惠寄之稿選載後即以本刊酬謝

六 惠件請寄無錫學前本校本會收

無錫國學專修學校校友會集刊第一集

十九年度 全一册

定價大洋 壹 元

中華民國二十年六月 出版

編輯者 私立無錫國學專修學校校友會

無錫學前

發行者 私立無錫國學專修學校

電話 四二八號

無錫光復路

印刷者 無錫華東印刷廠

電話七二四號

無錫寺巷

經售處 無錫千鍾書店

嘉興王蘧常書例

楹聯八尺十六元每減一尺減一元
屏幅每條同楹聯
中堂倍楹聯
小條幅三尺內每條十元
橫幅半幅同屏幅整幅同中堂
斗方冊頁每頁六元尺外加半
團扇摺扇每柄六元
榜書每字尺內十二元尺外十六元二尺外廿四元
碑文楷體每字寸內者一元兩字寸外者一元一字二寸外
二元一字
題跋古人妙蹟乃所樂爲每元四字他視碑文
撰文另議　來件詩文聯語加半庸劣不書　劣紙不書
市招不書　小楷不書　楷書加半　篆隸加倍　金文
潤費一成　筆資先惠　半月取件　遠埠一月

收件處　上海梵王渡大夏大學王瑗仲
上海大西路光華大學王瑗仲
天津法界念六號路北洋畫報社

嘉興唐蘭文例

碑誌傳狀　五百字內每篇三百元每加百字加四十元
序跋雜文　百字內每篇五十元每加百字加三十元考證
文倍之
小說　短篇千字內每篇二十元千字外每篇三十元長篇
每千字十六元
劇本　獨幕劇千字內每篇百元每加百字加六元二幕以
上千字內每篇八十元每加百字加五元歌劇倍之
凡逾五十字者以百字論　語體減半小說劇本指定題材
加倍　潤資先交半月取件遠埠一月長篇另約　事實乖
異不合取材不作　阿諛毀謗涉及政事不作

通訊處　天津法界廿六號路北洋畫報社
上海光華大學王瑗仲
上海大夏大學王瑗仲

後記

無錫是中國吴文化的發祥地。七千多年悠久歷史與文明，造就了『梁溪明秀之區，衣冠禮樂甲於江左』的城市人文傳統和深厚的歷史文化底蘊。數千年來，文脉綿延，永世流芳。邵寶在《錫山遺響》序中曾經這樣描述：『錫之爲邑，在三吴間。山水清麗豐曠，生其地者，多沉雅秀整，以文名家，代不乏人。』文化已經成爲這座城市最本色的氣質。爲傳承吴地文明，建設文化名城，進一步彰顯無錫城市内在精神特質，經過幾年的精心策劃，旨在全面整理地方文化典籍的《無錫文庫》編纂出版工作於二〇一〇年全面啓動，二〇一一年起陸續與讀者見面了。

無錫的城市文化曾經爲中華文化寶庫作出過巨大貢獻。顧愷之、倪瓚、王紱、鄒一桂、賀天健、徐悲鴻、錢松嵒、吴冠中，如松秀群嶺，在中國繪畫史上擁有很高的地位；華秋蘋、楊蔭瀏、劉天華、華彦鈞（阿炳），乃韵動天籟，對中國音樂發展發揮了重要作用；李紳、蔣防、尤袤、蔣捷、陳維崧、顧貞觀、嚴繩孫、周濟、劉半農，皆胸懷錦綉，在中國文學史上可謂各領風騷；計六奇、顧祖禹、顧棟高、秦蕙田、嵇璜、錢基博、錢穆、錢鍾書、錢海岳，可稱堂奥廣庭，學造淵源，在中國學術史上卓然大家；顧憲成、高攀龍之東林，唐文治之『國專』，徐霞客之游記，徐壽、華蘅芳之『格致之學』，陳翰笙、錢俊瑞、孫冶方、薛暮橋之經濟學，都堪稱中華文化史上的一座座高峰，至今閃耀着炫目的光芒。

深厚的歷史文化底蘊激發了無錫城市的文化自覺。市委、市政府滿懷對鄉土誠摯之情、對文化敬畏之感，以義不容辭的責任擔當，致力於文化强市建設，以科學的理念和方式對歷史文化遺産作全方位的觀照、深層次的發掘、系統性的保護，匯四海之智，舉全市之力，共襄文化建設盛舉。二〇〇六年十二月，無錫市成功申報國家歷史文化名城，標志着新一輪文化意識的覺醒，并迅速轉化爲文化自覺的實踐。近年來，我市全面啓動惠山、清名橋、小婁巷、榮巷、蕩口等五個歷史文化街區和十個古村落保護修復工程，『護其貌，顯其顔，鑄其魂，揚其韵』；鴻山遺址成功保護的經驗被國家文物局譽爲大遺址保護『無錫模式』，并被授予首批國家考古大遺址公園，闔閭城遺址考古發現則確立了歷史上無錫曾作爲吴王闔閭都城的地位；建成開放六十餘座博物館、名人故居和紀念館；對無錫的非物質文化遺産予以重點保護；每年春天舉辦的中國（無錫）吴文化節、中國文化遺産保護論壇成爲文化亮點，享譽海内外。這些舉措遵循規律，探索文化建設體制和機制的創新，形成了寶貴的『無錫經驗』，得到海内外學者、專家的一致肯定。

在注重保護歷史文化遺存的過程中，發掘、整理無錫歷史文獻著作，展示和弘揚無錫城市的思想精神世界，自然而然成爲大家關注的重點。二〇〇六年，市委宣傳部組織無錫文史專家、學者編撰的十七册三百萬字的《無錫文化叢書》正式出版，引起强烈反響，出版後供不應求，在二〇〇八年再版加印。《無錫文化叢書》集中反映了無錫城市文化精華，展示了無錫城市文化特質，彰顯了無錫歷史文化的厚重，同時也告訴人們，文化精神的傳遞是文化繁榮發展的重要内涵，一旦擦去歲月蒙塵，優秀的歷史文化就會轉化成爲取之不盡的精神財富。

爲了進一步彰顯城市歷史文化底蘊，二〇〇七年，市委、市政府將全面系統整理無錫文化典籍擺上工作議事日程，明確提出編纂《無錫文庫》。由于無錫歷史文化底蘊深厚，卷帙浩繁，内容豐富，編纂工作千頭萬緒，要想整理出一部簡明扼要而又内容翔實、主旨鮮明而又文質彬彬的文獻集成，難度遠大於預想。爲此，我們先後成立了《無錫文庫》工作委員會和編輯委員會，加强對編纂出版工作的組織領導與統籌協調，在尊重歷史、尊重規律、尊重科學、尊重專家的基礎上，積極推進文庫編纂工作。編輯委員會經過反復論證，明確原則，綱舉目張，有條不紊地開展工作。充分憑借地方文史專家的優勢，充分發揮高校人文學院、研究機構的作用，充分依靠出版機構的專業經驗，并邀請國内外著名文史專家指導、把關，形成了文庫編纂的工作合力。

在編輯過程中，我們力求使《無錫文庫》成爲經得起歷史考驗的鄉邦文獻集成。

全面規劃又保持開放結構。面對豐富的歷史文化積澱，没有規劃就不可能形成清晰的編纂思路。在前期編纂工作中，編輯委員會經過二十餘次的論證會和專題研討會，形成并確定了《無錫文庫》總書目，明確了收録範圍和内容主體，立足無錫市區，兼顧江陰、宜興，主要體現無錫本土内容，突出人文科學，適當兼顧其他門類。據此，《無錫文庫》收録圖書五百五十餘種，分爲五輯：第一輯『官修舊志』，收編無錫地方志（含江陰、宜興）；第二輯『地方史料專著』，收編反映無錫地方史料的專著與筆記；第三輯『年譜家乘』，收編無錫（含江陰、宜興）地方名人年譜和望族的家譜；第四輯『無錫文存』，收編歷史上無錫作家詩文和專著的精華；第五輯『近現代名家名著存目』，編撰無錫近現代名家名著的書目提要。爲使文庫具有更大的開放度和包容量，《無錫文庫》注重整體設計，在框架分類上既注意整合，又突出重點，考慮到文庫的涵蓋面和系統性；在書目選擇上既注重經典性，又强調代表性，兼顧到圖書本身質量和作者特點；在出版方式上既總體規劃、循序推進，又采取較爲靈活的方式，成熟一批出版一批，不編序號，爲今後增補書目預留空間。

尊重歷史又反映時代特色。《無錫文庫》注重歷史性與時代性相結合，以嶄新的學術角度和現代學科理念對城市歷史文化進行整理和弘揚。編纂工作充分體現對歷史傳統的尊重，儘可能減少評述性成分，杜絶截割、改篡、增删圖書内容，對節選本祇采取作者的自選本。與此同時，以現代學術視野來看待傳統史料，增加收録有價值的歷史資料和文獻，如對民國時期的一些稿本、期刊、會刊、紀念册也予以應有的關注，收入了部分重要的民間史料。

保持原貌又便于讀者查閲。《無錫文庫》除第五輯外，全部采用原版影印方式，力争選擇最優版本作底本，保持文獻著作的歷史面目。爲了便於閲讀、查證、使用、研究，每一輯均撰寫編輯説明，每種書撰寫提要，并編撰《文庫》書目索引。通過這樣的方式，使《無錫文庫》兼具工具書檢索的作用，增强文化典籍整理的實用功能。

如期完成又精益求精。《無錫文庫》作爲一項重大文化工程，編纂工作面廣量大，必須集中力量，一鼓作氣。我們明確，從編纂工作全面啓動開始，花三年時間完成《無錫文庫》出版工作。《無錫文庫》總書目形成後，五輯的書目編纂工作同時開展、整體推進。我們要求，《無錫文庫》編纂出版工作要强化精品意識，力求思想精深、内容精彩、選編精當、學風精良、裝幀精美。文庫編纂出版的每個環節都反復論證推敲，確保經得起歷史檢驗。

《無錫文庫》的編纂出版工作，得到了鳳凰出版傳媒集團的大力支持，鳳凰出版社在版本選擇、編輯出版方面做了細緻的工作；由於《無錫文庫》收録的資料有三分之二散落在全國各圖書館中，中國國家圖書館、上海圖書館、南京圖書館等一批國内知名圖書館爲此提供了積極的幫助；應邀擔任《無錫文庫》學術顧問的專家，都是無錫籍的文化名人和國内一流的古籍研究專家，他們有的不顧年事已高，有的不顧自身工作繁忙，爲《無錫文庫》的編纂工作付出辛勤勞動；《無錫文庫》工作委員會和編輯委員會成員以及編務人員在文庫編纂出版過程中做了大量的工作。在此，謹向他們表示崇高的敬意和由衷的謝忱！

由於《無錫文庫》收録内容涉及範圍廣、時間跨度長，部分書目已經散佚，可利用資料受到限制，加之編輯委員會水平有限，《無錫文庫》的編纂工作難免會有一些疏漏和錯誤，不當之處敬請讀者指正。

王立人

二〇一一年一月